国家图书馆研究院策划

国家图书馆 编

# 中国图书馆事业发展报告
## 全民阅读卷

## 蓝皮书

BLUE BOOK ON
THE DEVELOPMENT OF
LIBRARIES IN CHINA:
NATIONAL READING VOLUME

北京大学出版社
PEKING UNIVERSITY PRESS

**图书在版编目(CIP)数据**

中国图书馆事业发展报告. 全民阅读卷 / 国家图书馆编. -- 北京：北京大学出版社，2025.3. -- ISBN 978-7-301-36040-8

Ⅰ.G259.2

中国国家版本馆CIP数据核字第2025ZU6232号

| | |
|---|---|
| 书　　　名 | 中国图书馆事业发展报告·全民阅读卷<br>ZHONGGUO TUSHUGUAN SHIYE FAZHAN BAOGAO·QUANMIN YUEDU JUAN |
| 著作责任者 | 国家图书馆　编 |
| 责任编辑 | 陈军燕 |
| 标准书号 | ISBN 978-7-301-36040-8 |
| 出版发行 | 北京大学出版社 |
| 地　　　址 | 北京市海淀区成府路205号　100871 |
| 网　　　址 | http://www.pup.cn　　新浪微博：@北京大学出版社 |
| 电子邮箱 | 编辑部 dj@pup.cn　　总编室 zpup@pup.cn |
| 电　　　话 | 邮购部 010-62752015　发行部 010-62750672　编辑部 010-62745466 |
| 印　刷　者 | 天津中印联印务有限公司 |
| 经　销　者 | 新华书店<br>720毫米×1020毫米　16开本　22.5印张　410千字<br>2025年3月第1版　2025年3月第1次印刷 |
| 定　　　价 | 98.00元 |

未经许可，不得以任何方式复制或抄袭本书之部分或全部内容。
**版权所有，侵权必究**
举报电话：010-62752024　电子邮箱：fd@pup.cn
图书如有印装质量问题，请与出版部联系，电话：010-62756370

## 本书编写组

申晓娟　　谢春枝　　范并思　　冯　玲
杨新涯　　肖　雪　　肖　鹏　　李　丹
杨　凡　　邱奉捷　　王　浩　　肖璟波
赵欣钰

# 前　言

自文字产生,阅读的历史也随之开启。在中华文明五千年的历史长河中,阅读的传统一直绵延不断,崇文尚读使中华文明薪火相传,铸就了中华文明的精神底色。而这一传统的延续,离不开古代藏书和近现代图书馆发挥的重要作用。

在古代藏书阶段,中国形成了官府藏书、私人藏书、书院藏书和寺观藏书四大藏书体系。虽然在开放程度方面古代藏书不及近代和现当代图书馆,但部分藏书也小范围地开放。例如,官府藏书主要服务皇室成员和官僚阶层,为朝廷政治事务或史书编纂提供参考,一定程度上也对普通士人开放,如清乾隆时"特开四库,建文宗、文汇、文澜三阁,准海内稽古之士就近观览"。私家藏书虽多为家族内部使用,但也有不少开明的藏书家主动办私学、献藏书、育人才,与读书人共享藏书,促进学术文化交流。如三国时期藏书家向朗"开门接宾,诱纳后进";西晋藏书家范蔚更是为读书者"办衣食",让借阅者安心读书;清代四库编修周永年倡导"与天下万世共读书",先后在济南、北京建成"供人阅览传抄,以广流传"的藉书园;清末藏书家国英创建共读楼,为贫寒学子提供读书场所,创造读书条件,制定《共读楼条规》来完善书籍的借阅流通制度。

至近代,藏书开始由私有走向公共。林则徐在其翻译的《四洲志》里,对西方藏书及图书馆作了较为详细的介绍。随后通过洋务运动、戊戌变法,新式图书馆思想广为传播,清末新政时期一场自上而下设立新式图书馆的公共图书馆运动的开展,促使中国出现了第一批向民众开放的公共图书馆。1910年,我国第一个全国性图书馆章程《京师图书馆及各省图书馆通行章程》拟定,第一条即规定"图书馆之设,所以保存国粹,造就通才,以备硕学专家研究学艺,学生士人检阅考证之用。以广征博采,供人浏览为宗旨"[①]。可见,为社会公众提供阅读服务

---

① 韩永进.中国图书馆史·近代图书馆卷[M].北京:国家图书馆出版社,2017:68.

是新式图书馆的一项重要社会职能。

1949年中华人民共和国成立后,图书馆进入了一个全新的发展时期。党和政府十分重视图书馆事业的发展,各级政府及社会各方面对图书馆推动、引导、服务全民阅读的职责定位也达成了共识。1950年,第一届全国出版会议通过《关于改进和发展书刊发行工作的决议》,提出出版发行单位应当"协助工厂、矿山、农村、部队、机关、学校,建立图书馆、阅览室、读书会、书报供应站等,以开展读书运动"。1983年的"振兴中华读书活动",1997年的"知识工程",图书馆都积极参与,并在其中发挥了重要的引领带动作用。2004年,中国图书馆学会与国家图书馆联合举办了我国第一次大规模的"4·23世界读书日"主题活动,图书馆在全民阅读工作中的主阵地作用日益凸显。

2011年以来,全民阅读进一步上升为国家战略,连续11年被写入《政府工作报告》,两次写入党的全会报告,政府机构、社会组织、出版发行单位、学校、信息服务机构等各行各业都积极加入推动全民阅读的队伍中来。当前,我国已进入全面建设社会主义现代化国家、向第二个百年奋斗目标进军的新发展阶段,新征程既需要坚实的物质支撑,也需要强大的精神力量引领。

在此背景下,图书馆全民阅读工作面临更多新的机遇与挑战。如何在理念、制度、内容、方法和渠道等方面持续开拓创新,不断巩固提升图书馆作为全民阅读主阵地的专业优势与核心竞争力,成为广大图书馆人日益关心关切的重要问题。为此,国家图书馆研究院在2022年8月启动新一卷《中国图书馆事业发展报告》(蓝皮书)编纂工作时,特别选取"图书馆全民阅读"这一主题,旨在对图书馆界在全民阅读中所做的工作作一个系统的梳理总结,同时也期待以此引发业界对今后如何更好地推动、引导、服务全民阅读的深入思考。

本书包括总报告和专题报告两个部分,共七章。其中,总报告界定了本书涉及的主要概念,梳理了我国各级各类图书馆全民阅读工作的发展历程,并结合当前全民阅读的环境与需求,对其未来发展方向和重点进行研究与分析。总报告由国家图书馆研究院院长申晓娟研究馆员负责,李丹、杨凡、邱奉捷参与执笔。专题报告分别从阅读资源建设、阅读环境营造、阅读活动开展、数字阅读服务、特殊群体阅读服务、全民阅读合作等方面,论述图书馆全民阅读工作的现状、经验与问题,并对未来发展进行展望。其中,第二章"图书馆全民阅读资源建设"由湖北省图书馆副馆长谢春枝研究馆员负责,刘元珺参与执笔;第三章"图书馆全民阅读环境营造"由华东师范大学信息管理系范并思教授负责,潘俊彤参与执笔;

第四章"图书馆全民阅读活动开展"由东莞图书馆馆长冯玲研究馆员负责,张利娜、冼君宜、吴纯参与执笔;第五章"图书馆数字阅读服务"由重庆大学人文社会科学高等研究院杨新涯教授负责,罗丽、文佩丹、涂佳琪参与执笔;第六章"图书馆特殊群体阅读服务"由南开大学商学院信息资源管理系肖雪副教授负责,万丽、刘端、龚蕾参与执笔;第七章"图书馆全民阅读合作"由中山大学信息管理学院肖鹏副教授负责,饶梓欣、吴桐树、吴慧婷、冉慧芳、谢莹、聂海燕、彭佳芳参与执笔。同时,为获取翔实、可靠的数据资料,以供图书馆界研究者、实践者及有关管理决策部门参考,本书编纂团队还于2022年底组织开展了问卷调查,在全国图书馆同行的大力支持下,共回收有效问卷294份,其中公共图书馆176份(59.86%),包括国家级图书馆1份,省级、副省级图书馆19份,地市级图书馆41份,区县级图书馆115份;高校图书馆99份(33.67%);中小学图书馆11份(3.74%);专业图书馆6份(2.04%);党校图书馆与军队院校图书馆2份(0.68%)。问卷设计由国家图书馆研究院邱奉捷副研究馆员牵头,与各章节负责人共同完成;问卷统计分析由国家图书馆研究院肖璟波、杨凡负责,统计分析结果分别在各章相应部分呈现。书后附有两个资料性附录,分别汇总梳理了全民阅读相关政策制度及标准规范和图书馆全民阅读工作大事记,由国家图书馆研究院王浩、赵欣钰整理。全书策划、组织及统稿修改等工作由国家图书馆研究院统筹。

积力所举,则无不胜;众智所为,则无不成。全民阅读的开展,需要图书馆界齐心协力,共同努力,继续大力倡导阅读,着力满足人民的阅读需求,提供处处可读、时时可读、人人可读的公共阅读条件,推动形成爱读书、读好书、善读书的浓厚阅读氛围,充分发挥阅读在传播思想文化、提升国民素养、传承民族精神、涵育文明风尚等方面的重要价值。我们非常期待能以本书的出版,为图书馆全民阅读工作的研究和实践提供有益的参考和借鉴。本书在编纂过程中,得到了全国许多图书馆的热情参与和无私帮助,也得到了撰稿专家及其团队的大力支持和辛勤付出,在此一并表示衷心感谢。

国家图书馆研究院
2024年2月

# 目 录

第一章 绪论 ··································································· 1
  第一节 图书馆与全民阅读 ·················································· 1
  第二节 图书馆全民阅读工作发展历程 ······································· 14
  第三节 新时代图书馆全民阅读工作的方向及重点 ··························· 33

第二章 图书馆全民阅读资源建设 ················································ 47
  第一节 图书馆全民阅读资源建设进展 ······································· 47
  第二节 图书馆阅读资源建设面临的问题与挑战 ····························· 62
  第三节 图书馆阅读资源建设的对策和建议 ··································· 66

第三章 图书馆全民阅读环境营造 ················································ 73
  第一节 图书馆阅读环境概述 ················································ 73
  第二节 全民阅读和信息技术对图书馆阅读环境的影响 ······················· 96
  第三节 图书馆全民阅读环境营造实践 ······································ 106
  第四节 图书馆全民阅读环境营造的目标与对策 ···························· 132

第四章 图书馆全民阅读活动开展 ··············································· 145
  第一节 图书馆全民阅读活动概述 ··········································· 146
  第二节 图书馆全民阅读活动开展现状 ······································ 158
  第三节 图书馆全民阅读活动开展的机遇与挑战 ···························· 172
  第四节 图书馆全民阅读活动开展的对策与建议 ···························· 177

**第五章　图书馆数字阅读服务** ·············································· 187
　第一节　图书馆数字阅读服务发展进程 ································ 188
　第二节　图书馆数字阅读服务的范围与模式 ··························· 197
　第三节　图书馆数字阅读服务发展趋势与展望 ························ 211

**第六章　图书馆特殊群体阅读服务** ·········································· 225
　第一节　图书馆特殊群体阅读服务概述 ································ 225
　第二节　图书馆特殊群体阅读服务现状 ································ 232
　第三节　图书馆特殊群体阅读服务的机遇与挑战 ····················· 254
　第四节　图书馆特殊群体阅读服务发展趋势与建议 ·················· 267

**第七章　图书馆全民阅读合作** ················································ 283
　第一节　图书馆全民阅读合作概述 ······································ 283
　第二节　图书馆全民阅读合作的历史回顾 ····························· 287
　第三节　图书馆全民阅读合作的现状 ··································· 292
　第四节　图书馆全民阅读合作的问题与建议 ·························· 321

**附录一　全民阅读相关政策制度目录** ········································ 334
**附录二　全民阅读大事记** ······················································ 343

# 第一章 绪论

中华民族自古以来就热爱读书,有着诗书传家的优良传统。关于读书的名人名言不胜枚举。宋代黄庭坚说"三日不读书,便觉言语乏味,面目可憎";明朝董其昌说"读万卷书,行万里路";张元济有名言"数百年旧家无非积德,第一件好事还是读书";毛泽东在青少年时就明确了"改造社会、改造中国"的读书目的;习近平总书记指出,"要提倡多读书,建设书香社会,不断提升人民思想境界、增强人民精神力量,中华民族的精神世界就能更加厚重深邃"。

阅读不仅对个人具有重要意义,能够极大地提升个人的知识水平和思维能力;同时,对国家和民族的进步也有着积极影响。因此,世界各国往往都非常重视、倡导全民阅读。我国也十分重视全民阅读工作,党和政府颁布了一系列政策文件来推动全民阅读,把全民阅读上升到了国家战略层面,并先后启动了知识工程、农家书屋、职工书屋等项目,在全社会营造爱读书、读好书、善读书的良好氛围。2022年,首届全民阅读大会召开,习近平总书记对全民阅读工作提出了新的要求,全民阅读工作进入新的历史阶段。在这一时代背景下,图书馆如何在全民阅读中发挥更大作用,更好地满足人民日益增长的阅读需求,是图书馆界不断探索、创新实践的重大课题。

## 第一节 图书馆与全民阅读

图书馆作为文化传承的重镇、知识集散的殿堂,具有开展阅读服务的天然属性,是推动、引导、服务全民阅读的主阵地。早在20世纪20年代,中国现代图书馆刚刚兴起之时,图书馆学家刘国钧就指出,图书馆的基本任务是"以用书为目的,以诱导为方法,以养成社会上人人读书之习惯为指归"[1]。一个多世纪以来,各级各类图书馆在推广阅读、服务阅读方面始终扮演着不可替代的重要角色,作出了突出贡献。

**一、阅读与全民阅读**

广义的阅读可以指人类所有的认知活动,是人们用各种感官感受时间、空间,从而获得丰富的认知和体验。[2]《中国大百科全书(第三版)》将阅读定义为"个体一生中获取知识信息、发展智力、社会交往最重要的途径之一,其本质是实现书面文本的意义理解"[3]。王余光认为,阅读是一种从书面语言和符号中获得意义的社会行为、实践活动和心理过程,是阅读主体(读者)与文本相互影响的过程,是阅读主体实践活动与精神活动的一种体现。[4] 上述阅读定义可视为狭义阅读,其共同之处在于将阅读对象限定在书面文本和符号中。随着新型技术不断涌现,阅读载体变得更加丰富,特别是数字时代来临之后,阅读方式变得更加灵活多元,阅读的内涵和外延也不断扩大。本书主要以狭义的阅读作为研究对象,即主要以各种形式的信息为阅读对象,以获取信息、发展智力为阅读目的,从而开阔视野,滋养心灵,增强精神力量,提升生活幸福感。

随着社会的发展进步,阅读作为人们获取信息、学习知识、拓宽视野、增长才智的重要途径,日益成为现代社会一项重要的民主权利和民生保障,随之而来,全民阅读也逐渐成为现代国家普遍重视的一项重要社会发展目标。1995 年,联合国教科文组织将每年的 4 月 23 日确定为"世界图书与版权日"(又称"世界读书日"),号召散居在全球各地的人们,无论年老还是年轻,贫穷还是富有,患病还是健康,都能享受阅读带来的乐趣,标志着全民阅读工作正式被纳入全球教育文化生活。自此,每年的 4 月 23 日前后,世界各地都会举办丰富多样的读书活动。在我国,政府层面主动谋划、推动全民阅读工作,一般以 1997 年 1 月《关于在全国组织实施"知识工程"的通知》发布为标志。"知识工程"的总体目标之一,就是形成全社会爱书、读书、利用图书馆的良好风尚,提高全民族的思想道德素质和科学文化素质。进入 21 世纪以来,随着国家文化教育事业的进一步繁荣兴盛,全民阅读进一步上升为国家战略。2011 年,"深入开展全民阅读活动"首次被写入党的全会决议;2012 年,党的十八大首次将"开展全民阅读活动"写入党的全国代表大会报告;2014 年,"全民阅读"第一次被写入国务院《政府工作报告》。此后,党和国家围绕全民阅读工作,先后出台一系列重要政策举措,各地也纷纷制定实施有关全民阅读的行政法规、政策文件,推动全民阅读工作不断走向深

# 第一章 绪论

入,促使社会阅读氛围日趋浓厚。

从本质上看,阅读更多是个人行为,而全民阅读则是全民共同参与的普遍社会行为,其内涵主要体现在以下两个方面:

一是全民阅读的目标是全民参与阅读。全民阅读的核心要义,是要在全社会营造人人爱读书、读好书、善读书的良好氛围,让每一个人,无论其性别、年龄、职业、健康状况、受教育程度等,都能够普遍均等地获得阅读的权利,都能够自觉主动地参与到阅读中来,并从中获益。

二是全民阅读的实现路径是全社会各行业的共同支持和参与。营造人人爱读书、读好书、善读书的社会氛围,需要依靠全社会各领域的共同努力,其中既需要政府部门提供政策、经费等方面的支持和保障,也需要出版发行机构策划出版适应社会需求的优质阅读资源,还需要图书馆等公共阅读服务机构提供舒适的阅读环境、专业的阅读指导和丰富多样的阅读推广活动。在数字网络信息环境下,数字阅读服务日益兴起,有关新兴行业也日益广泛地参与到推动、引导、服务全民阅读的行列中来。

本书将各行业为推动、引导、服务全民阅读所开展的一系列工作统称为"全民阅读工作",主要包括阅读资源建设、阅读设施提供、阅读环境营造、阅读活动策划、阅读服务推广、阅读素质培养等多方面内容。

## 二、全民阅读推广服务体系

2020年10月,中共中央宣传部印发《关于促进全民阅读工作的意见》,提出"到2025年,通过大力推动全民阅读工作,基本形成覆盖城乡的全民阅读推广服务体系"[5]。2023年4月23日,中宣部部长李书磊在第二届全民阅读大会开幕式讲话中指出,要加快构建"覆盖城乡的全民阅读推广服务体系",提供处处可读、时时可读、人人可读的文化条件。对于"全民阅读推广服务体系"的概念内涵及构成要素,有研究者结合党的十八大以来三份重要文献(《全民阅读促进条例(征求意见稿)》《中华人民共和国公共文化服务保障法》《全民阅读"十三五"时期发展规划》),指出这一体系的基本框架"是由专门的全民阅读促进机构统领,联合各级各类相关机构,包括政府职能部门和企事业团体单位,以助益于阅读的各类活动为主要形式,以优质阅读内容为依托,以广大人民群众为对象,以各类'阅读弱势'群体为重点,开展有始有终、善始善终的阅读推广服务"[6]。笔者认为,全民阅读推广服务体系应体现政府主导、多元参与、协同保障、全面覆盖的特征和要求,因此,其参与主体必然是多元的不同主体,分别在政策和经费保障、内容供给、氛围营造、活动策划与组织实施、宣传推广等方面担负不同职责,共同推进全民阅读的开展和书香社会的建设。

(一)全民阅读政策和经费保障主体

全民阅读的政策和经费保障主体主要是立法部门和政府部门。各级立法部门和政府部门通过制定法律法规和政策文件为全民阅读提供政策保障。如中央立法机构制定了《中华人民共和国公共文化服务保障法》(以下简称"《公共文化服务保障法》")、《中华人民共和国公共图书馆法》(以下简称"《公共图书馆法》")等国家法律,以法律形式明确全民阅读是公共文化服务体系建设和公共图书馆事业的重要任务;各级立法部门除了制定《广东省全民阅读促进条例》等全民阅读专门法规,还制定了《安徽省公共文化服务保障条例》《湖北省公共图书馆条例》《佛山市公共图书馆管理办法》等地方性法规,对全民阅读的开展机构、工作内容、保障措施等方面进行规定;各级政府制定了全民阅读专门文件或在发展规划、公共文化服务等相关政策文件中对全民阅读有所涉及。各级政府部门还通过财政拨款的形式为全民阅读提供经费保障,经费在总体上呈增长态势。以县级以上公共图书馆中央财政拨款为例,由改革开放之初的5040万元增加到近198.79亿元,增长了约394倍,其中购书经费由2163万元增加到23.15亿元,增长了约106倍。① 此外,社会力量在经费保障方面也发挥着重要作用,许多公民、法人和其他组织通过捐赠或联合开展活动等形式为全民阅读,特别是其中非营利性资源的供给提供经费支持。

(二)全民阅读内容供给主体

优质的阅读内容是全民阅读工作的基础。阅读内容提供主体主要包括出版机构、发行机构和公共阅读服务机构。其中,出版机构主要以生产阅读资源的形式,为全民阅读提供阅读内容。书店、书报亭等发行机构,一些以提供阅读资源、听书资源等为主业的资源提供商,图书馆、农家书屋等公共文化服务机构,主要以提供商业性或公益性阅读资源和服务产品的形式,为全民阅读提供阅读内容服务,这些机构是阅读内容由出版机构走向读者的中介。近年来,我国每年出版50多万种出版物。其中,2023年全国共出版图书50.2万种[7],较2013年的44.4万

---

① 数据来源于国家图书馆研究院2024年10月发布的《2023年中国公共图书馆事业发展基础数据概览》。

种[8],增长了13%,读者的阅读选择极大丰富。同时,面对媒体融合、智能出版的发展大势,面对阅读的数字化、碎片化、个性化倾向,各出版机构积极探索,出版形式多样的数字产品,以有声读物、互动书、数据库等多元形态,为全民阅读提供了形式多样的新型阅读内容。

（三）全民阅读氛围营造主体

阅读空间建设、阅读引导和阅读习惯培养是营造良好阅读氛围的重要途径。图书馆、实体书店等在阅读空间建设方面有长期的积累和优势,近年来通过新技术的应用,为读者创造更具体验感、更富吸引力的阅读场景。图书馆、新闻出版机构等可以做好内容推荐,细化阅读指导,更好地营造出爱读书、读好书、善读书的良好氛围,引导公众通过阅读获取知识、启智增慧、培养道德。一些商场、咖啡馆等商业机构成为新兴线下阅读空间,延伸了阅读的触角。学校作为面向儿童和青少年阅读的重要场所,也是全民阅读的重要践行者,可以将读书行动与学校教育教学、课后服务活动和学生日常生活紧密结合。在空间方面,充分利用教室等校内空间,设置读书角,放置图书架,方便学生时时阅读、处处阅读;在阅读指导方面,开设阅读指导课,同时,结合各学科课程教学和跨学科主题教学活动,有针对性地指导学生阅读相关的课内外读物。家庭是社会的基本细胞,也是开展全民阅读的基础单元。"耕读传家久,诗书继世长。"开展家庭阅读,有助于塑造家庭文化,营造健康和谐的家庭氛围;特别是在家庭中开展亲子阅读,有助于青少年产生阅读兴趣,培养阅读习惯。

（四）全民阅读活动开展主体

在阅读组织与活动开展方面,各类主体围绕提升阅读兴趣、培养阅读习惯、提高阅读能力,积极策划组织相关活动。各级各类图书馆通过举办讲座、展览、培训等文化交流和阅读推广活动等形式,推动、引导公众参与阅读。学校通过组织或鼓励学生组建读书社团或兴趣小组,开展丰富多样的阅读活动,带动学生开展阅读。出版社不再局限于只是阅读内容的提供者,为了使阅读内容更好地触达读者,推进全民阅读,也通过发布全民阅读书单、举办读书会、组织作者领读、开展读者开放日等活动形式,推进全民阅读进农村、进社区、进家庭、进学校、进政府、进企业、进军营。此外,随着全民阅读的发展,越来越多具有社会责任和文化诉求的商业机构、实体书店等也通过开办读书会、讲座等活动,吸引更多公众参与阅读。特别是近年来,各类机构积极合作,共同开展阅读活动,一同推动覆盖全社会、多元参与的全民阅读推广服务体系的建设。

### (五) 全民阅读宣传推广主体

全民阅读，难在"全民"。只有通过各方的大力宣传推广，才能提升全民阅读的参与度、影响力，早日真正实现全民阅读。广播、电视、报刊等新闻媒体是宣传全民阅读的重要媒介，一方面通过积极宣传报道全民阅读活动，促进公众的参与，扩大全民阅读活动的影响力；另一方面通过开辟专栏、普及阅读知识、刊播全民阅读公益广告等方式提供全民阅读信息服务，传播正确的阅读价值理念。图书馆是全民阅读宣传推广的重要阵地，各级各类图书馆通过常态化地开展全民阅读推广活动、培育阅读推广人等方式，吸引公众关注和参与阅读，搭建全民阅读推广服务体系。学校也是加大全民阅读宣传推广力度的主力军。近年来，学校在教育理念和课程设置中不断地加大阅读比重，以引起家长和学生对阅读的重视，并利用校园文化墙、校园广播等多种形式，加强校园读书文化建设，营造书香校园。

## 三、图书馆的全民阅读工作

早在1949年，联合国教科文组织（UNESCO）和国际图书馆协会与机构联合会（International Federation of Library Associations and Institutions，以下简称"国际图联"）在其联合发布的《公共图书馆宣言》中就旗帜鲜明地阐明了图书馆促进阅读的独特作用，强调公共图书馆必须激励阅读兴趣，并将注意力置于个人阅读指导等重要活动。该宣言于1972年、1994年和2022年三次修订，最新修订版本将"培养和加强儿童从出生到成年时期的阅读习惯""发起、支持并参与素养活动和项目，使各年龄段的人能提升阅读和写作能力"列为公共图书馆的基本任务[9]，进一步凸显了公共图书馆在促进阅读方面的专业使命。在国际组织的倡导和推动下，许多国家在制定阅读相关法律、政策时，都将图书馆列为重要的公共阅读服务场所予以支持和保障。例如，日本《推动儿童读书活动基本计划》（2008年）强调图书馆是儿童阅读环境的重中之重，并提出进一步充实公共图书馆和学校图书馆，强化它们的阅读推广职能[10]；俄罗斯于2006年发布了《国家支持与发展阅读纲要》，明确了图书馆在国家支持和发展阅读中起到的基础性作用，并要求图书馆系统建立和扶持国民阅读文化发展中心[11]；韩国《读书文化振兴法》要求每五年组织制定"读书文化振兴基本计划"，其中应包括"图书馆等读书文化振兴机构设施的改善与图书文献的保障"[12]；等等。在各国为推动图书馆事业发展所出台的专门法律、政策中，图书馆推动、服务、引导全民阅读的职责和使命也普遍被突出强调。例如,韩国《图书馆法》规定,"图书馆服务包括所有支持公众读书活动的有形或无形服务",公共图书馆设立及运营的主要目的之一是"促进公众的读书活动"[12]3;南非《图书馆与信息服务法》规定,建立、提供和发展图书馆与信息服务的主要目的之一是"提供方便的阅读和信息来源,以促进阅读和终身学习"[12]167;英国文化传媒和体育部在2003年出台的图书馆十年发展规划——《未来的框架:下一个十年的图书馆、学习与信息》中,将"阅读推广和促进非正式学习"作为公共图书馆三大使命之首[13]等等。在全民阅读工作当中,图书馆具有区别于其他行业的独特优势,主要表现在服务对象覆盖全民,资源供给力求系统全面,读者服务突出专业性等方面。

(一)服务对象覆盖全民

图书馆服务具有全民性,这一特性是通过图书馆平等、免费、开放服务来实现的。作为民主制度的产物,近代图书馆自19世纪诞生起,就是为了保障公民平等享受阅读的权利而做出的一种制度安排,天然带着普遍均等的属性。2001年8月,联合国教科文组织和国际图联发布的《公共图书服务发展指南》提出,"公共图书馆的一项最基本的原则就是它的各项服务必须对社区的所有成员开放"[14]。2022年7月,国际图联第87届世界图书馆与信息大会发布了更新版《公共图书馆宣言》,重申"公共图书馆应不分年龄、种族、性别、宗教、国籍、语言、社会地位或其他任何特征,向所有的人提供平等的服务。必须向由于种种原因不能利用其常规服务和资料的人,如少数语言群体、残疾人、缺乏数字或计算机技能的人、读写能力较差的人、医院病人及服刑人员等,提供特别服务和资料"[9]。普遍均等服务已成为世界各国公共图书馆事业坚守的共同原则和发展目标。

为实现图书馆服务的普惠均等,世界各国采取了多种有效路径。其中最根本的前提之一,就是公共图书馆的免费开放。印度图书馆学家阮冈纳赞提出的"图书馆学五定律"不仅是世界图书馆学的基本理论,也是公共图书馆免费开放的一个理论依据。特别是第二定律"每个读者有其书"要求图书馆的大门向一切人敞开,强调每个人都享有利用图书馆的平等权利,并主张国家应该从经费、图书馆立法、构建全国图书馆协调网络三个方面来保障图书馆的普及服务。[15] 1949年版《公共图书馆宣言》明确提到,必须立法保障并完全由公费支持公共图书馆事业,对社区所有成员实行同样条件的服务,对所有人免费服务。[16] 1972年版《公共图书馆宣言》进一步指出,"公共图书馆完全依靠公共资金来维持活动,为此,为任何人的服务,都不应当直接收费"[17]。《公共图书馆服务发展指南》

(2001)再次强调:向用户收取服务费和会员费不应当成为公共图书馆的收入来源,因为这会使是否有能力付费成为决定谁可以使用公共图书馆的标准,从而减少对图书馆的利用,破坏公共图书馆必须对所有人开放的最基本原则"。[14]加拿大的《公共图书馆法》专门对"图书馆的免费服务"进行了规定,要求"所有委员会都应该允许公众:预约、借阅符合规定的流通文献,或者预约、借阅特种文献;以及无须任何费用使用该委员会认为切实可行的参考咨询服务"[12]447。芬兰的《图书馆法》专门设立了"免费图书馆服务"一章,规定"图书馆馆藏资料的馆内使用和外借应免费""中心馆和省级图书馆向公共图书馆提供的馆际互借服务应免费"[12]341。

在我国,图书馆界在2000年左右兴起了第二次"新图书馆运动",充分讨论了图书馆权利、图书馆精神、图书馆核心价值等概念,倡导公共图书馆回归免费、开放、包容、平等的基本精神。与此同时,杭州图书馆、深圳图书馆等一批公共图书馆率先开展了免费开放服务的实践探索。[18]2010年《政府工作报告》提出[19],要"推进美术馆、图书馆、文化馆、博物馆免费开放"。此后,"十二五"规划纲要把基层公共文化设施免费开放列为推进基本公共服务均等化、保障和改善民生的重点任务之一,作为大力发展文化事业、增强公共文化产品和服务供给的首要任务。2011年1月26日,《文化部、财政部关于推进全国美术馆公共图书馆文化馆(站)免费开放工作的意见》(文财务发〔2011〕5号)印发,其中明确指出,"公共图书馆是政府举办的公益性文化事业单位",确立了公共图书馆免费开放的基本原则、基本内容、实施步骤、具体措施和保障机制,是我国政府第一次颁布实施的全国公共图书馆免费服务的国家政策。随后,各地相继制定一系列公共图书馆免费开放服务政策,免费服务成为中国公共图书馆的基本原则,并通过《公共图书馆法》予以确认。

除此之外,长期以来,我国图书馆事业的体系化、标准化、数字化、网络化建设成果,也为实现阅读服务的普惠均等奠定了坚实基础。一是建立覆盖全国、纵横联动的图书馆设施网络体系,推动全民阅读资源和服务不断延伸到城乡基层。从横向来说,由公共图书馆、高校图书馆、专业图书馆、军队图书馆等不同类型图书馆构成的服务体系已经建立,其中包括3246个县以上公共图书馆、4万多个乡镇综合文化站图书室、近3000家普通高等学校图书馆,约20万所中小学校图书馆①,以及中国科学院和中国社科院分别在各自系统内设立的各级科研机构图

---

① 据《2023年全国教育事业发展统计公报》显示,2023年全国高校共3074所,义务教育阶段学校19.58万所。按每个学校都设置有图书馆估算,全国应有高校图书馆3000余所,中小学校图书馆近20万所。

书文献服务机构。[20]在此基础上,一套行之有效的横向协调机制逐步形成,中国高等教育文献保障系统(CALIS)、高校中英文图书数字化国际合作计划(CADAL)、首都图书馆联盟、湘鄂赣皖图书馆联盟、长三角公共图书馆网借图书服务联盟等图书馆联盟和合作组织在开展跨地区、跨系统的图书馆全民阅读合作方面持续发挥重要作用。截至2024年底,全国已有95%的县级图书馆建成总分馆服务体系①,通过设在乡镇/街道、村/社区的数万个分馆和基层服务点,推动各级图书馆的优质资源和服务向城乡基层广泛延伸。近两年,文化和旅游等系统正在探索将农家书屋等基层阅读设施纳入图书馆总分馆体系,加强优质阅读资源的整合利用。二是以标准化手段,指导各级各类图书馆按照保基本、促公平的要求,提升阅读资源保障能力和服务水平。一方面全面贯彻落实国家基本公共文化服务标准要求,保障各级图书馆在设施、资源、服务上的基本水平;另一方面通过组织公共图书馆评估定级、开展《公共图书馆服务规范》《公共图书馆业务规范》等国家标准和行业标准培训宣贯等方式,指导推动各级图书馆有针对性地提高业务建设和服务水平,逐步提升阅读服务能力。三是通过实施全国文化信息资源共享工程、数字图书馆推广工程等公共数字文化工程,构建覆盖全国的国家数字图书馆服务网络,使图书馆的优质阅读资源得以打破时空界限,更加方便快捷地服务广大公众,惠及城乡居民。数字图书馆推广工程构建了联通全国的数字图书馆网络体系,近300家省、市级图书馆接入该体系,通过专用网络向全国各级公共图书馆提供200余万册中外文图书;上线"网络书香·阅见美好"微信小程序,关联全国1500余家图书馆,为城乡基层居民提供优质移动阅读资源,用户达134万人次。文化共享工程建成1个国家中心,33个省级分中心,2843个市县支中心,31337个乡镇(街道)基层服务点,70万个行政村(社区)基层服务点[21],通过这一网络传输优质数字阅读资源。此外,教育、出版、工会等系统也分别建设了本系统的数字图书馆服务体系,在推动、引导、服务全民阅读方面发挥积极作用。例如,教育部于1998年启动中国高等教育文献保障系统建设,支持面向全国1700多所院校的数字共享服务;中宣部等十部门于2019年2月联合印发《农家书屋深化改革创新提升服务效能实施方案》,部署"开展农家书屋数字化建设",推动全国60%的农家书屋于2022年底前完成数字化建设,全国数字农家书屋达36.1万个,其中安徽、江苏、湖北等省实现数字农家书屋全覆盖[22];中华全国总

---

① 文化和旅游部对十四届全国人大二次会议第8559号建议的答复[EB/OL].[2024—12—24]. https://zwgk.mct.gov.cn/zfxxgkml/zhgl/jytadf/202412/t20241224_957321.html.

工会统筹开展的电子职工书屋建设工作,至2022年底已累计覆盖职工达到2500万。[23]近年来,随着微信、微博、抖音、头条等新媒体平台的蓬勃发展,很多图书馆也开始主动适应新媒体用户需求和阅读习惯,创新推出有时代特色的新媒体阅读服务产品,同时依托这些新媒体平台加大对阅读资源和服务的宣传推广,吸引更多公众利用图书馆,参与全民阅读。

（二）资源供给系统全面

收集、整理、存储和提供文献信息资源是图书馆最基本的职能之一。诸多法律政策都确认了图书馆的这一职能。例如,《公共图书馆法》规定:"公共图书馆应当根据办馆宗旨和服务对象的需求,广泛收集文献信息;政府设立的公共图书馆还应当系统收集地方文献信息,保存和传承地方文化。"《公共图书馆服务规范》(GB/T 28220—2023)规定,公共图书馆馆藏文献信息资源建设应与日益增长的读者需求和本地区经济、文化与社会事业发展相适应,与少年儿童、老年人、残疾人等群体的特点相适应[24],并规定了入藏总量和年新增藏量的量化要求。《普通高等学校图书馆规程(2016)》规定:"高等学校图书馆是学校的文献信息资源中心""图书馆在文献信息资源建设中应统筹纸质资源、数字资源和其他载体资源;保持重要文献、特色资源的完整性与连续性;注重收藏本校以及与本校有关的各类型载体的教学、科研资料与成果;寻访和接受社会捐赠;形成具有本校特色的文献信息资源体系。"[25]《中小学图书馆(室)规程(2018)》也规定:"图书馆是中小学校的文献信息中心""学校应根据发展目标,以师生需求为导向,统筹纸质资源、数字资源和其他载体资源,制定图书配备与其他馆藏文献信息建设发展规划。""图书馆每年生均新增(更新)纸质图书应当不少于一本。"[26]

与出版社、书店、线上图书商城、数字阅读平台等渠道相比,图书馆在阅读资源供给方面有其独特优势。第一,图书馆一般都会制定完备的馆藏发展政策,并经过多年积累形成具有一定规模的馆藏体系。截至2023年底,全国县以上公共图书馆总藏量近14.4亿册/件;①截至2022年底,高校图书馆纸质图书累积总量约为17.19亿册。[27]第二,图书馆拥有许多特殊馆藏。除了能够提供近年新出版的书籍报刊资料,还收藏有大量市场上已经无法获取的绝版图书,并且在长期发展过程中积累了丰富的珍贵典藏,如被誉为国家图书馆"四大专藏"的"敦煌遗书""赵城金藏"、《永乐大典》、文津阁《四库全书》。截至2023年底,全国公共图

---

① 数据来源于国家图书馆研究院2024年10月发布的《2023年中国公共图书馆事业发展基础数据概览》。

书馆馆藏古籍共计2708.54万册/件,其中,善本约288.82万册/件[28];截至2022年底,高校图书馆中文古籍累积总量约为1359万册/件。[27]第三,图书馆的馆藏资源建设注重资源的完整性,遵循体系化建设思路,在学科、文种、载体类型等方面力求完备,如统筹建设纸质资源、数字资源和其他载体资源,能够更好地满足用户不同领域、不同层次的文献信息需求。

（三）读者服务突出专业性

推动、引导、服务全民阅读,除了尽可能地吸引更多人参与阅读、爱好阅读以外,需要关注两个方面的关键问题,一是引导人们读什么,即阅读资源的选择问题;二是帮助大家如何读,即阅读能力、素质的习得问题。图书馆致力于阅读服务多年,在这两方面都有较为深厚的专业积累。

在阅读资源的选择方面,图书馆秉持"为人找书,为书找人"的职业追求,由专门的采编部门开展文献采选工作,并制定相关的馆藏发展政策、文件来规范和指导有关工作,对各种类型、不同载体文献的采选原则、采选范围、采选标准等都进行了细致规定。如教育部高等学校图书情报工作指导委员会文献资源建设工作组编制了《普通高等学校图书馆文献资源发展政策编制指南》。同时,考虑到文献资源发展政策涉及图书馆工作的多个方面,还组织制定了《文献采选原则与标准编制指南》《文献集中采购工作指南》《电子文献发展政策编制指南》《文献资源发展协作指南》《馆藏复选指南》和《馆藏评价指南》,共同构成完整的文献资源发展指南系列。[29]

近年来,国内每年新出版图书保持在40万至50万种,对广大公众而言,从中选择适合自己的好书并不容易。图书馆作为专业的阅读服务机构,在推荐图书方面积累了丰富经验,特别是能提供针对不同人群、不同专题、不同需求的适配好书。在遴选出推荐图书后,图书馆还常常通过设立新书专架、发布推荐书目、公布馆藏借阅排行、举办专题讲座、典籍展览、读者沙龙、亲子共读等形式,及时向公众宣传推介优质馆藏,加大优质阅读内容的引领。例如,2004年,国家图书馆策划启动"文津图书奖"评选活动,至今已连续评选19次,评出获奖图书231种,推荐图书827种。为保证奖项真正为读者阅读而设,"文津图书奖"始终坚持公益性原则,在评选流程、评选人员选择上严格把关,采取大众推荐、读者投票和专家评审相结合的方式进行评选。参评图书首先由读者、作者、出版社、学界专家和各级图书馆推荐产生,然后由国家图书馆聘请各领域专家,组成评审委员会初评和终评。评选过程广泛参与、公开透明,评选结果客观公正,"纯粹、干净"。"文津图书奖"设立以来,一直得到社会各界的高度信任和广泛支持,每年全国都有数百家图书馆和其他阅读服务机构共同参与。图书馆员的专业素养也能让馆员发现一些"冷门"、小众但有价值的图书,并面向读者推荐,使其能够为更多读者知晓,提高利用率。2018年,上海图书馆举办"书海遗珠——发现暂时被遗忘的好书"文献推荐展,向读者集中推介一批内容精良却少人问津的优质图书,取得了很好的社会反响。[30]

在阅读能力、素养的培育方面,图书馆一贯重视为读者提供有针对性的阅读指导和帮助,并将其作为图书馆的核心任务。国际上,《公共图书馆宣言(2022)》规定公共图书馆服务的核心任务包括"培养并加强儿童从出生到成年时期的阅读习惯;本着建设知情、民主社会的精神,发起、支持并参与素养活动和项目,使各年龄段的人能提升阅读和写作能力,促进媒介与信息素养、数字素养技能的发展"[9]。在我国,2023年9月,新修订发布的《图书馆服务宣言》倡导"图书馆建设覆盖全社会的全民阅读推广服务体系,培养儿童阅读习惯,提升公民信息素养,支持学校教育、家庭教育、社会教育和终身学习"[31]。《普通高等学校图书馆规程(2016)》规定"图书馆应全面参与学校人才培养工作,充分发挥第二课堂的作用,采取多种形式提高学生综合素质。图书馆应重视开展信息素质教育"[25]。《中小学图书馆(室)规程(2018)》规定图书馆的主要任务之一为"指导学生掌握检索与利用文献信息的知识与技能;组织学生阅读活动,培养学生的阅读兴趣和阅读习惯""学校可根据需要设立阅读指导机构,指导和协调全校阅读活动的开展""开设新生入馆教育、文献信息检索与利用、阅读指导课等,鼓励纳入教学计划"[26]。

围绕培育读者阅读素养,图书馆的专业能力体现在以下几个方面:一是面向读者开展阅读素养培训,如开设阅读素养、信息素养方面的课程,举办数据库使用讲座,出版阅读能力培养图书等。例如,金陵图书馆"阅美"阅读推广志愿服务队走进南京市北京东路小学、宁海中学与三十九中等,开展"阅读·金陵"图书馆素养课教学,引导、帮助学生掌握科学的阅读方法,培养阅读习惯和阅读兴趣[32];上海市教育学会等机构合作举办上海市中小学图书馆资源利用与素养提升教学观摩评比活动,突出中小学图书馆的教育功能[33];浙江大学图书馆建成"三人行"读者阅读素养提升活动品牌,邀请学生导师,从同辈视角出发,构建了阅读方法+读书笔记+书评撰写+演讲演说的阅读素养课程体系;中国图书馆学会阅读推广委员会联合公共图书馆及高校图书馆,共同编纂出版《书与阅读文

# 第一章 绪论

库》《中国阅读报告丛书》《阅读推广丛书》[34]三套阅读指导类丛书,内容包括阅读知识、阅读方法、图书推荐等方面,为公众提供阅读指导。

二是面向图书馆员开展阅读推广经验、方法的交流培训。支撑图书馆发挥全民阅读工作专业性的关键在于专业的图书馆员队伍。截至2023年底,我国公共图书馆有6万余名图书馆员[35];截至2022年底,高校图书馆馆均在编工作人员28.6人。[27]图书馆员作为图书馆全民阅读的组织者和实施者,其专业水平的高低直接影响着图书馆全民阅读的实施效果。为此,图书馆经常通过开班授课、系列讲座等方式组织开展面向图书馆员的阅读推广培训,培养阅读推广人才。例如,首都图书馆在2023年5月开展的"京和书香——书香'智'远,'志'爱无疆"文化援建主题活动中,专门组织《阅读推广的组织案例》和《图书馆传统文化典籍的推广》两场讲座,帮助和田地区图书馆员提升阅读服务能力。

三是积极开展面向社会其他机构、组织和个人的阅读推广人培育行动。"阅读推广人"是指具有一定资质,可以开展阅读指导、提升读者阅读兴趣和阅读能力的专业与业余人士。[36]2014年底在江苏常熟举办的全民阅读事业推广峰会上,中国图书馆学会正式启动阅读推广人培育行动。经过多年的发展和完善,该行动已经成为学会推进全民阅读工作的重要品牌。中国图书馆学会自2015年开始组织编写"阅读推广人系列教材",至2022年底已出版六辑共36本,这些教材对图书馆阅读馆员队伍建设及面向社会的阅读推广人培养都有积极指导和借鉴意义。与此同时,各级各类图书馆也积极组织阅读推广人培育工作。例如,国家图书馆于2021年起每年组织举办儿童阅读指导培训班,面向文化机构相关从业人员、阅读推广人和儿童家长,开设儿童教育、儿童文学、儿童阅读推广和图书馆未成年人服务等方面课程;西安工程大学图书馆从理论学习、实践锻炼、考核认证三方面培育大学生阅读推广人[37];武汉大学自2018年发起"书香大使"活动,深入挖掘图书馆的育人资源和育人要素,充分发挥其"第二课堂"的作用,将学生从读者变为"阅读推广人",利用假期回家乡的机会,策划组织针对少儿的阅读分享[38];上海市图书馆学会于2014年成立"阅读推广人"工作组,建立阅读推广人制度,采用"3+X"课程体系模式[39]开展阅读推广人培育工作;等等。此外,一些地区还在实践工作基础上积极总结经验,加以理论深化,形成有关工作制度和管理办法,如《深圳市阅读推广人管理办法》《张家港市阅读推广人管理办法》《张家港市阅读推广人资格认证管理制度》等,为图书馆进行专业化的阅读推广人队伍建设提供规范指引。

## 第二节　图书馆全民阅读工作发展历程

虽然"全民阅读"这一概念出现的时间还不长,但对于图书馆在推动、引导、服务全民阅读方面的独特作用,各级政府及社会各界很早就已经形成共识。早在1950年,第一届全国出版会议通过《关于改进和发展书刊发行工作的决议》,提出出版发行单位应当"协助工厂、矿山、农村、部队、机关、学校,建立图书馆、阅览室、读书会、书报供应站等,以开展读书运动"。1981年,国务院办公厅在转发文化部等单位关于全国少年儿童图书馆工作座谈会的情况报告的通知中,也曾指出,"建立少年儿童图书馆(室),组织和引导广大少年儿童多读书,读好书,是促进下一代健康成长必不可少的重要手段"。1983年,经全国总工会倡议,以读书小组、知识竞赛、演讲团、书评小组及个人自学等多种形式,在全国范围内普遍开展振兴中华读书活动。当年12月,文化部图书馆事业管理局专门印发《关于要求各级图书馆积极配合读书活动的通知》,要求"各级图书馆要在当地读者活动指导委员会的统一部署下,与工会、共青团、学校紧密配合,采取各种服务方式,如编制推荐书目、举办知识讲座、开展图书评论、交流读书心得等,不仅要把尽可能多的读者,特别是青少年读者,吸引到读书活动中来,而且要通过正确的阅读指导,使他们真正受到爱国主义、共产主义和各种有益的教育"。1989年,文化部规定,全国公共图书馆将每年5月的最后一周设为"图书馆服务宣传周",实际上也是一次阅读宣传活动。到20世纪90年代初,全国各地以倡导读书为宗旨的文化工程项目络绎兴起,如广西壮族自治区实施的"知识工程"、江苏省江阴市实施的"一二三"家庭读书工程等,无一例外都将图书馆作为重要阵地。其中,广西壮族自治区的"知识工程"影响尤为显著,不仅在自治区范围内得到广泛支持,并且引起中央有关部委高度重视。1997年,《关于在全国组织实施"知识工程"的通知》发布,进一步向全国各地推广广西经验。自此,图书馆全民阅读工作进入了新的发展阶段。为此,本书以1997年为节点,对1997年以来我国图书馆开展全民阅读工作的发展历程进行梳理,尝试开展分期研究,述往思来,以更加全面细致地呈现图书馆全民阅读工作全貌,并为今后更好地开展全民阅读工作提供参考借鉴。本书选取对全国图书馆全民阅读工作具有全局性、深远性、决定性影响的大事作为历史分期依据,以2004年国内首次开展"4·23世界读书日"活动,以及 2011 年"深入开展全民阅读活动"首次写入党的全会决议为关键节点,将我国图书馆全民阅读工作发展历程分为三个阶段,并分别对这三个阶段图书馆全民阅读工作的主要特点进行总结梳理。

## 一、第一阶段(1997—2003 年):工程项目带动下图书馆全民阅读工作基础保障能力的强化建设阶段

1997 年 1 月,中宣部、文化部等九部委联合印发《关于在全国组织实施"知识工程"的通知》(以下简称《通知》)。《通知》指出,"在全国范围内推广和组织实施'知识工程',可以吸引越来越多的人热爱书籍,多读书、读好书,让全社会每一个人都能走进图书馆、利用图书馆,增强全社会的图书馆意识,充分发挥各级各类图书馆为经济建设和社会主义精神文明建设服务的社会作用,树立起崇尚知识、崇尚科学、崇尚文明的好风尚,提高整个民族的思想道德素质和科学文化素质,推动社会文明与进步"。

在《通知》所附的工程实施方案中,明确了到 2010 年需要实现的四项总体目标:(一)形成全社会爱书、读书、利用图书馆的良好风尚,提高全民族的思想道德素质和科学文化素质。(二)完善图书馆布点及条件建设,使图书馆网点遍及城乡各地。(三)把知识送到农村去,提高广大农民素质,为科教兴农贡献力量(包括发展汽车图书馆、坚持送书下乡、搞好"万村书库""希望书库"建设等)。(四)提高各级各类型图书馆的服务质量、服务水平和服务能力,发挥图书馆在两个文明建设中的作用(包括开展创建文明图书馆活动、建立图书馆评估制度、建设文献信息服务网络等)。这四项目标从明确图书馆的功能任务、普及图书馆网点、加强农村图书馆工作,以及提升图书馆服务质量等方面,都凸显了将图书馆作为阅读和学习重要阵地的重视与肯定,并为着力提升图书馆服务阅读的基础保障能力建设提供有力的政策支持。

与全国"知识工程"相呼应,这一时期各部门为推动图书馆事业发展,还陆续启动实施了一系列重点工程项目,如《通知》中所提到的创建文明图书馆、送书下乡、"万村书库"建设,以及 21 世纪初启动实施的全国文化信息资源共享工程,等等。与此同时,这一时期围绕社会主义精神文明建设和文化事业发展制定出台的诸多政策文件,也普遍对继续推动各级各类图书馆的建设、服务和发展提出了明确要求。

例如,1998 年,文化部印发《关于进一步加强农村文化建设的意见的通知》,

提出了农村文化建设的目标,即"到2010年,全国农村要实现县县有图书馆、文化馆或综合性文化设施,乡乡有文化站,有条件的村积极建立文化室或图书室,满足人们就近、经常和有选择地参加文化活动的需要;图书馆、文化馆的建设面积和综合服务能力基本达到各省、自治区、直辖市文化主管部门制定的标准""进一步搞好文化下乡活动和文化扶贫……群艺馆、文化馆、图书馆、电影公司等单位要深入到农村去,为农民送书、送电影、送文化科技知识""积极开展农民读书活动……,要进一步加强农村图书馆(室)建设,大力发展流动性的汽车图书馆,在农村开设书刊流动服务点,发动社会各界捐书助农"[40]。2002年,教育部对《普通高等学校图书馆规程》进行了修订,新规程确立了"读者第一、服务育人"的服务宗旨和理念,自始至终都贯穿了"最大限度地满足读者的需要""为教学和科学研究服务"的基本办馆原则[41],提出应尽可能延长服务时间,应开展多种层次多种方式的读者服务工作,有条件的高等学校图书馆应尽可能向社会读者和社区读者开放。2003年4月,文化部、财政部印发《送书下乡工程实施方案》,要求建立全国图书配送中心,根据领导小组确定的受赠图书馆(室)名单向各地发送图书。在《关于深入开展农村社会主义精神文明建设活动的若干意见》《文化事业发展"九五"计划和2010年远景目标纲要》等文件中,"县县有图书馆"重新被提及,成为农村精神文明建设、公共图书馆体系建设的关键目标。此外,在"县县有图书馆"的目标基础上,一些面向贫困地区的针对性举措也陆续提出,如2002年《关于进一步加强基层文化建设的指导意见》提出,"经济欠发达、人口规模较小的县可将文化馆、图书馆合二为一建设""农村要因地制宜建设乡镇文化站和村文化室""地广人稀、人口分散的少数民族地区、边疆地区、边远山区和农牧区要积极发展流动文化车、汽车图书馆和流动剧场等"。党和国家的高度重视,一系列政策措施的密集出台,加上各类重大文化工程项目的深入实施,使各级各类图书馆、特别是城乡基层公共图书馆的办馆条件得到显著改善,图书馆设施网络迅速健全发展,为图书馆全民阅读工作的普遍开展奠定了坚实基础。

在阅读设施建设方面,这一时期,中央和地方财政对图书馆新建和改扩建项目提供了大力支持,一大批现代化馆舍陆续建成并投入使用。其中,上海图书馆、山东省图书馆等新建馆舍建筑面积超过5万平方米,辽宁省图书馆、浙江图书馆、陕西省图书馆、黑龙江省图书馆等新馆建筑面积超过3万平方米。国家图书馆二期工程也是在这一时期由国家发展计划委员会批复立项。据统计,截至

第一章 绪论

2003年底,全国共有2709家公共图书馆,其中38家省级公共图书馆,430家地市级图书馆、2240家县市级图书馆。[42]各地区依托"知识工程"等项目,大力推动基层图书馆设施建设,也取得了积极成效。例如,江苏省制定下发了《江苏省"知识工程"实施方案》,提出"到2000年,全省基本做到乡乡镇镇有图书馆(室),平均藏书5000册;乡乡镇镇建成万册馆的县(市),要力争占到全省县(市、区)总数的20%"[43]。山东省济宁市以实施"知识工程"为契机,把大力创建乡镇图书馆作为实施"知识工程"的重要内容,组织专人对全市乡镇图书馆的建制、馆舍、藏书、经费、人员及服务情况等开展调研,并根据所辖12个县市区的经济、文化等发展状况,提出切合实际的乡镇图书馆建设目标,将之纳入"知识工程"实施方案,至1998年底,全市已创建乡镇图书馆36个。[44]在基本实现各级图书馆"全设置"目标的基础上,一些发达地区图书馆在这一时期还进一步开始了推进图书馆网点布局"全覆盖"的探索,通过在县以下街道、社区、村镇设立图书馆分馆、通行汽车图书馆等方式,推动图书馆的资源和服务向城乡基层延伸。例如,上海于2001年启动中心图书馆建设,以上海图书馆为总馆,在其他区县、大学等单位的图书馆设立分馆;北京于2002年底开通"北京市公共图书馆信息服务网络",以首都图书馆为中心馆,市内10个区级图书馆为分中心馆,最终连接30个街道、乡镇图书馆,实现首都图书馆—区(县)图书馆—街道、乡镇图书馆的三级互联;深圳市文化局于2003年提出建设"图书馆之城"的思路,计划用三年时间初步探索建立一个设施先进、资源丰富、服务便捷、互通互联的图书馆服务网络;等等。这也是我国图书馆领域有计划地推进设施网络体系化建设的开端。与此同时,随着我国正式接入国际互联网,各级各类图书馆的信息化、网络化建设也在这一时期得到快速发展,中国高等教育文献保障系统(CALIS)、高校中英文图书数字化国际合作计划(CADAL)、国家数字图书馆工程等全国性的数字图书馆建设项目相继启动实施,为图书馆行业主动适应社会信息环境变化,更好地服务全民阅读创造了有利条件。

在阅读资源建设方面,这一时期发布的系列国家文化政策中,普遍对图书馆的文献资源建设提出了量化要求。例如,全国"知识工程"实施方案明确要求经济较发达地区的农村乡镇图书馆(室)平均藏书要达到2000册以上,其中藏书万册以上的达到30%。[45]在1994年启动的全国县以上公共图书馆评估定级工作中,各级图书馆馆藏总量、年新增藏书数量,以及年购书经费等,都被列入评估定级指标。据统计,截至2003年底,全国县以上公共图书馆馆藏总量达43776万册/件,比改革开放初期增长了138.52%。2003年4月,文化部、财政部联合启动"送书下乡"工程,面向300个国家级扶贫开发工作重点县图书馆和3000个乡镇图书馆(室)赠送农村适用图书,每年为每个县图书馆送书1000册,为每个乡镇图书馆(室)送书330余册,3年累计送书390万册,为这些基层图书馆(室)开展阅读服务提供了必要的资源基础。此外,依托国家数字图书馆工程、全国文化信息资源共享工程等数字化、信息化建设项目,各级图书馆在数字资源建设方面也取得了积极成效。据不完全统计,截至2003年底,全国文化信息资源共享工程已建成50余个多媒体资源库,收入660部电影、132部地方戏曲、36万幅各种图片资料、8万册图书、48万条期刊篇名;累计加工资源逾5000GB;中国社会科学院数字图书馆积极开展数字资源建设,2003年数字资源采购经费预算超100万元。

总体而言,经过改革开放以后第一个二十年的快速恢复发展,我国各级各类图书馆的办馆条件得到了显著改善。与此同时,图书馆在阅读服务方面也进行了多种形式的创新探索。例如,20世纪80年代起图书馆开始探索开架借阅,至1997年左右,国内许多图书馆,尤其是高校图书馆都已采用这种流通服务模式,虽然只是借阅方式的一个小改变,但这标志着图书馆已由传统向现代、由封闭向开放、由文献的重藏向重用转变。[46]在全行业的持续努力下,图书馆在阅读服务领域的价值和作用逐渐得到社会各界的广泛认可。2003年,全国知识工程领导小组正式将"全民读书月"活动交由中国图书馆学会组织实施(此前从2000年12月起,全国知识工程领导小组将我国的"全民读书月"暂定在每年12月[2]160),明确了图书馆在全民阅读中所担负的责任。[47]

这一阶段,我国图书馆阅读设施及服务的主要数据如下表所示(见表1-1)。

表1-1 1979—2003年图书馆阅读设施及服务有关数据①

|  | 1979年 | 2003年 | 增长率 |
| --- | --- | --- | --- |
| 图书馆数量(个) | 1651 | 2709 | 64.08% |
| 总藏量(万册/件) | 18353 | 43776 | 138.52% |
| 建筑面积(万平方米) | 86.6 | 588.6 | 579.68% |
| 总流通人次(万人次) | 7787 | 2144 | 175.33% |
| 书刊文献外借(万册次) | 9625 | 18775 | 95.06% |

---

① 本章作者根据国家图书馆研究院《2022中国公共图书馆事业发展基础数据概览》整理。

第一章 绪论

## 二、第二阶段(2004—2010年):行业组织引领下图书馆全民阅读工作的专业化服务能力提升阶段

2004年,中国图书馆学会响应"世界读书日"的号召,将每年4月确定为"全民读书月"。这一年,中国图书馆学会首次发布《全民阅读工作通知》,联合国家图书馆开展"倡导全民读书,共建阅读社会——4·23世界读书日"主题活动,并发布"全民阅读"徽标,号召社会各界共同参与这个盛大的读书活动,以推动学习型社会、学习型组织、学习型家庭建设。这是国内第一次大规模宣传"世界读书日"活动,从此,每年"世界读书日"前后,中国图书馆学会都会以倡导读书为主题,牵头组织大型公益阅读活动,"全民阅读"这一概念正式走向全国图书馆界,图书馆界也开始更加有计划地组织开展全民阅读的工作。这标志着我国的"全民阅读月"活动与"世界读书日"接轨,以及我国的全民阅读与国际接轨。[48]

是时,党和国家正在大力倡导构建和谐社会,图书馆积极主动采取措施来推动社会阅读,营造阅读氛围,使图书馆成为每个读书人的精神家园,从而为构建和谐社会做出积极贡献。在这样的背景下,中国图书馆学会于2005年将"倡导全民阅读"作为重要任务写入《中国图书馆学会章程》,并决定筹建科普与阅读指导委员会,以研究图书馆与阅读文化、研究图书馆在指导全民阅读活动中的作用、倡导"爱读书、读好书",推动全民阅读活动的开展。[49]

2006年4月23—24日,科普与阅读指导委员会成立大会在东莞图书馆召开。该委员会下设6个分委员会,分别是专家委员会、阅读文化研究委员会、推荐书目委员会、家庭藏书读书委员会、图书馆与社会阅读委员会,以及媒体与社会阅读委员会[49],成员共计76人。其中,专家委员会负责指导各专业委员会的工作;阅读文化研究委员会以研究为主,组织开展了多项课题,如编撰多卷本《中国阅读通史》等;推荐书目委员会的主要职责是在收集和调研国内外各类各行业推荐书目的基础上,针对细分受众,聘请专家、志愿者开列新农村推荐书目、快乐阅读书目等推荐书目,翻译和出版日本、韩国、欧美一些优秀但鲜为人知的书目,编辑《中国读书人经典书目》《中国推荐书目年度报告书》等;家庭藏书读书委员会秉承"耕读传家"理念,致力于造就书香门第和书香世家,制定了开展"五个一"工程的工作计划,包括编一部好书、办好一个栏目、研究发布一个比较经典的家庭藏书书目、办一次全国范围的阅读学优秀著作评选等;图书馆与社会阅读委员会的主要任务是对各图书馆开展的科普与阅读活动加以指导、协助,为其提供理

论及实践方面的咨询或帮助,进而在更大范围内指导图书馆与社会阅读活动的开展;媒体与社会阅读委员会的主要任务是促进出版与阅读的良性互动,成为图书馆界与出版界沟通的桥梁,并开展畅销书与阅读、出版与读者培育、出版与时尚阅读等专题研究。[49]

以科普与阅读指导委员会的成立为标志,中国图书馆学会在推动全民阅读上有了专门的组织机构和指导原则。[49]委员会成立后,采取了一系列推广阅读的措施,以"阅读"为主题组织举办了一系列活动。全国各地图书馆掀起了举办公益讲座、专题展览、读书演讲比赛等读书活动高潮。2008年,中国图书馆学会发布《图书馆服务宣言》,其中提出,图书馆努力促进全民阅读,图书馆为公民终身学习提供保障,促进学习型社会的建设。[50]

2009年,中国图书馆学会科普与阅读指导委员会更名为阅读推广委员会。①阅读推广委员会是中国图书馆学会设置的在全国范围内负责规划、指导、协调、组织阅读推广及相关学术研究活动的工作机构。其宗旨和使命是以全国图书馆为立足点,开展阅读推广的实践与研究,促进全社会的阅读氛围建设。虽然从表面上看只是机构名称的变化,但这代表了中国图书馆学会乃至整个图书馆界对全民阅读工作重视程度的加深。对这一分支机构进行更名,使用一个更能体现其工作目标和工作内容的名称,能更好地突出其作为全民阅读指导组织的属性。同时,中国图书馆学会阅读推广委员会下设的专业委员会发展到15个(见图1-1),委员扩充至300余人。在原有的阅读文化研究专业委员会、推荐书目专业委员会、图书馆与社会阅读专业委员会、媒体与阅读专业委员会基础上,增设了青少年阅读推广专业委员会、大学生阅读推广专业委员会、残疾人阅读专业委员会、图书馆与科学普及阅读专业委员会、经典阅读专业委员会、网络与数字阅读专业委员会、阅读与心理健康专业委员会、图书评论专业委员会、图书馆讲坛推广专业委员会、社区与乡村阅读专业委员会;撤销了原有的专家委员会,将原"家庭藏书读书委员会"更名为"藏书文化研究专业委员会"。这些专业委员会分别挂靠在全国各大中型图书馆,保证了委员会活动能够具备基本的组织保障。[51]

---

① 2024年9月3日,中国图书馆学会阅读推广委员会更名为中国图书馆学会阅读推广工作委员会,共设26个专业组。

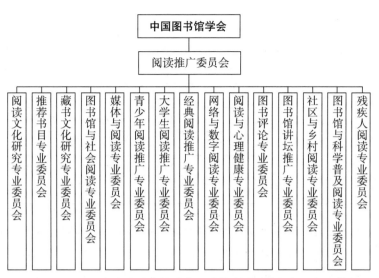

图1-1 2009年中国图书馆学会阅读推广委员会组织结构图①

阅读推广委员会自成立以来,围绕全民阅读开展了多种多样的工作。

一是策划组织开展全行业或跨行业阅读推广活动,提升活动影响力,营造全民阅读的社会氛围。在多年实践探索中,阅读推广委员会注意调动社会生活中不同行业、各界人士的创造性和凝聚力,组织了多个系列的阅读活动,推动全民阅读活动在不同层面,以不同形式不断深入,为学习型社会建设营造了良好的氛围。阅读推广委员会每年设定"全民阅读"年度活动主题(见表1-2),制订重点活动计划,确保年度活动有序开展,形成常态化、长效化工作机制,至今仍在持续推进。

表1-2 全民阅读工作年度主题(2004—2024年)②

| 年份 | 主题 | 年份 | 主题 |
| --- | --- | --- | --- |
| 2004年 | 关注青少年阅读,开创精彩人生 | 2009年 | 让我们在阅读中一起成长 |
| 2005年 | 阅读丰富人生,共建和谐社会 | 2010年 | 保障阅读权利,享受阅读快乐 |
| 2006年 | 图书馆:公众的权益和选择 | 2011年 | 读书,给人智慧,使人勇敢,让人温暖 |
| 2007年 | 图书馆:阅读社会的家园 | 2012年 | 播撒阅读种子 构建公共文化 |
| 2008年 | 图书馆:公民讲堂 | 2013年 | 知识给人力量 阅读引领未来 |

① 本图由中国图书馆学会阅读推广委员会提供。
② 本章作者根据文献调研情况整理。

续表

| 年份 | 主题 | 年份 | 主题 |
|---|---|---|---|
| 2014 年 | 阅读,请到图书馆 | 2020 年 | 书香助力战"疫",阅读通达未来 |
| 2015 年 | 阅读的力量 | 2021 年 | 阅百年历程,传精神力量 |
| 2016 年 | 阅读,从图书馆出发 | 2022 年 | 奋进新征程 阅读再出发 |
| 2017 年 | 悦读,在路上 | 2023 年 | 阅享新时代 |
| 2018 年 | 阅读,与法同行 | 2024 年 | 再发现图书馆,共读现代文明 |
| 2019 年 | 读经典 学新知 链接美好生活 | | |

从 2004 年起,中国图书馆学会与《中国文化报》合作,共同开展"知识工程推荐书目"活动,当年向公众推荐优秀书目 100 多种;2004 年"六一"期间,与《父母必读》杂志社、红泥巴图书俱乐部、《中国图书商报》社等单位合作,在全国范围内开展了"我最喜爱的一本书"(儿童图书)评选活动,选出优秀儿童读物 20 本。[52]

阅读推广委员会在各种大中型专业活动中,尤其注意了解并结合不同地区、单位的特定发展需求,有意识地让每一次阅读推广的具体活动,无论是专题研讨会、专家报告会、专业讲坛、学术交流和实践展示等,都积极争取当地图书馆、阅读指导机构的共同参与,让他们也成为活动的组织者。2010 年在郑州举行的"大学生阅读与心理健康学术研讨会",就是由阅读推广委员会下属的大学生阅读推广专业委员会、阅读与心理健康专业委员会等发起,同时邀请河南省高校图工委、河南省图书馆学会阅读推广委员会、郑州大学图书馆等共同参与。此次研讨会既有专业委员会的全国性研究成果交流,也有河南省高校开展全民阅读活动的经验展示。研讨会不仅让全国阅读推广服务同行获得了学习交流的机会,更是对河南阅读推广事业的发展起到了良好的推动作用。各专业委员会也组织了很多品牌活动,如青少年阅读活动案例征集暨阅读推广点子大赛、中华传统童谣征集活动、全国青少年故事大赛活动、青少年阅读视频大赛等等,深受广大读者欢迎和喜爱。

二是推进阅读推广理论研究,组织交流研讨,推动图书馆行业全民阅读工作专业化发展。阅读推广委员会通过召开学术会议、开展人才培训和出版学术著作等方式,促进全民阅读理论和实践研究。自 2007 年起与各省图书馆学会联合举办"全民阅读论坛",邀请专家学者围绕年度主题(见表 1-3)共同探讨有关阅读的问题,引导全民阅读的方向。2007 年 4 月 5—7 日,中国图书馆学会科普与阅

第一章　绪论

读指导委员会和广东图书馆学会联合举办了第一届全民阅读论坛,共有 400 名代表参加了会议。论坛主题为数字时代的阅读,阐释了数字阅读时代传统阅读如何延伸、如何在纸本与网络之间阅读、数字时代如何延续阅读传统等问题,并提出了一些新观念,全面展示了世界范围内的图书阅读运动。[53]自此,"全民阅读论坛"每年举办,2016 年起,其年度主题与"全民阅读"工作年度主题保持一致,更好地突出了年度全民阅读工作重点。

表 1-3　历届全民阅读论坛基本情况(2007—2024 年)①

| 时间 | 届次 | 地点 | 主题 |
| --- | --- | --- | --- |
| 2007 年 | 第一届 | 中山大学 | 数字时代的阅读 |
| 2008 年 | 第二届 | 东莞图书馆 | 阅读促进发展 |
| 2009 年 | 第三届 | 苏州图书馆 | 图书馆与阅读推广 |
| 2010 年 | 第四届 | 深圳图书馆 | 保障阅读权利 享受阅读快乐 |
| 2011 年 | 第五届 | 浙江永康市图书馆 | 藏书益智 读书增慧 |
| 2012 年 | 第六届 | 江苏太仓图书馆 | 珍护地方文献,弘扬乡土文化 |
| 2013 年 | 第七届 | 郑州大学图书馆 | 经典重读与书香未来 |
| 2014 年 | 第八届 | 山东临沂 | 弘扬沂蒙精神 传承阅读文化 |
| 2015 年 | 第九届 | 江苏镇江市图书馆 | 促进全民阅读,构建书香镇江 |
| 2016 年 | 第十届 | 东莞图书馆 | 阅读,从图书馆出发 |
| 2017 年 | 第十一届 | 长沙市图书馆 | 阅读,文化自信的基石 |
| 2018 年 | 第十二届 | 合肥市图书馆 | 公共图书馆法与全民阅读 |
| 2019 年 | 第十三届 | 太原市图书馆 | 阅读,链接美好生活 |
| 2022 年 | 第十四届 | 东莞图书馆 | 奋进新征程 阅读再出发 |
| 2023 年 | 第十五届 | 内蒙古自治区赤峰市图书馆 | 阅享新时代 |
| 2024 年 | 第十六届 | 浙江宁波 | 再发现图书馆,共读现代文明 |

每年的中国图书馆学会年会上,阅读推广委员会及各专业委员会还举办内容和形式多样的分会场,研究探讨有关热点业务问题。这些活动都极大促进了全国图书阅读推广工作的专业化发展。如 2006 年的中国图书馆学会年会,策划举办"大众阅读指导与和谐社会"分会场,对公共图书馆的服务理念、倡导大众

---

① 本章作者根据文献调研情况整理。

阅读的方法、为读者提供个性化的深层次专题培训活动，以及上网与读书的关系、阅读状况问题、民族文化建设等方面进行了深入研讨。

三是设立行业全民阅读奖项，增强示范效应，激励图书馆提升全民阅读能力。为表彰在全民阅读工作中表现突出，特别是积极参与全国性阅读推广活动且成效突出的图书馆、组织，中国图书馆学会自2005年起开展全民阅读工作荣誉称号评选活动，包括全民阅读"优秀组织奖""先进单位奖"和"全民阅读示范基地奖"。阅读推广委员会承接了这些奖项的推荐工作。其中，"优秀组织奖"和"先进单位奖"是对在上一年度推广全民阅读活动中，组织得力、策划新颖、开展内容丰富而形式多样、具有较大社会影响力的图书馆学会和图书馆进行评选和表彰。一批长期持续开展阅读活动且表现突出的单位被命名为"全民阅读示范基地"。这些荣誉称号的评选，挖掘和展示了图书馆行业一大批全民阅读工作典型案例，有助于总结实践经验，加强宣传推广，逐步建立起较为完善的阅读推广长效示范引领机制，引导和带动全行业全民阅读工作走向深入。

随着社会发展阅读和全民阅读工作的需要，阅读推广委员会始终坚持完善自身职能和机构设置。专业委员会数量不断增加，分类不断细化，体现出图书馆全民阅读工作不断朝着专业化方向发展，也反映出阅读推广委员会的引领作用在不断加强。在阅读推广委员会的影响和示范下，上海市图书馆学会[54]等地方图书馆学会也成立了阅读推广委员会或同类机构。

在大力推动阅读推广委员会的建设和发展的同时，中国图书馆学会在建立全行业共同参与的全民阅读推广工作机制方面也做了积极努力，多年来，引导、协调和组织全国各级各类图书馆开展一系列形式多样、丰富多彩的阅读推广活动，不断丰富以阅读为核心的综合性文化服务。2004年以来，中国图书馆学会每年发布《全民阅读工作通知》，为各地区、各级各类图书馆有目标、有计划、有步骤、有组织、可持续性地开展阅读活动提供支持和指导。2009年11月，中宣部、中央文明办、新闻出版署在深圳主办"全民阅读活动经验交流会"，中国图书馆学会在会上被授予"全民阅读活动先进单位"称号。

这一时期，图书馆全民阅读工作继续蓬勃开展。在阅读设施建设方面，图书馆在实现全设置的基础上，开始探索通过建设公共图书馆服务体系实现全覆盖。2006年，《国家"十一五"时期文化发展规划纲要》提出覆盖全民的公共图书馆服务体系建设目标；2008年4月，《公共图书馆建设用地指标》发布，规定以服务人口和服务半径作为确定公共图书馆设置数量、规模和网点布局的依据，明确了以

第一章 绪论

"全覆盖"为目标的公共图书馆服务体系建设布局标准。与此同时,多地开始探索建设图书馆总分馆体系,逐步形成各具特色的总分馆建设模式。苏州图书馆自2005年起开始探索与社区合作建设图书馆分馆,至2010年已在全市6区建立21家分馆;上海中心图书馆自2000年12月正式启动建设,至2010年已发展成为拥有一个市馆、19个区县的21家公共馆,1家专业馆、1个大学馆、32家基层馆及1687个流通服务点的服务体系。[55]此外,图书流动车、自助图书馆和图书馆ATM等服务陆续推出,使图书馆服务空间拓展到城市的各个角落,服务时间延伸到每天24小时,城市图书馆总分馆服务体系因此得到不断完善和补充。[56] 2005年东莞图书馆新馆开馆时,推出了我国首个无人值守的自助图书馆,真正实现了365天开馆,24小时开放。

随着科技进步,文献信息资源的存藏手段、介质类型、传播形式等都在发生变化,数字阅读逐渐发展起来。为了应对社会信息环境和读者阅读习惯的变化,图书馆主动改变服务方式,通过多种途径不断充实数字阅读资源以满足读者需求,除积极订购各类型数据库资源外,许多图书馆还通过数字化、网络采集等方式,自建了大量数字馆藏,对古籍、民国时期书刊、拓片、舆图、学位论文、教学参考书、图片图像等印本资源进行了大规模、成系列的扫描拍照;讲座、电视节目、学术会议、口述史、随书光盘等多媒体资源的采集、转换、加工也同时进行。以国家图书馆为例,截至2010年底,该馆数字资源累计已超过480TB,外购数据库供给219个。[57]此外,与此同时,各级各类图书馆网站建设蓬勃发展,成为图书馆开展数字阅读服务的基础平台和网络门户。全国文化信息资源共享工程在这一时期也取得阶段性成果,截至2008年底,文化系统自建各级中心和基层服务点达23827个;资源总量达73.91TB;通过合作共建,40万个农村党员干部现代远程教育工作村基层服务点和25万所全国农村中小学可以接收、使用文化共享工程信息资源。[58]

图书馆服务能力在这一阶段有了更大提升,图书馆不断创新服务手段和服务内容,其中一大亮点是一批经济发达地区的图书馆率先实施免费服务,我国公共图书馆开始大规模迈入免费开放时代。2006年,杭州、深圳的公共图书馆免费开放。2007年,浙江省图书馆免费开放。2008年,南京图书馆新馆免费开放。免费开放对推动图书馆读者服务具有巨大的正向影响,使更多的人走进图书馆,推动了全民阅读的开展。以国家图书馆为例,自2008年初全面取消基本服务收费到2010年底,该馆年接待到馆读者人次增长了62.5%,文献流通册次增长了

79.02%,办理读者证卡增长了39.23%。[59]

总体而言,这一时期,我国公共图书馆全民阅读工作取得重要成果,公共图书馆普遍均等精神回归,覆盖全民的公共图书馆服务体系开始建设,一系列新技术在图书馆全民阅读工作中得到应用,图书馆阅读服务不断创新。

这一阶段,我国图书馆阅读设施及服务的主要数据如下表所示(见表1-4)。

表1-4　2004—2010年图书馆阅读设施及服务有关数据①

| | 2004年 | 2010年 | 增长率(%) |
| --- | --- | --- | --- |
| 图书馆数量(个) | 2720 | 2884 | 6.03% |
| 持证读者数量(万人) | 1056.2 | 2019.5175 | 91.21% |
| 总藏量(万册/件) | 46152 | 61726.123 | 33.75% |
| 建筑面积(万平方米) | 625.1 | 900.38 | 44.04% |
| 阅览室座席数(个) | 472000 | 630683 | 33.62% |
| 总流通人次(万人次) | 22095 | 32823.335 | 48.56% |
| 书刊文献外借(万册次) | 18536 | 26391.738 | 42.38% |
| 举办活动(个/次) | 15393 | 60093 | 290.39% |
| 活动参加人次(万人次) | 2560.7 | 2740.253 | 7.01% |
| 从业人员(人) | 49069 | 53564 | 9.16% |

### 三、第三阶段(2011年至今):国家战略指引下图书馆全民阅读工作的全面繁荣发展阶段

21世纪以来,我国社会经济持续快速健康发展,经济实力和综合国力迈上新台阶,人民生活总体达到小康水平。2010年,我国经济总量超过日本,位居世界第二。经济社会的发展对文化建设提出了新的要求,物质生活改善后人民群众对文化工作也有了新的期待。随着全民阅读活动的深入推进,我国基础阅读设施不断改善,各界对全民阅读的认识和热情不断提高,社会阅读风气日益浓厚,党和国家对充分发挥全民阅读工作在提升国家软实力中的作用也有了进一步的统筹安排。2011年10月,中共十七届六中全会审议通过《中共中央关于深化文化体制改革推动社会主义文化大发展大繁荣若干重大问题的决定》,提出建

---

① 本章作者根据国家图书馆研究院《2022中国公共图书馆事业发展基础数据概览》整理。

设社会主义文化强国,"深入开展全民阅读活动"首次被写入党的全会决议,以此为标志,党和国家开始对全民阅读工作进行系统性的统筹部署。此后,党和政府多次在国家重大战略规划中对全民阅读事业做出规划部署,明确全民阅读工作主体、目标任务及实施路径。习近平总书记率先垂范、倡导读书,多次在不同场合讲到阅读,强调要爱读书、读好书、善读书。

2012年2月,《国家"十二五"时期文化改革发展规划纲要》提出要深入开展全民阅读活动。同年10月,党的十八大报告历史性地写入"开展全民阅读活动";2014年起,国务院《政府工作报告》连续十一年将"倡导全民阅读"列入年度重点任务,全民阅读工作在党和政府的全局工作中日益占据重要位置,成为建设社会主义文化强国的一项重要举措。2015年1月,中共中央办公厅、国务院办公厅印发《关于加快构建现代公共文化服务体系的意见》,将"深入开展全民阅读活动"作为现代公共文化服务体系的重要内容并做了全面部署。2016年3月,《中华人民共和国国民经济和社会发展第十三个五年规划纲要》发布,明确提出要"推动全民阅读",并将全民阅读工程列为国家八大文化重大工程之一。2017年,中共中央办公厅、国务院办公厅印发《国家"十三五"时期文化发展改革规划纲要》,将全民阅读工程列为"十三五"时期公共文化服务重大工程之一。2021年,《国民经济和社会发展第十四个五年规划和2035年远景目标纲要》明确提出,要推进城乡公共文化服务体系一体建设,深入推进全民阅读,建设"书香中国"。在此基础上,党中央、国务院陆续制定出台了系列全民阅读专项政策,对全民阅读的目标、任务、措施、机制等方面给予更加明确、细致的规范和指导,如国家新闻出版广电总局2016年发布的《全民阅读"十三五"时期发展规划》,2020年中宣部印发的《关于促进全民阅读工作的意见》,等等。

在国家战略指引下,图书馆行业有关法律法规、政策规划、标准规范、行业自律准则,普遍对图书馆开展全民阅读工作的价值意义、目标要求和方法举措做出专门规定,图书馆推动、引导、服务全民阅读的法律制度保障体系日益健全。法律法规方面,全民阅读专项立法的推进为促进全民阅读工作和保障公民阅读权利提供了坚实的支撑。2013年,"全民阅读"立法被列入国务院立法工作计划,我国全民阅读立法实践正式开启;2017年6月,国务院法制办办务会议审议并原则通过《全民阅读促进条例(草案)》。与此同时,各地全民阅读地方性法规和政府规章也陆续发布实施,2014年11月,我国首部全民阅读地方性法规《江苏省人民代表大会常务委员会关于促进全民阅读的决定》出台;截至2021年底,全国已有18个省市出台了全民阅读法规规章。这些法规规章对图书馆等阅读设施的布局完善、阅读资源保障能力的提升、全民阅读活动的开展等作了细化规定,并对图书馆服务重点群体阅读提出要求,如江苏、吉林、贵州、宁波、温州等地强调公共图书馆应当向视障读者、视听障碍人士提供专门阅读场地、特殊阅读资源、设施与服务;温州等地提出公共图书馆为老年人提供符合其特点和需求的阅读资源及设施,开展老年人阅读辅导和交流分享等活动;多地强调图书馆为少年儿童提供服务,为学校开展有关课外活动提供支持等。

2017年3月1日起,《公共文化服务保障法》正式实施,其中明确规定,各级政府应当充分利用公共文化设施、促进优秀公共文化产品的提供和传播,支持开展全民阅读等活动;规定基层综合性文化服务中心应当为公众提供书报阅读等多种公共文化服务。全民阅读第一次被国家法律正式纳入,首次具有了国家法律地位[60];2018年1月1日起,《公共图书馆法》正式实施,进一步明确公共图书馆"应当将推动、引导、服务全民阅读作为重要任务",规定阅读推广为公共图书馆向社会公众提供的服务之一,要求"公共图书馆应当通过开展阅读指导、读书交流、演讲诵读、图书馆互换共享等活动,推广全民阅读"。《公共图书馆法》内容涉及公共图书馆设立、运行、服务等各方面,重点完善设施体系和服务体系,关注特定地域、特殊群体的阅读需求,为公共图书馆服务推动、引导、服务全民阅读的设施建设、阅读资源建设、阅读服务开展等全方位发展建立法律保障。此外,贵州、上海、深圳、湖北、浙江等20个省、市、自治区先后出台了地方性的公共图书馆法规条例、管理办法,也都明确对公共图书馆在推动、引导、服务全民阅读中的目标任务、实施路径作了规定。随着《公共文化服务保障法》和《公共图书馆法》的正式实施,以及地方性公共图书馆立法的推进,全民阅读作为公共文化服务体系建设的重要内容和公共图书馆事业的重要任务被正式纳入国家法制化轨道,为公共图书馆服务推动、引导、服务全民阅读提供了充分的法律依据和坚实后盾。

在政策规划方面,这一时期出台的系列重要文化政策和图书馆相关专项规划都对推动、引导、服务全民阅读作出部署,推动图书馆全民阅读工作全面、创新发展。例如,2011年1月,文化部、财政部印发《关于推进全国美术馆、公共图书馆、文化馆(站)免费开放工作的意见》,2013年财政部、文化部颁布《中央补助地方美术馆、公共图书馆、文化馆(站)免费开放专项资金管理暂行办法》,在全国推进部署三馆一站免费开放,推动图书馆"零门槛"服务全民阅读。2011年起,文化部、财政部启动国家公共文化服务体系示范区(示范项目)创建工作,截至

2021年底,共有四批共 120 个城市(区)成功创建为国家公共文化服务体系示范区。示范区创建标准包含公共图书馆设施建设、阅读资源建设、免费开放服务提供、服务形式和服务效能、数字阅读资源建设与服务等方面,有力推动了公共图书馆全民阅读服务效能的提升、全民阅读阵地作用的发挥。2016 年 12 月,文化部等五部委联合印发《关于推进县级文化馆图书馆总分馆制建设的指导意见》,要求"到 2020 年,全国具备条件的地区因地制宜建立起上下联通、服务优质、有效覆盖的县级文化馆、图书馆总分馆制",总分馆制自此在全国部署推进,在很大程度上缓解了全民阅读需求与阅读服务设施、阅读资源不相匹配的矛盾,成为优质全民阅读资源下沉、基层地区和贫困地区图书馆全民阅读服务水平提升的重要方式。《关于加快构建现代公共文化服务体系的意见》(2015)、《全国公共图书馆事业发展"十二五"规划》《"十三五"时期全国公共图书馆事业发展规划》等政策规划不断强化全国公共图书馆系统的全民阅读服务功能,《"十三五"时期全国公共图书馆事业发展规划》还专门提出"深入开展全民阅读"。[61]同年,文化部印发《文化部"十三五"时期公共数字文化建设规划》,明确要有序推进包括全民阅读在内的基础性数字文化资源建设,形成全民阅读基础资源库[62],推动数字阅读资源发展。

在标准规范方面,多项国家标准、行业标准、地方标准发布实施,为图书馆推进全民阅读服务资源、服务项目、服务效能、服务推广、服务管理等工作提供了系统、实用的规范引导。2011 年 12 月,第一个规范图书馆服务的国家标准《公共图书馆服务规范》(GB/T 28220—2011)出台,并于 2023 年修订,对公共图书馆总分馆服务体系建设、阅读推广、数字服务等重点工作予以规范。[63]江西、江苏、湖南、浙江、重庆等多地也在国家标准基础上,结合地方实际,颁布了公共图书馆服务相关地方标准。2018—2021 年,国家标准《公共图书馆少年儿童服务规范》(GB/T 36720—2018)、《图书馆视障人士服务规范》(GB/T 36719—2018)、《公共图书馆读写障碍人士服务规范》(GB/T 39658—2020)、《公共图书馆听障人士服务规范》(GB/T 40952—2021)相继发布实施,成为促进特殊人群阅读服务专业化、均等化的重要行业工具;近年来,随着深圳《无人值守智慧书房设计及服务规范》、许昌《智慧阅读空间管理服务规范》(DB4110/T 26—2021)等地方标准颁布实施,各地关于数字阅读服务、阅读智慧化服务的标准化工作也逐渐深化。2011 年—2023 年 7 月,我国共发布 34 项图书馆全民阅读服务相关标准,其中,现行国家标准 6 项,占 17.6%;现行行业标准 1 项,占 2.9%;现行地方标准 27

项,占79.4％。同时,2020年发布的文化行业系列标准《公共图书馆评估指标》(WH/T 70－2020)及全国县级以上公共图书馆评估定级必备条件及评估标准,中国图书馆学会联合多家单位面向全国图书馆发布的书香城市(县级)、书香社区标准指标体系,都设置了诸多图书馆阅读推广工作的相关指标,通过"以评促建、以评促管、以评促用",推动全民阅读深入开展。

随着图书馆全民阅读工作的顶层设计和制度保障日趋完善,图书馆作为全民阅读工作主阵地的价值和作用快速提升,社会影响力不断扩大。这一阶段,图书馆设施网络体系不断完善,逐步建立起覆盖城乡、较为完备的图书馆阅读设施体系。截至2023年底,全国共有公共图书馆3246个,其中省级公共图书馆37个,市级公共图书馆391个,县级公共图书馆2817个,比2011年增长9.96％;公共图书馆总建筑面积达2260万平方米,比2011年增长约1.27倍,平均每万人建筑面积161.43平方米。阅览室座席数168万个,比2011年增长1.47倍[29];2024年末,全国2692个县(市、区)建成图书馆总分馆体系①,在乡镇、街道、村、社区等城乡基层广泛设立图书馆分馆和基层服务点,并通过配备流动图书车、提供自助服务设施等方式,不断将图书馆的资源和服务延伸到城乡居民身边。2023年,全国高等学校共计3074所[64],按每个学校都设置有图书馆估算,全国应有高校图书馆3000余所。根据1363所高校图书馆提交的2022年度馆舍建筑规划面积有效数据,馆均值达到2.59万平方米。[65]这一阶段,一大批堪为城市地标的新馆、大馆不断涌现,而在人流密集、交通便利的社区、商场、公园等区域,"城市书房""文化驿站""百姓书屋"等各种"小而美"的新型公共阅读空间也不断建成开放,形式多样的公共阅读基础设施和空间极大丰富了人民群众的阅读体验和精神文化生活。

在阅读资源建设方面,图书馆文献资源规模进一步增长并持续更新,初步建立起涵盖纸本文献、数字资源、网络资源等各种资源类型的阅读资源体系。2023年末,全国图书总藏量近14.36亿册/件,比2011年增长近81％,全国人均图书藏量1.02册②;截至2021年底,高校图书馆纸质图书总量约16.97亿册/件。2011年以来,国家先后实施"数字图书馆推广工程""公共电子阅览室建设计划"等一系列数字文化专项工程项目,带动全民数字阅读资源建设飞速发展。例如,

---

① 文化和旅游部对十四届全国人大二次会议第8559号建议的答复[EB/OL].[2024－12－24]. https://zwgk.mct.gov.cn/zfxxgkml/zhgl/jytadf/202412/t20241224_957321.html.

② 数据来源于国家图书馆研究院2024年10月发布的《2023年中国公共图书馆事业发展基础数据概览》。

# 第一章　绪论

数字图书馆推广工程带动全国省市县三级共3000多家图书馆参与建设,累计建设数字资源总量达2.4万TB,并在此基础上有组织、有计划、有重点地共建了一大批满足公众阅读需求的优秀数字资源库群,形成了全国范围内的数字资源保障体系。[66]

在阅读服务供给方面,全民阅读活动丰富多彩,图书馆服务效能稳步提升。2023年末,我国公共图书馆持证读者数量超过1亿人,比2011年增长近4倍,到馆读者数量近11.61亿次,增长约2.1倍,书刊文献外借近7.82亿册次,增长1.75倍,到公共图书馆参加讲座、展览、培训等文化交流和阅读推广活动的读者数量增长约6.28倍。① 同时,全国性的图书馆全民阅读活动积极开展,如2019年国家图书馆与中国图书馆学会联合全国3039家图书馆共同发布《服务全民阅读共创美好生活——中国图书馆界"4·23"全民阅读活动倡议书》,通过同步开展同城共读、扫码看书、中华传统典籍阅读竞答、全民英语口语风采展示等系列活动,不断提升阅读服务能力;双方于2022年世界读书日联合发起"书籍,春风,还有你"系列活动,全国1039家图书馆积极参与,直播观看量达1273万人次。同时,图书馆数字阅读服务也实现飞速发展。据统计,2023年,各级公共图书馆超过1000个数字图书馆业务平台实现互联互通,统一用户系统注册用户数达1987万;当年全国县以上公共图书馆网站访问量达35.50亿人次②,全国数字阅读服务水平、知晓度和满意度不断攀升。

全民阅读是一项系统性工程,除了在行业内共建共享外,图书馆界还注重与社会各界服务全民阅读主体联动,共同推进全民阅读工作。例如,2020年8月,国家图书馆与阅文集团建立战略合作关系,阅文集团成为全国第二家国家图书馆互联网信息战略保存基地,来自阅文平台的《庆余年》《琅琊榜》《大国重工》等100部优秀网络文学作品被典藏入馆,拓展了阅读资源范围;重庆图书馆与重庆长江轮船有限公司合作,在"长江壹号"邮轮上建设了水上图书馆,配有图书共1300册,供中外游客免费借阅,开拓了图书馆阅读服务的馆外空间,极大便利了公众阅读;近两年,深圳市坪山区以坪山图书馆为"主干",通过与校园、企业、园区等共建和完善阅读设施,打造紧密型垂直公共总分馆、馆店一体化城市书房、共建共享馆校合作"三位一体"的建设模式,实现阅读资源的全域连接、服务推广

---

① 数据来源于国家图书馆研究院2024年10月发布的《2023年中国公共图书馆事业发展基础数据概览》。

② 同上。

的全域协同、阅读品质的全面提升[67];2015年,国家图书馆与京港地铁合作启动"M地铁·图书馆"公益文化阅读推广项目,迄今为止已举办"我们的文字""群星闪耀·经典同行"等多期主题活动,为乘客提供优质数字阅读资源的移动服务;深圳、上海、重庆、佛山等地一些公共图书馆因地制宜,探索、建设、发展家庭图书馆,如上海青浦区图书馆"家庭图书馆种子计划",重庆市渝北区图书馆"家庭图书馆"建设,深圳市罗湖区图书馆"家庭图书馆计划",以及佛山市图书馆的"邻里图书馆项目"等,其中,佛山图书馆"邻里图书馆"项目自2018年启动以来发展迅速,至2024年已突破2000家。[68]

随着图书馆全民阅读服务的日益深化,图书馆日益重视对全民阅读工作的展示和宣传,以进一步提升影响力,带动更多社会公众参与阅读。一方面,越来越多的图书馆通过编制、发布阅读报告展现其在全民阅读中的作为和影响。如2013年5月25日,上海图书馆推出国内第一份面向公众的图书馆阅读白皮书《上海市公共图书馆2012阅读报告》[69];2013年9月,湖南图书馆创办《公共图书馆阅读与推广活动情况报告》,以双月为周期,对全国60多家副省级以上公共图书馆开展阅读推广活动情况进行总结和报道[70];2015年起,北京大学图书馆、武汉大学图书馆开始发布年度阅读报告,并延续至今。另一方面,一些图书馆开始主动在国际上展示、宣传我国的全民阅读工作成果,使全民阅读的中国经验走向更大的世界舞台。自2012年清华大学图书馆"爱上图书馆"案例获得国际图联国际营销奖一等奖开始,中国国家图书馆、台湾大学图书馆、杭州图书馆、上海图书馆、武汉大学图书馆、北京大学附属小学图书馆等多个图书馆的阅读推广案例获得国际组织嘉奖,中国图书馆服务全民阅读的影响力不断提升。

这一阶段,我国图书馆阅读设施及服务的主要数据如下表所示(见表1-5)。

表1-5 2011—2023年公共图书馆阅读设施及服务有关数据①

| 阅读服务指标 | 2011年 | 2023年 | 增长率(%) |
| --- | --- | --- | --- |
| 图书馆数量(个) | 2952 | 3246 | 9.96% |
| 持证读者数量(万人) | 2214 | 10707 | 383.60% |
| 总藏量(万册/件) | 69719 | 143609 | 105.98% |
| 建筑面积(万平方米) | 994.9 | 2259.6 | 127.12% |

---

① 本章作者根据国家图书馆研究院《2023年中国公共图书馆事业发展基础数据概览》整理。

续表

| 阅读服务指标 | 2011年 | 2023年 | 增长率(%) |
|---|---|---|---|
| 阅览室座席数(个) | 681441 | 1680128 | 146.56% |
| 总流通人次(万人次) | 37423 | 116061 | 210.13% |
| 书刊文献外借(万册次) | 28452 | 78299 | 175.20% |
| 举办活动(个/次) | 68251 | 293540 | 330.09% |
| 活动参加人次(万人次) | 2937 | 21380.41 | 627.97% |
| 从业人员(人) | 54475 | 60961 | 11.91% |

## 第三节 新时代图书馆全民阅读工作的方向及重点

当前，我国已进入全面建设社会主义现代化国家、向第二个百年奋斗目标进军的新发展阶段。新时代新征程，全面建设社会主义现代化国家既需要强大的物质支撑，也需要强大的精神力量引领。作为提高国民素质、促进社会进步、提升国家文化软实力的重要国家发展战略和系统性工程，全民阅读工作在新征程上有了新的目标任务。2022年政府工作报告定位了"深入推进全民阅读"的新目标[71]；2022年4月，首届全民阅读大会召开，习近平总书记专门致信，希望"广大党员、干部带头读书学习，修身养志，增长才干；希望孩子们养成阅读习惯，快乐阅读，健康成长；希望全社会都参与到阅读中来，形成爱读书、读好书、善读书的浓厚氛围"[72]；2022年10月，党的二十大报告提出，中国式现代化是物质文明和精神文明相协调的现代化，丰富人民精神世界是中国式现代化的本质要求，明确要求"深化全民阅读活动"；2023年第二届全民阅读大会举办主题阅读推广论坛、阅读与城市发展论坛、阅读与乡村振兴论坛、青少年阅读论坛、家庭亲子阅读论坛、银龄阅读论坛、阅读权益保障论坛、数字阅读论坛，涵盖城乡、覆盖全龄人口，全方位多层次探讨读书问题；2024年第三届全民阅读大会召开，并首次设立图书馆全民阅读论坛。在知识创新、科技创新、文化创新的今天，大力倡导读书之风，充分发挥阅读在传播思想文化、提升国民素养、传承民族精神、涵育文明风尚等方面的重要作用，是新时代新征程推动学习型社会、学习型大国建设，助力社会主义文化强国建设的题中应有之义。

近年来,图书馆界持续推动全民阅读深入开展,掀起全民阅读新风潮。在取得诸多成就的同时,仍存在一些问题和不足,例如,在组织协调、设施及资源保障方面存在短板[73],区域之间发展不平衡,尤其是基层图书馆还存在经费不足、阅读资源不足等现象,阅读服务水平也存在差异,公众对全民阅读活动的参与度还不够,公众的阅读素养仍有所欠缺等。为有效解决这些问题,推动全民阅读向常态化、长效化纵深推进,各级各类图书馆需要在发挥既有优势和特色的基础上,进一步在优质阅读资源供给、品牌阅读活动培育、全民阅读推广服务体系建设、数字智能技术应用、专业化水平提升等重点方向着力。

**一、加大优质阅读资源的有效供给**

在各级财政的大力支持下,各级各类图书馆阅读资源规模保持了数十年的稳步增长,截至2023年底,全国县以上公共图书馆总藏量已达14.4亿册[35],较十年前翻了将近一番;与此同时,各馆紧扣时代主题,立足地方文化特色,面向公众需求,积极推动各类特色专题资源建设,也取得了丰硕成果。但从统计数据来看,全国仍有近三成(26.59%)县级公共图书馆年购书经费不足1万元,中、西部地区公共图书馆馆均年新增藏量购置费仅为东部地区的40%和32%①,大量图书馆的馆藏资源长期得不到更新,发展不平衡不充分的问题仍然比较突出。特别是进入数字网络时代,各种新型阅读资源和阅读服务平台蓬勃兴起,也使图书馆阅读资源建设面临新的问题和挑战。为更好地应对上述问题和挑战,切实以优质阅读内容支撑和引领品质阅读服务,各级各类图书馆仍需在资源合作共享、新型阅读资源建设、优质阅读书目推介等方面进一步着力。

一是继续加强各级各类图书馆阅读资源合作共享。要继续巩固拓展县级图书馆总分馆制建设成果,持续推动省、市、县各级图书馆优质阅读资源向城乡基层延伸,同时积极探索将城市书房、农家书屋、实体书店等公共阅读服务设施纳入总分馆体系,从而进一步加强城乡基层公共阅读资源整合利用水平。除此之外,公共图书馆、专业图书馆、高校图书馆、中小学图书馆等不同类型图书馆也需要进一步加强阅读资源共享,积极总结、推广跨系统、跨区域图书馆联盟合作组织建设发展经验,不断健全完善联盟合作机制,依托联盟合作平台,整合各馆、各地区优势资源,合力提升联盟阅读服务品质。在新的技术环境下,还可以借力互

---

① 数据来源于国家图书馆研究院2024年10月发布的《2023年中国公共图书馆事业发展基础数据概览》。

联网平台和现代物流体系,大力推广区域性、全国性的网借、云借服务,不断扩大图书馆阅读资源的流通范围和利用效率。

二是加大新型阅读资源建设力度。当前,数字阅读已成为公众获取知识与信息的重要方式,改变了社会阅读场景。第21次全国国民阅读调查结果显示,2023年我国成年国民数字化阅读倾向进一步增强,80.3%成年国民进行过手机阅读,听书和视频讲书也正成为新的阅读选择[74],为此,要不断加强包括新媒体资源在内的数字阅读资源建设。加强新型阅读资源体系构建,继续推进馆藏资源数字化,围绕古籍资源、馆藏特色资源等专题数据库,遴选入藏优质商购数字资源,合作入藏网络文学作品;增强新型阅读资源的互动性、趣味性、可读性;整合新型阅读资源,提高检索效率,提升新型阅读资源的易用性和便捷性;不断推进开放获取资源由建设转向开放服务,全面提升图书馆开放获取资源的整合揭示能力。此外,要积极破解知识产权保护掣肘,针对可适用于图书馆的著作权例外法律空泛、欠缺、模糊等现状,了解其他国家立法机构在此方面的法律修订建议与最新案例,跟进国际公共文化服务领域在著作权限制与例外方面的动态与进展,强调图书馆在国家文化建设与服务中的作用以及公益性服务的性质,强调数字资源共建共享的社会效益,联合起来争取国家立法与政策的倾斜。[75]

三是继续组织好各类专题阅读书目的评选推介。书目推荐是推动全民阅读的有效途径,具有提高阅读质量、吸引公众参与、优化资源结构等重要作用。有必要将阅读书目作为图书馆开发馆藏资源、指导阅读、推广服务、引领社会风尚的重要工具和重点业务[76],精准适应读者需求,运用编制权威书目、联合发布书目、开展荐读导读活动等方式,最大化发挥书目的优质阅读内容引领功能。应进一步加强阅读书目推荐的当代理论研究,为读者提供多样化、动态更新的阅读书目,确保阅读推广书目涵盖不同年龄段、不同兴趣爱好的读者需求,并能充分反映当前的阅读趋势和社会热点。充分利用图书馆的展示区域展现推广书目的精选内容,可设立专架或专板吸引读者的关注和借阅,以海报、宣传册、宣传视频等凸显优质书目的特色和魅力。通过合作与宣传扩大优质书目的社会影响,与社会力量联动,共同推广优质书目,利用官方网站、主流媒体、社交媒体以自推、他推、转推等多种形式提高书目的知名度和影响力。特别是将阅读推广活动与推荐书目有效衔接,利用名家点评、馆长馆员推荐、作者分享、阅读推广人讲书、读书会等方式和活动,充分发挥现有阅读推广平台和渠道作用,加大优质书目和经典书目的传播和影响,不断丰富与拓展荐读场景。

## 二、加强品牌阅读活动的培育与推广

当前,社会公众的阅读意愿普遍增强,为图书馆及其他全民阅读主体组织阅读活动创造了良好契机。阅读品牌自带明星效应,可以引领、带动更多人参与到全民阅读中来。为进一步加强阅读的推广和促进,吸引更多人走近图书馆、走近阅读,增强公众对图书馆全民阅读活动的参与度,增强公众对图书馆全民阅读服务的认同感和获得感,图书馆需要以供需匹配的品牌阅读活动为抓手,不断创新品牌活动形式,加强品牌集群经营,同时主动适应社会信息环境的发展变化,充分发挥现代先进技术对品牌阅读活动培育推广的赋能作用。

一是创新品牌活动形式。阅读推广活动是阅读从私人性、单向性变为多向互动、多元体验的重要方式。为了吸引更多人参与全民阅读品牌活动,要进一步在活动的趣味性、新颖性上做文章,持续引入新元素、新理念、新形式,推进阅读与旅游、游戏、表演等方式结合,进一步提高品牌阅读推广活动的吸引力。以传统文化典籍资源方面的品牌活动为例,可以利用各类典籍创造内容、打造文化创意 IP,以众创方式提升公众和社会机构在全民阅读中的深度参与。

二是发挥品牌集群效益。经过多年的积累,各级各类图书馆成功打造了一系列特色鲜明的全民阅读品牌活动,同时在阅读品牌的统筹整合方面开展了积极的探索与实践。这些成规模、体系化的阅读推广活动更具影响力,未来应加强品牌活动的统筹管理和系列化、长效化运营,实现阅读品牌活动能力的聚合。此外,探索构建品牌传播的全媒体推广矩阵,多渠道、多媒介、立体化做好全民阅读活动品牌的传播,提升品牌整体效益。

三是发挥现代技术赋能作用。这些年来,各级图书馆积极应用现代技术和新媒体传播手段,成功打造了一批优秀的全民阅读活动品牌,产生了广泛的社会影响。[77]要继续深耕这些已有的活动品牌,加强现代新兴技术在品牌阅读活动中的应用,进一步加强与优势媒体、融媒体平台、高新科技企业等的深度合作,积极探索阅读与短视频、网络直播、动漫游戏、数字电影、剧本娱乐等新兴文化业态结合的新路径。

## 三、推动建设覆盖全社会的全民阅读推广服务体系

全民阅读的目标就是要让"全社会都参与到阅读中来,形成爱读书、读好书、善读书的浓厚氛围"。中央宣传部印发的《关于促进全民阅读工作的意见》提出,

到2025年,通过大力推动全民阅读工作,基本形成覆盖城乡的全民阅读推广服务体系。[77]经过几十年的努力,图书馆阅读推广服务体系已具备完备的组织机制[78],超过95%县(市、区)已完成县级公共图书馆总分馆制建设,在城乡基层设立了近6.6万个分馆及服务点[79],全国陆续建立起逾3.88万个新型公共文化空间[80],高校图书馆、专业图书馆、中小学图书馆建设也取得了可喜的成绩,公共阅读设施网络日益健全,图书馆阅读服务的触角日益延伸,不断惠及更广泛的人群。但全民阅读是一项长期工程、基础工程、系统工程,还需要全社会共同努力,形成资源和服务合力。图书馆一方面要提升核心竞争力,实现与其他全民阅读推广服务主体的差异化发展;另一方面,也要秉持开放心态,积极探索合作之道,加强行业组织的引领协调作用,深化行业合作,与新闻出版机构、教育机构、商业机构、个人等各社会主体建立更加广泛和深入的合作,推动建设覆盖全社会的全民阅读推广服务体系,培育立体化、多元化的全民阅读推广生态系统。

一是深入推进城乡一体化发展,推动实现地域范围全覆盖。充分发挥省、市级公共图书馆对县级公共图书馆的支撑引领作用,加强对县级总馆的业务指导和技术支持,着力提升县级总分馆体系的可持续发展能力。推动农家书屋等基层公共阅读设施纳入公共图书馆总分馆体系,加大对农村中小学图书馆(室)的支持力度,实现跨系统阅读资源和服务的整合共享。积极拓展基层分馆和服务点的阵地功能,广泛开展体现乡土文化特色、适应农民精神文化需求的乡村阅读推广活动,助力乡村振兴。

二是切实保障少年儿童、老年人、残疾人等群体的阅读学习权益,推动实现人群全覆盖。在提供基础阅读保障的基础上,图书馆还需要进一步加强面向少年儿童的阅读资源建设与阅读指导服务,特别要重视抓住、用好阅读敏感期,加强对儿童阅读兴趣的激发、阅读习惯的培养和阅读素养的培育;深入贯彻"积极老龄化"理念,帮助老年读者克服数字智能技术的应用障碍;加强对老年读者的文化关怀,支持、鼓励他们通过参与少儿阅读志愿服务等方式,更好地连接社会、享受生活;加强对《关于为盲人、视力障碍者或其他印刷品阅读障碍者获得已出版作品提供便利的马拉喀什条约》(以下简称《马拉喀什条约》)的贯彻落实,进一步利用无障碍格式出版物,为阅读障碍者提供平等参与文化生活的支持和保障,深入调查了解残疾人的阅读困难与需求,有针对性地提出解决方案,切实保障阅读障碍者平等参与阅读学习的权利。

三是拓展深化分级阅读,推动实现年龄段全覆盖。国内外实践充分证明,分级阅读有助于激发阅读兴趣、培养阅读习惯、提升阅读素养,但我国目前仅有《3—8岁儿童分级阅读指导》团体标准,尚未形成适用于全民的分级阅读标准体系,分级阅读服务实践也有待深化。2023年5月30日,教育部启动"全民阅读标准建设工程",将建设服务全民阅读活动的中文分级阅读标准作为工程的重点工作内容之一。图书馆应继续坚持分级理念,同时,加快推进相关研究和实践,探索覆盖更广年龄范围的遵循人类生理及心理发展规律、中文阅读认知规律的中文分级阅读标准研制和阅读服务,更好地满足覆盖全龄、不同阅读水平的公众的阅读需求,为公众提供更加精准的阅读指导。

四是不断延伸跨界联动合作,实现行业领域全覆盖。图书馆界要主动与社会建立连接,积极挖掘各种潜在的合作机会,充分撬动各领域社会资源,在加强优质资源供给、扩大和改善全民阅读服务空间、加强面向重点人群服务、扩大全民阅读活动影响等方面,广泛凝聚多方合力。继续推动与出版机构、实体书店、数字内容产业等全民阅读服务链的合作与融合,丰富优质阅读资源供给,延伸全民阅读推广服务范围;与大型商超综合体、公园等公共文化娱乐场所、旅游场所等开展合作,拓展阅读服务空间;加强图书馆与学校、家庭、医院、养老服务机构、残疾人服务机构等方面的合作,推进少年儿童、老年人、残疾人等重点服务群体的阅读服务;加强宣传推广,加强阅读与新媒体深度融合,充分利用作家、阅读达人等力量,吸引更多公众走近图书馆、走近阅读;兼顾合作对象的不同利益诉求,建立合作共赢的合作模式,保障全民阅读推广服务体系长效可持续发展。

### 四、积极应用数字智能技术,推动图书馆全民阅读工作的智慧化发展

随着大数据、云计算、AR、VR、区块链和人工智能等技术在阅读中的不断应用与创新,全民阅读的形态也将逐渐更多融入智慧化元素。智慧阅读是指运用智能技术为读者提供智慧服务,其核心价值是关注读者的阅读需求以及满足程度。具体说来,是通过大数据、物联网、云服务、认知计算乃至人工智能等,努力提高阅读服务的精准性和自适应性。[81] 也就是说,智慧阅读是满足阅读需求的一种方式,其最终目的是实现分众化、精准化、个性化的阅读服务。为此,图书馆应利用科技赋能,创新全民阅读的方式方法,不断实现智能化发展,为推进图书馆全民阅读高质量发展打开突破口。

一是加强新技术在阅读资源建设中的应用。技术的发展推动了阅读资源的生产,资源的种类日益丰富,从而对公众阅读资源的需求产生影响。可以预见,

第一章　绪论

未来,公众对阅读的期待一定是更加多样化、个性化的,为此,图书馆也需要与时俱进,以更好地满足公众需求。要进一步加强数字资源建设、配备相应的设施设备,建立线上线下相结合的文献信息共享平台;充分把握新媒体为数字阅读推广注入新动能的发展机遇,全面加强新媒体适用的阅读资源建设;利用新兴信息技术对海量多元异构的文献信息资源进行智慧化整合、精细化标引,实现多源知识内容的统一组织与揭示,从而为社会公众提供更加优质的资源服务。

二是重视新技术在阅读环境营造中的作用。图书馆"空间"概念过去一直存在于"资源"的阴影之下,因为资源是读者直接感受到的,而空间只是作为知识载体与人进行交互的容器而存在。[82]随着公众的阅读需求、阅读习惯的变化,阅读环境尤其是空间资源在图书馆发展中占据着日益重要的地位,阅读空间成为吸引公众到图书馆阅读的重要因素。因此,要以用户体验为中心,以现代信息技术为手段,通过数字孪生、增强现实、虚拟现实、人工智能等技术为图书馆阅读空间建设赋能,增强阅读环境对公众的吸引力,吸引更多用户走进图书馆体验阅读、感受阅读。

三是加大新技术在阅读服务中的应用。未来,要进一步通过新技术的使用优化阅读体验。应用虚拟现实、增强现实、全息投影、交互投影等技术,升级阅读服务体验装备,丰富阅读对象的呈现形式,打造沉浸式、立体化阅读服务体验。借助大数据、云计算等现代信息技术,对图书馆资源、空间、设备、用户行为等数据进行动态采集与智能挖掘,发现、挖掘用户显性和潜在的阅读资源、活动需求和偏好,面向细分用户和个人用户,设计"小而精"的知识服务产品,实现按需定制服务。如对于科研用户,可以基于AI深度学习技术,利用大数据、块数据、小数据的资源推荐功能,根据用户使用习惯,推荐相关的书本期刊资源、电子数据库等资源,甚至可以追踪其学术轨迹、学术画像,给用户提供完全可以信赖的数字科研保障系统。[83]此外,还可以应用现代信息技术,帮助读者提升阅读效率,如引入绘本阅读机器人为儿童提供伴读服务等。

**五、着力提升全民阅读服务的专业化水平**

全民阅读工作是一项极具专业性的工作。长期以来,图书馆界十分注重自身在全民阅读方面的专业化建设,重视阅读推广的理论研究和经验总结,编制了一大批易学易用的阅读服务教材和案例集,提出了一系列阅读服务的国家标准、行业标准和地方标准,同时广泛开展阅读领域业务交流与学术研讨,培育专业人才队伍,为图书馆全民阅读工作奠定了越来越坚实的专业基础。未来,图书馆全民阅读工作将面临来自社会各领域更广泛的合作和更激烈的竞争,因此,提升专业水平、强化核心优势变得尤为重要。

一是要继续完善全民阅读服务的标准体系。标准、规范是对业界已有成熟理论、方法、经验的提炼总结,对于引领带动各级图书馆共同发展进步具有重要意义。未来,要在充分分析考量全民阅读分级、分众、分地、分时服务等需求基础上,重点推动一批基础性指导标准的研制,特别是要围绕中文分级阅读标准、阅读活动策划、阅读品牌运营、阅读素养教育、阅读空间营建、阅读设施管理、阅读活动效能评价等专业性工作,及时推出各类工作指南、工具包和案例集等,为各级图书馆、特别是基层中小型图书馆开展全民阅读工作提供实用指导。

二是要加强各级图书馆行业阅读推广专业人才队伍建设。继续发挥中国图书馆学会及其分支机构、全国图书馆标准化技术委员会等行业组织在人才培养方面的积极作用,继续策划组织有针对性的全民阅读继续教育和职业培训,特别是面向基层图书馆员,继续加强未成年人服务馆员培训,信息素养教育、经典阅读与数字阅读推广等方面的培训。搭建全民阅读学术交流平台,加大对各类阅读研究和交流研讨活动的支持和指导,组织学术会议、论坛,继续组织优秀全民案例评选与展示,加强图书馆全民阅读相关标准的宣贯,不断提高在职人员服务全民阅读的专业能力和水平;图书馆实践单位进一步完善人才引进、管理、培养、激励和保障、评价机制,适应全民阅读工作发展需要,打造新媒体运营、数字阅读服务、活动策划与营销推广相结合的复合型人才队伍,实现助推全民阅读工作发展需求和内部人才供给的动态平衡;教育科研机构通过学历教育与研究系统性培养专门的阅读推广人才,尤其是加强阅读教育学、阅读心理学、儿童分级阅读、数字阅读等方面的深层次教育与研究,以更好地指导实践;政府主管部门应完善人才政策,组织全民阅读人才培训,为全民阅读人才队伍建设提供支持和保障;等等。

三是面向社会继续培养和造就一批遍及全国的阅读推广人。将阅读推广人的培育视为图书馆行业的责任和重要践行场所[84],为图书馆培育阅读推广人提供政策、资金支持和保障;图书馆以阅读推广人的核心素养为中心,以提升培育对象的阅读理念、活动策划、营销和推广为抓手,加强课程和专业教材设计,选聘图书馆界和教育、新闻出版领域相关专家,通过授课、交流研讨、社会实践等方式,分级分类地开展系统专业的培育;建立健全阅读推广人管理机制,制定准入制度、统一培训标准和服务规范,完善考核评价机制、资格认证制度、激励和退出机制,为培育阅读推广人营造良好的环境,切实提高阅读推广人的培养质量。

四是要重视对图书馆全民阅读服务质量、效益的评价与反馈。评估评价与反馈是检验法律政策实施效果、全民阅读工作开展效果的有效方法之一,可以通过评估来确定工作开展的质量和成效,也能为提升相关工作提供有效引导。因此,需要强化质量效益观念,制定科学有效的全民阅读评估评价体系,加强对图书馆全民阅读工作各项投入产出指标的规范统计和系统分析,对法律政策制定、全民阅读品牌、全民阅读活动绩效、用户满意度、用户阅读行为等方面进行精细化评价,建立有效的读者需求调查和意见反馈机制。同时,积极推动中国图书馆学会图书馆阅读服务评价研究专项,国家社科基金等国家性、地方性研究项目中全民阅读相关课题成果的落地应用。

从近代图书馆诞生之日起,图书馆就一直致力于为公众提供阅读服务。全民阅读一面连接着崇文重教的优良传统,一面连接着国民素养的持续提升、文化强国的发展大业。图书馆作为全民阅读工作的重要阵地,肩负着传播"以阅读为乐,以阅读为荣"的良好生活方式和价值理念的重要使命,大有可为,大有发展。

(执笔人:申晓娟 李丹 杨凡 邱奉捷)

## 参考文献

[1] 刘国钧. 近代公共图书馆之性质及功用[J]. 金陵光,1921,12(2).

[2] 周燕妮等. 书香社会全民阅读导论[M]. 深圳:海天出版社,2017:56.

[3] 阅读心理. 中国大百科全书(第三版网络版)[EB/OL]. [2023-05-19]. https://www.zgbk.com/ecph/words? SiteID=1&ID=172596&Type=bkzyb&SubID=133906.

[4] 王余光. 图书馆阅读推广研究[M]. 北京:朝华出版社,2015:57.

[5] 中宣部印发《关于促进全民阅读工作的意见》深入推进全民阅读[EB/OL]. [2024-03-06]. https://www.gov.cn/xinwen/2020-10/22/content_5553414.htm.

[6] 李子峰. 顶层设计文献视角下全民阅读推广服务体系框架探析[J]. 图书馆研究与工作,2017(11):56-61.

[7] 国家统计局. 年度数据. [EB/OL]. [2024-01-30]. https://data.stats.gov.cn/easyquery.htm? cn=C01&zb=A0Q0M&sj=2022.

[8] 2013年全国新闻出版业基本情况[EB/OL]. [2024-01-30]. https://www.nrta.gov.cn/art/2018/5/4/art_2068_39655.html.

[9] IFLA-UNESCO Public Library Manifesto 2022[EB/OL]. [2022-08-04]. https://

repository. ifla. org/bitstream/ 123456789/2006/1/IFLA-UNESCO％20Public％20Library％20Manifesto％202022. pdf.

[10]閣議決定.子どもの読書活動の推進に関する基本的な計画（第二次）[EB/OL].[2023－08－15].http：//www. kodomodokusyo. go. jp/happyou /datas. html.

[11]张麒麟.俄罗斯的阅读立法及其阅读推广实践[J].新世纪图书馆,2014(04):20－22＋56.

[12]卢海燕.国外图书馆法律选编[M].北京:知识产权出版社,2014.

[13]Department for Culture, Media and Sport. Framework for the Future：Libraries, Learning and Information in the Next Decade[EB/OL].[2023－8－5]. http://www. culture. gov. uk/imanges/publications/Social_Inclusion_PLlibaries. pdf.

[14]国际图联,联合国教科文组织.公共图书馆服务发展指南[M].上海:上海科学技术文献出版社,2002:9.

[15]柯平.公共图书馆免费开放的理论思考[J].图书馆,2011(03):1－5.

[16]IFLA-UNESCO Public Library Manifesto1949[EB/OL].[2023－08－02]. http:// unesdoc. unesco. org/images/0014/001474/147487eb. pdf.

[17]林祖藻.联合国教科文组织公共图书馆宣言[J].江苏图书馆学报,1986(01):101－103.

[18]朱峻薇.公共图书馆的免费服务与社会责任[J].图书馆,2011(4):69－70,73.

[19]温家宝所作政府工作报告(十一届人大三次会议)[EB/OL].[2025－03－19]. https:// www. gov. cn/2010lh/content_1555767. htm.

[20]饶权.中国图书馆事业的历史经验与转型发展[J].中国图书馆学报,2019,45(05):15－26.

[21]张金亮.全国文化信息资源共享工程建设与科普融合发展[J].中国科技信息,2017(01):99－100.

[22]数字赋能看农家书屋如何"蝶变"[EB/OL].[2023－08－02]. https://baijiahao. baidu. com/s? id=1763639308005290436&wfr=spider&for=pc.

[23]2022：工会出版数字报告[EB/OL].[2023－08－02]. https://www. 163. com/dy/article/HPUNL6CU0550AQB6. html.

[24]公共图书馆服务规范[S/OL].[2024－01－05]. http://c. gb688. cn/bzgk/gb/showGb? type=online&hcno=17FAE54755356FAB55CFB32BDD07C3AD.

[25]教育部关于印发《普通高等学校图书馆规程》的通知[EB/OL].[2023－08－02]. http:// www. scal. edu. cn/gczn/sygc/.

[26]教育部关于印发《中小学图书馆(室)规程》的通知[EB/OL].[2023－08－02]. http:// www. moe. gov. cn/srcsite/A06/jcys_jyzb/201806/t20180607_338712. html.

[27]吴汉华,王波.2022年中国高校图书馆基本统计数据分析[J].大学图书馆学报,2023,41(06):63－72.

[28]中华人民共和国文化和旅游部.中国文化文物和旅游统计年鉴2024[M].北京:国家图书

馆出版社,2024:39.

[29]普通高等学校图书馆文献资源发展政策编制指南[EB/OL].[2020－08－02].http://scal.edu.cn/node/492.

[30]"书海遗珠"文献推荐展:发现暂时被遗忘的好书[EB/OL].[2025－03－18].https://baijiahao.baidu.com/s?id=1607827267205826715&wfr=spider&for=pc.

[31]图书馆服务宣言[EB/OL].[2024－02－07].https://www.lsc.org.cn/cns/contents/1676363541657/1703426584604184576.html.

[32]2023"阅读·金陵"图书馆素养课走进北京东路小学[EB/OL].[2023－08－02].https://baijiahao.baidu.com/s?id=1760973870942692934&wfr=spider&for=pc.

[33]上海市"中小学图书馆资源利用与学生阅读素养提升"教学观摩评比活动(青浦区)[EB/OL].[2023－08－02].https://jxxy.qpedu.cn/jyjs/kcrg/231300.htm.

[34]吴晞.十年种木长风烟——纪念中国图书馆学会阅读推广委员会成立十周年[J].高校图书馆工作,2016,36(01):5－6.

[35]中华人民共和国文化和旅游部2023年文化和旅游发展统计公报[EB/OL].[2024－08－30].https://zwgk.mct.gov.cn/zfxxgkml/tjxx/202408/t20240830_954981.html.

[36]王余光.中国图书馆界阅读推广的举措与趋势[J].图书情报工作,2022,66(20):4－7.

[37]吴卓茜,杨楠,阮楠.高校大学生阅读推广人培育实践与思考——以西安工程大学为例[J].河南图书馆学刊,2017,37(08):12－14.

[38]武汉大学图书馆.武汉大学"书香大使"活动入选2020国际图书馆协会联合会(IFLA)国际营销奖前十名创新案例[EB/OL].[2024－02－26].http://gzw.lib.whu.edu.cn/pe/Article/ShowArticle.asp?ArticleID=3872&eqid=f331d36400002c780000000264872684.

[39]马家伟,王姝.高校图书馆阅读推广人的构成与培育[J].大学图书情报学刊,2020,38(04):17－20.

[40]文化部印发关于进一步加强农村文化建设的意见的通知[EB/OL].[2023－08－16].https://zwgk.mct.gov.cn/zfxxgkml/zcfg/gfxwj/202012/t20201204_906072.html.

[41]蔡卫平.《普通高等学校图书馆规程》新旧对比研究[J].图书馆论坛,2003(04):147－148+120.

[42]中国图书馆学会.中国图书馆年鉴(2003年)[M].北京:现代出版社,2005:566,574,582.

[43]季根章.当前乡镇图书馆的建设与跨世纪社会文化的发展[J].江苏图书馆学报,1998(04):4－7.

[44]马伟,纪文杰.认真实施"知识工程"积极创建乡镇图书馆[J].山东图书馆季刊,2002(03):119－121.

[45]中央宣传部、文化部、国家教委、国家科委、广播影视部、新闻出版署、全国总工会、共青团中央、全国妇联关于在全国组织实施"知识工程"的通知[EB/OL].[2024－01－05].

https://www.pkulaw.com/chl/cc3449668746c603bdfb.html? keyword＝%E5%85%B3%E4%BA%8E%E5%9C A8%E5%85%A8%E5%9B%BD%E7%BB%84%E7%BB%87%E5%AE%9E%E6%96%BD%E2%80%9C%E7%9F%A5%E8%AF%86%E5%B7%A5%E7%A8%8B%E2%80%9D%E7%9A%84%E9%80%9A%E7%9F %A5&way＝listView.

[46]刘凤娟,孙玉玲.开架借阅的回顾与思考[J].图书情报工作,1997(11):43-45.

[47]李海燕.我国公共图书馆阅读推广研究综述[J].图书馆杂志,2016,35(02):103-110.

[48]吴晞.阅读推广人系列教材——图书馆阅读推广基础理论[M].北京:中国国际出版集团,朝华出版社,2015:62.

[49]王媛.中国图书馆学会科普与阅读指导委员会成立大会综述[J].图书馆建设,2006(03):1-3.

[50]中国图书馆学会.图书馆服务宣言(2008)[J].图书馆建设,2008,(10):1.

[51]窦英杰.播撒书香阅读种子,构建美好文化生态——中图学会阅读推广委员会"全民阅读"活动组织与发展思考[J].图书馆杂志,2014,33(04):37-41.

[52]尹岚宁.推动全民阅读,共建和谐社会——中国图书馆学会在推动全民阅读活动中的作用[J].全国新书目,2006(01):34-35.

[53]黄鹏.推动全民阅读图书馆在行动——在"世界读书日在厦门:多元媒体时代的阅读问题"研讨会上的发言[J].新世纪图书馆,2007(04):95-96.

[54]邱冠华,金德政.阅读推广人系列教材——图书馆阅读推广基础工作[M].北京:中国国际出版集团,朝华出版社,2015:12.

[55]张娟,倪晓建.我国公共图书馆总分馆体系建设模式分析[J].图书与情报,2011(06):17-20.

[56]李东来.让更多的人享受图书馆——东莞城市图书馆发展的思考与实践[J].山东图书馆学刊,2009(01):40-44.

[57]中国图书馆学会,国家图书馆.国家图书馆年鉴(2011)[M].北京,国家图书馆出版社,2011:90.

[58]郝春柳,杨宇龙.文化信息资源共享工程绩效评价研究[J].图书馆理论与实践,2011(06):1-4.

[59]周和平.以免费开放为契机全面提升我国图书馆公益性服务水平[J].中国图书馆学报,2011,37(03):4-9.

[60]章红雨.全民阅读首次具有国家法律地位——本报记者独家专访《公共文化服务保障法》起草人[N/OL].[2023-08-01].https://epaper.chinaxwcb.com/epaper/2016-12/29/content_99754418.html.

[61]文化部关于印发《"十三五"时期全国公共图书馆事业发展规划》的通知[EB/OL].[2023-

08-08]. https://www.gov.cn/xinwen/2017-07/07/content_5230578.htm.

[62]文化部关于印发《文化部"十三五"时期公共数字文化建设规划》的通知[EB/OL].[2023-08-08]. https://zwgk.mct.gov.cn/zfxxgkml/202012/t20201204_925713.html.

[63]全国图书馆标准化技术委员会.一图读懂《公共图书馆服务规范》[EB/OL].[2023-7-31]. http://www.nlc.cn/tbw/bzwyh_yjzx14.htm.

[64]2023年全国教育事业发展统计公报[EB/OL].[2024-10-24]. http://www.moe.gov.cn/jyb_sjzl/sjzl_fztjgb/202410/t20241024_1159002.html.

[65]2022年高校图书馆发展报告[EB/OL].[2024-07-1]. http://www.scal.edu.cn/sites/default/files/attachment/tjpg/2022%E5%B9%B4%E9%AB%98%E6%A0%A1%E5%9B%BE%E4%B9%A6%E9%A6%86%E5%8F%91%E5%B1%95%E6%8A%A5%E5%91%8A.pdf.

[66]国家图书馆研究院.2023年中国公共图书馆事业发展基础数据概览[Z].北京:2024.

[67]全国图书馆界与阅读推广界专家学者齐聚深圳坪山,共推全民阅读高质量发展[EB/OL].[2023-07-07]. https://baijiahao.baidu.com/s?id=1770767686183915611&wfr=spider&for=pc.

[68]2000![EB/OL].[2024-09-08]. https://www.fslib.com.cn/node/2171/content/post_896177.html.

[69]《上海市公共图书馆2012阅读报告》盘点申城一年阅读情况[EB/OL].[2024-04-23]. https://www.mct.gov.cn/whzx/qgwhxxlb/sh/201305/t20130531_781598.htm.

[70]谢蓉,范并思.用研究、数据和案例推动图书馆阅读推广——《公共图书馆阅读与推广活动情况报告》周年述评[J].图书馆,2015,No.249(06):9-12.

[71]政府工作报告[EB/OL].[2023-04-23]. https://www.gov.cn/premier/2022-03/12/content_5678750.htm.

[72]习近平致首届全民阅读大会举办的贺信[EB/OL].[2023-04-23]. https://www.nationalreading.gov.cn/wzzt/yddh/zxun/bdao/202204/t20220423_110662.html.

[73]全国人大代表建议出台全民阅读促进法为全民阅读提供全面法律保障[EB/OL].[2023-08-12]. http://www.npc.gov.cn/npc/c12492/201904/7dea8e738f794ddc85daba7e09ebcd65.shtml.

[74]第21次全国国民阅读调查结果发布[EB/OL].[2024-04-23]. https://www.gov.cn/yaowen/liebiao/202404/content_6947066.htm.

[75]邱奉捷.数字资源共建共享中的版权管理及风险防范研究[M].北京:知识产权出版社,2023:ii,iii.

[76]张岩,林婉婉.以推荐书目深化阅读推广——深圳图书馆"南书房家庭经典阅读书目"十年研制与推广[J].图书馆论坛,2023,43(11):88-95.

[77]王丹,陈雅,谢紫悦.我国图书馆阅读推广品牌建设创新策略研究[J].图书馆理论与实践,2023(2):83-89.

[78]冯玲,李东来.图书馆在全民阅读推广服务体系中的新认知与新担当[J].中国图书馆学报,2024,50(01):4-12.

[79]公共图书馆全民阅读工作成果介绍[EB/OL].[2024-04-23].https://www.nlc.cn/web/ziyuanfuwu/ziyuantuijian/xzzt/2024/2024sjdsr/gongzuochengguojieshao/index.shtml.

[80]新型公共文化空间建设推广活动举办[EB/OL].[2024-12-26].https://whcy.gmw.cn/2024-12/26/content_37760131.htm.

[81]全民阅读如何从"智慧阅读"走向"智慧悦读"[EB/OL].[2023-05-19].https://www.fx361.com/page/2022/0513/10307431.shtml.

[82]刘炜,赵冬梅.图书馆智慧空间建设:概念、演变、评价与设计[J].图书情报工作,2022,66(01):122-130.

[83]《智慧图书馆探索与实践》编委会.智慧图书馆探索与实践[M].北京:国家图书馆出版社,2021:331.

[84]倪连红.我国阅读推广人培育研究述评与未来研究趋向[J].图书馆理论与实践,2020(05):97-100+104.

# 第二章　图书馆全民阅读资源建设

阅读资源是阅读行为不可或缺的物质基础。阅读资源（包括数字资源和传统资源）无论是作为要素（活动的着力点）、作为方法（提供高质量的读本和指南），还是作为目的（提高流通量和利用率），都对阅读推广具有极为重要的意义。全民阅读资源具有以下特征：首先，全民阅读资源服务全民，普惠性是其本质属性，全体国民都将从中获益；其次，全民阅读资源应时而变，其时代性特征表现在全民阅读资源的广度和深度伴随广大人民群众的需求而不断拓展；最后，全民阅读资源具有基础性特征，高质量的阅读资源建设是全民阅读高质量发展的必要基石。正如《公共图书馆宣言》（2022）所指出的，"不同年龄的人都应该在图书馆中找到适合其需要的资料。藏书及各种服务必须包含各类必要的媒体形式和现代技术以及传统的资料。最主要的是保证质量，适合当地的需要及情况，以及反映社区语言和文化的多样性。馆藏资料必须反映当前的各种潮流和社会的演变情况以及有关人类的成就和幻想的记录"[1]。本章对图书馆全民阅读资源建设的法律政策保障进行梳理，总结分析图书馆传统阅读资源、数字阅读资源、专题特色阅读资源建设的主要成就，探讨图书馆阅读资源建设面临的挑战与困难，并提出深化推进图书馆阅读资源建设的对策和建议。

## 第一节　图书馆全民阅读资源建设进展

### 一、图书馆阅读资源建设的法律政策保障

阅读资源建设离不开法律法规、政策制度的保障，以及专业技术标准的规范指导。法律法规方面，《公共文化服务保障法》和《公共图书馆法》中都包含对公

共图书馆资源建设问题的相关规定,特别是《公共图书馆法》多项条款对公共图书馆馆藏文献信息收集、文献信息整理、查询和借阅等服务、文献信息处置、数字资源建设、文献信息共建共享等作出规定。其中,第二条对公共图书馆和文献信息进行了定义,规定文献信息"包括图书馆报刊、音像制品、缩微制品、数字资源等";第十五条规定与其功能相适应的文献信息是设立公共图书馆的必备条件之一;第十八条规定公共图书馆的馆藏文献信息概况应由主管部门在网站上及时公布;第二十四条到第二十八条集中规定了文献信息的收集、整理、处置和保护,覆盖了文献信息从收集、整理到查询、借阅等相关服务以及处置的整个生命周期。关于资源建设,有三条思路贯穿《公共图书馆法》始终:一是共建共享,第三十条、第三十一条和第四十条规定了公共图书馆应当通过交流合作、新技术应用等方式"实现文献信息的共建共享,促进文献的有效利用";二是普惠均等,第三十四条规定公共图书馆应当根据少年儿童、老年人、残疾人等群体的特点提供适合其需求的文献信息;三是合法合规,第三十七条规定公共图书馆向社会提供文献信息应当合法合规,呼应了第八条对于公共图书馆保护知识产权、保护国家文物、保守国家秘密的规定,违规责任在第五章"法律责任"中也一一列明。

政策制度方面,近年来国家和地方也先后出台了一系列重要指导文件,支持和保障力度持续增强。例如,2019年,文化和旅游部颁布《公共数字文化工程融合创新发展实施方案》,针对统筹工程资源建设和服务推广的目标要求,提出要制定分类标准、建设元数据仓储、推出资源服务总目录,从而"梳理、盘活工程存量资源";同时要合理规划增量资源建设,从而丰富资源类型、优化资源结构、提升资源质量。针对引导社会力量参与工程建设,该方案提出通过扩大资源建设主题范围、拓宽资源建设渠道、完善第三方质检机制推进资源建设社会化,提升文化工程资源建设质量。2021年,国家发展改革委联合20个部门印发《国家基本公共服务标准(2021年版)》,将文化服务保障作为国家基本公共文化服务的重要保障内容,明确了相应的保障要求,其中就包含满足公众读书看报需求的基本标准。此后,各地陆续出台地方标准,对国家标准进行细化落实。《上海市基本公共服务实施标准(2022年版)》中"阅读服务"项目的服务标准为,全市人均馆藏量达到3.8册/件,年人均新增馆藏量不少于0.1册/件。浙江省《关于高质量建设公共文化服务现代化先行省的实施意见》对全省阅读资源建设作出统一规定,省内各地市又根据自身情况进行必要调整,如嘉兴市(2021年标准)规定,关于阅读资源的标准为人均馆藏量1.5册以上,人均年新增藏书不少于0.1册;

第二章　图书馆全民阅读资源建设

杭州市(2022年标准)规定区、县(市)级公共图书馆人均藏书1.2册以上,或总藏量不少于65万册,人均年新增藏书量不少于0.08册,每年组织送书下乡1.3万册,农家书屋图书不少于1500种,报刊不少于10种,年新增图书不少于60种;金华市(2021年标准)规定县级公共图书馆总藏书量达到人均1.3册或总量50万册,人均年新增藏书量0.08册以上。中西部地区也按照国家标准制定了符合本地区实际的地方标准。安徽省基本公共服务"读书看报"项目服务标准按照文化和旅游部、中央宣传部等有关部门相关规定及《安徽省公共文化服务保障条例》等相关标准执行,规定农家书屋面积不少于20平方米,图书不少于2500册、2000种,报刊不少于3种,电子音像制品不少于10种(张),每年更新出版物不少于60种。《湖北省基本公共文化服务实施标准(2021年版)》规定,县级公共图书馆人均年新增藏书量不少于0.031册;村(社区)综合文化服务中心、农家书屋提供借阅的图书不少于1200种、1500册,报刊不少于10种,年新增图书不少于60种;数字农家书屋提供图书不少于7万种,听书资源不少于3万种。《湖南省基本公共服务标准(2021年版)》规定"读书看报"项目服务标准按照文化和旅游部、中央宣传部等有关部门相关规定执行,平均每个行政村农家书屋每年更新图书种数不少于60种。《广东省基本公共服务标准(2021年版)》规定县级公共图书馆、乡镇(街道)综合文化站藏书年新增不少于人均0.03册,每个村(社区)综合性文化服务中心藏书年新增不少于60种、100册;《广州市公共文化服务实施标准(2021—2025年)》则在省定标准的基础上,提出了更高的标准要求,规定2025年底公共图书馆人均公共藏书不少于2.5册,其中区级以下公共图书馆人均公共藏书不少于1.5册。总体而言,各地区的阅读资源建设标准都较为务实。2022年4月13日,文化和旅游部正式印发《公共图书馆馆藏文献信息处置管理办法》,从国家层面出台法规对公共图书馆馆藏文献信息处置工作进行指导和规范,对于需要长期保存的地方文献、珍贵典籍等,明确了保留品种、剔除复本原则,进而确保具有长期保存价值文献的系统性和完整性。公共图书馆据此还可以选择有助于提高文献资源利用率的无偿划转、捐赠和置换等方式,优先向革命老区、民族地区、边疆地区和欠发达地区的图书馆处置后者急需的阅读资源,通过阅读资源馆际之间的有效流转提升全民阅读服务资源的整体保障水平。

专业技术标准指导方面,在全国图书馆标准化技术委员会、全国文献影像技术标准化技术委员会、全国文献与信息标准化技术委员会等标准化组织的协调努力下,建立了由建设标准、资源标准、服务标准、管理标准和技术标准五部分组成的标准体系。其中,与阅读资源建设关系最紧密的是资源标准子体系。资源标准又可细分为以下三类:文献采集标准,包括图书馆采集、补充馆藏文献的内容、方法、途径、流程,如采选标准、验收登记标准、催缴补缺标准等;文献组织标准,包括图书馆对各类文献信息资源进行描述、整序和加工所需的相关标准,如文献编目标准、文献加工标准、资源整合标准等;文献保存、保护与修复标准,包括图书馆对各类型文献信息资源保存、保护及修复工作中所涉及方法、技术、工作规程等的相关标准,如古籍修复标准、古籍定级标准等(具体见表2-1)。

表2-1 阅读资源建设标准[①]

| 标准类别 | 标准名称 |
| --- | --- |
| 文献采集标准 | GB/T19688.2—2005 信息与文献书目数据元目录第2部分:采访应用<br>GB/T28220—2023 公共图书馆服务规范…… |
| 文献组织标准 | GB/T3792.2—2006 普通图书著录规则<br>GB/T31219.2—2014 图书馆馆藏资源数字化加工规范第2部分:文本资源<br>GB/T23269—2009 信息与文献开放系统互联馆际互借应用服务定义…… |
| 文献保存、保护和修复标准 | WH/T21—2006 古籍普查规范<br>WH/T22—2006 古籍特藏破损定级标准<br>GB/T35662—2017 古籍函套技术要求…… |

## 二、图书馆阅读资源建设的主要成就

回顾1980年至2023年全国公共图书馆馆藏建设情况,2000年之后馆藏增长速度明显加快,2000年至2005年和2005年至2010年年新增藏量实现连续翻番,2000年至2023年人均购书费增长460.75%,2023年年新增藏量接近2000年的11.17倍(见表2-2),传统阅读资源、数字阅读资源、专题特色阅读资源建设均取得显著成就。

---

① 本章作者根据文献调研情况整理。

表 2-2  1980 年至 2023 年全国公共图书馆部分年份馆藏相关情况①

| 年份 | 总藏量（万册/件） | 年新增藏量（万册/件） | 年人均新增藏量(册/件) | 人均购书费（元） |
|---|---|---|---|---|
| 1980 | 19904 | 1549 | — | 0.023 |
| 1985 | 25573 | 1343 | 0.013 | 0.039 |
| 1990 | 29064 | 895 | 0.008 | 0.074 |
| 1995 | 32850 | 551 | 0.005 | 0.139 |
| 2000 | 40953 | 692 | 0.005 | 0.293 |
| 2005 | 48056 | 1535 | 0.012 | 0.457 |
| 2010 | 61726 | 2956 | 0.022 | 0.828 |
| 2015 | 83844 | 5151 | 0.037 | 1.434 |
| 2020 | 117930 | 6732 | 0.048 | 1.599 |
| 2023 | 143609 | 7728 | 0.055 | 1.643 |

（一）传统阅读资源建设

截至 2023 年底，全国公共图书馆馆藏总量达 14.36 亿册/件，人均藏量达到 1.02 册/件。[2]其中，上海、北京、广州、深圳等经济发达城市图书馆总藏量和人均藏量已达到世界先进水平。

2021 年起，国家图书馆启动文献共享借阅计划，三年间共为西藏、江西、黑龙江、甘肃、湖北、吉林等 6 个省、自治区的图书馆提供了文献 236 万余册/件。因地制宜、按需配置，为满足赣州市科技类图书的需求，国家图书馆为中国科学院稀土研究院配置科技类文献 6000 册/件；根据吉林省图书馆邻近盲人学校的特点为其调配盲文图书 2500 册/件；为西藏自治区图书馆配置藏文文献 2000 册/件；为满足全国少年儿童的阅读需求，向部分省馆配送了大批少儿书刊，为当地推广少年儿童阅读提供文献支持；为提高图书流通率，推动资源下沉，国家图书馆与湖北省图书馆合作，将 15 万册/件文献按照议定分配方案直接配送至目的地县级图书馆，有效减少了二次分配工作量及运输成本。国家图书文献共享借阅计划为省、市、县各级公共图书馆资源共享项目提供了优秀范例。

在资源建设模式方面，一些图书馆在读者决策采购（Patron Driven

---

① 本章作者根据国家图书馆研究院《2023 中国公共图书馆事业发展基础数据概览》整理。

Acquisitions,PDA)方面积极探索,形成一系列成功案例。2014年5月,内蒙古图书馆正式推出"我阅读你买单我的图书馆我做主"的"彩云服务",其后研发并上线"彩云服务"手机App和微信公众号,推出图书转借、交换功能,专门设立彩云智能中转云柜,进而推出"社会大藏书共享线上平台"。彩云服务通过复本控制、读者信用评级等方式保证了采购质量,采购图书的二次借阅率达到95.9%。[3] 长沙市图书馆从2019年起推出"你的book我买单"活动项目(项目经费100万元至160万元),市民可凭长沙总分馆借书证在8至10家活动书店挑选图书,凡符合图书馆借阅规则者即可免费将所选图书借回家30天,而后在活动书店与长沙市图书馆归还图书。2020年新冠疫情期间,该项目联合京东网上书城、浙江新华推出线上下单、包邮到家服务。

传统阅读资源的稳步增长为我国各级各类图书馆广泛开展阅读推广活动提供了坚实的基础,浙江图书馆"信阅"服务、苏州图书馆"苏州·书仓"服务、佛山市图书馆"知书达里"服务等创新服务促进传统阅读资源直达读者身边,对阅读推广活动形成有力支持。

(二)数字阅读资源建设

20世纪90年代以来,我国各级各类图书馆普遍通过购买商业数据库、自建特色数据库、索引公开网络资源等方式,逐步丰富可供读者阅读使用的数字资源。一些图书馆还探索与出版社、馆配商进行三方合作,通过按需定制、"包库使用、以用定赠"等多种方式,加强数字阅读资源建设。[4] 2000年以来,我国相继实施了全国文化信息资源共享工程、数字图书馆推广工程、公共电子阅览室建设计划等公共数字文化惠民工程,推动建设了中国高等教育文献保障系统(CALIS)、国家科技图书文献中心(NSTL)和中国高校人文社会科学文献中心(CASHL)等教育科研文献共享平台。一些经济发达地区也在跨系统的区域文献资源共建共享平台建设方面不断取得创新突破,各级各类图书馆数字资源建设的合作共享机制不断健全完善,综合保障水平持续提升。

据统计,2023年全国公共图书馆共收藏电子图书8.17亿册;数字资源总量达1123.82万TB,音视频资源总量达1910.49千万小时。① 截至2021年底,数字图书馆推广工程在全国40余家省市级公共图书馆开展了现代文献、民国时期文献、善本古籍等文献的数字化和元数据仓储建设,带动全国公共图书馆联合建

---

① 数据来源于国家图书馆研究院2024年10月发布的《2023年中国公共图书馆事业发展基础数据概览》。

设资源总量达2.4万TB,向全国各级公共图书馆共享普适性数字资源145TB,通过"基层图书馆数字资源提升活动"为全国基层图书馆配送总量为4TB的特色优秀数字资源包,大幅提高了基层公共数字文化资源的均等化水平。[5]文化共享工程组织各级图书馆联合建设中华优秀传统文化、全民艺术普及、精准扶贫专题数字资源,通过国家公共文化云平台发布资源总量达1258TB,其中包括各类影音视听资源54.2万部(集),19.8万小时。浙江省在全国率先建立了覆盖省域范围内所有公共图书馆的数字资源联合采购机制,扩大资源共享范围,避免重复购买,显著提升了文献购置经费使用效益。浙江图书馆牵头建设的"浙江省文献资源共建共享平台",按照分类导航和地区导航,挂接全省各级图书馆自建库资源158个,同时集成了万方、维普等30个主流中外文数据库,整合电子图书共计180万余种、电子期刊3亿余条、各类音视频137万个、学术资源11.7亿余条,供全省读者免费使用,实现了全省公共图书馆数字资源的整合与共享。国家图书馆于2019年启动互联网信息战略保存项目,设立互联网信息战略保存基地,通过与国内重点数字文化生产和保存机构的合作,逐步建设覆盖全国的分级分布式互联网信息资源采集与保存体系。继2019年在新浪微博建立首家基地后,国家图书馆在2020年与阅文集团达成合作,设立第二家互联网信息战略保存基地,将记录时代表达、创造性转化中华优秀传统文化的优质网络文学作品纳入国家文献信息资源保存体系。阅文集团《庆余年》《琅琊榜》《大医凌然》《朝阳警事》等多个内容题材的百部优秀网文作品被国家图书馆永久典藏。无独有偶,上海图书馆也在2019年与阅文集团达成网络文学专藏战略合作,设立了"中国网络文学专藏库"。

在教育科研领域,中国高等教育文献保障系统(CALIS)依托其4个全国中心、7个地区中心、31个省级中心、多个职能中心以及1800余家高校图书馆成员馆开展文献信息共建共享,截至2023年6月30日,已建成联合目录书目数据852万余条。国家科技图书文献中心(NSTL)每年订购印本外文期刊17000余种,其中国内独家超过6000种;订购外文会议录等文献8000余种,建立了全国开通、部分单位联合开通、中心成员单位开通的三级数字资源保障体系,每年基于印本文献提供原文服务120多万篇。[6]中国高校人文社会科学文献中心(CASHL)外文图书联合目录收录文科专款引进印本图书112万种和电子图书35万,期刊目次数据库收录人文社会科学外文期刊近2万种,核心期刊4500余种,2008年起先后引入图书、缩微资料、数据库等不同介质的大型特藏文献70种。

近年来,为适应有声阅读市场的迅猛发展,部分图书馆也已开始探索推进有声阅读资源建设。其中大部分图书馆的有声阅读资源来自商业平台订购,有代表性的供应商包括喜马拉雅、云图有声、盛大有声、博看有声、天方有声、库克音乐、时夕乐听等。个别图书馆也立足自身资源积累,自行建设了一批有特色的有声阅读资源数据库,例如,陕西省图书馆推出《听遍陕西》音频资源库,针对老年人、视障人士、戏曲爱好者有所侧重地进行资源建设,内容涉及陕西地区的文学、史话、民俗、曲艺方言、美食旅游等方面[7];晋江市图书馆立足地方特色文化打造方言有声阅读资源,制作和发布闽南民间故事和童谣有声读物;浙江省图书馆联合上海图书馆、安徽省图书馆、金陵图书馆,以及上海市朗诵协会、浙江省朗诵协会、安徽省朗诵协会、江苏省朗诵协会,共同组成长三角有声阅读联盟,整合长三角各大公共图书馆及专业朗诵协会的海量资源,合作推动其转化为有声阅读资源;等等。

伴随社会环境、信息环境和媒体环境的演变,数字阅读资源建设在图书馆阅读资源建设体系中的重要性仍在不断上升。是否能顺应从多媒体交互到多模态融合的阅读资源发展新趋势,也成为图书馆能否即时响应读者需求、不断改进和提升全民阅读服务效能的关键所在。

(三)专题特色阅读资源建设

在不断丰富图书馆传统阅读资源和数字阅读资源规模的同时,各级各类图书馆密切关注不同领域各类用户群体个性化、社群化阅读需求,充分发挥自身在资源组织加工与整合揭示方面的专业优势,积极推进专题特色资源建设,不断推出有针对性的专题特色阅读内容产品,以满足读者对特定主题文献信息的需求。比较典型的如立足国家和地方历史文化的传承发展,开展传统文化阅读资源建设,面向少儿、老年人、残疾人等重点服务群体的专题阅读资源建设,以及服务特色产业发展的专题阅读资源建设等。

1. 传统文化阅读资源建设

传统文化阅读资源中包含着丰富的人文精神、科学知识、哲学思想、治国理政智慧,为我们今天了解世界、改造世界提供了非常有益的启迪,也为人们今天解决现实问题提供了历史智慧。[8]党的十八大以来,党中央高度重视中华优秀传统文化的传承发展,并为之创造了良好的政策环境,习近平文化思想提出要"着力赓续中华文脉、推动中华优秀传统文化创造性转化和创新性发展"。各级各类图书馆面向传统文化阅读的需求,积极开展地方文献、文化记忆资源、红色文献资源等传统文化阅读资源建设。

各级图书馆高度重视地方文献资源建设工作,将其作为阅读资源建设的重要内容。国家图书馆研究院开展的《公共图书馆地方文献工作制度建设及落实情况调查》(2023年)结果显示,264家参与调查的各级图书馆中,设立专门地方文献部门的占61.74%,开展地方文献相关工作的占96%,71.21%的图书馆将地方文献工作的相关内容纳入本馆资源建设总体规划。陕西省图书馆设立陕西地方文献收藏中心,收藏本省资料,尤以陕西作家著作专藏和周秦汉唐研究文献专藏为特色;上海市普陀区图书馆的"上海当代作家作品手稿收藏展示馆"于2010年开馆,此后10年间征集到108位作家的498份手稿、650多位作家2800多部签名本,以及书法、扇面等珍贵作品,通过"上海近现代作家影像访谈"项目拍摄《巴金》《茅盾》《白桦》《柯灵》等作家影像访谈录近30部。各地公共图书馆还建设了大量地方文献特色数据库,如"南京图书馆藏稀见江苏方志全文数据库"、河南省图书馆"河南曲艺数据库"、湖南省图书馆"湖南地方戏剧资源库"、内蒙古自治区图书馆"内蒙古历史文化多媒体资源库"、湖北省图书馆"荆楚名胜数据库"等等。在各地的大型地方文献整理项目中,公共图书馆也发挥了重要作用。如广州市在2005年开始《广州大典》的编纂工作,2015年完成第一期520册4064种文献的影印出版[9],同年在广州图书馆挂牌成立广州大典研究中心,制作《广州大典》数字资源库全文数据库;湖北省图书馆承担湖北省重大文化工程《荆楚文库》三大分项之一《荆楚文库·方志编》项目编纂工作,同步启动《荆楚文库》数字化工程,首批深度加工标引荆楚典籍300种。

在文化记忆资源建设方面,联合国教科文组织于1992年启动"世界记忆"(The World Memory)项目后,文化记忆项目在世界范围内大量涌现。图书馆、档案馆、博物馆等文化资源保存机构成为数字资源保存、传承、生长的一支主要力量。[10]我国有100余个地级以上城市参与城市记忆项目,各地图书馆积极参与了项目建设,推动图书馆成为"记忆资源的汇聚之地、创造之地、传承之地"[11]。例如,国家图书馆于2012年启动"中国记忆项目",以中国传统文化遗产、现当代重大事件、重要人物为专题,以传统文献体系为依托,系统性、抢救性地进行口述史料、影像资料等新类型文献建设,已开展"东北抗日联军""我们的文字"等20多个专题的文献资源建设,共采集或收集超过5400小时的口述史料、影像资料和大量照片、非正式出版物等相关文献,并开展非物质文化遗产代表性传承人记录、"人口较少民族口头传统典藏计划"等工作,加强记忆类资源的抢救性采集;2006年上海图书馆启动"上海年华"项目,以馆藏资源为基础,通过数字记忆方式保存和呈现上海开埠100余年以来的文化记忆。项目先后建设了独立专题库数十个,如"华语老电影知识库""老照片库""革命文献服务平台"和文旅融合应用如"上海记忆—从武康路出发""红色旅游""报馆地图"等。[12]同时,一些图书馆还根据环境和形势变化,开展互联网记忆资源和专题记忆资源建设,如2009年,国家图书馆成立互联网信息保存保护中心,对国内外政治、经济、文化、科技等领域重要网站和重大专题资源进行采集保存,截至2018年,全国各级公共图书馆累计采集网站2.3万余个;2020年起,国家图书馆联合全国各级公共图书馆共建中国战"疫"记忆库项目,征集资源总量达63184件,其中实物资源12646件、电子资源50538件,包括纪录片、口述史料、音乐、动画、海报、漫画、照片、图书、网络文学、书画墨迹、日记等各类记忆资源。

在红色阅读资源建设方面,一是集中展现图书馆红色图书、档案、报纸、期刊、音视频、图片等不同类型的资源,并对珍贵的手稿、家书、革命出版物等文献进行可视化再现,如陕西省图书馆"陕甘宁边区红色记忆研究文献库"、绍兴市图书馆"红色浙江"数据库等;二是以动漫等形式开展革命传统教育,用趣味化手段展现革命历程,如湖北省图书馆"红色历史动漫数据库"、福建省少年儿童图书馆"福建红色文化动漫资源";三是整理图书馆珍贵革命史料形成文献汇编,如上海图书馆《红色视域下的上海——中共中央早期机关报〈解放日报〉上海新闻整理汇编》;四是收集、整理和编辑出版地方革命文献,如厦门市翔安区图书馆编辑出版《翔安红色记忆》系列连环画[13]。数字化红色阅读资源建设已成为各级公共图书馆的建设重点,如陕西省图书馆"陕甘宁边区红色记忆多媒体资源库——延安精神库",河南省图书馆"河南抗战纪念馆""竹沟记忆"等红色文化专题视频数据库,江西省图书馆"八一南昌起义""五四运动中的江西狂飙"等红色文化专题数据库,湖南省图书馆"湖南红色记忆多媒体资源库",延边朝鲜族自治州图书馆"延边抗联专题数据库"等。公共图书馆还根据文献专藏、地域文化特点、社会读者需求建立"馆中之馆",如湖北省图书馆"廉政文化图书馆"、东莞图书馆"动漫图书馆"、太原图书馆"马克思书房"、沧州图书馆"纪晓岚文献馆"、襄阳市"胡绳藏书馆"等。

2. 面向重点人群的特色阅读资源建设

全民阅读的重要特征之一是人群覆盖的"全民性",主要目标是让"全社会都参与到阅读中来,形成爱读书、读好书、善读书的浓厚氛围"[14]。少年儿童、老年人、残疾人因其生理、心理的特殊性,对阅读资源也有其特殊需求。长期以来,这些重点人群是图书馆开展服务的重要对象,尤其是在目前"儿童优先""积极老龄化"的社会背景下,图书馆积极建设与少年儿童、老年人、残疾人等群体的特点相适应[15]的特色阅读资源,积累了丰富的成果。

截至2023年,全国3246个公共图书馆共收藏少儿文献2.07亿册/件,是2011年的5.69倍。其中,独立建制少年儿童图书馆馆藏量由2011年的2321万册/件增长到2023年的5946万册/件。[16]少年儿童阅读资源具有较强的阶段性特征和多样化特征。根据0至3岁婴幼儿的需求,公共图书馆一般购买适合婴幼儿接触、翻阅、探索的小开本图书,包括以特种纸张、布艺、塑料为材质的卡片书、立体书、异形书等。根据4至6岁儿童的心理特征,公共图书馆较多购买图文并茂的绘本、画册、连环画、漫画,相当数量的小型图书馆、图书室中绘本图书占到图书总量的三分之一以上,如天津图书馆梦娃绘本馆馆藏绘本达到8万册以上[17];杭州图书馆动漫分馆由中国动漫博物馆与杭州图书馆合作共建,馆藏图书主要包括2.9万册/件国内外知名漫画、连环画、绘本和当代具有影响力的国漫作品[18];东莞图书馆在2004年创立的东莞漫画图书馆是国内馆藏最为完备的动漫文献信息中心,收藏欧美、日韩、大陆及港台各类漫画12万余册/件、6万余种,漫画报刊70余种,并建有东莞漫画图书馆网站和动漫专题资源库,形成涵盖图书、报刊、视听资源、原稿、动漫企业产品和资料的特色馆藏体系。[19]除购买中华连环画、新东方多媒体数据库、乐儿数字资源平台、易趣数字图书馆等商业数据库之外,公共图书馆也积极自主建设少儿特色数据库,如首都图书馆"首图动漫在线数据库"自建《京味趣玩》《丝路徜徉》《青春期哨卡》等丰富内容,以动漫形式寓教于乐[20];湖北省图书馆自建湖北民间传说与故事、红色历史动漫、戏曲动漫、获奖少儿文艺作品等专题数据库;广州少年儿童图书馆建立"广州记忆(青少年版)"特色数据库,分别从粤语典故、广东童谣、民间传说、地名趣谈、名胜古迹等12个专题展示岭南特色文化。[21]此外,玩具、拼图、积木、手偶、模型、游戏器具等非传统型资源也被广泛应用于少年儿童读者的服务。

老年人经常利用的阅读资源包括图书、期刊、报纸、有声读物和视听光盘等。信息鸿沟往往来自生理鸿沟与文化鸿沟,为其所困扰的既包括视障人群,也包括老年人。一方面,图书馆通过建设大字体阅读资源为老年人提供服务。如深圳图书馆设置老年读者专座区、"大字版图书专架",配备两台高清电子助视器,以及手杖、轮椅、放大镜和不同度数的老视镜等,方便老年人阅读;无锡创建了"大字微图"特色阅读驿站,为老年读者提供大字体的书籍和辅助阅读设备[22]。另一方面,建设对老年人较为友好,也易于接受的有声阅读资源。目前公共图书馆使用的主流商业化有声读物数据库,均为不同人群设置细分书单,文学、文化、康养类等有声读物可直接为老年读者使用。深圳市福田区上步中路的长青书房专门为老年群体打造"有声图书馆"——"银龄悦听空间",老年用户直接用手机扫描二维码,或打开平板电脑,便可免费收听海量有声书。图书馆自建的有声读物、数字资源也对老年读者有所倾斜,例如,广东省立中山图书馆的"健康有约"系列知识讲座视频资源,包括老年人常见病的治疗和预防、中医养生等知识。

在残疾人阅读资源建设方面,2023年底,全国公共图书馆馆藏盲文图书157.80万册/件[23],占总藏量的1.10%。中国盲文图书馆是全国盲文图书和其他视力障碍读者专用阅读资源建设与共享的核心机构。截至2019年底,中国盲文图书馆馆藏实体资源总量约50万册(盘、台),包括约5000种19万册盲文书刊(含11种现刊)、800余种4万余册明盲对照图书、1300种4万余册大字本图书、4000余种20万盘有声读物、2万余台阳光听书机、60台盲文点显器、120台盲用电脑。视障读者对数字资源和视听资源有强烈需求。中国盲文图书馆数字图书馆馆藏有声读物13000多种、5万多小时,电子盲文图书4500余种,大学公开课600余种、4000多小时,中小学视频课程3300多节[23];国家图书馆与中国残疾人联合会信息中心、中国盲文出版社合作建设"中国盲人数字图书馆""中国残疾人数字图书馆",分别于2008年、2011年正式开通,为残疾人提供无障碍专用阅读资源;深圳市图书馆自2009年启动视障公益影院,至2022年放映口述电影近200场;广州图书馆从2014年开始举办无障碍欣赏会,截至2022年广州图书馆口述电影已放映逾70场[24]。图书馆还积极引入广泛的社会力量,共同建设公益性有声阅读资源。如2012年金陵图书馆与南京新闻广播共同发起"朗读者"项目,联合社会各界建立朗读者联盟,将授权图书作品录制成有声读物为视障群体提供服务。项目发起10年之际,录制书籍100种,总时长超过300小时,正式出版有声读物15种,举办公益活动170余场。[25]2022年5月,《马拉喀什条约》对我国正式生效,公共图书馆作为条约界定的被授权实体之一,积极扩充无障碍阅读资源供给,同时开展数字技能培训、多元文化体验、艺术欣赏普及等各类活动,着力消弭"数字鸿沟"。

3.服务特定学科、产业发展的专题阅读资源建设

推动学科、经济发展,促进馆藏阅读资源的专题化建设,是图书馆开展深层

次读者服务的重要任务和基础。例如,对于高校而言,学科资源是师生开展教学科研的重要支撑,是图书馆工作拓展深化的一大基石,其建设水平直接关系到图书馆服务的持续推进和深入开展。随着学科服务的普及与深化,提高学科资源建设水平,促进资源建设的学科化,实现馆藏资源与学科用户需求的紧密匹配,已成为图书馆学科服务工作的重中之重[26];对于地方图书馆而言,利用专题阅读资源推动地区产业经济发展,尤其是在文化和旅游融合方面提供专题资源,为当地发展提供专业化和个性化的信息资源,发挥文献支撑作用,具有重要的现实意义。长期以来,各级各类图书馆深耕厚植,积累了丰富的学科、产业发展服务专题阅读资源。

高校图书馆主题馆藏大多数是由资源建设过程中积累的学科特色资源馆藏发展而来。例如清华大学图书馆专题特藏有《资本论》珍本、"保钓、统运"资料、国际金融机构资料以及吴冠中艺术数据库等;同济大学图书馆对全校文献资源进行整合,形成了海洋与地球科学学院等6个具有主题特色的图书分馆。[27]很多高校图书馆适应服务学科发展需求,设置学科馆员,推进学科资源建设。例如,北京大学图书馆于2015年成立资源建设中心,全面推进学科化采访,按学科开展不同载体、不同语种、不同文献类型资源的一体化建设,按学科负责电子资源采购的全流程;逐步实施总/分馆学科资源的协调采购;拓宽读者参与学科资源建设的渠道与途径,有条件试行用户驱动的采购,推进学科资源建设专家团队深度参与,或与学科采访馆员一起主导资源采选。[28]北京大学图书馆、四川大学图书馆等建设高校图书馆学科信息服务门户,针对学科进行资源配置,为用户提供学科发展态势及学科工具,聚合学科热点资源,有效解决用户获取学术信息资源的需求。[29]北京大学、清华大学、中国人民大学等多个高校图书馆建设机构知识库,收集本校的学者及其学术成果数据等,为学科学术研究提供存档、管理、发布、检索和开放共享服务。

文旅融合发展背景下,公共图书馆积极发挥文献信息资源优势,以建设文旅主题图书馆、主题文献专区、主题数据库等形式为当地旅游提供信息技术服务。如陕西省图书馆"智能文化云地标"在旅游景区、公共文化服务窗口等设置"云地标"二维码,游客及本地居民可以随时通过自己的移动终端获取景点信息和相关文化知识。[30]洛阳市图书馆设立旅游文献馆,充分融入洛阳文化旅游特色元素,整合世界旅游、国内旅游、旅游攻略、自驾游线路、旅游探险、旅游美食、旅游地图等各类旅游文献资料计4000余册。深圳市宝安区图书馆在2017年11月建成专门收藏旅游文献、提供旅游信息服务的专题图书馆,馆内收藏旅游主题图书3000册、旅游杂志20多种,内容涵盖人文风光、旅游攻略、旅行札记、旅行摄影等。[31]位于北京市昌平区的民办图书馆游历图书馆在旅游阅读资源建设方面形成特色。游历图书馆计划总藏量10万册,现有馆藏4万余册,形成了九类专题室和七项专题柜的资源体系。

1992年湖北省文化厅组织统筹在全省范围内开展特色图书馆工程建设,建立了荆门市啤酒图书馆、黄石市服装图书馆、汉川市水产图书馆等服务本地经济发展实际需要的特色图书馆,迄今仍为当地社会经济文化发展持续发挥作用。上海市于2000年启动国际大都市中心图书馆总分馆建设计划,2002年与中国科学院上海生命科学院共建生命科学主题馆,2007年与复旦大学视觉艺术学院共建上海视觉艺术主题馆,2008年与杨浦区共建上海近代市政工业主题馆。杭州市图书馆在2007年建立首个主题分馆后,陆续建立了生活分馆、佛学分馆、环保分馆、自然分馆、茶文化分馆、钢琴分馆、科技分馆、艺术分馆、旅游分馆、宋韵分馆、健康疗养分馆等覆盖全市的一系列主题分馆。[32]

(四)乡村阅读资源建设

缩小城乡公共文化发展差距,让群众享有便利均等的公共文化服务是全民阅读的题中应有之义。在党的二十大会议上,习近平总书记重点提出:"加快建设农业强国,扎实推动乡村产业、人才、文化、生态、组织振兴。"在乡村振兴战略背景下,开展乡村阅读资源建设,对提高我国公共文化服务供给质量和实现乡村文化振兴具有重要意义,是持续提高基层群众文化素养和文明程度的重要基础性资源。2006年9月发布的《国家"十一五"时期文化发展规划纲要》首先提出在县(市)图书馆逐步实行总分馆制,将农村图书馆事业发展和资源建设问题写入国家文化发展规划。2015年《关于加快构建现代公共文化服务体系的意见》明确提出以县级文化馆、图书馆为中心推进总分馆制建设的要求。2017年五部委联合发布《关于推进县级文化馆图书馆总分馆制建设的指导意见》,合力推进县域公共文化资源整合共享。截至2024年,全国有2692个县(市、区)建成图书馆总分馆制,占全国县(市、区)比例达到95%,图书馆分馆及服务点数量达66336个。[33]截至2023年底,全国县级公共图书馆总藏量为79387万册/件,馆均28.18万册/件。一些公共图书馆针对农村居民需求积极配送阅读资源,例如重庆市长寿区图书馆在葛兰镇潼关村开展送书下乡活动,根据全区种植养殖大户阅读需求进行图书选购,并实行精准配送;辽宁省朝阳市、县两级图书馆邀请

第二章 图书馆全民阅读资源建设

畜牧专家深入羊山镇鲁王杖子村,为当地养殖户送书籍、送技术;等等。

2007年国家启动农家书屋工程,在2012年8月提前完成覆盖全国的目标。截至2022年,全国共建设农家书屋58.7万家,累计配送图书超12.4亿册/件。2008年起,全国农家书屋工程领导小组办公室每年邀请各行业专家共同制定《农家书屋重点出版物推荐目录》。随着工程的深入推进,农家书屋服务生产、服务经济的功能定位发生了改变,图书推荐的内容从以农用科技、种植养殖类图书为主向以人文社科、儿童阅读方向倾斜转变:一是大幅度调低农用科技类图书推荐比例,科技类图书占比从2008年的39.8%下调至2012年的18.9%,2013至2019年推荐占比为9.05%,2017年一度下降到了6.47%;二是大幅度调增少儿类图书推荐比例,2008年少儿图书占比仅为10.20%,2012年升至20.80%,2013年更增至30%,从2015年起稳定在1/3以上,成为占比最大一类,2019年甚至超过40%[34]。《推荐目录》之外,各地拥有30%本版书自选权。"农民喜爱的百种图书"等"百姓点单"服务模式受到农村居民欢迎,人们的参与热情较高。

2019年2月,中宣部联合财政部等十部门印发了《农家书屋深化改革创新提升服务效能实施方案》,明确提出"开展农家书屋数字化建设""网上网下协同推进"等要求。江苏数字农家书屋打造一平台四中心数字阅读一体化解决方案,平台整合资源包括图书10000册/件以上、期刊360种、报纸70种、视频1500小时、有声读物2000小时。湖北省"万村数字农家书屋建设"项目通过数字出版形态,把时政法规、种植养殖、电商致富、寻医问药、百姓生活、文化艺术等方面的海量数字阅读资源输送至全省23700个村点。安徽省15434个农家书屋全部实现数字化,为读者提供电子书刊、视频资源、有声读物等各类读物超过3万种。河南省新华数字农家书屋以图书、视频、音频、期刊等海量数字资源为支撑,采用"云+服务+端"模式,除提供文化教育、亲子教育、健康生活、农业科技等基础类别资源外,还提供影视、戏曲、武术等资源。浙江省温州市建设"农家云书屋",为入选农家书屋配置有声图书资源和耳机、阅读森林、朗读亭等阅读设备。

除农家书屋这一国家重点文化惠民工程之外,各地涌现的扎根基层、服务民众的乡村民间图书馆,以捐赠、募集、调拨等多种形式建立起一批乡村居民身边的文献专藏,发挥了巨大的感召和带动作用。肃南裕固族自治县的"马背书屋"用马背运输的传统方式,将党建、法律、卫生、养殖、文学等方面的图书送到牧民群众手中,满足广大牧民群众的阅读需求。马背书屋一次最多能装40本书,每天可配送3至5户,每次骑行1至15公里,服务牧区112户牧民。

湖南省冷水江市渣渡镇利民村农民图书馆自1994年创办起,两年间募得图书4000余册/件,多用扁担挑回馆舍。"扁担上的图书馆"经政府支持、社会捐赠,藏量达到了2.8万册/件。云南省安宁市青龙街道用"流动书包"为11个村小组循环服务,2011至2019年累计配送图书1.2万余册次。青龙街道文化综合服务中心与云南省图书馆签订协议,由图书馆每年提供下架期刊1000册。2017年,青龙街道利用青龙学校老校址闲置教室建起"乡愁图书馆",服务面积350平方米,藏书1万多册/件。河南省安阳市内黄县马上乡李石村金叶便利超市,超市的经营者李翠利在2008年创办微光书苑,初始藏书为500册/件。2013年,村里的农家书屋与微光书苑合并,微光书苑藏书量达到5000册/件左右。"微光书苑"书架走出小店,合作店突破50家。

## 第二节　图书馆阅读资源建设面临的问题与挑战

图书馆在阅读资源建设方面取得积极成效的同时,也面临许多问题和挑战,阅读资源数量和质量仍需提升,阅读资源分布总体不均衡,阅读资源的组织和揭示需要更加精细和专业,阅读资源建设协作协调和统筹尚需持续优化。

### 一、资源建设的规模和质量仍需提升

《公共图书馆服务发展指南》[35]中规定,公共图书馆的馆藏应以平均每人1.5册－2.5册图书为标准。2016年澳大利亚图书馆与信息协会发布的《澳大利亚公共图书馆评估指南、标准与产出评估》[36],它也是澳大利亚目前唯一一个全国性的公共图书馆标准,其中规定人均藏书量的基准值为1.7册/件,扩展值为1.9册/件,人均年购书经费的基准值为5.65澳元(约为26.5元人民币),扩展值为6.41澳元(约为30元人民币)。英国《公共图书馆服务标准》规定每千人年馆藏新增量的指标为216册/件[37],折合成年人均新增藏量为0.216册/件。截至2023年底,我国公共图书馆人均藏书量仅为1.019册/件,全国人均购书费为1.643元,年人均新增藏量为0.06册/件。① 总体来讲,各大图书馆对于馆舍及硬件设

---

① 数据来源于国家图书馆研究院2024年10月发布的《2023年中国公共图书馆事业发展基础数据概览》。

施的建设与投入比较积极,对于文献资源的建设及投入还有不足,文献资源规模和保障水平还有待提高。[38]

改革开放以来,我国年出版图书品种持续快速增长,2010年至2020年,中文图书出版总量快速上涨后保持高位,2017年首次突破50万种,2023年出版图书达54.03万种,比1978年的9000多种增长约60倍;图书单品种平均印数从1994年的6万册下降到2017年的1.8万册(2021年为1.71万册),下降了70%;[39]重印版图书在2017年首次超过初版图书数量。出版规模快速扩容的同时,出版质量问题愈显突出。例如,2019年,国家新闻出版署组织对文艺、少儿、教材、教辅、科普类图书进行编校质量检查,共抽查100家图书出版单位的300种图书,其中29家图书出版单位的35种图书编校质量不合格,总体不合格率达11.7%。这些趋势对大型公共图书馆、学术图书馆的资源建设产生了客观压力。与此同时,书商征订书目质量和订单到货率偏低也是图书馆文献资源建设部门普遍需要应对的现实问题。

数字阅读方面,中国数字阅读市场规模由2014年的81亿元快速增长到2023年的567.02亿元,增幅远超纸质图书。读者需求"电胜于纸"而供应"电不及纸"的现象在相当一部分服务场景中愈显突出。但总体而言,目前国内图书纸电同步出版的比例还比较低。研究者曾对国内10家电子书平台资源收录情况进行调研,结果如表2-3所示。图书馆及其他阅读推广机构均期待出版界回应当前的强烈需求,进一步加快推进纸电融合,进一步扩展纸电同步发行范围。出版界则认为纸电融合仍面临诸多问题,包括电子书版权保护、电子书定价机制、电子书制作成本、电子书流向跟踪、发行渠道利益分配等。

表2-3 各大电子书平台图书资源收录情况[40]

| 名称 | 近三年收录新书(万种) | 新书占比(%) | 回溯收录图书(万种) | 年新增电子书(万种) |
| --- | --- | --- | --- | --- |
| 中华数字书苑 | 9 | 11.3 | 71 | 3 |
| 京东读书校园版 | 8 | 47.0 | 13 | 4 |
| 掌阅精选 | 7 | 46.7 | 8 | 3—5 |
| 超星 | 5.5 | 3.9 | 134.5 | 5—7 |
| 可知电子书 | 4.1 | 30.3 | 9.4 | 1.5—3 |
| 中文在线 | 3 | 23.0 | 10 | 3—4 |
| 畅想之星 | 9 | 26.5 | 24 | 6 |

续表

| 名称 | 近三年收录新书（万种） | 新书占比（%） | 回溯收录图书（万种） | 年新增电子书（万种） |
| --- | --- | --- | --- | --- |
| 易阅通 | 10 | 11.1 | 30 | 10 |
| 田田阅读 | 3 | 23.1 | 10 | 2 |
| 科学文库 | 0.96 | 18.6 | 4.34 | 0.3 |

另外，供需错配也是图书馆阅读资源建设中较为普遍的问题，寻本溯源，主要有以下几方面的原因：一是资源采集体系弹性不足，采集行为在采购政策和经费约束下发生偏离和变形，所采资源无法满足读者需求；二是加工链条过长，资源入库时已时过境迁，原本读者提出的需求早已转变或者消失；三是反馈渠道不畅、需求挖掘不深，读者的阅读意见和行为未能有效转化为可执行的采购改进措施；四是服务方式欠丰富，读者检索、筛选和获取信息的成本较高，阅读资源的传播和利用受到限制。

## 二、资源分布不均衡

受历史、地理、人口、经济发展等诸多因素影响，图书馆事业在东中西部之间、城市与乡村之间还存在明显的发展不平衡问题，图书馆全民阅读资源仍存在较为显著的地区差异、城乡差异。从投入的比例来看，2023年东部地区公共图书馆财政拨款在全国公共图书馆财政拨款（含中央本级拨款）中的占比为53.35%，而中、西部地区的占比则分别为23.61%、19.96%。经费投入的差距进一步扩大，直接影响阅读资源建设规模的差距。2023年，东部地区公共图书馆藏量为73071万册/件，人均藏量1.40册/件；中部地区公共图书馆藏量为38728万册/件，人均藏量0.77册/件；西部地区公共图书馆藏量为27386万册/件，人均藏量0.72册/件；中、西部地区公共图书馆阅读资源总藏量和人均藏量与东部相比差距较大。截至2023年，全国公共图书馆中仍有749个县级馆新增藏量购置费少于1万元，其中东部122个、中部234个、西部393个，从另一侧面反映出城乡地区图书馆阅读资源建设的规模差异。①

不均衡同样体现在文献类型和文献内容中。《全国人民代表大会常务委员

---

① 数据来源于国家图书馆研究院2024年10月发布的《2023年中国公共图书馆事业发展基础数据概览》。

会执法检查组关于检查〈中华人民共和国公共文化服务保障法〉实施情况的报告》指出,盲文出版物、视听读物、手语节目数量有限。[41]即使国家通过多种举措推动《马拉喀什条约》有效实施,但无障碍阅读资源的丰富还需要更多积累。

### 三、阅读资源组织和揭示的专业化、精细化程度有待提高

美国图书馆协会政策指南明确提出图书馆的核心能力之一是知识及信息的组织能力。[42]推进全民阅读服务,既要求服务内容的精准度、个性化,又要适应多种阅读场景的深度嵌入,这在很大程度上依赖于阅读资源的组织、揭示的深度和精细化程度。尤其是在人类社会信息活动中累积的资源持续呈指数级增长的同时,网络数据资源日益呈现结构化、非结构化并存,并通过网络大规模交换、共享和聚集的态势,经济社会发展的各个领域都对基于细粒度知识关联的大数据挖掘与智能分析提出了越来越高的要求;下一代信息网络传输速率不断提升,人们对各类知识信息服务的敏捷度提出更高要求。[43]而图书馆传统书目数据主要以检索文献为目的,大多局限于以文献载体单元作为组织与揭示对象,缺乏对于阅读资源的细颗粒度标引,以及阅读资源内知识单元的组织、揭示与再现,不同类型、不同来源的阅读资源的知识关联也尚未建立,数据规模和描述深度已难以满足当前读者对阅读资源"极速定位、直达知识"的客观需要。这就迫切需要图书馆更新资源建设理念,创新资源发现系统,提高阅读资源组织与揭示的精细化水平,以多元海量资源的细颗粒度组织和揭示服务满足读者所需。

### 四、阅读资源分散建设、重复建设、缺乏统筹

我国各地区的公共图书馆总分馆制建设已取得了很大成就,然而纸质阅读资源的"统一采购、统一加工、统一分配"在相当一部分基层图书馆服务网络仍未实现。以县级公共图书馆为例,其资源建设经费包含国家经费、省级经费、本级经费等多个来源,不同经费的使用具有不同要求,在总分馆制还未完全建成的地区难以统一规划使用。

在数字阅读资源建设过程中,全国各地建成海量规模不一的数据库,重复建设较多,而且受限于理念、标准、经费、技术、版权等各方面因素,大部分数据库之间、馆与馆之间难以融汇共享,"孤岛化"现象严重。同时,图书馆偏好领域特定的系统和格式,造成与社会通用的系统与格式不兼容,难以实现共享。[44]研究者对比全国31个省(自治区、直辖市)省级公共图书馆2015年与2022年的特色数

字资源建设情况发现,大部分地区特色数字资源建设规模均有不同程度的扩大,然而共建共享水平仍然偏低,仅有不到三分之一的地区实现了跨库检索,特色数字资源共建共享依然存在瓶颈。[45]跨数据库、跨系统、跨图书馆、跨地区的资源互联互通需要更高效率、更低成本、更精确精准的资源共享绩效评估机制。

## 第三节　图书馆阅读资源建设的对策和建议

面对挑战与困难,政府、社会力量和专业机构需要共同合作,不断为图书馆阅读资源建设创造更优质的政策环境、经济环境、社会环境和技术环境,形成多渠道多层次资源支撑保障机制,积极推动资源建设数智化转型,将图书馆阅读资源共建共享共治提升到更高水平。

### 一、政府主导社会参与,提升图书馆阅读资源保障水平

要营造权责法定、层次分明、协调运转、约束有力的法治环境。国家层面,以《公共图书馆法》《公共文化服务保障法》建立资源保障的主要骨架,引领阅读资源建设工作;地方层面,由省、市根据自身实际出台地方性法规及政府规章,就图书馆阅读资源建设的保障主体、保障机制、保障内容、保障标准作出细化规定,确保国家法律要求在地方得到有效落实。与此同时,各地在研究制定城市书房、农家书屋等新型阅读空间建设方案及有关管理制度时,也应统筹考虑有关阅读资源保障的内容,形成引领全民阅读推广各方力量齐心协力依法共治的良好局面。

要建立主体多元、联动活跃、渠道畅通、保障有力的投入机制。第一,要保障本级财政的高质量持续投入,为地区阅读资源的长久建设奠定良好基础。第二,积极争取纵向和横向专项经费投入,以阅读资源建设项目实际成效吸引增量投入。第三,拓宽投入来源渠道,引领社会力量积极参与阅读资源共建共享,促进项目质量提升和项目社会传播并行发展。第四,聚焦文献资源建设中的关键节点争取重点专项资金,解决资源建设中的重点难点问题,"一子落而满盘活",通过关键专项项目的落地实施提升阅读资源建设的整体水平。

## 二、畅通资源供应渠道,汇集聚合优质阅读资源

针对纸质资源采购,要进一步优化业务流程、缩短业务链路,提高阅读资源供给服务的时效性,更好地满足读者需求;要在专业视角下合理扩展读者决策采购的应用范围,不断丰富反馈渠道、拓宽采购平台、优化采购流程、加强后续管理。针对数字资源采购,应综合应用永久性购买(Perpetual Access,PA)、短期借阅(Short Term Loan Model,STL)、循证采购(Evidence Based Acquisition,EBA)、"获取即拥有"(Access To Own,ATO)等多种模式,推动实现公共数字文化资源高效配置,同时继续扩大联合采购范围、丰富联合采购类型、提升联合采购效益。

要进一步加强阅读资源平台建设,优化非馆藏资源的发现与推荐。特别是要适应开放科学发展趋势,聚合 TED 演讲平台、网络开放课程(OCW)、Ebrary 数据库、edX 开放课程等优质开放获取(Open Access)资源,以更好地支持公众数字阅读。同时要着力提升图书馆员整合馆藏阅读资源和开放获取阅读资源服务读者的能力,通过有针对性的信息素养教育,帮助读者更好地发现、识别、筛选和利用开放获取资源。

## 三、构建图书馆阅读资源整合平台,加强阅读资源共建共享

加快多体系、多平台、多联盟融合互通,构建"全国一盘棋"的阅读资源整合平台。当前,国家图书馆正有序推进"1+3+N"的国家智慧图书馆体系建设。"1"为"云上智慧图书馆",采取公有云、私有云混合架构,满足公共图书馆的普遍需求和部分科研机构及相关政府部门的个性化需求。"3"指以"云上智慧图书馆"为基础的全网知识内容集成仓储、全国智慧图书馆管理系统和全域智慧化知识服务运营环境。其中,智慧图书馆管理系统对现有图书馆集成管理系统进行智能化改造,建立集成全国各级图书馆馆藏的虚拟书库管理系统,实现"馆馆相联、书书相联、人书相联"。在"1+3"的支持下,全国各级图书馆和基层服务点普遍建立智慧化空间。[46]构建智慧化阅读资源整合平台的同时,还有必要继续巩固拓展国家图书馆"文献共享借阅"项目等的成功经验,在国家图书馆、各省级公共图书馆组织下推进覆盖全国的"大流通"和区域之间的"小转移"。

各级公共图书馆在规划与执行资源共享项目时应执行以下原则:一是整体规划、因地制宜,推动参与各方力量共创合作机会、共寻利益交集,建立稳固的长

期合作关系,共同制定共建共享文献资源的政策和协议,明确各方的权利和义务,根据参与计划图书馆和服务点的实际需求配置资源;二是优化流程、提升效率,在具备条件的合作网络中积极开展联合采购共担采购成本、提升采购效能,不断优化信息共享系统,有效降低阅读资源调配、流转的成本;三是创新合作、交流共进,联合策划开展资源整合创新项目,定期举办交流会议、研讨会、工作坊等,分享经验、解决问题、探讨合作机会,提高共建共享参与各方的服务质量和专业水平;四是加强管理、持续反馈,定期评估合作图书馆的共建共享效果,及时发现不足和问题,并根据反馈的意见和建议进行改进。保持开放态度,持续改进合作机制,以适应变化的需求和要求。

## 四、加快创新技术实践,推动图书馆阅读资源建设数智化转型

应以开放心态拥抱人工智能、大数据、云计算、区块链、5G等现代先进技术,凡能对资源建设有所助益的,均应纳入"引进、消化、吸收、再创新"的创新循环。2022年末,人工智能技术已迎来奇点时刻,对图书馆阅读资源的采集、加工、组织、保存带来巨大影响。本书通过问卷调查收集了当前各级各类图书馆在阅读资源建设方面应用上述现代先进技术的情况,调查结果如图2-1所示。

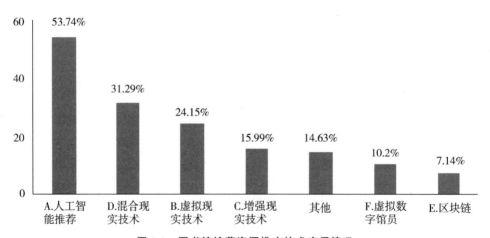

图2-1　图书馆馆藏资源推广技术应用情况

要以开放的心态参与生成式人工智能治理,充分利用生成式人工智能原生元数据开展知识组织和智慧服务,运用人工智能技术改善传统资源元数据的管理和应用,探索智慧化场景下阅读资源组织、管理的更多可能性。加快推进数据驱动决策。运用大数据技术深度分析馆藏数据、借阅数据和用户行为数据,提高

资源采购之于读者需求反馈的响应速度,动态调整馆藏发展策略、优化阅读资源配置。综合运用云计算、5G、混合现实技术,不断提升新型数字生态下的威胁监测和安全防范能力,保护资源的安全性和完整性,防止阅读资源被盗取或滥用。

**五、深入推进阅读资源建设标准化**

随着智慧图书馆的发展,阅读资源建设标准化也将在既有标准体系基础上进一步延展和深入。中国电子技术标准化研究院主编的《知识图谱标准化白皮书(2019版)》提出知识图谱标准体系,其中"B 数字基础设施"和"C 关键技术"相关标准与阅读资源建设标准密切相关。其中,"B 数字基础设施"标准具体包括知识获取工具、知识建模工具、知识存储平台、知识推理工具、数据获取工具、基础开发平台的相关标准。"C 关键技术"标准具体包括知识获取、知识表示、知识建模、知识融合、知识存储、知识计算、知识运维及自然语言处理等相关标准。面向新的知识服务场景,图书馆阅读资源建设标准必然要与前述数字基础设施标准和关键技术标准进行对接与匹配。此外,智慧城市标准中的智慧公共服务也应在阅读资源建设标准中有所体现。[47]

同时,随着阅读资源采集、组织、保存和应用实例与环境的变化,阅读资源建设标准也需随之变化。例如,由国家图书馆牵头起草的《中国图书馆机读规范数据格式》已进入国家标准起草阶段;图书馆馆藏资源数字化加工规范系列标准(GB/T 31219-2014)需要根据当前数字资源建设的实际需求进行修订;资源开发和应用标准需求强烈,需要对馆藏资源的开发方式、应用方式、知识产权保护和可持续发展进行规范指引。

(执笔人:谢春枝 刘元珺)

**参考文献**

[1] IFLA-UNESCO Public Library Manifesto 2022[EB/OL].[2022-08-04]. https://repository.ifla.org/bitstream/123456789/2006/1/IFLA-UNESCO%20Public%20Library%20Manifesto%202022.pdf.

[2] 中华人民共和国文化和旅游部 2023 年文化和旅游发展统计公报[EB/OL].[2024-08-30]. https://zwgk.mct.gov.cn/zfxxgkml/tjxx/202408/t20240830_954981.html.

[3] 段宇锋,王灿昊. 内蒙古图书馆"彩云服务"的创新之路[J]. 图书馆杂志,2018,37(04):43-50.

[4]张美萍.中文图书馆藏建设的纸电融合趋势初探[J].大学图书馆学报,2021,39(01):44－49.

[5]魏大威,谢强,张炜,等.智慧图书馆建设的思考[J].国家图书馆学刊,2022,31(03):3－11.

[6]彭以祺.传承发展续写辉煌——隆重纪念国家科技图书文献中心成立二十周年[J].数字图书馆论坛,2020(07):1－2.

[7]李晓宇.公共图书馆有声读物服务现状与对策研究[J].图书馆学研究,2019,(01):67－71.

[8]申晓娟.从小众到大众 从冷门到热"典"——新媒体助力古代典籍活化利用[J].新世纪图书馆,2023,(11):5－9＋23.

[9]广州图书馆.《广州大典》[EB/OL].[2024－02－29].http://gzdd.gzlib.org.cn/Hrcanton/Introduct/Introduct.

[10]冯惠玲.数字记忆:文化记忆的数字宫殿[J].中国图书馆学报,2020,46(03):4－16.

[11]全国图书馆界共同开展记忆资源抢救与建设倡议书[J].国家图书馆学刊,2016,25(01):110.

[12]夏翠娟,陈刚.支撑城市记忆项目的时空数据基础设施建设[J].数字人文研究,2021,1(01):96－104.

[13]张胜峰.基层公共图书馆地方革命文献开发与推广——以《翔安红色记忆》系列连环画编辑出版为例[J].图书馆杂志,2020,39(10):32－37.

[14]习近平总书记关切事|爱读书、读好书、善读书[EB/OL].[2024－01－30].http://www.xinhuanet.com/politics/2022－04/24/c_1128589381.htm.

[15]公共图书馆服务规范[S/OL].[2024－01－05].http://c.gb688.cn/bzgk/gb/showGb?type=online&hcno=17FAE54755356FAB55CFB32BDD07C3AD.

[16]国家图书馆研究院.2023中国公共图书馆事业发展基础数据概览[Z].北京,2024.

[17]天津图书馆梦娃绘本馆荣获"2022年度影响力绘本馆"称号[EB/OL].[2023－04－29].http://www.tjl.tj.cn/ArticleContent.aspx?ChannelId=241&ID=23874.

[18]杭州图书馆动漫分馆[EB/OL].[2023－04－29].https://www.hzlib.net/fwwd/5780.htm.

[19]漫画图书馆[EB/OL].[2023－04－29].https://www.dglib.cn/dglib/cartoon/list_tt.shtml.

[20]首都图书馆动漫在线[EB/OL].[2023－04－29].https://kids.clcn.net.cn/anime.

[21]广州记忆(青少年版)[EB/OL].[2023－04－29].https://www.gzst.org.cn/gzst/portal/chl/nav/373.html.

[22]关爱老人阅读 无锡首家大字书图书室投入使用[EB/OL].[2024－04－01].http://wlt.

jiangsu. gov. cn/art/2017/11/1/art_695_6690929. html.

[23] 中华人民共和国文化和旅游部. 中国文化文物和旅游统计年鉴2024[M]. 北京:国家图书馆出版社,2024:39.

[24] 走近口述电影志愿者:把光影艺术带给视障观众[EB/OL]. [2023-04-29]. https://www. gzlib. org. cn/mediareport2023/202320. jhtml.

[25] 江苏南京:金陵图书馆"朗读者"公益助盲志愿服务项目获评全国先进[EB/OL]. [2023-04-29]. http://njdaily. cn/news/2022/0515/4463688867250240166. html.

[26] 黄琴玲,宋海艳,高协,等. 高校图书馆学科资源建设的创新举措与思考——以上海交通大学图书馆为例[J]. 图书馆杂志,2017,36(03):46-51+120.

[27] 曹洁,周芬. 中美高校图书馆学科资源智慧服务对比分析[J]. 高校图书馆工作,2023,43(01):45-51.

[28] 别立谦,李晓东,张美萍. 高校图书馆文献资源学科化建设的探索、实践与思考——以北京大学图书馆为例[J]. 大学图书馆学报,2018,36(05):58-64.

[29] 岳敏敏,董同强. 数据赋能的高校图书馆智库知识服务模型研究[J]. 图书馆学研究,2021(18):74-80.

[30] 陆路,秦升. 文旅融合背景下的公共数字文化服务创新发展——以陕西省图书馆"智能文化云地标"的建设实践为例[J]. 国家图书馆学刊,2020,29(02):32-40.

[31] 关于旅游图书馆正式开放的通知[EB/OL]. (2017-11-03)[2023-04-29]. https://www. balib. cn/information/17795.

[32] 柯平. 主题图书馆建设中的若干问题与发展思考[J]. 图书馆杂志,2020,39(03):41-47.

[33] 文化和旅游部对十四届全国人大二次会议第8559号建议的答复[EB/OL]. [2024-12-24]. https://zwgk. mct. gov. cn/zfxxgkml/zhgl/jytadf/202412/t20241224_957321. html.

[34] 国家新闻出版署关于印发2019年农家书屋重点出版物推荐目录的通知[EB/OL]. [2023-04-29]. https://www. zgnjsw. gov. cn/booksnetworks/contents/402/340552. shtml.

[35] 飞利浦·吉尔主持的工作小组. 公共图书馆服务发展指南[M]. 林祖藻译. 上海:上海科学技术文献出版社,2002:63.

[36] 王秀香.《澳大利亚公共图书馆评估指南、标准与产出评估》标准解读[J]. 河北科技图苑,2020,33(2):80-86.

[37] 王秀香.《公共图书馆服务规范》指标内容分析——与美国、澳大利亚、英国公共图书馆服务标准的对比研究[J]. 图书馆建设,2014(6):17-20.

[38] 国家图书馆研究院. 公共图书馆事业高质量发展研究报告[R],2024.

[39] 谭跃. 出版高质量发展的内涵之思. 中华读书报[N],2019-3-27(006).

[40] 张雅彬,孔令芳,蔡文彬. 纸电融合背景下中文电子书平台的服务现状与趋势分析[J]. 图书馆研究与工作,2022,No3:48-54.

[41] 全国人民代表大会常务委员会执法检查组关于检查《中华人民共和国公共文化服务保障法》实施情况的报告[EB/OL].[2024-03-07].http://www.npc.gov.cn/npc/c2/c30834/202012/t20201223_309363.html.

[42] ALA.B.1 core values,ethics,and core competencies[EB/OL].[2024-03-04].https://www.ala.org/aboutala/governance/policymanual/updatedpolicymanual/section2/40corevalues.

[43] 饶权.全国智慧图书馆体系:开启图书馆智慧化转型新篇章[J].中国图书馆学报,2021,47(01):4-14.

[44] 吴建中.我国图书馆事业高质量发展的三大挑战[J].图书馆杂志,2023,42(04):18-23+33.

[45] 曾思敏.区块链技术驱动公共图书馆数字资源共建共享的研究[J].图书馆研究,2023,53(02):31-39.

[46] 饶权.全国智慧图书馆体系:开启图书馆智慧化转型新篇章[J].中国图书馆学报,2021,47(01):4-14.

[47] 申晓娟,邱奉捷,杨凡.智慧图书馆标准体系的构建[J].中国图书馆学报,2023,49(03):41-54.

# 第三章　图书馆全民阅读环境营造

阅读需要环境的支持。阅读是人类大脑主导的行为,无论看书或听书,阅读过程必然伴随着人的大脑对于文本符号的解码、理解、分析、记忆等一系列思维过程。阅读者经常有这样的体会,身处安静、舒适、光线合适、身心感到愉悦的环境,更容易使人全身心地投入阅读,长时间地阅读,或更高效地阅读;阅读者身处具有阅读激励、阅读引导或阅读暗示的环境,例如抬头可见的标语,往往能够激励阅读,激发人的阅读意愿;阅读的社群效应也是一种环境因素,如果阅读者周边具有一批积极的阅读人群,阅读者的阅读兴趣、阅读动机及阅读效率很容易受到该人群的影响,成为积极阅读人群的人员;阅读通常是愉悦的,但有些阅读,特别是与学习、研究相关的阅读,有时会是一个艰苦而漫长的过程。阅读者需要极大的毅力,与自身的孤独、疲惫作斗争。好的环境能够提升人的阅读效率,延长人的持续阅读时间。

阅读环境是国家阅读基础设施的组成部分,营造阅读环境是图书馆服务全民阅读的重要举措。近年来,图书馆不断通过图书馆全民阅读环境营造,吸引更多公众到图书馆阅读或参与到全民阅读中来。本章梳理了图书馆阅读环境的概念、特点、构成要素等内容,在此基础上,分析了全民阅读和信息技术对图书馆阅读环境的影响,以及图书馆全民阅读环境营造的有益实践,探讨了图书馆全民阅读环境营造的未来发展目标及对策。

## 第一节　图书馆阅读环境概述

### 一、图书馆阅读环境的概念及特点

环境是一个多义的概念,在不同科学领域及人们日常生活中,具有不同的解释。环境原指围绕人类的空间及其中可以直接或间接影响人类生活和发展的各种自然因素和社会因素的总和。环境可分为自然环境与社会环境两大类型,其中社会环境指由人类社会行为构成的环境,这一概念既可指社会经济文化等大的社会体系,也可仅指由社区、组织或家庭构成的影响人的生活与发展的各种因素。而影响人的阅读行为的各种因素可称为阅读环境。

(一)阅读环境研究的理论基础

阅读环境对于阅读行为的影响,得到了环境行为学理论的支撑。环境行为学是研究人与周围各种物质环境之间相互关系的科学[1],主要着眼于环境的因素和人的因素的研究,旨在探求决定物质环境性质的要素及其对行为所产生的影响,将结果通过环境政策、规划、设计、教育等手段作用于人的行为的改善。环境行为学广泛应用于人的行为与建筑、空间之间的关系及其相互作用研究中,其基本理论包括:①环境决定论,即环境决定人的行为;②相互作用论,在环境决定论的基础上,拓展为人不仅能够消极地适应环境,也能够能动地选择、利用环境所提供的要素形成某种行为结果;③相互渗透论,即人们对环境的影响程度不仅仅限于对环境的修正,还有可能完全改变环境的性质和意义[2],李道增院士的观点更清晰地表明了环境与行为的关系:"人的行为是出于对某种刺激的反应,而刺激可能是机体自身产生的,如动机、需要和内驱力,也可能来自外部环境。"[3]上述理论很好地解释了阅读环境与阅读的关系,洪芳林认为,这些理论是图书馆空间(环境)促进阅读研究的重要理论基础。[4]

(二)阅读环境的概念范畴

阅读环境问题受到国际组织和学者的关注。1982年世界图书大会上,UNESCO发布了《迈向阅读社会:1980年代的目标》的报告,报告中"营造各类社会各阶层的阅读环境"部分,提出了创新阅读环境的问题。该报告认为"应该创造一个阅读环境,使社会意识到阅读带来的好处,并使所有人都能获取书籍",报告给阅读环境的定义是:"阅读环境就是正确的书可以在正确的时间和地点提供给正确的人。"[5]1991年,钱伯斯(Aidan Chambers)出版《阅读环境:成年人如何帮助孩子享受书籍》,对环境的认识较上述UNESCO报告更进了一步。该书译成中文《打造儿童阅读环境》后,对我国阅读环境研究产生很大影响。按钱伯斯在该书序言中的说法,阅读首先需要一个场所,它与阅读的乐趣、情绪、专心度有极大关系。此外阅读的乐趣还和读物、心情、时间、是否被打扰有很大关系。以上因素或多或少地影响着人们的阅读,这些因素所建构的阅读的社会背景就

是阅读环境。[6]后来我国学者将钱伯斯所说的两大阅读环境因素分别称为阅读的硬环境和软环境,其概念范畴可归纳为图3-1:

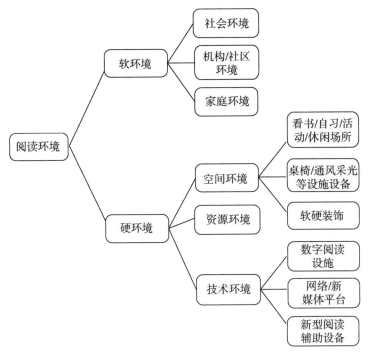

**图3-1　阅读的硬环境与软环境**①

（三）图书馆阅读环境

在图书馆学的专业话语中,通常所说的阅读环境是指阅读空间或场所,包括这一空间或场所中用于辅助或支持阅读的设施设备,如书架、书桌、通风、采暖、采光、引导标识等设施设备。当然作为阅读环境,离不开阅读资源,如书刊资料及目录、多媒体资料、数字资源等。随着新技术的发展,技术设备越来越多地出现在阅读环境中,成为支持阅读、促进阅读的重要因素,如数字阅读所需的阅读器、电脑,用于儿童学习类游戏的投屏、触屏,辅助咨询的机器人等等。

值得关注的是,虽然软环境因素并不是传统图书馆学所研究的对象,但近年来随着各类图书馆越来越深入地介入全民阅读,软环境受到图书馆人的关注。营造阅读软环境成为图书馆人促进全民阅读的目的之一。如各地图书馆积极参与当地政府组织的大型读书节、读书日活动,参与社会阅读环境营造;图书馆通

---

① 本章作者绘制。

过外展(Outreach)或延伸服务,将阅读服务推送到社区、学校、企事业单位,营造社区阅读文化;图书馆还积极开展家庭阅读服务,通过各种方式帮助父母打造良好的家庭阅读环境。

图书馆建筑及建筑内的设施设备可称为图书馆阅读空间,阅读空间是图书馆阅读服务的传统优势所在。阅读空间与阅读环境关系密切,阅读空间是阅读环境要素最密集的地方,也是阅读环境研究中研究得最多的部分。因此,在以往的图书馆学理论与实践中,图书馆人并不严格区别阅读环境与阅读空间。但从图书馆服务全民阅读的总体需求和发展趋势看,阅读环境才是图书馆服务全民阅读的重要基础设施。为更好地促进全民阅读,图书馆学理论与实践有必要将对阅读空间的关注延伸到对阅读环境的研究与关注。这也是本章命名阅读环境营造的理由。本章重点讨论的阅读环境为硬环境,主要是阅读空间。

(四)图书馆在社会阅读环境中的地位与作用

对阅读环境进行层次梳理,可划分为社会阅读环境、机构阅读环境和家庭阅读环境三个层次。其中机构阅读环境包括图书馆、学校、书店及各类企事业单位所构建的阅读环境,以及商业阅读机构的阅读活动场所等。以上三个层次的环境中,图书馆阅读环境是社会阅读环境的重要组成部分,也是社会阅读推广活动的重要承载者、引领者与践行者。[7]现代图书馆不仅仅是一个借阅书刊的场所,还是一个具有浓郁阅读氛围和阅读文化的阅读环境。图书馆的网点对阅读人群具有非常高的覆盖面,图书馆具有专门为读者阅读建造的馆舍和设施设备,有极为庞大且经有序化处理的纸质文献和数字读物等阅读资源,有经过专业化训练、受现代图书馆服务理念影响的阅读服务人员。因此,图书馆阅读环境成为社会阅读环境的中坚,在社会阅读环境营造中具有不可替代的作用。

在现代社会中,大中小学校教育承担着培养个体阅读兴趣与阅读能力的重要职能。学校通过老师的教学活动和同学的学习行为引导阅读,学校环境本身就是良好的阅读环境。但是,学校、企事业单位的阅读环境一般只能面向特定人群,如学校面向本校师生,企事业单位面向本单位员工。而图书馆,特别是公共图书馆则面向全社会服务。因此图书馆阅读环境对促进全民阅读具有学校、企事业单位不可替代的作用。与书店、商业性读书机构的阅读环境相比,图书馆阅读环境具有非常鲜明的公益性特征,这种公益性很好地保障阅读服务能力真正面向全民。

家庭阅读环境对于儿童青少年阅读行为的养成具有极为重要的作用。营造家庭阅读环境对于促进全民阅读具有极为重要的意义。但毕竟社会中大多数家庭缺乏阅读服务的专业知识,对营造家庭阅读环境的认识有所不足。图书馆阅读环境可弥补家庭阅读环境的许多不足。

总之,图书馆阅读环境为公众提供了丰富的信息资源、充足的阅读场所、多元化的阅读活动,这是图书馆成为全民阅读主阵地的原因。同时,促进全民阅读的使命也要求图书馆将服务延伸到更广泛的区域中[8],图书馆从社会、学校到家庭,全方位支持阅读环境的营造。

## 二、图书馆阅读环境的构成要素

从广义的阅读环境概念中理解,阅读环境要素除了图书馆建设物本身,还将空间内的一切要素视作阅读环境营造的对象。各类要素可在总体上分为外部要素与内部要素,都在不同程度上对阅读活动产生着影响。

(一) 图书馆阅读环境的外部要素

阅读环境的外部要素包括建筑外观、地理位置、外部标识、入口等内容,由于其具有开放性及展示性的特征,在人们阅读过程中起到了宣传与营销的作用,拥有更大、更新、更艺术化的建筑外观更能吸引读者进入图书馆开展阅读活动。图书馆的建筑从中国古代藏书楼时期起就是一个重要命题,古代藏书楼作为图书馆的雏形,其建筑选址、营造和命名是宗教文化信仰、政治需要、藏书理念综合作用的结果。[9]在现代图书馆中,建筑物本体既作为资源收藏地与公众阅读场所,同时也逐步成为城市或学校的地标性建筑,与城市规划或教学的需要存在关联。从基本服务功能来讲,图书馆建筑规模大小取决于服务人口数量。图书馆所要接纳的服务人群增加则对应的藏书量也应增多,当场所无法满足服务需求时,意味着图书馆需要进行改建、扩建或新建的工作。从图书馆建设理念上看,第一代图书馆以藏书为中心,第二代图书馆突出开放借阅,如今的第三代图书馆走向了以人为本。[10]伴随着人们多元化需求的变动,现代图书馆建筑也在进行相应的优化,建设时为适应对外开放也将人口集中、交通便利、周边环境优美等作为了选址的首要原则。例如,广州和佛山在"公共图书馆广佛通"合作项目中推出"阅读家"分馆,在城市中心地带设置阅读空间,增强了阅读的可及性,在促进读者阅读的同时促进了城市文化氛围的形成。在满足基本服务功能后,现代化的图书馆建筑设计走向实用与美观兼具的时代,图书馆建筑外观是一段时期内社会主体价值观、审美潮流以及地方特色文化的客观反映。[11]根据开放性、时代性、个性化等理念设计的图书馆建筑在外观上更具观赏性,更有部分图书馆同时融入了城市规划的需要,在建筑外观和导向标识设计中融入地域文化特色,使得图书馆成为地标性的建筑,具备了一定的历史文化宣传作用。

(二)图书馆阅读环境的内部要素

阅读环境的内部要素包括光照、颜色、距离、设施设备、内部装饰、内部标识、区域分布等内容。图书馆内部空间要素与阅读活动的关系更为密切,良好的内部环境可增强读者停留在空间内进行阅读的意愿,舒适、宽敞的内部空间同样能起到吸引读者的作用。人类活动无论公开或私人,独自参与或多人合作,正式或非正式,参与者愉悦与否取决于"心境"与"情景"。[12]"心境"易受"情景"的影响,最终导致活动进行的效果产生区别。在阅读活动中,读者作为存在于特定空间环境和情境背景下的独立的个体,其一系列阅读行为的产生、发展是在空间内形成的一个兼具生理和心理的复杂过程,这就导致受众的阅读行为往往容易受到外部空间环境的影响。即一个易于激发读者阅读情感共鸣、带来良好的交流体验的空间环境才能使读者参与到阅读中来并产生持续性的阅读行为,从而达到促进阅读的目的。过去的图书馆作为基础的阅读场所,其功用视角局限于藏书借阅,但以人为本的现代图书馆更注重给予读者良好的阅读感受,这些感受都源于好的内部环境起到的综合作用。

(三)阅读行为对环境要素的需求

阅读主体及其阅读行为产生变化时,对环境要素的需求也不尽相同。在阅读行为上,需要静读的读者更偏好较密闭的、分贝较小的阅读空间,反之,诸如阅读分享会、阅读竞赛等动态活动则需要更宽敞、允许交谈的场所。以阅读主体划分,特殊人群的需求更为突出,如未成年人的感官较为脆弱,安全性是该类人群对阅读环境要素的首要诉求,护眼的光照、可控的声音分贝、恰当的温度及软包的家具等有利于满足该类主体的需要。

行为心理学家J. B. Watson提出的刺激—反应理论(stimulate response theory, S-R理论)指出,人的行为是受到刺激的反应,刺激可包含两方面:身体内部的刺激与体外环境的刺激。[13]因此,图书馆的环境对读者的阅读需求及阅读行为存在非常直接的影响,尤其是读者所能够直接接触和感知的空间中的色彩、光照、噪声、气味和温度等环境要素,这些要素刺激着读者的视觉、听觉、嗅觉及触觉等基本感觉,继而进一步影响着读者的阅读需求和阅读行为。

值得注意的是,读者中存在着个体差异,因民族、地域文化、个人敏感程度、个人喜好等不同,其阅读行为对环境需求也存在着极大的区别。按照环境心理学中的耶克斯—多德森定律,操作的最佳状态应当是中等的唤醒水平,当唤醒高于或者低于最佳水平点,操作行为都会越来越差。[14]因此,这些空间因素的设计还需要按照一定水平合理适度配置,而不是越多越好,图书馆需要在公众普适性与个体特殊性中寻求平衡。因此,在讨论阅读对环境要素的需求上,本书聚焦于探讨与读者感官有着最直接关联的要素需求。

1. 色彩

色彩心理学认为,色彩在刺激视觉感受的同时,也影响着人类生理和心理等各方面的变化,因而颜色被认为是影响空间感知和情感的关键室内设计元素之一。[15]室内设计师通过在空间的阴面采用暖色调增加反光点,如橙色、黄色给人温馨、和煦、热情的联想,可有效打破空间的灰冷,增加空间的亮度和温度的心理效应。[16]在现代图书馆空间设计中,可以经常看到暖色调在公共空间中大量运用,让读者感受到图书馆温馨、惬意的阅读环境;而在儿童阅读区域,则采用丰富多彩的家具或装饰,打造活泼、灵动的阅读环境,以更符合儿童的年龄特性;在数字阅读区、视听阅览室等新型服务空间,图书馆也多以充满活力的明黄色、复古感十足的暗红色、简约的黑白灰等一系列颜色搭配来呈现艺术感、现代感、科技感的阅读氛围。

2. 光照

空间内的读者对于空间的认知是随着空间场景的感知和价值判断来决定,主要是通过影响阅读的光照等因素来感知与评估。而"在阅览室方面,最重要的问题,就是光线"[17]。空间采光不仅是一个照明节能的问题,作为图书馆环境的一个重要组成因素,光照过强或过弱对于读者阅读都是不利的。任何类型的图书馆在空间设计过程中都应该考虑适合阅读的空间照明设计,通过自然光与人工照明相结合的光照设计,构建符合读者阅读需求的照明环境。图书馆应该尽可能多地通过室内设计引入并合理利用自然光线,如玻璃等透光性材料的使用,对读者阅读、环保节能和可持续发展存在积极影响。同时,图书馆还需在功能不同的空间放置不同的光源以创造合理的照明环境,人工照明的照度和色温等能够直接影响用户阅读感知的部分需要特别注意,如在阅览区或自习区放置允许读者调控的阅读灯,在书架、楼梯、通道等需较好视野的区域需设置明亮的灯光,而在期刊架处等容易反射灯光不利查找的区域可设置非直射的光源。

3. 噪声

不同的阅读活动中读者对噪声的耐受程度不同。美国南亚拉巴马大学一项关于人类对声音需求本质的研究证实,分级别构建符合人体声响接受能力的阅读环境更有利于促进不同层次阅读活动的开展。[18]因而在图书馆选址时应尽量回避城市中的嘈杂地带,最大程度上减少噪声的影响,亦可通过隔音建筑材料的使用隔绝外界噪声的影响。针对图书馆内部的噪声,则采取动静分区和使用降噪材料的方式处理,如馆内阅读推广活动、参观交谈、人员走动、拖拽桌椅等产生的声响可能会对沉默阅读行为的读者造成困扰,在功能分区中让活动区与静读区分离,满足不同阅读行为的使用需求;在装修设计时,吸音地板、隔音海绵等隔音降噪材料同样能帮助实现不同阅读活动在图书馆内有序进行。

4. 气味

嗅觉系统是大多数生物感知周围环境的最古老的感觉器官[19],空间环境中的气味同样能影响用户的行为。为避免刺激性气味影响阅读体验和环境卫生,在图书馆的相关规定中,许多图书馆明令禁止食用熟食或气味强烈的食物,或有图书馆会设置就餐区以便读者用餐,从物理意义上尽可能隔绝食物气味的影响,保持阅读环境的干净。除此之外,营造具有安神、愉悦人心的气味环境也有利于阅读。研究表明,薰衣草、柠檬、栀子花等气味能使人放松或产生更为正向、积极的情绪[20-21],合理控制馆内气味环境可有效提高读者的阅读意愿。

5. 温湿度

科学研究显示,当环境温度在18℃到25℃,相对湿度在40%到70%时,人体感觉最舒适;温度在26℃到30℃,湿度小于60%时,人体感觉热而不闷;温度高于30℃,湿度大于70%时,人体感觉闷热。[22]闷热的环境极易让人产生消极情绪,不利于读者进行阅读;温度过低也导致人体各项感官反应迟钝,同样不利于人的正常阅读、学习。随着智能化技术的进步,图书馆引入具有精度高、自校准特点的智能温湿度传感器,有效帮助图书馆监控馆内温湿度变化并进行及时调整。根据不同的天气变化进行恰当的温度控制,可极大提高读者进入图书馆的可能性和留在空间内进行阅读的意愿。

### 三、各类型图书馆的阅读环境

根据服务群体的不同,各类型图书馆的服务范围、服务内容迥然不同,在营造阅读环境时的侧重点也存在明显差异。总体而言,用户群体类型是导致各类图书馆阅读环境产生区别的重要原因。

（一）公共图书馆阅读环境

公共图书馆是服务人群最广泛的一类图书馆，其基本服务对所有人员免费开放，阅读服务内容也相对广泛，因而其阅读环境最复杂。一般而言，公共图书馆阅读环境应该建设成为多样化的阅读环境，从而满足多类人群在同一个图书馆建筑内的多元化阅读需求。

公共图书馆的读者中，虽然邻近社区的居民到馆频率更高一些，但总体来说其读者人群是多元的。有人需要阅读和学习，也有人只是利用这一公共空间交友聚会。因此公共图书馆的阅读空间需要满足图书外借和阅览、信息服务或参考咨询服务、小型聚会与交流、娱乐休闲等多种功能。公共图书馆空间设计还要考虑空间的动静结合，无论未成年人服务还是阅读推广活动，都可能影响到需要安静阅读的读者，因此需要有效地分隔动静区域。在一些无法有效分隔动静空间的小型图书馆，则需要通过空间内的包容性的通告或提示，配合图书馆员的空间管理，减轻动态阅读活动或其他可能产生噪声的活动对有静读需求的读者的影响。公共图书馆还需要面向特殊人群开展阅读服务，因而需要设计面向各种特殊人群的阅读环境，例如盲文阅读空间。总之，公共图书馆阅读环境研究非常强调多元文化阅读环境的营造。公共图书馆的空间营造在满足公众知识获取需求的同时，更需要贴近市民生活，注重书吧、阅读驿站、主题分馆等空间的建设。这类空间建设会围绕"集图书借阅、信息服务、学习交流、休闲娱乐等功能于一体"的建设目标，注重为公众提供舒适、放松、温馨的环境。

（二）高校图书馆与中小学图书馆阅读环境

高校图书馆和中小学图书馆的主要服务对象是校内师生，两者的服务对象相对集中。

高校图书馆主要满足师生的学习、科研等工作。因此高校图书馆阅读环境较为注重学习空间的构建，包括各类型自习区、交流区、独立空间等设计，休闲娱乐空间相对较少。如瑞典的马尔默大学图书馆将外部设计的核心设定为以一个地方为基点，建立发散式的读书空间，每个空间都可以有无阻碍的视野，并可与相关的空间连接，这种设计对不同学习模式和信息需求进行了规划和分类，以规划学习空间为基本，构建满足各类学习需求的空间，包括有适合独自学习、灯光柔暗的"安静学习区"；有离综合图书区最近、视野广阔的"正式学习区"；大小不同的"自由学习区"；类似咖啡店设计的"交流学习区"；等等。[23]

中小学学生的学习压力较大,阅读活动相对较少,教室已经为其提供了相对固定的学习空间,因而中小学图书馆很少如高校图书馆一样被学生当成重要的学习空间。学生对图书馆的需求以借阅为主。还有很多中小学图书馆成为辅助课程教学的场所,学生要到图书馆借阅老师指定的读物。为促进阅读,现在我国许多中小学图书馆以"无门、无岗的图书馆"设计理念打造校内阅读环境,如宁波鄞州高级中学图书馆不设定闭馆时间,师生随时刷卡进入实现全自助借还图书,以此方便放学后的师生开展阅读活动,吸引学生进入图书馆进行阅读。这种中小学图书馆管理模式不仅存在于发达地区,在许多边远地区的乡村中小学图书馆也常见。那些图书馆的书刊资料多为机关企业赠送,学校不设图书馆管理员,不进行书刊加工,学生自由取阅图书。

(三)其他图书馆阅读环境

其他类型图书馆包括专业图书馆、政府及企事业单位的图书馆、民营图书馆、商业性图书馆等。

专业图书馆的服务对象为有专业文献需求的读者,包括医学图书馆、海洋专业图书馆、国家农业图书馆等。在阅读环境上,专业图书馆的空间依据专业特征进行布局,如广东省科技图书馆除了传统的图书馆空间布局,还安排了三层的区域为科普服务设置,包括少儿科普阅览区和科普活动区,二层空间还设置了战略分析室,契合科技图书馆对外服务的特征。

政府及企事业单位内的图书馆则为单位内的人员提供休闲、专业学习等阅读空间,因面向人群范围较窄,空间相对较小。公共图书馆也常与单位合作共建小型或微型图书服务点,共同营造单位内的阅读氛围,如东莞图书馆常平分馆的"阅读加油站"招募活动。

民营公益图书馆同样是向公众免费开放的公益性图书馆,如湖南省石门县逸迩阁书院、厦门"鸟巢图书馆"等。该类图书馆以基金会、个人或企业全额投资或与政府合作等方式运营。商业性图书馆如秦皇岛阿那亚孤独图书馆,是秦皇岛北戴河阿那亚度假村项目的一部分。这些图书馆为市民提供了阅读休闲的空间,在一定程度上填补了公共文化服务的空白。民营及商业性图书馆与其余几类图书馆最大的区别在于资金、资源等来源,能否长期稳定地为市民提供阅读空间及资源是其持续性运营的最大难点。

### 四、图书馆阅读空间设计

阅读环境包括空间的概念。空间是客观的事物存在形式,可分为实体和虚拟两种。图书馆空间指供读者获取信息的基本公共场所,图书馆空间服务则是图书馆通过不同功能、区域的场所为读者提供信息服务的一种服务形态。在图书馆服务需求转变的带动下,图书馆从传统封闭的藏书楼逐步成为如今开放获取的信息中心,伴随着物理形态上的实体空间发生变动,甚至借助互联网等信息技术延伸出了虚拟空间。新时代下,图书馆或建设新场所,或对原有空间进行改造,又或与其他场所联合共建,以新建、扩建、改造、设立分馆等方式打造新空间,以满足公众多元化需求下对图书馆空间服务的新要求。

2009年,国际图联年会的卫星会议在意大利都灵市举行,会议主题为"作为第三空间的图书馆"[24],引起了业界对于图书馆空间服务价值的热烈讨论。图书馆界常采用的"第三空间"概念源于美国社会学家雷·欧登伯格,他认为"第三空间"是区别于家庭(第一空间)、办公室(第二空间)的非正式公共生活场景,蕴涵着城市文化形象和精神内涵,体现着现代都市的自由与开放,联系着人与人的情感,是人们释放自我、自由交流的社会场所。[25]公共图书馆正是这样一个非正式的公共生活场景,但现实中却存在不足。一些图书馆在打造空间时过于偏重第三空间"自由、宽松、便利"等一般属性,注重为读者打造茶室、咖啡馆、餐厅等休闲空间,却忽略了图书场域保存、传播知识的特殊文化属性,导致其空间建设重心发生偏移。[26]为此,褚树青等业界专家在"第三空间"概念的基础上,进一步提出了"第三文化空间"的概念,强调图书馆特有的文化属性。褚树青认为,"第三文化空间"是以家庭为背景的"第一文化空间"和以职场为背景的"第二文化空间"之外所有的社会文化空间,它更具有多元性和公共性,可以满足人们在第一及第二文化空间无法获得的所有其他文化需求。[27]以杭州图书馆为例,该馆舍面积约5.5万平方米,馆内设置视障、亚运、音乐三大特色空间,拥有设施完善的阅览室、展览厅、多功能厅、读者交流区等区域,是一个集学习交流、休闲娱乐、文化展示于一体的平台;该馆同时通过"中心馆—总分馆"模式,充分发挥中心馆的引领作用,建立了覆盖杭州13区县市的公共图书馆服务体系,打造全覆盖、全开放、多功能的杭州"第三文化空间"[28]。

图书馆阅读空间的创新与发展是当代图书馆事业发展的主要领域之一。随着社会的发展,公众对于图书馆空间美观、舒适、便利的要求不断提升,图书馆人顺应这一趋势,运用新的空间理论和新的技术手段,不断创新图书馆阅读空间。IFLA一年一度的绿色图书馆奖评选、年度公共图书馆奖评选,集中展示了图书馆阅读空间的创新成就。各国各类建筑奖也经常评选到图书馆建筑。除了图书馆新馆建造,旧馆改建也体现当今图书馆阅读空间创新的趋势。2021年IFLA出版文集《旧建筑中的新型图书馆》,从多个角度讨论了将旧建筑改造为新型图书馆面临的挑战,并收录了全球10个公共图书馆和9个高校图书馆旧馆改造的案例。[29] 总体上看,图书馆阅读空间的设计与优化,除了追求更好的用户体验、更多的功能外,还能体现图书馆新型的管理与服务理念,例如特殊群体设计、绿色环保设计、主题空间设计、休闲空间设计、弹性空间设计等。

## (一)特殊群体阅读空间设计

特殊群体服务是推进基本公共服务均等化、保证特殊人群公共文化权益的重要组成部分,在阅读空间中适当向特殊群体需求倾斜也是体现图书馆公平性、包容性的关键。图书馆需做到物理环境无障碍、信息环境无障碍和馆藏资源无障碍[30],如按人群类型划分阅读区域,包括青少年儿童阅读区、老年人阅览室、盲文阅览室等;无障碍设施设置,包括盲道、母婴室、无障碍洗手间等;无障碍资源获取,包括盲文图书联合目录、大字版图书及特殊的阅读设备。

## (二)绿色环保阅读空间设计

"绿色图书馆"概念诞生于1991年,指在建筑物的全生命周期内最大限度地节能、节水和节材,减轻环境负担,保护环境和减少污染,为读者提供健康、适用和高效的使用空间。[31] 直至2023年,国际图联已连续举办8届绿色图书馆奖评审活动。我国香港中文大学图书馆、佛山市图书馆、杭州图书馆、深圳市坪山区图书馆等也曾获此殊荣。在追求可持续发展的当代,图书馆的建设要求也更强调与绿色环保相契合,采用环保建筑材料、自然通风、节水洁具、雨水回收、绿色照明等方法使空间设计更加节能。

## (三)主题阅读空间设计

主题图书馆是图书馆事业发展的产物,是对大型综合性图书馆服务内容与形式的一种有益补充[32],主要体现在分馆设计中,在馆内外以"主题+元素"的模式创造出多种主题空间。如太原市图书馆马克思书房、上海普陀区图书馆苏州河书房等特色文化空间,以主题形式构建专题文献区,通过对内部空间的改造形成既能满足读者需求又富有文化内涵的新型空间。而在馆外,则有与社会各企事业单位、行业合作构建的阅读空间,拓展公共图书馆服务向社会多维度发展。[33]如杭州图书馆至今已在馆外设立了 25 所主题图书馆,融合当地特色打造了包括佛学、艺术、茶文化、城市学、自然等多种主题分馆,将城市文化与阅读结合,系统化营造城市间的阅读场所。

(四)休闲阅读空间设计

图书馆在城市中承担着文化休闲的职能,为公众提供交流交往空间,使公众在阅读中释放精神压力。图书馆在促进文化传播与思想交流中发挥着巨大的作用[34],在空间设计中,可体现为文化交流空间、休闲活动空间、便民空间的增设与再造,如影音室、亲子活动区、咖啡厅、餐吧等。这类休闲空间作为图书馆的配套服务空间而存在,在满足读者的精神文化需求的同时与其他服务空间相互补充,共同营造出馆内的文化氛围。

(五)弹性阅读空间设计

弹性阅读空间指根据人流量的"潮汐"现象而设置不同功能的阅读空间。该设计理念展示了图书馆对空间的充分利用,能有效缓解繁忙时馆内活动空间资源不足的压力,如在人流量大时充分利用馆内空闲区域作为阅览空间,而人流量少时则可转化为休闲空间[35],通常适用于馆内空间较小但需要发展多种功能的图书馆。[36]如在香港中文大学,图书馆会因讲座或培训活动需要临时改造空间[37],可移动的家具设计充分体现图书馆设计的人性化,既便于活动结束后进行归置,也可让读者根据需要对自己使用的家具进行微调。

## 五、图书馆阅读环境管理

阅读环境营造需要管理理论的引导与规范。我国图书馆的管理理念日渐提升,并逐步形成了规范性的管理制度,共同引导图书馆阅读环境的建设过程。

(一)管理理念

图书馆阅读环境营造的管理理念重点在于以人为本,为读者的需求服务而进行空间建设,伴随着社会的发展而不断变化。管理理念的转化过程包含以下三个方面:

藏书空间与阅读空间的碰撞。19 世纪前后,大多数图书馆的功能设计体现藏书空间与借阅空间的绝对分离,空间功能设计固定,为书籍的收藏和保护而服务。20 世纪,图书馆空间功能设计从封闭走向开放,藏书空间与阅读空间逐步走向一体化，拥有较高荷载能力、提倡大开间的模数式设计被大量采用，布局可灵活变化，满足图书馆多种功能需求。现今构建的图书馆在传统阅读空间的基础上根据用户的需求进行进一步的空间划分，通过空间内差异化室内装修和配备各式的设施设备来区分各空间功能，由此提出新型服务空间的一系列概念，包括创客空间、休闲阅读空间、学习空间、典藏空间等。

理性构建与艺术构建的平衡。现代图书馆以读者的需求为重，图书馆的空间设置较多地体现了理性设置的理念，特别是图书馆基于新教育教学理念打造的多元学习空间，是图书馆对既有空间、资源、工具、技术和服务平台的有机整合。[38]现代化设计在满足需求的同时注重迎合社会审美的艺术化建筑设计与内部装饰，并非一味追求越大越好或繁复的设计，而是以差异化的建筑设计展示图书馆的文化特色，以内部装饰的不同来区分内部空间功能，在实用、适用的基础上展示出当代图书馆设计对审美意趣的追求。

单一功能到个性化服务的理念转变。早期图书馆的功能以基本满足阅读为标准，而建筑材料的改善与科学技术的进步为现代阅读空间设计带来了更多的可能性，空间功能在最大程度上与读者多元化阅读需求相契合。大开间的空间设计有利于空间根据使用需要进行适应性、灵活性的变动，如静读区与活动区的分化、闲时忙时的空间功能转换、休闲娱乐区的布置。科技的应用也为现代化图书馆拓宽了空间营造的维度，如虚拟阅读使得阅读资源数字化，使得阅读空间走出传统的物理场所限制；多媒体阅读为读者带来便利、新颖的体验，符合现代人对阅读媒介的使用趋向。

（二）管理制度

管理制度是阅读环境营造的顶层设计，强化图书馆面向用户阅读的空间服务能力，是图书馆在新型城市公共文化空间和第三空间建设中非常重要的核心目标，具体可体现在国家、行业或区域层面上的政策、标准、指南、报告等制定上（如表3-1）。同时由于建筑、场所、设备设施、标识系统等硬件是组成阅读环境的基础，也是阅读推广实施的最根本保证[39]，因此硬件资源的配置要求成为管理制度的重要内容之一。

第三章　图书馆全民阅读环境营造

表 3-1　图书馆阅读环境相关标准规范(部分)①

| 序号 | 日期 | 名称 | 相关章节 |
|---|---|---|---|
| 1 | 2008 年 | 《公共图书馆建设标准》(建标 108—2008) | 第二章 规模分级、项目构成与选址<br>第三章 总建筑面积和分项面积<br>第四章 总体布局与建设要求<br>第五章 建筑设备 |
| 2 | 2012 年 | 《无障碍设计规范》(GB50763—2012) | 3 无障碍设施的设计要求<br>8.7.2 文化类建筑的无障碍设施应符合下列规定：<br>1 建筑物至少应有 1 处为无障碍出入口，且宜位于主要出入口处；<br>2 建筑出入口大厅、休息厅(贵宾休息厅)、疏散大厅等主要人员聚集场所有高差或台阶时应设轮椅坡道，宜设置休息座椅和可以放置轮椅的无障碍休息区；<br>3 公众通行的室内走道及检票口应为无障碍通道，走道长度大于 60.00m，宜设休息区，休息区应避开行走路线；<br>4 供公众使用的主要楼梯宜为无障碍楼梯；<br>5 供公众使用的男、女公共厕所每层至少有 1 处应满足本规范第 3.9.1 条的有关规定或在男、女公共厕所附近设置 1 个无障碍厕所；<br>6 公共餐厅应提供总用餐数 2% 的活动座椅，供乘轮椅者使用。<br>8.7.3 文化馆、少儿活动中心、图书馆、档案馆、纪念馆、纪念塔、纪念碑、宗教建筑、博物馆、展览馆、科技馆、艺术馆、美术馆、会展中心等建筑物的无障碍设施还应符合下列规定：<br>1 图书馆、文化馆等安有探测仪的出入口应便于乘轮椅者进入；<br>2 图书馆、文化馆等应设置低位目录检索台；<br>3 报告厅、视听室、陈列室、展览厅等设有观众席位时应至少设 1 个轮椅席位；<br>4 县、市级及以上图书馆应设盲人专用图书室(角)，在无障碍入口、服务台、楼梯间和电梯间入口、盲人图书室前应设行进盲道和提示盲道；<br>5 宜提供语音导览机、助听器等信息服务。 |

---

① 本章作者根据文献调研情况整理。

续表

| 序号 | 日期 | 名称 | 相关章节 |
|---|---|---|---|
| 3 | 2014 年 | 《图书馆古籍书库基本要求》(GB/T30227－2013) | 4 建筑要求<br>5 温湿度要求<br>6 空气净化与通风要求<br>7 照明和防紫外线要求<br>8 消防与安防要求<br>9 防霉、防虫和防鼠要求<br>10 装具要求 |
| 4 | 2015 年 | 《公共图书馆少年儿童服务规范》(安徽省 DB34/T2443－2015) | 4 设施设备与环境<br>(4.1 设施、设备 4.2 环境:光照、通风、温度、气味) |
| 5 | 2016 年 | 《图书馆建筑设计规范》(JGJ38－2015) | 3 基地和总平面<br>4 建筑设计[4.1 一般规定 4.2 书库 4.3 阅览室(区)4.4 检索和出纳空间 4.5 公共活动和辅助服务空间 4.6 行政办公、业务及技术设备用房]<br>5 文献资料防护(5.1 一般规定 5.2 温湿度要求 5.3 防水和防潮 5.4 防尘和防污染 5.5 防日光直射和紫外线照射 5.6 防磁和防静电 5.7 防虫和防鼠 5.8 安全防范)<br>6 防火设计(6.1 耐火等级 6.2 防火分区及建筑构造 6.3 消防设施 6.4 安全疏散)<br>7 室内环境(7.1 一般规定 7.2 室内光环境 7.3 室内声环境)<br>8 建筑设备(8.1 给水排水 8.2 采暖、通风与空气调节 8.3 电气 8.4 建筑智能化) |
| 6 | 2016 年 | 《社区图书馆(室)服务规范》(安徽省 DB34/T2605－2016) | 4 设施设备与环境(4.1 设施 4.2 电子信息设备 4.3 环境) |
| 7 | 2018 年 | 《中小学图书馆(室)规程》 | 第六章 条件与保障(第三十一条、第三十二条) |

续表

| 序号 | 日期 | 名称 | 相关章节 |
| --- | --- | --- | --- |
| 8 | 2018年 | 《乡镇（街道）图书馆建设与服务规范》（宁波市 DB3302/T1074－2018） | 3 资源保障（3.1 设施）<br>4 运营管理（4.2 功能布局 4.3 标识） |
| 9 | 2019年 | 《图书馆视障人士服务规范》（GB/T36719－2018） | 6.1 配置原则<br>6.2 馆舍建设（6.2.1 基本要求 6.2.2 选址 6.2.3 无障碍环境要求 6.2.4 功能布局）<br>6.3 阅览设备（6.3.1 基本要求 6.3.2 盲文设备 6.3.3 听书设备 6.3.4 助视设备） |
| 10 | 2019年 | 《公共图书馆少年儿童服务规范》（GB/T36720－2018） | 5.2 硬件资源<br>（5.2.1 馆舍建筑 5.2.2 建筑功能总体布局 5.2.3 家具设备 5.2.4 计算机 5.2.5 网络与宽带 5.2.6 视听设备） |
| 11 | 2019年 | 《城市书房服务规范》（浙江省 DB33/T2181－2019） | 5 设施设备<br>（5.1 布局和选址 5.2 设施要求 5.3 设备要求）<br>7 服务内容（7.6 便民服务）<br>8 服务管理（8.3 服务告示） |
| 12 | 2019年 | 《公共文化设施公共信息导向系统设置规范》（广东省 DB44/T2168－2019） | 4 导向系统构成（4.1 子系统 4.2 导向要素 4.3 主要信息）<br>5 总则（5.1 设计 5.2 设置 5.3 照明与材质）<br>6 导向要素设计（6.1 位置标志 6.2 导向标志 6.3 街区导向图 6.4 平面示意图 6.5 信息板 6.6 便携印刷品 6.7 安全标志 6.8 劝阻标志）<br>7 周边导入系统（7.1 设置范围 7.2 公共文化设施外 7.3 停车场）<br>8 服务导向系统（8.1 构成 8.2 通则 8.3 图书馆）<br>9 导出系统（9.1 设置范围 9.2 公共文化设施内 9.3 公共文化设施外） |

续表

| 序号 | 日期 | 名称 | 相关章节 |
|---|---|---|---|
| 13 | 2019年 | 《公共图书馆服务规范》(惠州市 DB4403/T1—2019) | 5.1硬件资源(5.1.1总体要求 5.1.2建筑面积 5.1.3电子信息设备)<br>8.1导引标识<br>8.2服务告示 |
| 14 | 2019年 | 《家庭图书馆建设与服务规范》(台州市 DB3310/T63—2019) | 5建设要求(5.1场地 5.2设施设备) |
| 15 | 2020年 | 《公共图书馆读写障碍人士服务规范》(GB/T39658—2020) | 6.1服务空间<br>6.2服务设施设备 |
| 16 | 2020年 | 《广东省中小学阅读空间建设与管理指南》 | 4空间规划与设计<br>5空间设施设备配置<br>6组织机制与队伍建设<br>7文献信息资源建设<br>8读者服务<br>9实施保障 |
| 17 | 2020年 | 《广州市中小学阅读空间建设指南》 | 3建设理念(3.1空间理念 3.2建设原则)<br>4建设指引(4.1规范依据 4.2建筑标准 4.3装修指引 4.4设施设备指引 4.5导视系统指引) |
| 18 | 2020年 | 《开封市公共图书馆读者服务规范》(DB4102/T016—2020) | 5.1基础设施(5.1.1场馆建筑 5.1.2服务设施 5.1.3总体布局)<br>10.1服务标识、导引标识<br>10.2服务告示 |

续表

| 序号 | 日期 | 名称 | 相关章节 |
|---|---|---|---|
| 19 | 2020年 | 《公共图书馆服务质量规范》(广州市DB4401/T95—2020) | 5 设置要求(5.1 选址 5.2 建筑面积 5.3 场馆设置 5.4 功能分区及布局 5.5 外观结构 5.6 信息标志 5.7 设施设备)<br>7 服务质量规范(7.1 服务环境 7.3 服务时间及服务告示 7.4 导引标识) |
| 20 | 2021年 | 《公共图书馆听障人士服务规范》(GB/T 40952—2021) | 6.2 服务空间(6.2.1 无障碍环境要求 6.2.2 导引标识)<br>6.3 设备设施 |
| 21 | 2021年 | 《城市阅读空间建设指南》(安徽省DB34/T 3876—2021) | 5 规划设计(5.1 规划选址 5.2 空间设计)<br>6 设施设备(6.1 基础设施 6.2 软硬件设施 6.3 设施维护) |
| 22 | 2021年 | 《城市国家基本公共服务15分钟智慧阅读圈》(许昌市DB4110/T25—2021) | 4 规划布局<br>5 场所及设施要求 |
| 23 | 2021年 | 《智慧阅读空间管理服务规范》(许昌市DB4110/T26—2021) | 4 物业管理(4.1 设施设备管理 4.2 安全保卫 4.3 环境卫生管理)<br>5 运营保障 |
| 24 | 2022年 | 《邻里图书馆建设及服务规范》(佛山市DB4406/T19—2022) | 5.1 服务场地<br>5.2 设施设备<br>7.6 标识管理 |

续表

| 序号 | 日期 | 名称 | 相关章节 |
|---|---|---|---|
| 25 | 2022年 | 《海南省中小学阅读空间建设与管理指南》 | 4 理念原则(4.1基本理念 4.2空间建设原则)<br>5 建设指引(5.1建设指引 5.2装修指引 5.3设施设备指引 5.4导视系统指引) |
| 26 | 2022年 | 《大学生图书馆现代化指南针报告》 | 2.3.7 空间建设问题<br>2.5.4 服务(3)多元化空间服务 |
| 27 | 2022年 | 《城市阅读空间服务规范》(合肥市 DB3401/T249—2022) | 5 场馆设施建设(5.1设施设备 5.2功能区域划分 5.3场馆环境)<br>8 服务保障(8.2标识标牌) |
| 28 | 2022年 | 《公共阅读空间建设规范》(丽水市 DB3311/T230—2022) | 4 总体要求(4.1选址 4.2面积)<br>5 主要功能<br>6 区域布局<br>7 设施设备 |
| 29 | 2022年 | 《扬州市城市书房条例》 | 第二章 建设<br>(第十三条、第十四条、第十五条、第十六条)<br>第三章 运行<br>(第二十条、第二十四条)<br>第四章 服务<br>(第三十条、第三十二条) |
| 30 | 2023年 | 《公共图书馆服务规范》(GB/T 28220—2023) | 5 服务资源(5.1设施设备)<br>7 服务营销(7.3导引标识) |
| 31 | 2023年 | 《威海市儿童友好城市建设导则第2部分:图书馆》(威海市 DB3710/T203.2—2023) | 4 布局与选址<br>5 建设要求(5.1设施要求 5.2设备要求) |

第三章　图书馆全民阅读环境营造

续表

| 序号 | 日期 | 名称 | 相关章节 |
|---|---|---|---|
| 32 | 2023年 | 《公共图书馆适老服务规范》（辽宁省 DB21/T3837—2023） | 4 适老化建设（4.1 场馆建设 4.2 环境建设 4.3 设施设备）<br>7 服务内容与形式（7.3 服务形式） |

2008年文化部颁布的《公共图书馆建设标准》，共有5个章节43个条款及两节附录，对公共图书馆的建筑选址、空间布局、噪声、温度等环境要素进行了规定，有效规范公共图书馆项目的审批、设计与建设过程，至今仍在采用。2012年至2019年间，图书馆空间建设的要求体现在《公共图书馆法》等法律法规，以及国家标准、行业标准和地方标准对各级各类图书馆的服务规范中，重点涉及场馆或空间建设、设施设备配置等基础性内容，对于公共图书馆、高等学校图书馆、科学研究图书馆及其他各类图书馆的新建、改建与扩建工程都有积极的指导作用。同时，相关制度在特殊人群服务规范中则更强调空间规划设置关注特殊人群具体需求，力求设施设备的无障碍化。"十四五"以来，我国图书馆建筑空间指南标准体系进一步完善，其特点表现在：

(1) 阅读空间规范随时代而细化。近年来研制的阅读空间规范，如城市阅读空间指南、中小学阅读空间建设指南、智慧阅读空间管理服务规范、公共图书馆适老服务规范等，除了对常规空间布局、文献资源与设施设备建设等通用部分进行详细规定，还对新时代不同的阅读场景进行了相应的规范，如居民们的城市阅读场所、中小学生的泛在阅读空间与席地阅读空间、引入智能技术的智慧阅读空间以及适老化设施设备建设，等等。空间的设计理念和空间阅读服务体系构建等内容也在逐步完善，提高了阅读空间的规范化、人文化与智慧化建设水平。

(2) 注重特殊人群阅读空间建设。伴随公共图书馆阅读服务逐步提高对特殊人群阅读需求的关注，无障碍化设计的要求也逐步深化。《图书馆建筑设计规范》(JGJ 38—2015)所规定的无障碍化设计在阅览室（区）、公共活动和辅助服务空间等标准条例中体现，如4.3.12条规定，视障阅览室应方便视障读者使用，并应与盲文书库相连通。2019年至2021年间颁布的听障、视障及读写障碍人士的公共图书馆服务规范对特殊人群服务环境提出了更细致与更具体的要求，如安装信号灯等视觉警报信号设置、盲道与护垫等物设置、设置彩色线条引导读写障碍人士到达专用阅读空间等。2023年发布的辽宁省《公共图书馆适老服务规范》在"4.1场馆建设"部分也明确提出:"在老龄化程度较高的图书馆辖区,宜单独设置适老阅读空间。"

(3)地方性阅读空间规范建设成果突出,如安徽省、许昌市、海南省、广州市等地颁布的阅读空间管理制度,地方性的阅读空间管理制度能最大程度上体现区域性的阅读服务要求,也更加贴近地方图书馆服务的习惯。如海南、广东两地的中小学阅读空间建设与管理指南中就分别提出"建设云端一流的海南中小学'阅读大脑'"和"以文化育人为指引,铸就岭南特色教育品牌"的管理发展目标,以地方传统文化为基础开展阅读环境建设工作,注重体现地域文化特色与时代精神。

(4)图书馆行业性标准的制定,使图书馆阅读环境建设更贴合图书馆服务理念和工作实际。对新建、重建或者改建的图书馆从图书馆行业角度规定了相关的空间及技术设施指标,帮助其计算所需空间以及划分不同技术性建筑设备数据。这些数据不仅用于存放馆藏,而且还用于提供充足的用户空间以及图书馆内部运营所需的场地。一些行业性标准不仅涵盖用户空间、馆藏空间和运营空间方面的需求信息,还包括了安全系统、地面承载、运输系统、音响条件、照明系统、布线以及有关无障碍建筑和可持续性方面的技术细节问题。

## 六、图书馆对馆外阅读环境营造的支持

图书馆是文化传播与社会教育的重要主体,同时也是社会阅读推广活动的重要承载者、引领者与践行者。[40]社会阅读的核心是阅读行为的普及,要求图书馆将服务延伸到更广泛的区域中[41],全方位支持从社会、学校到家庭阅读环境的营造。

(一)图书馆支持社会阅读环境的营造

阅读推广是图书馆的根本性任务[42],公共图书馆是带动社会阅读环境形成的重要主体。

阅读行为的发生需要一定的读物与场所,丰富的资源成为公共图书馆带动全民阅读的基本条件。截至2023年底,我国公共图书馆机构数已达3246个,总藏量达到143609万册/件。[43]依托丰富的资源为国民提供多样化的阅读推广活动,图书馆充分发挥着社会阅读文化风尚引领者的作用。作为公益性文化机构,图书馆还履行着免费向公众开放、平等为公众提供文化服务的基本职责,"总分

馆体系""农家书屋""城市书房""流动图书车"等保障性项目的落实,使得图书馆服务持续深化,力求阅读资源惠及更多的民众。

新馆建设浪潮下的社会阅读环境迈向新台阶。公共图书馆面临用户阅读需求和行为发生变化。外部政策导向持续变化和社会资金不断注入等新的服务环境,共同推动了新馆建设实践的发展。在我国公共图书馆新馆建设浪潮下,非常有影响的信息共享空间、创客空间、儿童阅读空间等不断创建,广泛存在,形成了一批创新性强、阅读成效显著、独具特色文化的图书馆阅读空间。随着用户阅读需求不断变化,图书馆开始紧跟用户个体的阅读需求的转变和外部社会经济文化环境的变化。目前,已经涌现出了一大批特色鲜明、服务出色的以粤书吧、城市书房、主题图书馆、第二图书馆、社区图书馆等为代表的新型公共文化空间。

(二)图书馆支持学校阅读环境的营造

图书馆肩负着提升学生阅读素养,形成正确阅读导向的责任。国际图联《学校图书馆宣言》修订版指出,"学校图书馆应在基本素养培育和阅读推广上为学生提供支持"[44]。我国教育部等先后颁布的《关于加强新时期中小学图书馆建设与应用工作的意见》及《中小学图书馆(室)规程》[45]中,也明确了中小学图书馆在服务师生阅读,提升其信息素养的重要任务。可见中小学图书馆对于我国教育事业和文化事业的发展发挥着巨大的作用[46],也与开展全民阅读、构建学习型社会的倡导密不可分。

现今数字媒体发展迅速,阅读新形式出现。第19次全国国民阅读调查数据显示,我国0—17周岁未成年人的数字化阅读方式接触率为72.5%。[47]作为"数字原住民"的中小学生极易受到"阅读危机"的影响,阅读指导工作可有效带领学生面对这些影响的冲击。不少图书馆开展推广活动让学生学习如何正确选取并阅读书籍,并积极开展数字阅读推广活动实践,提供创新性阅读方式,引导学生批判性认识数字化媒介,有效促进良好的校园阅读环境的形成。

(三)图书馆支持家庭阅读环境的营造

图书馆支持家庭阅读环境包含了两方面:物理环境的构建和精神环境的形成。研究表明,良好的家庭素养环境能够有效刺激儿童的阅读兴趣产生。[48]少儿的成长发展与阅读能力密切相关,从小培育少年儿童成为终身阅读者对其未来至关重要,但在经济、文化、个人认知等多重因素的影响下,并非所有家庭都能有意识地创造阅读条件,此时图书馆赋能家庭阅读环境建设则显得十分必要。

2021年10月23日,《中华人民共和国家庭教育促进法》正式实施,其中第47条明确了图书馆应定期开展公益性家庭教育宣传、家庭教育指导服务和实践活动,开发家庭教育类公共文化服务产品。[49]在"双减"等政策落地的情况下,公共图书馆开展家庭阅读服务是大势所趋。国内图书馆已推出"家庭悦读计划""悦读宝贝计划""书香家庭·悦读共行"等家庭阅读推广系列品牌,助力家庭家教家风建设。图书馆通过亲子阅读推广活动,从专业角度引导家长创设具有家庭特色的舒适阅读角,将藏书、装饰、家具、光照等要素有机结合,为孩子建设良好的家庭阅读物理环境;针对不同年龄段的孩子开发阅读产品,还能从精神层面引领家长阅读观念的转变,让家长明确家庭阅读对孩子未来成长的价值与意义,使家长能够学会主动地、正确地开展亲子共读实践,加强阅读认识,有效促进家庭阅读文化氛围的产生。

## 第二节　全民阅读和信息技术对图书馆阅读环境的影响

导致图书馆阅读环境变化发展的两个最重要因素是全民阅读的发展和信息技术的发展。进入全民阅读时代后,公众对图书馆阅读服务有了不同于个体阅读时代阅读服务的需求,由此导致图书馆服务理念和服务模式变化,并影响到图书馆阅读环境的变化与发展。过去30年,信息技术一直是图书馆服务的强劲驱动力,持续推动图书馆服务能力和服务模式的发展,同样也影响到阅读环境的发展。在全民阅读和信息技术的双重影响下,图书馆阅读环境营造进入新的阶段。

### 一、全民阅读对图书馆阅读环境的影响

图书馆阅读环境与全民阅读是相互作用的。全民阅读对图书馆阅读环境产生了极大的影响。全民阅读对图书馆阅读服务提出了更高的要求,要求图书馆必须从服务理念、空间服务、阅读活动等视角提升或改造阅读环境。同时图书馆营造的遍布城乡的各类阅读环境构成全民阅读的基础设施,对推动全民阅读具有保障与服务的功能。

本节主要介绍全民阅读对阅读环境的影响。

(一)图书馆服务理念的影响

图书馆阅读环境受图书馆服务理念的影响。进入全民阅读时代,图书馆服

务理念发生了显著的变化。一个重要变化是 EDI 服务理念的兴起。EDI 是平等(Equity)、多元(Diversity)、包容(Inclusion)的简称,表面上看它并不是新的服务理念,但发达国家图书馆协会对于 EDI 的推崇,意味着他们放弃了一些具有明显意识形态特征或激进的服务理念,如智识自由、中立性服务、隐私权等。之所以放弃这些理念,很大程度上是因为全民阅读时代图书馆服务必须放弃精英主义立场或中产阶级价值观,对阅读不足人群(Non Reader)提供具有教育性、干预性的阅读服务。为更好地贯彻平等(公平)、多元、包容的图书馆服务理念,图书馆对此进行了一系列的阅读环境改造。

1. 公平的阅读环境

公平是图书馆实现全民阅读的重要前提。《公共图书馆宣言》(2022)指出公共图书馆应不分年龄、种族、性别、宗教、国籍、语言、社会地位和任何其他特征,向所有人提供平等的服务。[50]公平理念强调每个人使用公共文化服务资源的机会平等,这就要求图书馆需实现资源合理配置并无差别提供,即一种"同质公平"[51],追求符合绝大多数人的普适性需求,如近年来图书馆自习区、阅览室休闲座椅、24 小时自助图书馆等区域的设置,向公众免费开放,接纳所有读者进入并使用,体现了图书馆对人权的尊重。

2. 多元化的阅读环境

多元文化服务综合性地体现公平与包容理念。中国幅员辽阔,因不同民族、语言和传统文化形成了多元文化社会,图书馆的阅读环境也需考虑如何更好地为拥有不同文化背景的读者提供服务。可见部分公共图书馆在建设时依托当地文化构建了特色文化空间,以保存地方文化遗产,弘扬特色文化为目标,由此形成了各具特色的新型阅读空间,如民族文化图书馆、东莞粤剧图书馆、南京图书馆的六朝非遗展示区。除了当地读者,留学生、外国游客等群体同样有利用图书馆的需要,图书馆也通过逐步增添多语言文化馆藏、举办双语文化沙龙等活动来满足外籍读者的文化需要,广州图书馆还在馆内设置了多元文化馆,该空间内的每个书架前都展示了其他国家的文化元素,既能让当地读者了解其他国家的文化特色,也能让外籍读者切实感受到图书馆对他国读者的接纳和欢迎。

3. 包容性的阅读环境

包容体现在对特殊需求的倾斜,是对公平服务理念的补充与修正。对所有人一视同仁地平等开放,并不能完全保证图书馆服务的公平性,社会上永远存在部分的社会边缘人群。他们或因先天的不足,又或因教育、年龄等问题导致其无法正常享用图书馆的资源和服务。[52]各种各样的特殊原因导致特殊人群无法享受机会平等的公共文化服务资源,图书馆作为引导者,需要协助特殊人群跨越特殊原因带来的"阅读鸿沟",通过规划分龄、分众的阅读空间,增添无障碍化设施,开展特殊人群的阅读推广活动等举措,将特殊人群服务纳入服务范畴,让他们也能享受自己的阅读权利,才能真正实现服务平等提供,充分体现全民阅读的要义。

(二)空间服务理论的影响

全民阅读时代图书馆阅读服务的发展趋势之一是从单纯注重文献信息服务走向既重视文献信息服务,也重视空间服务和文化服务。现代图书馆服务注重空间服务的趋势,影响到图书馆阅读环境的建设。总体上看,现代图书馆空间是技术、人、知识在图书馆场景中的综合表现,图书馆借助空间内部构造实现不同空间功能划分,以空间、功能、美学、光线的融合,在实现外部功能、外观、社会象征价值的基础上,促进人、自然和知识的交融。[53]具体地说,受到空间服务和文化服务的影响,(1)现代图书馆阅读环境更加注重文化和艺术设计,主体建筑造型突出现代精神和地方特色,在满足使用功能的同时,力求造型新颖,美观大方,简洁明快,崇尚高雅,并能与周围环境协调,使图书馆建筑的视觉整体形象产生想象空间和视觉享受。这也是当代越来越多图书馆成为网红建筑的原因。(2)追求建筑的开放性和灵活性,完全打通传统图书馆藏、借、阅三大功能分离的布局,建设读者空间宽敞、通透,读者行动自由、无障碍,能够支持各类读者、各种服务的具有灵活性的新型空间。(3)技术运用和多功能性设计。现代信息技术的广泛使用深度影响图书馆阅读环境,图书馆建筑中多功能的阅览室、展览厅、服务台、研究室等,高科技的视听室、音像室、报告厅等,成为人们阅读与学习、参观、娱乐、休闲、交友的重要场所。

上海徐家汇书院建在上海闹市徐家汇地铁站出入口之上,著名的徐家汇教堂旁。该馆不但在内部建筑中极力追求古朴与时尚的结合,连英文名称也用上带有深厚老上海风格的"ZIKAWEI LIBRARY"。2023年初该馆一开馆即成为"网红",吸引大批市民前往(见图3-2)。据观察,该馆看书、拍照、喝咖啡的人数占三分之一,是名副其实的阅读、观光、休闲场所。

第三章 图书馆全民阅读环境营造

图 3-2　上海徐家汇书院①

安徽绩溪县是一个只有 18 万人口的小县，县图书馆只有约 5000 平方米。但由于采用灵活性、大开间的设计理念，2018 年改造完成的绩溪县图书馆显得极为开阔、大气，成为公众参观和学习的重要场所（见图 3-3）。

图 3-3　安徽绩溪县图书馆内部空间②

---

① 本照片由徐家汇图书馆提供。
② 本章照片如未加说明，均为本章作者拍摄。

### (三)阅读推广活动的影响

全民阅读时代图书馆服务模式发生变革,为阅读不足人群提供服务的需求要求图书馆开展更具有干预性的阅读推广服务。阅读推广与传统图书馆文献借阅和信息服务有很大差别。从服务形式看,最大差别在于阅读推广是活动化的服务。图书馆阅读推广的大多数服务类型的形式都表现为活动,如大型的节庆活动,小型的讲故事活动。讲座、展览、表演、竞赛的形式也都是活动。因此,英美国家图书馆通常直接用活动(program 或 event)称呼这些阅读推广服务。活动化的服务对阅读环境产生了很多影响,例如:(1)音响、灯光、数字设备。图书馆阅读推广活动往往需要音响、灯光设备或其他数字设备的支持。节庆活动、表演、讲座等对这类设备要求较高。另外,一些活动可以不依赖设备,如经典的故事活动就是阅读推广人手执读物面向听众讲故事,但如果有投影和音响设备,效果可能更好。(2)引导或标识系统。相对于位置识别度高的阅览场所,图书馆的许多活动场所如小剧场、会议室等位置往往更难寻找,更需要好的标识系统对参与者进行引导。(3)隔音。动态的活动举办必然会在空间内产生噪声,继而对有静读需求的读者产生一定的影响,因此需要对活动空间做一定的隔音处理,将活动空间与图书馆静读空间分离(见图3-4)。(4)安保。图书馆阅读推广的节庆类活动一般在露天广场或较大的室内场所举办,参与者多,人员流动性大,对活动的安全保卫设施设备提出了较高的要求。此外,面向低幼儿童的活动经常伴随儿童的肢体活动,容易发生碰撞、滑倒等安全事故,场所设计时需要充分考虑儿童安全。(5)特殊人群服务。图书馆阅读推广的重要目的是满足特殊人群利用图书馆的特殊需求,为此图书馆需要针对阅读环境进行设计,或增添相应的设施设备,如无障碍阅览空间、无障碍朗读亭等,空间内提供放大镜、大字版图书、盲文图书、助视器、听书机等设备,供不同需求的人群使用。

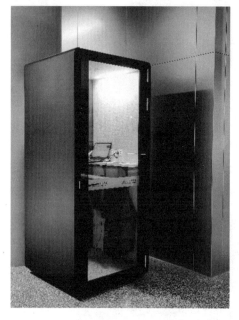

图3-4 上海图书馆东馆静音舱

## 第三章 图书馆全民阅读环境营造

### （四）图书馆宣传推广的影响

除了阅读推广外，现代图书馆还要开展图书馆宣传、营销、外展等活动。这些活动与阅读推广一样，也对图书馆阅读环境提出新的要求。图书馆营销又称图书馆宣传推广，目的是通过营销推广手段使公众了解图书馆的资源、服务和理念，吸引大众利用图书馆进行阅读，具体体现在空间布局和空间命名上的变化。

1. 宣传空间的扩大

为了让更多的人知晓图书馆，图书馆管理者可以在图书馆周边设置宣传画、标语及其他宣传装饰以宣传图书馆服务。现在许多图书馆为更大范围地扩大图书馆的影响，已经将图书馆宣传空间扩大到传统空间范围之外，比如在城市间的商场、公园、地铁站等地进行宣传，在地铁站播报、出入站标识及通道展板处都可体现图书馆的营销，让图书馆元素融为生活场景的一部分，拉近了市民与图书馆的距离。

2. 命名方式的创新

图书馆空间命名现已成为图书馆宣传推广的重要手段。宣传推广要求图书馆在传统空间布局上产生变化的同时，在空间命名上也展示出宣传的目的。空间命名除了实现不同的空间划分，还具备概括和推广空间功能的目的，早期图书馆一般直接通过读者对象或文献类型为阅读空间命名，如教师阅览室、儿童阅览室、文科阅览室、期刊阅览室等。而现在越来越多的图书馆管理者学会了为阅读空间进行个性化的命名，通过新颖的空间名称制造营销效果，如同鲜明的广告语可带动消费者产生购买行为。为了更好地宣传推广图书馆，管理者选择一改传统生硬的命名，对内部空间开启个性化命名，既体现出多元化空间建设，改变读者对传统图书馆功能的刻板印象，又能起到吸引读者进入并使用空间的作用。如上海徐汇区图书馆新馆名为徐家汇书院，该馆阳台上设置阶梯座位名为"阳光阅读区"。因阳光阅读区面对上海著名的历史建筑徐家汇教堂，使其成为公众的"网红"打卡地。广州南沙图书馆内部有许多命名非常有个性，如"蕉窗墨香""清水名砚""东苑""西庭""北阁"。该馆上楼步道建成的两个空间分别命名为"书山外文馆"和"云梯自修区"，大幅提升了空间的传播效应。此外，还有些图书馆借新馆建成或空间再造时机，面向市民或学生开展空间征名活动，进一步扩大营销效应。

## 二、信息技术对图书馆阅读环境的影响

信息技术的进步使得图书馆阅读环境向数字化、虚拟化、多媒体、远程化、智能化方向发展。

**(一)数字化资源管理,提升服务效率**

1996 年,第 62 届国际图联大会在北京召开,数字图书馆成为会议的一个讨论专题,我国图书馆事业迎来了数字化革命。1997 年,"中国试验型数字式图书馆"项目立项,并成为国家重点科技项目,由国家图书馆联合上海图书馆、深圳图书馆、广东省图书馆、辽宁省图书馆、南京图书馆等共同承担。在项目实施推进的过程中,我国数字图书馆建设成果显著。2002 年,"全国文化信息资源共享工程"开启,国家开始整合图书馆等公共文化设施已有的资源,提升其网络化、数字化技术能力,实现中华优秀文化资源在全国范围内共建共享,至今已走过 20 余年。[54]如今的公共图书馆依托第五代通信技术,开始引入智能书架、智能分拣机器人、智能荐阅服务来实现馆内数字化创新服务,利用大数据平台来集成服务数据并进行统一管理,有效提升为公众服务的效率。例如,浙江省通过数字化改革,为公共图书馆带来的显著成效,对社会、经济、行业和读者都产生了正向价值,包括盘活图书馆的场馆和文献信息资源,降低图书馆运行成本,推动公共文化服务标准化均等化,提升读者体验感和满意度等。[55]

**(二)虚拟化人机交互,创新服务方式**

2008 年,国家图书馆推出我国第一个涵盖虚拟漫游、VR 阅读等内容的交互式虚拟系统。[56]随后,我国高校图书馆不断发力,推出一系列虚拟服务产品,包括清华大学图书馆智能聊天机器人"小图"[57,50]、中山大学图书馆"新生空间"[58]、电子科技大学图书馆和武汉大学图书馆开展虚拟导览及 3D 图书馆漫游等 VR 服务[59]。国内图书馆积极跟进新技术发展态势,努力推出与技术共同进步的新型服务。在未来元宇宙系列技术的带领下,图书馆虚拟服务将迈向更真实、具有更好体验感的新阶段。重庆大学杨新涯教授等人提出,未来图书馆可借助技术将虚拟导览、虚拟展厅、虚拟数字人、VR 读书等作为图书馆虚拟服务体系构建的切入点,同时提出图书馆应在服务观念的改变、数字文献资源确权、虚拟环境中知识服务及合作共赢机制四方面展开对元宇宙发展的探索与实践。[60]

**(三)多媒体助力宣传,扩大营销影响力**

目前使用社交媒体已成为人们的日常,图书馆也致力于通过微博、微信公众

号、抖音、哔哩哔哩动画、小红书等社交媒体开展线上宣传工作。如清华大学微电影"爱上图书馆"项目以学生读者为出发点,利用微电影的形式宣传清华大学图书馆服务。该项目还因其方式新颖、内容贴切、营销效果显著等特点荣获第10届国际图联国际营销奖第一名。[61]还有部分图书馆开始针对不同的用户群体开设不同的宣传专栏,利用平台大数据推荐的功能匹配用户,如哔哩哔哩动画可将视频归类并附上特定标签,陕西省图书馆的主页展示了"学在陕图""陕图科普""陕图 VLOG""女性力量"等专栏,当用户在查询感兴趣内容时,可达到快速匹配推荐的效果。

(四)远程化阅读推广,开启活动新模式

在新冠疫情影响时期,限流、闭馆迫使图书馆转变阅读推广提供方式,借助直播平台开展线上活动成为当时许多图书馆的选择,线上活动也让更多的人参与进来。图书馆在疫情居家期间举办心理疏导讲座、电子书推荐、线上展览等活动能有效缓解人们的焦虑、烦躁等负面情绪。如俄罗斯国立图书馆和俄罗斯国家图书馆在疫情防控闭馆的三个月里,分别举办了线上阅读推广活动 60 场次和 140 场次,其中许多活动注重结合疫情防控,彰显出图书馆读者服务观照现实的人文情怀。[62]由于线上活动不受时空限制,参与方式便捷,至今仍有许多图书馆选择线上与线下结合的方式开展活动,成为图书馆应对突发状况、扩大活动参与范围、增强活动宣传推广影响力的重要方式之一。

(五)智能化阅读设施,助力沉浸式阅读

"沉浸式"的概念源于心理学家米哈里·契克森米哈赖(Mihaly Csikszentmihalyi)提出的"心流",他认为当人们能顺利进行某种活动时,会将注意力完全集中在他们的行为上,同时摒弃了不相关的因素,达到意识与环境融为一体的"忘我"状态。[63]这种"心流"体验,能够获得超越简单快乐的满足感。[64]如今的智能控温系统、智能照明设备等设备可协助图书馆提供人性化阅读空间,有利于引导读者走进更加愉快、满足感更强的阅读过程,加强自身阅读深度。如在照明的使用上,铜陵市图书馆采取了分区照明的手法,对材质色系分布、人流流动和功能分布进行展示,利用重点照明、一般照明、局部照明和混合照明的表现形式,呈现图书信息,便于用户看书、选书;以智能 LED 灯光控制系统通过红外人体感应装置检测物体的移动,有人时灯光亮起,人走五分钟后自动熄灭。馆内还另外设计了一键开关的控制以及打造了一天中针对不同时段光效输出的设计,使得图书馆能最大程度上有效平衡自然光和 LED 光源的使用,让读者进入图书馆便能享受温馨舒适、绿色高效、环保节能的阅读环境,有效提高读者开展阅读的意愿。[65]

## 三、图书馆新一代全民阅读环境的特征

### (一)从场所到场景

阅读环境逐步从传统阅览场所的构建走向新型阅读空间的建设。为更有效促进全民阅读行为产生以及满足读者的多元化需求,新型阅读空间开始诞生。传统阅览场所注重基础性场所的提供,加之传统图书馆环境注重庄严、高大的建筑设计无法与公众形成情感共鸣从而达到吸引的目的。为了有效实现全民阅读愿景,图书馆需要营造阅读文化氛围,拉近图书馆与公众的距离。故此现代图书馆通过对传统空间的改建、扩建或新建来打造差异化的、触手可及的阅读空间,以图书馆叠加多元化要素的形式组建新场景,如图书馆在为休闲阅读需求的读者而打造的空间中,放置与常规家具不同的沙发、高脚椅、带软垫的椅子等家具;户外的休闲阅读还可布置富有设计感的绿植等,营造舒适、令人放松的阅读环境,从而满足读者的休闲娱乐需求(见图3-5)。除此之外,还有静读空间、创新空间、音乐空间等场景的设置,可满足静读、创新创造、音乐欣赏等读者需求。这些空间突破传统的物理性阅读场所的定义,彰显出图书馆不仅仅满足阅读的基本需求,还迎合多样化的阅读习惯,打造多元化阅读场景来提高公众的关注,最终吸引人们进入图书馆、利用图书馆并选择在图书馆内进行阅读。

图3-5 龙溪湖阅读中心户外休闲阅读区

### (二)从设施到服务

现代化的设施设备的配备更具实用性、适用性和便利性。图书馆引进新设备是为了更好地为公众提供服务,同时还能帮助馆员实现新型服务的开展,如全

自助借还系统、交互式的图书馆智能化设备。AI阅读屏、瀑布流阅读屏(见图3-6)等可实现人机交互的虚拟终端阅读设备为读者提供海量数字资源的在线阅读,在虚拟阅读设备上进行线上主题好书推荐等活动,读者还可用手机扫码下载图书实现离线看书。许多图书馆通过与第三方平台合作,引入智能交互系统,以智能设备完成服务形式的颠覆性改变,既能集成图书馆的各项业务数据,也能为读者提供活动阅览、图书交互查询等智能化服务。

图3-6　瀑布流阅读屏"豆瓣好书"

(三) 从数字到智慧

技术促进智慧图书馆的形成。在对"智慧图书馆"的解读上,学界展现出多种视角,包括"智能建筑"派、"感知"派、"双重"派、"综合"派等。[66]早期图书馆人对信息技术应用的前瞻性研究使得"智能图书馆"概念开始出现,就新兴信息技术应用到图书馆新馆建设展开了探讨,随着对信息技术的理解加深,强调泛在的"智慧图书馆"理念出现。王世伟认为智慧图书馆是智能技术支持下的无所不在、无时不在的人与知识、知识与知识、人与人的网络数字联系。[67]可见智能技术的普遍应用有利于成就智慧图书馆的最终实现。

以借还服务为例,早期图书馆的借还工作需人工完成书籍的存放、借还记录填写、运送等步骤,条码扫描技术、RFID读写器、防盗检测技术等智能设备的应用与成熟,使图书馆借还服务开始走向了自动化时代。[68]伴随人工智能技术的不断进步,全自动自助借还已经成为现实(见图3-7),也促使图书馆开始在城市打造24小时自助图书馆提供一站式的高效服务,为读者进入图书馆带来了便利,可有效提升读者阅读的意愿。在未来,随着多元的智能化设备引入,图书馆各类服务都有可能实现智能技术的应用,从而打造出全方位智慧服务,而摆脱烦琐人工操作的馆员也有了更多的时间去挖掘并开展创新服务,推动图书馆智慧化水平的持续性提升。

图 3-7 自助借还系统设备

## 第三节 图书馆全民阅读环境营造实践

在图书馆旧馆空间改造和新馆建设的浪潮下,我国一大批省、市、县(区)级公共图书馆和高校图书馆除了"打通最后一公里"的各种社区(街道)图书馆、流动图书馆和校园里的阅读点以外,还纷纷建设新的馆舍建筑和阅读空间,作为促进全民阅读发展的重要推动力量。

本节将围绕图书馆建筑的建设与改造、图书馆空间再造、阅读空间延伸及设备管理利用与实践展开,全方位梳理我国图书馆空间环境营造实践的进程。

## 一、图书馆建筑的建设与改造

### （一）空间建设及改造概况

多年来，在"实现公共文化服务均等化"及"努力保障人民群众基本文化权益"等政策方针的支持下，我国图书馆得到了极大的发展。作为基础性公共文化设施，图书馆建设需要有效覆盖服务人群，保障人均享受公共文化服务，体现在图书馆建筑的数量与面积总体保持逐年上升趋势。如图3-8所示，我国公共图书馆人均资源逐年稳步上升。2023年末，全国共有公共图书馆3246个，全国公共图书馆实际使用房屋建筑面积2259.59万平方米，比上年末增长7.70%，全国平均每万人公共图书馆建筑面积160.29平方米，比上年末增加11.68平方米。[69]

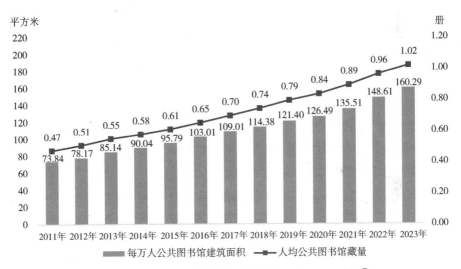

图3-8　2011—2023年全国公共图书馆人均资源情况①

在公共图书馆的人均资源逐年稳步上升的同时，我国高校图书馆保障性环境建设也展示出稳定发展态势。据2022年中国高校图书馆发展报告数据显示，1295所高校图书馆提交了2022年馆舍建筑面积数据，总面积是3363.9万平方米，馆均值为2.59万平方米，相较于2021年的2.55万平方米有所增加。馆舍建筑面积排名前5的高校图书馆是：山东大学图书馆，13.6万平方米；中山大学图书馆，11.4万平方米；华南师范大学图书馆，10.8万平方米；中国海洋大学图

---

① 本章作者根据国家图书馆研究院《2023中国公共图书馆事业发展基础数据概览》整理。

书馆,10.7万平方米;广东工业大学图书馆,10.5万平方米。我国高校图书馆馆舍在整体上呈现缓慢增长状态,并逐步过渡到平稳发展阶段。2006年以来,高校图书馆建筑面积的馆均值见表3-2。

表3-2　2006—2022年高校图书馆建筑面积馆均值(万平方米)[70]

| 年份 | 高校图书馆建筑面积馆均值(万平方米) |
| --- | --- |
| 2006年 | 1.75 |
| 2007年 | 1.68 |
| 2008年 | 1.79 |
| 2009年 | 1.98 |
| 2010年 | 2.19 |
| 2011年 | 2.23 |
| 2012年 | 2.23 |
| 2013年 | 2.30 |
| 2014年 | 2.46 |
| 2015年 | 2.41 |
| 2016年 | 2.49 |
| 2017年 | 2.52 |
| 2018年 | 2.50 |
| 2019年 | 2.47 |
| 2020年 | 2.55 |
| 2021年 | 2.55 |
| 2022年 | 2.59 |

为更客观全面地梳理我国图书馆阅读空间再造的发展,本次问卷调查也涉及阅读环境营造部分,包括阅读内外部环境因素、空间利用、馆外服务点、空间改造等。

1.阅读环境外部因素

外部因素包括交通、建筑面积、建筑设计、建筑周围景观等。其中"交通便利""建筑面积大、功能完备""建筑内部宽敞、通透"成为外部因素重要性的前三名,分别得分4.99、4.34、3.98(见表3-3)。建筑外观设计及周边景观因素在调查中重要性排序靠后,可见图书馆对阅读环境的外部因素设计的理性构建有较为统一的认识。

表 3-3　阅读环境外部因素①

| 选项 | 综合得分 | 第1位 | 第2位 | 第3位 | 第4位 | 第5位 | 第6位 | 小计 |
|---|---|---|---|---|---|---|---|---|
| A.交通便利 | 4.99 | 187 (-67.03%) | 29 (-10.39%) | 28 (-10.04%) | 18 (-6.45%) | 17 (-6.09%) | 0 (0%) | 279 |
| C.建筑面积大、功能完备 | 4.34 | 54 (-19.35%) | 98 (-35.13%) | 93 (-33.33%) | 22 (-7.89%) | 12 (-4.3%) | 0 (0%) | 279 |
| D.建筑内部宽敞、通透 | 3.98 | 34 (-12.32%) | 77 (-27.9%) | 92 (-33.33%) | 66 (-23.91%) | 7 (-2.54%) | 0 (0%) | 276 |
| B.建筑物美观、时尚 | 3.22 | 15 (-6.1%) | 79 (-32.11%) | 39 (-15.85%) | 81 (-32.93%) | 32 (-13.01%) | 0 (0%) | 246 |
| E.建筑物外部景色优美 | 1.97 | 4 (-1.74%) | 4 (-1.74%) | 19 (-8.26%) | 56 (-24.35%) | 145 (-63.04%) | 2 (-0.87%) | 230 |
| F.其他，请补充 | 0.04 | 0 (0%) | 0 (0%) | 1 (-12.5%) | 1 (-12.5%) | 0 (0%) | 6 (-75%) | 8 |

2.阅读环境内部因素

内部要素选项包括文献资源、家具、噪声、光照、标识、温度、通风、服务等。其中"书刊资料丰富、取阅方便""阅览桌、阅览座椅舒适""阅读环境安静""室内光线、照明适宜"重要性排序靠前，分别得分为6.91、5.34、4.85、4.68（见表3-4）。图书馆作为保存文献的重要机构，文献资源的便利性提供成为首要考量的因素，除此之外，对读者感官直接产生影响的因素中，重要性排序为:家具＞噪声＞光照＞标识＞温度＞通风。

表 3-4　阅读环境内部因素②

| 选项 | 综合得分 | 第1位 | 第2位 | 第3位 | 第4位 | 第5位 | 第6位 | 第7位 | 第8位 | 小计 |
|---|---|---|---|---|---|---|---|---|---|---|
| A.书刊资料丰富、取阅方便 | 6.91 | 197 (68.88%) | 18 (6.29%) | 25 (8.74%) | 13 (4.55%) | 18 (6.29%) | 13 (4.55%) | 2 (0.7%) | 0 (0%) | 286 |

---

① 本章作者根据本次问卷调查数据绘制整理。
② 本章作者根据本次问卷调查数据绘制整理。

续表

| 选项 | 综合得分 | 第1位 | 第2位 | 第3位 | 第4位 | 第5位 | 第6位 | 第7位 | 第8位 | 小计 |
|---|---|---|---|---|---|---|---|---|---|---|
| C. 阅览桌、阅览座椅舒适 | 5.34 | 16 (5.73%) | 57 (20.43%) | 114 (40.86%) | 35 (12.54%) | 23 (8.24%) | 25 (8.96%) | 9 (3.23%) | 0 (0%) | 279 |
| E. 阅读环境安静 | 4.85 | 26 (9.45%) | 41 (14.91%) | 43 (15.64%) | 50 (18.18%) | 85 (30.91%) | 23 (8.36%) | 7 (2.55%) | 0 (0%) | 275 |
| D. 室内光线、照明适宜 | 4.68 | 18 (6.62%) | 28 (10.29%) | 46 (16.91%) | 102 (37.5%) | 36 (13.24%) | 23 (8.46%) | 19 (6.99%) | 0 (0%) | 272 |
| B. 阅览室内外导引标识清晰 | 4.41 | 10 (3.8%) | 100 (38.02%) | 19 (7.22%) | 15 (5.7%) | 27 (10.27%) | 36 (13.69%) | 56 (21.29%) | 0 (0%) | 263 |
| F. 阅读环域室温、通风适宜 | 3.74 | 11 (4.15%) | 26 (9.81%) | 22 (8.3%) | 34 (12.83%) | 47 (17.74%) | 90 (33.96%) | 35 (13.21%) | 0 (0%) | 265 |
| G. 图书馆服务温馨、周到 | 3.52 | 16 (5.8%) | 21 (7.61%) | 19 (6.88%) | 34 (12.32%) | 30 (10.87%) | 43 (15.58%) | 113 (40.94%) | 0 (0%) | 276 |
| H. 其他,请补充 | 0.02 | 0 (0%) | 0 (0%) | 0 (0%) | 0 (0%) | 0 (0%) | 0 (0%) | 0 (0%) | 5 (100%) | 5 |

3. 空间利用

空间利用的问题是为了解图书馆现有空间受读者欢迎的程度。在已给出的7个空间选项中,"书刊阅览室""自习室""儿童图画书阅览室""多媒体阅览室或计算机阅览室"排名靠前,得分分别为 8.56、8.25、5.86、4.94。而"休闲空间、会客空间、轻饮食空间""创客空间、创意空间、科普设施或手工制作空间"排名相对靠后,得分分别为 2.37 和 2.04(见表 3-5)。在上述空间中,书刊阅览室和自习室是较为传统的图书馆空间,而休闲空间、会客空间、轻饮食空间、创客空间、创意空间、科普设施或手工制作空间等属于新型空间。近年来,图书馆大力开展新型空间建设,改变了图书馆空间功能单一、读者体验不佳的传统格局,公众和媒体总体上给予了好评。本次问卷调查显示传统空间仍然受到欢迎,说明图书馆对传统空间和新型空间都应当予以重视,不能因为新型空间更容易受到追捧,就忽视了传统空间在阅读服务中的重要价值。

第三章 图书馆全民阅读环境营造

表 3-5 图书馆空间利用①

| 选项 | 综合得分 | 第1位 | 第2位 | 第3位 | 第4位 | 第5位 | 第6位 | 第7位 | 第8位 | 第9位 | 第10位 | 第11位 | 小计 |
|---|---|---|---|---|---|---|---|---|---|---|---|---|---|
| A. 书刊阅览室 | 8.56 | 107 (41.96%) | 70 (27.45%) | 47 (18.43%) | 16 (6.27%) | 5 (1.96%) | 6 (2.35%) | 3 (1.18%) | 0 (0%) | 1 (0.39%) | 0 (0%) | 0 (0%) | 255 |
| E. 自习室 | 8.25 | 87 (34.12%) | 55 (21.57%) | 55 (21.57%) | 28 (10.98%) | 22 (8.63%) | 6 (2.35%) | 2 (0.78%) | 0 (0%) | 0 (0%) | 0 (0%) | 0 (0%) | 255 |
| B. 儿童图画阅览室 | 5.86 | 69 (40.12%) | 68 (39.53%) | 24 (13.95%) | 3 (1.74%) | 3 (1.74%) | 2 (1.16%) | 0 (0%) | 1 (0.58%) | 2 (1.16%) | 0 (0%) | 0 (0%) | 172 |
| C. 多媒体阅览室或计算机阅览室 | 4.94 | 11 (6.08%) | 26 (14.36%) | 46 (25.41%) | 35 (19.34%) | 30 (16.57%) | 16 (8.84%) | 8 (4.42%) | 5 (2.76%) | 2 (1.1%) | 2 (1.1%) | 0 (0%) | 181 |
| H. 儿童亲子活动空间、游乐空间 | 3.45 | 7 (5.43%) | 24 (18.6%) | 22 (17.05%) | 31 (24.03%) | 20 (15.5%) | 7 (5.43%) | 3 (2.33%) | 12 (9.3%) | 1 (0.78%) | 2 (1.55%) | 0 (0%) | 129 |
| F. 会议室、报告厅 | 2.96 | 0 (0%) | 9 (6.62%) | 12 (8.82%) | 17 (12.5%) | 26 (19.12%) | 30 (22.06%) | 21 (15.44%) | 8 (5.88%) | 11 (8.09%) | 2 (1.47%) | 0 (0%) | 136 |

① 本章作者根据本次问卷调查数据绘制整理。

续表

| 选项 | 综合得分 | 第1位 | 第2位 | 第3位 | 第4位 | 第5位 | 第6位 | 第7位 | 第8位 | 第9位 | 第10位 | 第11位 | 小计 |
|---|---|---|---|---|---|---|---|---|---|---|---|---|---|
| J. 休闲空间、会客空间、轻饮食空间 | 2.37 | 3 (2.73%) | 8 (7.27%) | 16 (14.55%) | 16 (14.55%) | 13 (11.82%) | 7 (6.36%) | 21 (19.09%) | 8 (7.27%) | 6 (5.45%) | 12 (10.91%) | 0 (0%) | 110 |
| I. 创客空间、创意空间、科普设施或手工制作空间 | 2.04 | 3 (3.26%) | 7 (7.61%) | 11 (11.96%) | 15 (16.3%) | 11 (11.96%) | 12 (13.04%) | 12 (13.04%) | 9 (9.78%) | 10 (10.87%) | 2 (2.17%) | 0 (0%) | 92 |
| D. 古籍阅览室或特藏阅览室 | 2.03 | 1 (1.01%) | 2 (2.02%) | 6 (6.06%) | 18 (18.18%) | 19 (19.19%) | 17 (17.17%) | 10 (10.1%) | 13 (13.13%) | 6 (6.06%) | 7 (7.07%) | 0 (0%) | 99 |
| G. 研修室（即10人以下封闭空间） | 1.9 | 4 (4.49%) | 9 (10.11%) | 5 (5.62%) | 14 (15.73%) | 8 (8.99%) | 14 (15.73%) | 11 (12.36%) | 10 (11.24%) | 4 (4.49%) | 10 (11.24%) | 0 (0%) | 89 |
| K. 其他，请补充 | 0.12 | 2 (33.33%) | 0 (0%) | 0 (0%) | 1 (16.67%) | 0 (0%) | 0 (0%) | 0 (0%) | 0 (0%) | 1 (16.67%) | 0 (0%) | 2 (33.33%) | 6 |

### 4. 馆外服务点

馆外服务点的调查中,65.31%的图书馆设置了馆外服务点。这些图书馆对已设置的馆外服务点的受欢迎程度进行了排序,其中"街镇社区图书馆""图书自助借还机""位于社区24小时无人值守空间"排名靠前,综合得分分别是3.78、2.45、2.03(见表3-6)。新型的包括位于商圈、机关、学校、公园或景区的24小时无人值守空间排名相对靠后。经进一步比对、筛选,设置了以上24小时无人值守空间的图书馆数据共有51条。在这些数据中,这些空间的排序相对靠前,可见该部分图书馆的新型空间受欢迎程度较高。

表3-6 馆外服务点①

| 选项 | 综合得分 | 第1位 | 第2位 | 第3位 | 第4位 | 第5位 | 第6位 | 小计 |
|---|---|---|---|---|---|---|---|---|
| A.街镇社区图书馆 | 3.78 | 80 (58.39%) | 34 (24.82%) | 13 (9.49%) | 4 (2.92%) | 6 (4.38%) | 0 (0%) | 137 |
| E.图书自助借还机 | 2.45 | 30 (28.3%) | 31 (29.25%) | 20 (18.87%) | 5 (4.72%) | 20 (18.87%) | 0 (0%) | 106 |
| B.位于社区24小时无人值守空间 | 2.03 | 33 (43.42%) | 28 (36.84%) | 7 (9.21%) | 7 (9.21%) | 1 (1.32%) | 0 (0%) | 76 |
| D.位于商圈、机关、学校的24小时无人值守空间 | 1.64 | 17 (23.29%) | 20 (27.4%) | 10 (13.7%) | 20 (27.4%) | 6 (8.22%) | 0 (0%) | 73 |
| C.位于公园、景区的24小时无人值守空间 | 20 (29.85%) | 12 (17.91%) | 18 (26.87%) | 10 (14.93%) | 7 (14.93%) | 0 (0%) | | 67 |
| F.其他,请补充 | 0.43 | 12 (80%) | 2 (13.33%) | 0 (0%) | 0 (0%) | 0 (0%) | 1 (6.67%) | 15 |

---

① 本章作者根据本次问卷调查数据绘制整理。

### 5. 空间改造

图书馆空间改造调查中,调查了近5年内图书馆闭馆/闭室进行空间改造的情况,75.9%的图书馆进行了空间改造,所列出的8项常见空间中"书刊阅览室""自习室、自修室""儿童阅览室""多媒体阅览室、计算机阅览室"选择人次最多,在补充选项中,有图书馆表示对馆内其他阅览空间也进行了改造,包括视听欣赏室、老年阅览室、特殊阅览室等,还有在传统空间上增加主题阅览空间等,可见传统阅读空间受改造较多,图书馆内其他空间如展览空间、大堂、会议室、报告厅及其他闲置空间的改造相对较少(见图3-9)。

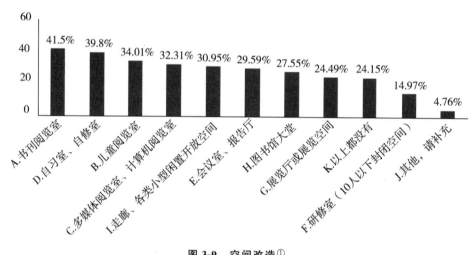

**图3-9 空间改造①**

### (二)超大型图书馆空间

我国图书馆数量不断增长,建设规模也越来越大。总体上,超大型、大型等图书馆建设越来越追求融入人文、艺术等理念,强调与周边环境的统一和谐、倡导绿色环保,同时也更多地采用玻璃、铝板、钢结构等建筑材料设计出内部少隔墙、大开间的模数式图书馆,允许内部空间可据需要进行灵活的布局从而优化公共文化服务的提供。

### 1. 国家图书馆

中国国家图书馆在北京有两处馆舍,文津街馆舍在20世纪30年代落成,多次扩建后形成近3万平方米的规模,现为国家图书馆古籍馆。另一处馆舍为白

---

① 本章作者根据本次问卷调查数据绘制整理。

石桥馆舍,位于北京西郊紫竹院公园北侧。白石桥馆舍一期建设在征集设计初期便有国内5大建筑强校及5大设计院百余位设计师提供29种方案,最后选取了以书库居中方案为基础,博采众长。采用高书库低阅览的工艺布局,低层阅览室环绕着高塔型的书库,建筑设计上采用对称严谨、高低错落、馆园结合的布局,协调统一,使之富有中国民族文化传统的特色。淡乳灰色瓷质面砖、粒状大理石线脚、花岗石基座及台阶、汉白玉栏杆,淡雅明朗的饰面材料搭配古铜色铝合金门窗和茶色玻璃,在紫竹院绿荫的衬托下增添了现代图书馆朴实大方的气氛和中国书院的特色。[71] 2008年开放的二期建筑则体现了"以人为本"的设计理念,与一期建筑"和而不同",充分考虑通用性、灵活性和互换性的弹性使用,厚重墙体、玻璃幕墙及金属平行桁架的结合使用体现历史感与现代化并存的建筑设计理念。[72] 二期建筑在整体上呈"回"字形,其"回"字内部的"口"字是从地下一层到屋面的大开间的阅览中庭,二层、三层的大开间阅览室均与阅览中庭相通。[73] 当读者从北馆二楼入口走进图书馆时,内部无柱体的设计,让阅览中庭的宽敞明亮一览无余,入口处与内部阅览区以玻璃进行隔断,读者一进入便能感受到内部其他读者借阅图书、学习工作的浓厚氛围。空间内东西面玻璃幕墙的大量采用及南北面金属幕墙处设计的若干窗户让内部在白天能引入大量的自然光源,南北对流的窗户也保证了通风条件,在体现绿色环保设计风格的同时也让读者在窗边阅览时可眺望周边景观。二期建筑建成后,国家图书馆馆舍面积增至25万平方米,日均接待读者能力提高8000人次,当时还被称为"北京新十大建筑"之一。

国家图书馆白石桥总馆馆区分为南北两区,北区还设置了少年儿童馆,总体上形成三大服务区域。少年儿童馆内设亲子阅览区、青少年阅览区、数字资源体验区及主题活动区,提供分级文献资源、分级数字资源和分级阅读推广活动[74],为不同年龄段的青少年儿童的个性化需求开展多维度的阅读服务。南区注重阅览服务的提供,读者可借阅法律文献、外文文献、台港澳文献、敦煌吐鲁番等丰富的文献资源,区内还设置了24小时自助图书馆全天候提供借阅服务。北区则注重新型服务空间构建,设置了数字共享空间、视听服务空间,开展现代化、数字化、智能化、个性化的资源服务。

2. 广州图书馆

广州图书馆新馆于2013年正式对外开放,坐落于广州市的新城市中心、有"城市客厅"美誉的花城广场,面向广州塔,与周边的广东省博物馆、广州大剧院、广州市第二少年宫形成文化共同体,成为广州的文化窗口,占地面积2.1万平方米,总建筑面积10万平方米,是世界上规模最大的城市图书馆之一。广州图书馆以"美丽书籍"为设计理念,依托城市新中轴线景观,采取东西走向、南北塔楼、独特的"之"字优雅体造型,突出层叠的建筑肌理,寓意书籍的重叠和历史文化的沉积,同时融入骑楼等文化元素,体现了岭南建筑艺术特色,曾入选"新广州好"百景。[75]

广州图书馆内部功能分区为普通文献服务、主题服务、对象服务、交流服务四大区域,其中主题服务区域主要设在馆内南北两侧的6—9层,包括广州人文馆、多元文化馆、创意设计馆、创客空间、多媒体鉴赏区等,区域内设置了小型交流区,可举办展览、沙龙、论坛等多种活动。北区的广州人文馆主要收藏广府地方特色文献,是拓展地方人文专题服务的主题空间。趟栊门的设计与红木家具的采用让人仿佛置身于西关大屋,灯光透过满洲窗洒下美轮美奂的光影,这些地方性建筑元素共同营造出独特的岭南文化氛围。南楼2—5层区域布置充分体现了动静分区的设计,该部分区域侧重为青少年儿童读者服务,与其他读者服务区域分隔开,设置了亲子绘本阅读馆、玩具图书馆、阅创空间·小小创客、中小学生视听资料区等,为青少年儿童读者提供专门的、互动式的、场景式的阅读体验及交流空间。[76]

3.上海图书馆(东馆)

上海图书馆东馆(以下简称"东馆")于2017年9月27日开工建设,2022年9月28日正式对外开放,建筑面积11.5万平方米,地上7层、地下2层,开放后可提供座位近6000个,满足每年200余场讲座、上千场各类学术活动的文化需求,读者年接待量可达400万人次,是我国单体建筑面积最大的图书馆。[77]东馆建筑有三个亮点,即注重人与人之间的交流,与周边环境协调,注重人、书、信息等流线的通畅性。[78]以环境协调为例,东馆与上海市浦东新区联手打造的国内首个"悦读森林"位于东馆南侧,占地面积达20546平方米,园区整体以"林趣悦读"为主题,采用"低影响开发"的理念,不仅在外装点城市的绿色,也让东馆与自然和谐交织[79],让读者仿佛置身于森林中阅读,带来区别于传统阅读环境的奇特感受。

东馆是集图书文献信息资源、科技创新研发资源、社科智库研究资源、上海地情研究资源为一体的智慧复合型图书馆。馆内设置了亲子空间、无障碍阅览室、影音体验空间、终身学习室、阅读静音舱、智慧文创区等区域以及音乐主题馆、地方文献主题馆、美术文献馆、家谱馆等22个主题阅读服务空间,配备全预约服务系统、全天候自助借还系统、智能机器人等智能化设备,力求打造市民乐享其中的"书房、客厅、工作室"。其中,馆中融合借阅、展陈、活动和全媒体服务的无边界服务模式为国内图书馆界首创,向读者传递"阅人、阅城、阅世界""读文、读艺、读科技"的阅读意境。[80]

（三）特色空间

除了超大规模的综合性空间,国内还拥有许多富有特色的图书馆,这些图书馆在外部建筑和内部空间构造上展现出别出心裁的设计。

1. 天津市滨海新区图书馆

天津市滨海新区图书馆建成于 2017 年 10 月 1 日,是在本地公共图书馆 60 年历史基础上发展而成的大型图书馆。坐落在天津滨海文化中心内的"滨海之眼"是本馆的中心馆区,由荷兰 MVRDV 建筑设计事务所与天津市城市规划设计研究院建筑分院合作设计,建筑面积 33700 平方米。读者进入图书馆内部时映入眼帘的便是直径为 21 米、可容纳近百人使用的球形多功能报告厅,是"滨海之眼"的"球眼"。中庭以冲孔铝板结合彩色印刷为基础打造出"书山"的造型,真假图书交相辉映,表现了"书山有路勤为径""书籍,是人类进步的阶梯"的内涵,内部独特的白色阶梯呈波浪状铺开,台阶至上衔接波浪状书架,读者可随时拿起一本喜爱的图书在台阶上阅读。[81]2018 年,美国《时代》周刊发布旅游目的地榜单,天津滨海图书馆荣登"世界上 100 个值得一去的地方"排行榜的榜首。

2. 汕头大学图书馆

汕头大学图书馆于 2009 年 6 月落成启用,由李嘉诚投资,香港设计中心选出的"亚洲最具影响力设计大奖"得奖者陈瑞宪设计,曾在网络上被评为"亚洲最美丽的大学图书馆"。图书馆建筑面积约 2.1 万平方米,设计概念取意自中国的线装书,外部观感造型体现了中国线装书书盒的雅致结构,内涵空间则透露出中国传统书院园林空间的精神理念。整体设计成品是"中国古代知识盒子的现代演绎"。新馆设计饱和藏书量 56 万册/件,阅览座位 2118 个,有 27 个可供 4—10 人共同学习讨论的研讨室。[82]馆内采用多种灯光混合进行照明,在相应的位置采用不同的灯光,包括书桌上的台灯、通道上的筒灯、阅览桌上的阅读灯、书架上的灯带等等。如在书架区域采用一般照明以获得明亮的、均匀的、适宜查找借阅环境的灯光,在阅览桌位置设置台灯、阅读灯等局部照明,并配备浅色漫反射材料使反射光通量均匀分布。[83]汕头大学图书馆通过多光源结合的方式除了能为师生们提供适宜查询、借阅、开展活动等多种场景的空间,更为需长时间利用图书馆的师生提供了舒适自然的工作与学习环境。

**3. 铜陵滨江码头图书馆**

铜陵滨江码头图书馆也被称作滨江码头书屋,坐落在安徽省铜陵市滨江生态公园岸边,是利用江边的一座废弃码头,建造一个全公益性市民书屋。书屋在2015年12月8日建成并试运营,内有藏书7000余册/件,涵盖综合文学、少儿读物、旅游地理等十大类图书。书屋建筑设计注重与自然景观相配合,从原始码头景观出发,结合铜陵市文化构建,采用大跨度、大悬挑结构为主的建筑主体仿佛悬浮于码头之上,既最大程度上保留了市民的传统乡村记忆,也通过合理改造利用为市民提供了更好的阅读和观景场所。图书馆共分为三层,中层为主要阅览区,上下层则为观景平台。图书馆室内空间是沿三面环绕的书架墙展开的,书桌紧靠书架布置,靠窗的落地玻璃既可充分引入自然光又可满足读者观江的需要。书架墙的内部围合出一个由阅览室向码头表面跌落的阶梯阅读区,区域吊顶设置了"倒置竹山水",除了吊顶,图书馆的围墙、栏杆等处也多采用竹子元素,采用天然植物装点图书馆充分体现设计注重环保与融合自然,淡雅的竹更为图书馆增添了一种朴实无华的气质。[84]

**4. 苏州图书馆北馆**

2019年苏州第二图书馆建成开放,名为苏州图书馆北馆。该馆特色之一是建成我国首个大型智能化立体书库。苏州图书馆北馆面积达45600平方米,共有7层,分为南北两个区域。其中文献储存集散功能区占据北区1—3楼,最高可容纳700万册/件图书,通过自动存取和分拣传输系统,有效提高读者借阅和图书调配的效率,充分体现科技赋能图书馆服务。[85]苏州图书馆北馆致力于打造面向公众的沉浸式智能借阅体验、面向儿童沉浸式智能学习体验,以及音乐、数字、设计等一系列主体智能复合公共文化体验空间。[86]借助O2O网借自助服务终端智能柜,读者可全程自助进行借还书过程;馆内少年儿童图书馆中的时空畅想区、自然探奇区和知识书屋为儿童打造多维度的沉浸式智能学习场景;设计图书馆、音乐图书馆、苏州文学馆、数字体验馆等多个主题"馆中馆",提供VR、360度全息、雷达感应互动、体感交互、HIFI系统、黑胶唱片机等一系列高端智能化设备,为市民们提供主题性的智能体验。

## 二、图书馆阅读空间再造

图书馆阅读空间再造源于读者需求的变动。针对新需求对原有阅读空间进

第三章 图书馆全民阅读环境营造

行布局改造,在原有空间基础上对外进行空间扩建或新建,以更好地为读者提供开展阅读行为的场所。现代图书馆建筑摒弃过去的庄严高大的形象,以艺术化、生活化的设计为市民带来更加平易近人的阅读环境。

图书馆的阅读空间再造可包含三个维度:传统阅读空间布局改造、新型空间建设、特定主题空间建设。

(一)传统阅读空间布局改造

传统阅读空间布局改造以图书馆内部的空间为再造对象,通过对原有的阅读空间进行改造以更好地提供读者服务,包括为残障人士、老年人、儿童等提供更好的阅读体验的阅览室、夜读空间、提供24小时借阅服务的空间、展示区等等。

1.特殊人群阅读空间

特殊人群阅读空间是在传统的阅读空间基础上以年龄或群体为依据进行分龄、分众的空间调整。我国公共图书馆均基本配备了无障碍阅览室、儿童阅览室等特殊人群的阅读服务空间,还有部分图书馆根据人群需要或针对其内部服务功能进行了更为细致的划分。

在青少年儿童阅览空间中,我国图书馆会根据年龄或儿童活动需要开设空间,通过改造扩建,打造适合青少年儿童成长需要的阅读空间,如黑龙江省图书馆的少儿阅览区分为两个部分,包括6岁以下儿童可进入的低幼儿童亲子共读空间和6—12岁青少年儿童自主阅读空间;首都图书馆在百年华诞之际开放新改造的新少儿馆,特设了四大区域,其中的青少年多媒体空间,可供青少年使用多媒体进行多元化阅读或开展推广活动;海南省图书馆少儿馆进行扩建改造后,将成为具备地方特色的少儿阅读体验空间,空间建设主题依据海南本地生态文化元素"海洋""热带雨林""自贸港""航天",楼层布局与空间特点融合营造出别具一格的儿童阅读氛围。[87]

在无障碍阅览室中,图书馆需要配备盲文图书、大字本图书、明盲读物、多功能助视器、听书机等特殊设备,有些图书馆还针对不同的特殊群体细分阅览区域。当视障、听障或活动障碍等特殊人群的阅读障碍程度不同时,他们所需阅读条件也不尽相同,因而部分图书馆设置了多元化的无障碍阅览空间,如内蒙古图书馆的无障碍阅览室细分为信息无障碍阅览室、低视力阅览室和盲人阅览室。

2.夜读空间

图书馆的空间座位和开放时间都有限制,部分图书馆在场馆正常下班时间后会继续开放部分空间供仍有需求的读者使用。如上海市图书馆、济南市图书馆、安徽省图书馆等都设有"夜读空间",这些夜读空间最晚关闭时间从22:00到24:00不等,可容纳一定的读者,如上海图书馆会在一定时间提示读者们前往开放至晚上8:30的楼层继续进行阅读,安徽省图书馆"夜读空间"有时还会开展跨年读书会等系列特别活动。与此同时,夜读空间也与常规阅读空间稍显不同,空间内通过放置检索查询一体化的智能书架、自助借还设备等全自助设备,可协助读者在无馆员的情况下独立完成基本的检索或借还业务。

3. 24小时自助图书馆

闭馆后,仍有许多市民有阅读、借还书籍等需求,为了满足更多人的阅读需要,许多图书馆引入智能化设备,建设24小时开放的自助式图书馆,在图书馆内存有热门的、常见的书籍,配备自助借还书系统设备、阅览书桌、饮水机等设施,在非图书馆开放时间段里,自助馆也能完成通借通还的基本阅读需求。2005年东莞图书馆新馆开放了我国首个24小时自助图书馆,2008年深圳市推出了"城市街区24小时自助图书馆系统",作为深圳市建设"图书馆之城(2006—2010)五年规划"重点建设项目,该系统快速融入了城市的大街小巷,更被媒体评价:"借书如在ATM上取钱般便利。"[88]直至如今,这些图书馆仍在发挥它们服务下沉的作用,而新技术的不断加持也让我国自助图书馆建设迈向更高的台阶。

4. 展览区

为了更好地开展图书馆的宣传推广工作,许多图书馆对馆内闲置空间加以改造和利用,用来开展静态展览、宣传推广等活动。图书馆的展厅一般设置在空间中庭或人群走动频繁的走廊,通常将不常用的闲置区域作为活动的展示性空间,把读者从入馆到借阅的间歇时间充分利用,当读者上下楼梯时能第一时间注意到展板、新书推荐等宣传物料,达到一定的图书馆营销效果。

(二)新型空间建设

新型空间是区别于传统图书馆空间的富有鲜明特色的空间,适应了人民群众美好生活对公共文化服务的新需求,是理念新、形态新、机制新、技术新、服务新的服务空间。[89]图书馆新型空间可提供包括休闲阅读、阅读推广、开放交流、创意产品、餐饮服务等在内的多种服务。

1. 休闲阅读空间

休闲阅读空间通常与茶水吧、咖啡吧等空间相配合,形成令人愉悦、放松的家居式阅读环境。这些区域的座椅等设施配置与常规阅读空间有差别,如在露天或靠窗的地方放置沙发、富有设计感的座椅等,休闲区的书架设计通常富有艺术性、趣味性,环境灯光常以暖色调为主,打造出非常规的阅读环境布置,力求让读者感受到温馨和舒适。近年来,我国高校图书馆致力于打造休闲空间供学生使用,通过惬意的休闲区域打破枯燥、乏味、刻板的阅读学习体验。如重庆大学图书馆的自然科学新书阅览室装饰以棕色、深灰色、原木色色系为主,台灯是中式的古典台灯,整体空间设计偏重复古的新中式艺术,区域内还布置了沙发座椅、抱枕、小圆桌等家具,形成可供学生休憩、开展小范围交流的空间。

2. 数字体验空间

近年来,图书馆正在经历着从提供阅览设施到营造学习环境的转型,国际图书馆界非常重视发挥图书馆在城市第三空间信息交流和共享的功能,重视图书馆在社区教育和文化中所扮演的角色。[90]图书馆新馆建设和旧馆改造中的知识共享空间、数字学术空间、数字体验空间等都是转型时期拓展空间功能的大胆尝试。如今我国图书馆致力于融合新兴科学技术,让公众了解、感受并使用新技术,将"智慧图书馆"理念贴近公众的阅读生活。例如国家图书馆"印象数图"数字图书馆体验区,该区域在 AR 增强现实、VR 虚拟现实、沉浸式技术应用、多媒体交互技术应用、人工智能技术应用等方面大胆创新,打造了可感知、互联互通、演与讲互动的全景式数字文化体验场景,为读者提供了生动有趣、场景体验式的智慧阅读新形态。[91]哈尔滨工业大学图书馆智慧服务空间由智慧阅读空间、智慧兴趣培养空间、智慧学习空间、智慧服务空间等四个模块组成,为学校师生提供全方位、多功能、立体化的图书馆服务。其中的智慧兴趣培养空间设有数字文房空间(包括智棋、古琴、书法数字体验设备)、全息激光影院、虚拟现实体验空间、3D 体验空间、解压体验空间、音乐欣赏空间,让学生在切身的互动体验中感受科学技术的发展进步,为学生在紧张的学习之余带来了培养兴趣、拓展思维的新体验,体现图书馆助力学校"三全育人"工作的开展。[92]

3. 文创体验空间

文创即文化创意产品,是将文化以产品的形式呈现,重点在于突出文化内涵。图书馆依托丰富的馆藏文化资源打造独属于图书馆的文化 IP,可激发读者的共鸣,达到宣传推广图书馆形象的作用。2017 年 9 月,由原文化部推动并指导的"全国图书馆文化创意产品开发联盟"成立,该联盟致力于弘扬中华优秀传统文化,带动图书馆界的文创产业发展。我国图书馆文创产品虽起步晚,但却是极具实力的后起之秀,安徽省图书馆的"徽风书语"文创体验区除了销售馆属的文创产品,还推出"墨水"系列特色饮品,吸引大量读者打卡参观。图书馆通过开设文创展示区来宣传场馆的品牌艺术形象,彰显时代性、创新性,并定期开展文创体验活动,可有效转变公众对图书馆传统形象认知,带动读者了解图书馆的文化内涵,让馆藏资源"活起来",丰富读者的精神文化生活。

4. 读者餐饮空间

图书馆配备轻食区、咖啡吧、茶吧等餐饮空间,可满足读者阅读间歇时间的就餐需求,同时可帮助维护馆内环境的干净卫生。如浙江省图书馆曙光路馆一楼开设了罗森超市和瑞幸咖啡,方便读者中午、下午或傍晚时分有需求时进行用餐。图书馆的餐饮空间一般设在图书馆的一楼或负一层,尽量与书库、阅览室等空间分离,体现动静分区理念,让读者在规定的区域用餐,也可有效避免食物气味进入其他空间从而影响其他读者的阅读体验。

(三)特定主题空间建设

特定主题空间是通过"阅读+元素"的方式建设的新型空间,不仅可在馆内建设,还可延伸至馆外进行,同时元素的搭配也可随潮流元素变化而变化。图书馆根据特定元素组建专题性、多元性的文献区域,形成既囊括阅读、通借通还、咨询等基础性服务,还集休闲娱乐、读者交流、阅读推广活动等新型服务于一体的主题性复合空间。主题元素可包括传统文化、文化教育、文旅融合、流行IP等。

1. "阅读+传统文化"

文化是民族的血脉,更是人民的精神家园,为弘扬优秀传统文化,我国图书馆也开展了一系列以传统文化、红色文化、经典人物为核心要素的主题空间实践。

黑龙江省图书馆的"龙江书院"于2016年建成开放,结合黑龙江省的文化特色设置了多个主题区域,包括经典文献区、传统文化讲堂、古琴茶道区及书法绘画区,并在其中开设古诗词吟唱、《论语》解析、故事妈妈生命课堂、智慧父母学堂、龙江非物质文化遗产技艺、地方文献精品阅读等公益课程,带动省内各地开展系列性传统文化活动,以"书院"推出新型服务品牌,创新弘扬优秀传统文化服务模式形态。[93]

江西省图书馆红色图书馆是依托馆藏红色文献资源,打造的以"阅读红色经典,传承红色基因"为主题的分馆,藏有多种红色图书、红色期刊、红色文化数据库等资源。馆内分为八大区域,囊括图书阅览、文创展示、场景体验、文化宣传、影音欣赏等多种功能,馆内定期开展红色主题图书推荐、红色主题图片展等阅读推广活动,引导广大读者了解与认同江西省红色文化。[94]

太原图书馆马克思书房建成于马克思诞辰200周年之际,位于太原图书馆的六楼,收藏了关于马克思列宁主义、毛泽东思想、邓小平理论、习近平新时代中国特色社会主义思想等相关文献2万余册。整个书房划分为四个区域,分别为东、西、北区及阶梯式设计区域,涵盖了习近平文献专区、青少年专区、马克思恩格斯全集文献区等。该书房既是主题阅览区,也是红色文化推广活动场所,建成至今已开展"少年党史故事汇""党史公开课""小红星"(少年公开课)等多种品牌活动。[95]

2."阅读+文化教育"

以文化教育为中心理念,建设专题性阅读场所,为公众提供科普性展览、科普性专题文献阅读、创意活动等服务,彰显图书馆空间的文化品质与深度。

水利水资源与节水教育主题图书馆是陕西省榆林市府谷县图书馆根据当地节水型社会建设需要,在馆内建设的将水科普、节水教育与水文化文献资源开发展示利用相融合的主题图书馆,总面积240多平方米。内容由序厅、"生命源泉节水优先""科学节水惜水如金""人水和谐水利万物""水利图书之窗"五部分组成,突出展示水科普、水法规、节水发展历程、节水意识培养及黄河水利图书资源查阅等功能,以主题图书馆建设推进营造"爱水、节水、惜水、护水、治水"的社会氛围。独特的"水科普+水文化+图书馆"模式使主题图书馆成为宣传、教育、体验和学习的主阵地,以科技助力水科普教育,吸引读者去直观感受水科普,潜移默化地学习节水教育。[96]

3."阅读+文旅融合"

党的二十大报告提出"坚持以文塑旅、以旅彰文,推进文化和旅游深度融合发展"。当前,我国图书馆界也与旅游业积极开展深度合作,迸发出了前所未有的活力。

景宁畲族自治县图书馆"天空之城·云山书局"分馆由景宁畲族自治县图书馆和那云文旅集团合作共建,该图书馆依山而建,傍水而居,常年云海缭绕,让书香与美景相映成趣。新型建筑形态与传统老建筑的历史样貌完美融合,构建错落有致,看似无序却饱含美学规律的层叠空间,建筑如同烟雨迷雾中的山崖一般,云水绕山,与山崖的自然空间融为一体,成为最自然的崖间观景区。书房占地1000平方米,共有藏书1万余册,精选了军事、经济、科学、教育、文学、天文等各类畅销书籍,读者可在远山近水的窗边欣赏美景的同时惬意地进行阅读。在活动区域,读者还可以体验畲族的民俗手作,文化与旅游产业的融合得到了充分展现。[97]

浏阳市图书馆利用馆内资源优势与当地丰富的非物质文化遗产设立了湘赣

边文旅融合专题区。专题区内展示湘赣边地方文献以及各县市区比较有代表性的书籍600余册,收集国家级、省级、市级非遗文创作品,包括浏阳炭雕、菊花石、油纸伞和夏布等,将文献与非物质文化遗产相结合,让读者既从文字中感受文化,又能直接看到非遗作品,从而更直观地了解浏阳非遗。2020年至今,浏阳市图书馆依托湘赣边文旅融合专题区,开展了"匠心守艺·非遗焕新——文化和自然遗产日主题活动""发现浏阳·第一季——寻找浏阳的红色故事""地方文化·寻根游""悦读尚学·寻根浏阳"等65场专题阅读推广活动,有3000余位读者参与。[98]

4."阅读+IP"

IP(Intellectual Property),直译为知识产权,但在互联网环境下被引申为一种成名作品或产品的统称。这些作品或产品在网络上有广泛的传播力,在某一时期吸引了大量的流量,具有一定的产品效应。

上海图书馆东馆开馆以来通过与各种IP合作开展了一系列的活动展览,形成了流行元素与文化阅读融合的主题性展示空间,吸引了大量观众的注意。如2022年11月的"读客科幻十周年特展"、2023年1月"典籍里的中国特展"、2023年2月"阅文IP宇宙装置艺术展"等。以阅文IP为例,在网络文学作品盛行的时代,鱼龙混杂的作品及改编电视剧让公众对网络文学产生了褒贬不一的评价。上海图书馆东馆通过与阅文集团合作展示优秀文学作品,以IP为媒介,在馆内7楼的阅读推广区展出了承载观众记忆的《庆余年》《赘婿》《斗破苍穹》等经典网文作品,复原影视剧经典场景,以实景吸引读者打卡,为民众呈现新生代优秀网络文学应有的样态,既能拉近与读者的距离并引起共鸣,也能让读者感受到优秀网络文学作品的魅力。

东莞图书馆漫画馆是我国大陆第一家动漫专题图书馆,围绕动漫文献信息中心、动漫创意活动场所、动漫产业服务基地、动漫发展研究平台的发展定位,馆内设置了参考阅读区、中国漫画区、日韩漫画区、欧美漫画区等漫画阅读区域,还打造了动漫研究室、漫画家创工坊、漫画学坊等创意活动场所,建立了专业化的漫画文献分类法、馆藏文献类型体系、文献分级管理方式,形成了"资源+活动""公众+产业""推广+研究"的服务模式,举办了中国当代漫画大展、全国动漫资源建设专家研讨会、东莞漫画之夏等具有广泛社会影响的动漫活动。[99]

## 三、图书馆阅读空间延伸

图书馆延伸服务是相对于基础服务而言的,是图书馆在完成基本服务功能之后,基于自身优势资源,为公众提供的外延性、拓展性服务,包括时间、空间与内容三方面的延伸,其中空间延伸是指图书馆在原有馆舍空间之外为读者提供服务。[100]如基于总分馆建设下的阅读空间扩建或新建,包括城市书房、与其他城市空间合作共建的分馆、与企事业单位共建的分馆等等。

(一)城市书房

"城市书房"是由政府主导,社会力量参与共建的图书馆阅读服务延伸项目。各地对于城市书房的命名不一,城市书房的管理模式、服务模式和空间特征也存在差异。与以往图书馆分馆相比,城市书房一般由中心图书馆直接营造,能够提供全天候智能化自助服务。由于城市书房一般建筑面积不大,投入不多,非常便于管理者营造新颖的阅读环境。

2005年,东莞图书馆建成我国第一家24小时自助图书馆,开创了图书馆全天候服务提供的先河[101],此时更强调的是图书馆通过改造原有空间而达到服务在时间上的延伸。在全天候服务理念的带动和国家政策引导下,图书馆开始尝试跳出固有的空间维度,开始与社会力量合作共建新型阅读空间,迈出了图书馆空间延伸的建设步伐。2013年,张家港市建设了第一家"图书馆驿站",并将其纳入市政府实施项目在全市推行。[102]2014年,温州市着手将智能化自助图书馆统一命名为"城市书房",创建了全开放、不打烊、高品位的城市阅读服务体系[103],还制定了《温州市城市书房建设与管理办法》《温州市城市书房补助办法》等管理制度,并逐步形成了《城市书房服务规范》等地方性标准文件,为我国其他城市提供了"城市书房"的建设参考模板。2021年4月,文化和旅游部发布《"十四五"文化和旅游发展规划》,提出要"创新打造一批'小而美'的城市书房、文化驿站、文化礼堂、文化广场等城乡新型公共文化空间。发展城乡流动文化服务,推进流动服务常态化"[104]。目前我国大部分城市都开展了"城市书房"建设(见表3-7),有些城市将馆内24小时自助图书馆也以"书房"形式进行命名,与馆外服务空间形成城市特有的"城市书房"系列品牌,如上海嘉定区的"我嘉书房";有些城市结合地方文化、服务特色等要素进行个性化命名,形成别具一格的"城市书房",通过统一命名来彰显图书馆品牌形象,如各地援疆建设的"百姓书屋"和"石榴籽书屋"、以甲骨文文化为主题的"甲骨文书屋"、为中缅两国读者提供服务的"中缅胞波友谊24小时智能图书馆";等等。在未来,我国将会有更多"城市书房"项目落地,以丰富市民精神文化生活为目的,开展多样化文化阅读活动,提供更智能、更全面、个性化的阅读体验,形成各具特色的地方模式。

表 3-7 我国特色城市书房(部分)①

| 省(自治区、市) | 市/区/县 | 特色城市书房 |
| --- | --- | --- |
| 北京 | | 更读书社 |
| 天津 | 东丽区 | 阅东方 |
| | 河西区 | 西岸书斋 |
| | 西青区 | 青阅书苑 |
| 上海 | 嘉定区 | 我嘉书房 |
| | 闵行区 | 城市书房·颛桥馆 |
| | | 城市书房·七宝馆 |
| 内蒙古 | 呼和浩特市 | 鸿雁书房 |
| | | 草原书屋 |
| 西藏 | 拉萨市 | 觉罗书院 |
| 宁夏 | 中卫市 | 沙漠图书馆 |
| | 银川市 | 金凤悦书房 |
| 新疆 | 昌吉市 | 泉州援疆·百姓书屋 |
| | 哈密市 | 豫书房 |
| | 伊犁地区 | 石榴籽书屋 |
| 广西 | 金秀瑶族自治县 | 瑶山书屋 |
| | 桂林市 | 微·书馆 |
| 河北 | 石家庄市 | 呈明书店 |
| 山西 | 阳泉市 | "阳泉记忆·1947"文化园智慧书房 |
| | 郝庄镇 | 太图城市书房郝庄馆 |
| 陕西 | 西安市 | 统战书房 |
| 吉林 | 长春市 | 书嗜24小时城市阅读空间 |
| 江苏 | 江阴市 | 三味书咖 |
| | 扬州市 | 阳湖书房 |
| | 张家港市 | 24小时图书馆驿站 |

① 本章作者根据文献调研情况整理。

续表

| 省(自治区、市) | 市/区/县 | 特色城市书房 |
| --- | --- | --- |
| 浙江 | 绍兴市 | 树兰书房 |
| | 温州市 | 城市书房 |
| 安徽 | 合肥市 | 悦·书房 |
| | 岳西县 | 古岳书房 |
| 福建 | 莆田市 | 莆阳书房 |
| 江西 | 南昌市 | 孺子书房 |
| 山东 | 济宁市 | 运河书屋 |
| 河南 | 安阳市 | 甲骨文书屋 |
| | 洛阳市 | 河洛书苑 |
| | 郑州市 | 郑品书舍 |
| 湖北 | 恩施苗族土家族自治州 | 恩施书房 |
| | 武汉市 | 江城书房 |
| | | 武昌城市书房云日书馆 |
| | | 武昌城市书房39文化书馆 |
| 广东 | 江门市 | 陈垣书屋 |
| | 韶关市 | 风度书房 |
| | 佛山市 | 西樵·观心小镇读书驿站 |
| | 河源市 | 槎城书吧 |
| | 中山市 | 香山书房 |
| | 深圳市 | 盐田区智慧书房 |
| 四川 | 成都市 | 留灯书屋 |
| 贵州 | 贵阳市 | 新华书店·文渊阁 |
| 云南 | 瑞丽市 | 中缅胞波友谊24小时智能图书馆 |
| 甘肃 | 兰州市 | 读者小站·金城书房 |

(二)其他城市空间合作

图书馆通过与其他城市空间开展跨界合作,可解锁出贴近市民生活的阅读新场景,在城市间的咖啡厅、交通枢纽、公园、快餐店、商城等常见的场所加入阅读,倡导生活与知识获取的紧密相连。

1. 地铁分馆

地铁分馆的设置体现了公共文化与公共交通的联合,共同营造全民阅读的良好氛围。我国拥有地铁的广州、北京、无锡、上海、宁波等48个城市中,已有多个城市在轨道交通设置了地铁分馆或服务点。

宁波图书馆与宁波轨道交通通力合作,在鼓楼站、樱花公园站等地铁站设置了信用借阅柜,借阅柜拥有借书、还书、取书、查询等功能,为市民提供自助式服务。除此之外,宁波市图书馆还设立了多个阅读驿站,如"甬·书循环""阅读驿站·云听宁波",为市民创造随时随地可阅读的条件,进一步营造城市阅读氛围。[105]

深圳盐田区图书馆沿袭一贯的建设风格,在落成了角落、灯塔、邂逅、遇见、听海等特色分馆之后,以海、山、浪花、特色地标元素为主,契合海山站"山海"文化风格,在深圳地铁2/8号线海山站站厅建成"深铁书坊",区域内配备了阅读桌椅、咖啡机等设施供市民使用,并放置了智能自助借还设备,让读者在通勤路上也能随时借还图书。[106]

2. 商城分馆

商城通常选址在人流量大与交通便捷的区域,与图书馆选址的理念不谋而合。图书馆通过与商城合作打造市民身边的"图书馆",与商城的热闹形成鲜明的对比,也更方便市民们就近寻找到适合自己的阅读场所。

南海天河城"阅读家"是广佛同城首家共建图书馆,坐落于南海地铁金融城—南海天河城的2-4层,建筑面积约1000平方米,巧妙设计了16.2米高的大型书墙,形成该分馆一道独特的打卡风景(见图3-10)。广州图书馆为该馆配备图书逾3万册,涵盖了大众喜闻乐见的少儿、文学、经济、休闲、健康养生等类型的图书,并结合读者需求、服务情况等定期更新文献信息资源。其中,儿童类图书统一配置在3层"地铁悠悠生活馆"内,与商场内儿童业态整合,形成一站式亲子休闲生活区。全馆使用了自助借还书机、朗读亭、"云书馆"、电子报刊机等智能化设备,提供免费办证、图书借还、信息咨询、电子报刊浏览等服务,集藏书阅览区、智能设备区、儿童阅读区、天河逛逛线下体验区、地铁悠悠生活馆等区域为一体,为广佛市民提供智能化、多元化的文化体验。[107]

图 3-10　南海天河城"阅读家"书墙

3. 公园分馆

图书馆公园分馆体现了休闲阅读理念,图书馆通过与城市公园合作共建,借助公园景观,营造与自然生态融合的阅读氛围。

东莞图书馆南城分馆晓一文化城市阅读驿站建在东莞植物园内,独特的"森林空间"是该分馆的特色,读者在窗边阅览时抬头眺望便是绿树成荫的景观。该分馆设计以营造艺术氛围为重点,是一个集图书、水吧、轻餐、展览为一体的空间,同时也是一个拥有亲子阅读、文化交流、休闲娱乐等复合功能于一体的文化活动场所。馆舍面积 2600 平方米,藏书约 3200 册,涵盖艺术、文学、绘本、少儿读物等多个大类,并配有图书自助借还机,图书可与全市图书馆总分馆各成员馆实现通借通还。[108]

2021 年,深圳盐田区海滨栈道观海平台旁凭空出现一座"灯塔"(见图 3-11)。整座塔身是简洁的纯白色,塔顶采用大面积的玻璃,为"灯塔"增添了几分通透。进入灯塔的过道是一条镂空走廊,阳光穿过镂空字体,在走廊地上映出"书籍是屹立在时间的汪洋大海中的灯塔"几个大字。这就是盐田区建立的智慧图书馆——灯塔图书馆。该馆内读者远多于一般城市书房、智慧书房,同时该馆也是市民打卡热点,在点评网深圳市文化艺术类场所中一度力压该市博物馆、大剧院等热门景点,冲上排行榜榜首。盐田区的其他智慧书房,包括邂逅图书馆、遇见图书馆、悦海图书馆、听海图书馆、观海图书馆、望海图书馆等,都是建在公园中、景观旁。2023 年,盐田图书馆的项目"海的图书馆,看见图书馆"(Sea Library, See Library)获国际图联国际营销奖提名。[109]

图 3-11　盐田区"灯塔图书馆"①

### （三）企事业单位合作

与企事业单位合作是公共文化服务高质量发展过程中引入社会力量的体现，既能在企事业单位中营造文化氛围，也便于阅读场景建设的进一步深入发展。

2020年5月，初心书店由市委党校图书馆和宁波枫林晚书店合作成立，为来党校培训的学员们提供了一个阅读休闲、研讨交流和参与各种文化活动的综合性人文空间。书店设有两层，一楼以书籍展柜、文创展台、咖啡服务区为主，二楼以茶座雅室、活动区为主，充分体现了麻雀虽小五脏俱全，既为学员提供纸质图书借阅，也利用电子瀑布屏为学员提供电子图书。书店在书籍、展陈、文创、活动策划等方面都最大程度地彰显宁波地域文化、红色主题文化、人文书香文化特色。同时，结合党校教学课程需要，书店还策划开展了"初心"系列文化讲座，以阅读沙龙、读书分享、艺术鉴赏等形式，助力党校教育培训，提升党校校园文化氛围。[110]

山东省日照市自2020年启动文化惠民工程以来，通过"政府＋社会"模式，

---

① 本照片由盐田区图书馆提供。

建成40余处城市书房。其中城市书房樱花园馆是由日照城投集团投资建设的具有标杆性质的城市书房项目(见图3-12)。该书房建筑面积约1221平方米,设置阅览席位300余个,馆藏图书3.8万余册。因设计精美、管理服务到位,开发了一大批"樱花"品牌活动,如樱花故事会、樱花工坊等,深受周边市民欢迎。2022年,城市书房樱花园馆荣获山东省"最美城市书房"荣誉称号。[111]

图3-12　日照市城市书房樱花园馆

### 四、数字阅读空间建设

数字化阅读时代下,图书馆结合新媒体技术、虚拟技术等打造出新型阅读空间,如电子阅览室、数字化体验区、多媒体阅读区、VR体验区等等,读者可在空间内进行音乐欣赏、观影、数字体验等活动,体验新时代下的阅读新样态。如电子科技大学图书馆明确规定,公共服务部旨在围绕读者需求,融入多媒体服务共享空间MC(Multimedia Commons)理念,合理利用空间,满足现代信息技术和网络环境下读者对图书馆学习环境和服务功能的新要求,扩大多媒体资源服务对教学科研的影响力与辅助作用。[112]

随着更高端、更智能、更符合个性化需求的设备引入,数字阅读空间的发展出现了新的建设趋势,包括高端视听空间和虚拟阅读空间。

### (一)高端视听空间

图书馆通过引入现代化多媒体设备对原有的视听空间进行改造,包括黑胶唱片机、高音质耳机、数字留声机等新型影音设备,使其改造为创新的高端视听空间,促使图书馆服务功能日趋完善,开启图书馆多媒体资源服务的新模式。

广东工业大学图书馆"视听空间"被誉为高颜值与黑科技结合的宝藏空间。在空间装潢上,明亮色调与暗色调的碰撞,让人眼前一亮,为读者们提供了极具现代科技感的阅读场所;在空间分布上,馆内设立了导电油墨互动区、数字留声机区、钢琴学习区智能书法台、黑胶唱片区、课题讨论区、休闲阅读区等12大区域,满足读者各类多媒体需求;在空间设备上,馆内提供数字留声机、电子壁画、云CD机、智能钢琴、工业设计操作台、导电油墨互动屏等设备,为读者提供高清音乐赏析、电影欣赏、多媒体电子阅览、沉浸式诵读、团体音乐剧场欣赏及电子杂志浏览等服务。[113]

### (二)虚拟阅读空间

随着近年来虚拟技术、元宇宙技术的提出,新兴科学技术为图书馆阅读服务带来新样态,未来图书馆数字阅读空间建设将迈向新台阶。

图书馆通过引入裸眼3D、虚拟现实、增强现实、混合现实等虚拟技术,为读者们打造了数字化体验区,带来沉浸式阅读的新体验。如陕西省图书馆高新馆区开设的文化旅游沉浸式体验馆以"阅读+旅游+科技"的模式建设,依托四折幕技术等高新技术开展裸眼3D游历陕西等推广活动,可让读者身临其境游览华山、大唐不夜城、大雁塔等陕西著名景点,沉浸式感受陕西省丰富的历史文化资源。

## 第四节 图书馆全民阅读环境营造的目标与对策

### 一、全民阅读环境营造的主要目标

过去20多年,我国图书馆事业迅速发展,各级各类图书馆新馆建设与原有空间的空间再造十分火热。在图书馆空间服务与空间再造理论的推动下,图书馆阅读环境发生了根本性变革。但是从促进全民阅读的要求看,图书馆人应该确立更高的目标,推动图书馆空间服务与空间再造理论走向阅读环境营造研究,努力将图书馆建设成为推动、引导、服务全民阅读的环境。从这一角度看,阅读环境与图书馆的关系主要包括以下3个方面:

1. 保障与服务阅读

图书馆阅读环境营造应该以保障和服务阅读为基本目标。图书馆的空间研究与建设,无论是图书馆建造选址还是内部布局设计,无论是阅读场所、活动场所还是休闲场所,无论是成年人服务区、儿童服务区还是特殊人群服务区,无论是书架、书桌椅等核心阅读设施还是内外装饰、导引系统等辅助阅读设施,都应当具有保障与服务阅读的功能,成为图书馆保障性阅读环境的组成部分。为实现这一目标,图书馆营造阅读环境应当考虑:(1)营造面向社区的阅读环境。目前我国图书馆空间建设与改造过程有远离社区的倾向,如有些建设在海滩、深山的网红图书馆就是远离社区的图书馆。(2)营造包容性的阅读环境。包容性阅读环境是以满足底层民众阅读需求的环境,而那些"高大上""奇特新"设施往往是背离包容性服务目标的。(3)营造可持续发展的阅读环境。可持续发展是近年国际社会的普遍追求,也是国际图书馆界的追求。那些追求造型奇特、功能过于超前的空间往往缺乏可持续性。

2. 引导与推广阅读

图书馆阅读服务应具备引导阅读的功能,推动和吸引个体爱上阅读、学会阅读,这也是对阅读环境的要求。以往的空间再造主要追求空间的舒适美观,此类空间一般只能被动满足阅读需求。营造引导与推广阅读的环境需要综合考虑空间布局、设施设备、软硬装饰综合形成的阅读氛围,使阅读环境有助于促成个体朝积极阅读者转化。这样的环境一般应当:(1)具有强烈宣传效果的环境。阅读环境应能支持图书馆的外展、宣传与营销,展示图书馆形象,推广图书馆产品与服务;(2)支持活动化服务的环境。图书馆阅读推广的服务形式一般是活动,活动化的服务与静态服务对图书馆阅读环境的要求完全不同。一般而言,需要从空间建设走向环境营造,从阅读环境的角度整体思考图书馆如何引导与推动阅读的问题,才能使图书馆阅读环境成为引导与推广阅读的环境。

3. 促进与激励阅读

图书馆的基本使命是服务阅读与促进阅读。在当前社会阅读率下降,国家倡导全民阅读的大环境下,图书馆应该更加关注促进与激励阅读的使命。建设新型阅读环境,同样应该确立促进阅读与激励阅读的目标。图书馆阅读环境应该是多样化的,不但有让人可以非常放松、舒适地进行休闲阅读的环境,有让人可以十分专注、便利地进行研究性、学习性阅读的环境,也有使人激发斗志、克服疲怠、刻苦学习的阅读环境。由于传统图书馆学主张的中立性服务理念与环境激励阅读的理念相冲突,而新的空间再造理论则缺乏阅读理论的指导,因此以往的空间建设往往忽略了促进与激励阅读的目标,甚至出现诱导阅读者睡眠等反阅读促进功能的设计。图书馆营造促进与激励阅读的环境,需要对环境与阅读的关系深入研究,通过科学的实验与测评,寻找激励阅读的环境因素,并将其物化到环境中。在这一领域,图书馆学面临的理论与实践问题十分繁重。

## 二、全民阅读环境营造的对策

营造能够保障、引导、激励全民阅读的环境,对图书馆理论与实践是一个巨大的挑战。图书馆需要从根本上思考应对挑战的对策。

### (一)深入研究阅读环境理论

研究"推动全民阅读,建设书香社会"是新时代图书馆发展的重要议题。当前国内学者对阅读环境基础理论研究仍处于初步阶段,如基于科学技术发展背景探讨技术应用对图书馆环境营造的影响;从环境要素的角度分析当前图书馆的内外部环境现状;从家庭环境、乡村阅读环境等局部阅读环境探讨带动全民阅读的重要性等等。现存观点集中探讨其重要性与存在价值,观点较为散乱,缺乏从整体到局部、从内部到外部、从宏观政策到地方制度等多个角度对阅读环境进行定义。

当前图书馆营造阅读环境面临理论困境。困境来自两个方面:一方面,传统图书馆阅读环境的影响。传统图书馆阅读环境形成于需要严格保存纸质文献的时代,同时阅读行为主要发生在知识界或精英阶层。因此图书馆阅读环境是冷静、刻板的环境,空间的透气、透光性差,家具主要是书架书桌。这样的阅读环境在保障人们顺利进行学术性阅读的同时,也给人以压抑感。这样的空间现在已经很难起到吸引读者的目的。另一方面,随着近年来公众阅读行为发生变化,图书馆开始变革原有的阅读环境,借阅服务变成全开架服务,阅览空间走向极少障碍的、通透的大空间,加上休闲的座位,大幅提升了空间的美观、舒适度。但是由于一些图书馆管理者或专业人员不熟悉阅读环境设计,因而完全将空间改造的任务交给设计公司。其结果是图书馆阅读环境的保障阅读、促进阅读的功能下降。个别极端的图书馆中,观光者的喧哗声在大厅中形成放大效果,造成整栋图书馆阅览室噪声超标;或在阅览室放置过多长沙发,导致某些读者在沙发上长时间熟睡;还有一些儿童空间刻意追求异形家具,"诱使"儿童以不正确方式阅读。

出现这类问题的原因,固然是图书馆人参与阅读环境营造不力。而根本原因,则是图书馆学对于图书馆新型阅读环境理论缺少研究。由于缺乏必要的理论积累,图书馆人即使有机会参与阅读环境营造,也因缺少理论支持,或未能掌握专业理念,无法在图书馆阅读环境营造中发挥图书馆专业人员的价值。因此,面对图书馆阅读环境营造的新机遇与挑战,图书馆学应该加强对于阅读环境的理论研究和理念宣传,鼓励更多图书馆管理者参与、干预图书馆阅读环境营造,使图书馆阅读环境真正成为鼓励阅读行为、培养阅读意愿和阅读能力的专业性阅读环境。

(二)有效利用政策工具

阅读环境营造涉及图书馆建筑与设备,场地和建筑物的建造与维护管理,技术设备的选择、研发、采购与使用,这些问题既涉及图书馆学和其他学科的专业知识,同时又涉及建筑立项、经费来源及多种许可、审批等政策问题。如果缺少政策支持,阅读环境的营造则无法进行。因此,图书馆行业应该注重政策工具的使用,积极参与政策制定,将专业知识带入相关政策。早在2008年,《公共图书馆建设标准》就由原文化部主编,并由住房和城乡建设部与国家发展和改革委员会批准。该标准体现国家有关发展图书馆事业和加强公共建筑工程管理的方针政策,立足中国现实,参考国际标准,功能优先,经济适用。最值得称道的是,该标准的编制者对现代图书馆服务理念较为了解与认同,因而使国家图书馆建筑政策能够满足现代公共图书馆服务对于图书馆建筑的需求。《公共图书馆建设标准》是图书馆界利用政策工具的一个典范。

过去十多年来,在国家促进全民阅读战略背景下,国家和地方加快了阅读立法与政策制定。特别是国家《公共图书馆法》和国家标准《公共图书馆服务规范》等大批图书馆政策文件的发布,以及地方性全民阅读或图书馆服务的法律法规和政策文件发布,这些文件或多或少也涉及阅读环境,为图书馆营造阅读环境提供了很好的政策工具。

当前图书馆阅读服务发展很快,新的阅读空间不断出现,新的技术、设备不断用于阅读环境的设计。无论是通用性的图书馆法律法规和方针政策,还是面向图书馆建筑的标准与规范,都无法有效规范与引导图书馆阅读环境的营造。

因此,图书馆人需要更好地利用政策工具,为阅读环境打造更多更有针对性的政策文件。

### (三)加强阅读环境案例分析

随着近年来国家对图书馆事业的大力支持与不断加大投入力度,我国阅读环境改善速度加快,取得了重要的成效。阅读环境的发展与改善可从两个方面观察。一方面,中心城市、一些一流大学的图书馆越来越高端、豪华,不断引入最先进的装备设施或材料,成为城市或大学的新的标志性建筑。如上海图书馆东馆等超大型图书馆不断建设,带动区域内阅读环境协同发展;高端视听空间、虚拟阅读空间的新建更是为读者带来了全新的阅读体验。另一方面,政府推动公共文化服务体系建设,惠及图书馆服务体系的发展。"城市书房""城市阅读驿站""主题分馆"等基础性公共文化项目持续深化。截至2024年底,全国已有2692个县(市、区)建立图书馆总分馆制,建成分馆数量近5.7万个,惠及越来越多的民众。在实践不断发展并不断超越过去的今天,亟须对实践案例进行系统性研究,将有价值的实践案例进行深入剖析以展示其环境营造的全貌,成为图书馆研究中的范本,引领更多的图书馆开展创新性、普适性、多元化的阅读环境建设。

面对阅读环境的迅速发展,图书馆人撰写了大量案例论文,这些案例论文有些发表在学术期刊,有些结集出版,有些被学术会议收录,或在学术会议宣读。一些优秀的案例论文对于研究阅读环境,传播阅读环境营造理念具有非常明显的作用。但从我们对图书馆的调研情况看,虽然有一些阅读环境优秀案例,包含了管理者的先进理念、精心设计思路和许多闪光的点子,但种种原因,也有很多案例论文却很难让人看到精彩的理念与思路。这表明图书馆人需要加强案例研究,善于提炼案例的闪光点。

案例研究不是写案例论文。阅读环境的案例研究可以帮助图书馆人了解用户在阅读环境中的阅读体验,设计更好的环境。深圳某书店经营者经常通过书店内监控视频研究顾客行为与环境的关系,如发现有些空间用户特别爱看书,而有些空间用户喜欢睡觉,就组织店员研究两处空间的环境差异,寻找导致不同阅读行为的环境因素,并对书店环境进行改造。这样的阅读环境案例研究,才是图书馆人最应该追求的。

### (四)培养阅读环境建设与管理的人才

图书馆新型阅读服务和空间服务的迅速发展,对图书馆学专业人才提出了新的要求。图书馆阅读环境的营造是一个与图书馆学专业知识密切相关的领域,阅读环境的设计、建造、管理与分析研究都需要受过图书馆学专业训练的人才。阅读环境的知识领域又是一个综合性领域,该领域不但涉及图书馆建筑和文献借阅设备,还涉及与人的阅读行为相关的教育、文化、休闲等相关知识,以及促使阅读环境升级的信息技术和多媒体技术等。为培养掌握阅读环境知识的专门人才,国内外一些图书馆学院系开设过图书馆建筑与设备的课程,但是并不普及。进入信息时代,多数图书馆学院系的教学体系都在进行面向信息技术的转型,阅读环境的人才培养成为被大学图书馆学院系放弃的领域。在近年各种图书馆学课程体系的调查中,已经看不到图书馆建筑与设备这样的课程。

我国图书馆学专业人才培养包括本科生和研究生。研究生中专业硕士的学位点多,培养规模大,培养人数远超其他学位。本科教育中,2018年,我国教育部发布了首个高等教育教学质量国家标准《普通高等学校本科专业类教学质量国家标准》。该标准中的图书馆学专业部分已经意识到图书馆需要推动阅读,但在标准所列出的专业课5个知识模块(图书馆学理论、图书馆方法、图书馆服务、图书馆信息技术和图书馆管理),近40门专业课课程中,并没有图书馆建筑与设备或阅读环境类课程。[114]专业硕士教育中,2022年我国具有图书情报硕士专业学位授予权单位已达74个,年招生人数超过2000人,招生最多的学校每年可招180多人。[115]据对图书情报硕士专业课程调查,多数学位点开出的近50门专业课程中,没有和图书馆建筑与设备或阅读环境相关的课程。[116]

上述状况就是我国阅读环境人才培养存在的问题:一方面是图书馆阅读环境营造需要图书馆学知识和其他相关学科的综合知识,另一方面是图书馆学专业教育远离阅读环境的建设与管理知识。这势必使阅读环境营造越来越难以得到图书馆专业的支持,给图书馆阅读环境营造带来越来越多的困难。根据国际上图书馆学教育的经验,要解决图书馆学专业教育无法适应新型图书馆服务对专业人才新需求的问题,图书馆行业协会和图书馆实践部门需要加强与图书馆学教育部门的对话,使图书馆教育工作者了解当前图书馆实践对于人才的需求。同时,更为有效的方法,是图书馆行业组织加大相关专业人员的职前培训与在职培训,通过有针对性的短期培训以解决专业人才培养的难题。我国国家和地方图书馆行业组织也应该采用这种方式,加大行业内对阅读环境建设和管理专门知识的培训,从根本上解决全民阅读新形势对图书馆阅读环境人才培养提出的问题。

(执笔人:范并思 潘俊彤)

## 参考文献

[1] MOORE G. T. New Directions for Environment-behavior Research in Architecture[M]. SNYDER J. C. Architectural research. NewYork：Van Nostrand Reinhold，1984：95－112.

[2] 李斌.环境行为学的环境行为理论及其拓展[J].建筑学报,2008(02):30－33.

[3] 李道增.环境行为学概论[M].北京：清华大学出版社,1999:20.

[4] 洪芳林.环境行为理论视角下的图书馆空间促进阅读研究——对50岁以下读者的样本调查[J].图书情报工作,2021,65(05):79－87.

[5] UNESCO. Towards a Reading Society：Targets for the 1980s. [EB/OL]. (2023－06－01)[2023－12－30]. https://unesdoc.unesco.org/ark:/48223/pf0000048351?posInSet=1&queryId=cad63c0b-0e36-4f4c-908b-581d93dcc5e3.

[6] 艾登·钱伯斯.打造儿童阅读环境[M].许慧贞,蔡宜容,译.海口：南海出版公司,2007:3.

[7] 吴志敏.社会阅读推广与公共图书馆使命——兼论罗湖区图书馆阅读推广实践[J].图书馆学研究,2011(04):86－89.

[8] 王余光,李雅.图书馆与社会阅读研究述略[J].山东图书馆季刊,2008(02):4－12.

[9] 罗木华,洪芳林.中国古代藏书楼建筑设计研究：要素、驱动与启示[J].图书馆,2022(12):88－95.

[10] 吴建中.走向第三代图书馆[J].图书馆杂志,2016,35(06):4－9.

[11] 杨文建,邓李君.图书馆空间发展历程与趋势[J].国家图书馆学刊,2019,28(01):27－36.

[12] 艾登·钱伯斯.打造儿童阅读环境[M].许慧贞,译.北京：北京联合出版公司,2016:11－12.

[13] Watson J. B. Psychology as the Behaviorist Views it[J]. Psychological Review,1994,101(2):248.

[14] 洪芳林.环境行为理论视角下的图书馆空间促进阅读研究——对50岁以下读者的样本调查[J].图书情报工作,2021,65(05):79－87.

[15] Quartier K, Vanrie J, Van Cleempoel K. As real as it gets：What Role does Lighting Have on Consumer's Perception of Atmosphere, Emotions and Behaviour? [J]. Journal of Environmental Psychology, 2014, 39：32－39.

[16] 陈亚平.色彩心理学在室内设计中的应用探讨[J].工业设计,2020(03):90－91.

[17] 杜定友.科学的图书馆建筑法[J].图书馆学季刊,1935,9(1):57－74.

[18] 陈丹.美国高校图书馆安静学习空间建设实践与启示[J].图书馆学研究,2019(18):95－101.

[19] BochicchioV, MaldonatoNM, VitelliR, etal. "Emotionalnose": The Hedonic Character of Olfaction and its Episte Mological and Clinical Implications[J]. 2019 10th IEEE International

Conferenceon Cognitive Infocommunications (CogInfoCom2019),2019:143－146.

[20]CampenniCE,CrawleyEJ,MeierME. Role of Suggestion in Odor-induced Mood Change [J]. Psychological Reports,2004,94:1127－1136.

[21]Haviland-JonesJ,HudsonJA,WilsonP,etal. The Emotional Air in Your Space:Scrubbed, Wild or cultivated?[J]. Emotion,Spaceand Society,2013,6:91－99.

[22]中国气象报.最佳人体舒适温度是多少?[EB/OL].(2017－12－15)[2023－01－15]. https://www.cma.gov.cn/kppd/kppdsytj/202111/t20211103_4153148.html.

[23]于国英.高校图书馆空间布局改造与重新设计[J].图书馆建设,2014(05):71－73＋70.

[24]吴小林.图书馆成为"第三空间"[N].人民日报,2009－09－02(13).

[25]Celebrating the Third Place:Inspiring Stories about the Great Good Places at the Heart of Our Communities[M]. Da Capo Press,2001.

[26]卫军英,刘晶.公共图书场域转型的空间变迁和价值重塑[J].中国出版,2019(02):39－43.

[27]龚娅君.公共图书馆社会"第三文化空间":内涵、实践与发展[J].图书与情报,2013(02):78－80.

[28]杭州图书馆.杭州图书馆[EB/OL].(2023－06－01)[2023－12－30].https://www.hzlib.net/fwwd/5982.htm.

[29]Schmidt J. New Libraries in Old Buildings.[EB/OL].(2023－06－01)[2023－12－30]. https://repository.ifla.org/bitstreams/ec6006f5-5714-4090-af3a-5e2527997780/download.

[30]秦爽.我国省级公共图书馆面向残疾人的信息无障碍服务研究[D].湘潭大学,2020.

[31]严贝妮,陈希萍.美国"绿色图书馆"的溯源、发展及其对我国的启示[J].情报资料工作,2013(01):94－97.

[32]张瑶,王宇,王磊.主题图书馆建设现状、模式与未来发展策略探索[J].图书情报工作,2021,65(17):69－78.

[33]柯平.主题图书馆建设中的若干问题与发展思考[J].图书馆杂志,2020,39(03):41－47.

[34]刘懿.服务范式转变:基于公共空间的图书馆休闲价值的实现[J].图书馆建设,2012(09):5－7＋10.

[35]邢海玥.空间双重性视角下图书馆阅读空间的弹性设计——以东南大学李文正图书馆自修室改造设计为例[J].城市建筑,2021,18(27):120－122.

[36]李媛.图书馆室内弹性设计初探[D].福州大学,2017:7.

[37]刘丽芝.图书馆学习空间利用初探——以香港中文大学图书馆"进学园"为例[J].图书馆论坛,2014,34(05):107－113.

[38]杨文建,邓李君.图书馆空间发展历程与趋势[J].国家图书馆学刊,2019,28(01):27－36.

[39]屈义华,张萌,张惠梅,等.阅读政策与图书馆阅读推广[M].北京:朝华出版社,2020:77.
[40]吴志敏.社会阅读推广与公共图书馆使命——兼论罗湖区图书馆阅读推广实践[J].图书馆学研究,2011(04):86—89.
[41]王余光,李雅.图书馆与社会阅读研究述略[J].山东图书馆季刊,2008(02):4—12.
[42]吴晞.任务,使命与方向:图书馆的阅读推广工作[J].图书馆杂志,2014,33(04):18—22.
[43]中华人民共和国文化和旅游部.中国文化文物和旅游统计年鉴2024[M].北京:国家图书馆出版社,2024:38—39.
[44]国际图书馆协会联合会.学校图书馆指南(第二版)[EB/OL].(2017—06—02)[2024—02—24].https://repository.ifla.org/handle/123456789/62.
[45]中华人民共和国教育部.教育部关于印发《中小学图书馆(室)规程》的通知[EB/OL].(2018—05—31)[2023—11—16]. http://www.moe.cn/srcsite/A06/jcys_jyzb/201806/t20180607_338712.html.
[46]宫昌俊,曹磊.中小学图书馆建设与阅读推广[M].北京:朝华出版社,2020:12—13.
[47]中国新闻出版研究院全国国民阅读调查课题组,魏玉山,徐升国.第十九次全国国民阅读调查主要发现[J].出版发行研究,2022(05):21—25.
[48]Yeo L. S, Ong W W, Ng C M. The Home Literacy Environment and Preschool Children's Reading Skills and Interest[J]. Early Education and Development, 2014, 25(6): 791—814.
[49]中国人大网.中华人民共和国家庭教育促进法[EB/OL].(2021—10—23)[2023—11—16]. http://www.npc.gov.cn/npc/c2/c30834/202110/t20211023_314286.html.
[50]国际图书馆协会联合会.2022年国际图联—联合国教科文组织公共图书馆宣言[EB/OL].(2022—07—27)[2023—11—16]. https://repository.ifla.org/handle/123456789/2006.
[51]刘学平,蔡兰荣.图书馆分层服务公平性微观探寻[J].图书馆工作与研究,2015(04):4—8.
[52]范并思.阅读推广与图书馆学:基础理论问题分析[J].中国图书馆学报,2014,40(05):4—13.
[53]杨文建,邓李君.AIA/ALA图书馆建筑奖及其对我国图书馆建筑设计的启示[J].图书馆学研究,2021,No.508(17):90—101.
[54]李东来.公共图书馆整合发展的新契机[J].中国图书馆学报,2022,48(04):26—29.
[55]毛炳聪."数智化"赋能公共图书馆共同体建设的实践探索——以浙江省公共图书馆数字化改革为例[J].图书馆杂志,2023,42(07):39—47.
[56]王晨晨.虚拟现实技术及其在图书馆的应用[J].图书馆学研究,2011(20):34—37+33.
[57]姚飞,纪磊,张成昱,等.实时虚拟参考咨询服务新尝试——清华大学图书馆智能聊天机

器人[J].现代图书情报技术,2011(04):77-81.

[58]王晗,蔡筱青.高校图书馆用户自主培训虚拟空间的构建——以中山大学图书馆"新生空间"的设计与应用为例[J].情报资料工作,2015(04):106-109.

[59]陆颖隽.我国图书馆虚拟现实应用及研究述评[J].图书与情报,2017(05):120-127.

[60]杨新涯,涂佳琪.元宇宙视域下的图书馆虚拟服务[J].图书馆论坛,2022,42(07):18-24.

[61]隋欣欣,王焕景,李伟."双一流"高校图书馆微媒体知识服务营销案例分析与实践启示[J].图书馆学研究,2019(12):64-71.

[62]金龙.俄罗斯公共图书馆线上服务研究——新冠病毒肺炎疫情下读者服务缩影[J].图书馆建设,2021(03):162-172.

[63]M Csikszentmihalyi. Play and Intrinsic Rewards[J]. Humanistic Psychology,1975,15(03):41-63.

[64]李戈.基于心流理论的融媒图书设计研究[J].中国编辑,2020(12):87-91.

[65]阿拉丁全传媒.国内首个"三合一"图书服务综合体的照明设计是怎样的?[EB/OL].(2017-09-25)[2023-11-16]. https://www.sohu.com/a/194468600_235422.

[66]郑怿昕,包平.智慧图书馆理论与实践进展研究[J].图书馆工作与研究,2015(07):36-39.

[67]王世伟.未来图书馆的新模式——智慧图书馆[J].图书馆建设,2011,No.210(12):1-5.

[68]陈定权,王孟卓.我国图书馆RFID的十年实践探索(2006—2016)[J].图书馆论坛,2016,36(10):16-24.

[69]中华人民共和国文化和旅游部.中国文化文物和旅游统计年鉴2024[M].北京:国家图书馆出版社,2024:37-43.

[70]教育部高等学校图书情报工作指导委员会.2021年中国高校图书馆发展报告[EB/OL].(2023-03-23)[2023-11-16]. http://www.scal.edu.cn/tjpg/202211210351.

[71]黄克武,翟宗璠.北京图书馆新馆设计[J].建筑学报,1988(01):26-32.

[72]胡建平.国家图书馆不同历史时期三座建筑的设计[J].建筑设计管理,2010,27(09):39-42.

[73]胡建平.国家图书馆二期工程的建筑设计[J].国家图书馆学刊,2008(03):37-39+48.

[74]殷宏淼.公共图书馆少儿分级阅读服务探究——以国家图书馆少年儿童馆为例[C]//上海少年儿童图书馆,上海市图书馆学会.连接·智慧·引领:新时代未成年人阅读工作创新与实践——2022年少儿阅读与服务创新上海论坛论文集.《中国学术期刊(光盘版)》电子杂志社有限公司,2022:4.

[75]钟伟.城市公共图书馆建筑空间功能布局分析——以广州图书馆新馆为例[J].农业图书情报学刊,2017,29(09):116-118.

[76]广州图书馆.重要|关于进一步扩大有序开放的通告[EB/OL].(2020-07-21)[2022-06-29].https://mp.weixin.qq.com/s/MpLIrXpnjZvug8ev-e7xGg.

[77]央视新闻客户端.国内单体建筑面积最大的图书馆正式开馆[EB/OL].(2022-09-28)[2023-11-09].https://ie.bjd.com.cn/5b165687a010550e5ddc0e6a/contentApp/5b1657 3ae4b02a9fe2d558f9/AP6333b228e4b0fe43f0dc3a8b?isshare=1.

[78]吴建中.新时代图书馆的探索与转型——以新馆建设为例[J].中国图书馆学报,2022,48(05):4-12.

[79]上海图书馆.国内首个"悦读森林"开放啦![EB/OL].(2023-02-07)[2023.04-16].https://mp.weixin.qq.com/s/H9Q1uti_3xrzKSYzRO5qcA.

[80]上海图书馆.上海图书馆东馆正式开馆[EB/OL].(2022-09-29)[2023-01-01].https://www.library.sh.cn/article/1119.

[81]天津滨海图书馆.滨海新区图书馆简介[EB/OL].(2022-06-09)[2022-12-31].https://mp.weixin.qq.com/s/MNQs10jMBVVEPwa6ZP8P_Q.

[82]汕头大学图书馆.本馆简介[EB/OL].(2015-01-07)[2023-01-23].https://www.lib.stu.edu.cn/article-3.html.

[83]林少妆.汕头大学图书馆光环境的调查与分析[D].汕头大学,2022:33.

[84]凤凰网.铜陵市"码头书屋"入选2016成功设计大赛[EB/OL].(2016-08-09)[2022-11-28].https://www.tl.gov.cn/tlsrmzf/mtjj/pc/content/content_1688824301532012544.html.

[85]中国文化报.苏州第二图书馆开馆[EB/OL].(2019-12-11)[2023-02-14].https://www.mct.gov.cn/whzx/qgwhxxlb/js/201912/t20191211_849499.htm.

[86]姚丽君.公共图书馆打造沉浸式智能体验的实践与思考——以苏州第二图书馆为例[J].新世纪图书馆,2022(08):49-55.

[87]南国都市报.海南省图书馆少年儿童馆正式开放[EB/OL].(2022-12-19)[2023-01-01].http://www.hi.chinanews.com.cn/hnnew/2022-12-19/4_161509.html.

[88]南方都市报.深圳:全市布点40个自助图书馆借书如在ATM机上取钱[EB/OL].(2009-08-07)[2023-11-22].https://szln.szlib.org.cn/lib/news/325.do.

[89]李国新,李斯.我国新型公共文化空间发展现状与前瞻[J/OL].中国图书馆学报:1-18[2023-11-14].http://kns.cnki.net/kcms/detail/11.2746.G2.20231025.1102.002.html.

[90]吴建中.未来图书馆怎么建[N].光明日报,2012-12-11(013).

[91]中国图书馆学会.专栏|凝聚精华助力推广——图书馆特色阅读空间之智慧体验空间篇[EB/OL].(2023-03-03)[2023-04-16].https://mp.weixin.qq.com/s/bBMkpklUr9 xPugWbf7fCNA.

[92]中国图书馆学会.专栏|凝聚精华助力推广——图书馆特色阅读空间之高校篇[EB/OL]. (2023-02-10)[2023-04-10]. https://mp.weixin.qq.com/s?__biz=MzI0NjQ3MjEwOA==&mid=2247505749&idx=1&sn=72a1fb929e3591460ad89eaaa699ca9c&token=1699250648&lang=zh_CN&scene=21#wechat_redirect.

[93]黑龙江日报.黑龙江省图书馆推出新型文化服务产品弘扬龙江精神[EB/OL]. (2017-11-16)[2023-02-14]. http://hlj.sina.com.cn/news/b/2017-11-16/detail-ifynstfi0101528.shtml.

[94]江西省人民政府.让红色基因融入血脉——江西省图书馆打造红色教育新高地[EB/OL]. (2022-10-31)[2023-03-03]. https://www.jiangxi.gov.cn/art/2022/10/31/art_5296_4195797.html.

[95]太原图书馆.马克思书房[EB/OL]. (2019-02-14)[2023-11-20]. https://www.tylib.org.cn/web/information/3138.

[96]陕西省水利厅.府谷县建成陕西首家节水教育与水文化主题图书馆[EB/OL]. (2021-06-28)[2022-12-11]. http://slt.shaanxi.gov.cn/sy/jdtp/202106/t20210628_2180951.html.

[97]图书馆报."最美公共文化空间大奖"揭晓,这五家图书馆入选[EB/OL]. (2023-02-09)[2023-03-14]. https://mp.weixin.qq.com/s/Yl8K4fCJW7iKbP8t69NXTg.

[98]中国图书馆学会.专栏|凝聚精华助力推广——图书馆特色阅读空间之馆内特色空间篇[EB/OL]. (2023-01-13)[2023-11-20]. https://www.lsc.org.cn/cns/contents/1672215860724/1625479091502223360.html.

[99]东莞图书馆.东莞漫画图书馆介绍[EB/OL]. (2017-11-15)[2023-11-20]. http://www.comiclib.cn/mhg/jbgk/201711/160821a8ac4d45b89487de6e3dd1b050.shtml.

[100]吴汉华.图书馆延伸服务的含义与边界[J].大学图书馆学报,2010,28(06):21-26.

[101]东莞图书馆.自助图书馆[EB/OL]. (2015-11-19)[2023-11-21] https://www.dglib.cn/dglib/bgjs/201511/5780bbf730d745cd95d92f01de18499c.shtml.

[102]段宇锋,王亚宁,王灿昊."永不打烊"的图书馆——张家港24小时"图书馆驿站"[J].图书馆杂志,2018,37(09):45-50.

[103]温州市图书馆.新的城市书房你喜欢哪家?——让公益设计点亮城市书房[EB/OL]. (2016-09-10)[2023-01-16]. https://mp.weixin.qq.com/s/j9RMhHSikEV9twlt-L935A.

[104]中华人民共和国文化和旅游部.文化和旅游部关于印发《十四五》文化和旅游发展规划》的通知[EB/OL]. (2021-04-29)[2023-11-21] https://zwgk.mct.gov.cn/zfxxgkml/ghjh/202106/t20210602_924956.html.

[105]宁波轨道交通.书香地铁|乘着地铁去阅读[EB/OL]. (2022-04-22)[2023-11-

20]. http://www.nbmetro.com/news_lead.php? info/948.

[106]深圳特区报.这么好的地铁自助图书馆,你还不知道?[EB/OL].(2023－08－11)[2023－11－21]. https://baijiahao.baidu.com/s? id＝17738595140296757703&wfr＝spider&for＝pc.

[107]广东省文化和旅游厅.首家广佛共建图书馆!广州图书馆南海天河城分馆10月18日正式启用[EB/OL].(2020－10－20)[2023－11－20]. https://whly.gd.gov.cn/gkmlpt/content/3/3106/mpost_3106017.html#2628.

[108]东莞图书馆.开局迈出新步伐,东莞图书馆南城分馆建成3个各具特点的城市阅读驿站![EB/OL].(2023－02－01)[2023－03－01]. https://mp.weixin.qq.com/s/3Zi2flfesLamB－OZ5Z_WoA.

[109]IFLAP ress Reader International Marketing Award Winners 2023[EB/OL].(2023－06－04)[2023－11－20]. https://www.ifla.org/news/ifla-pressreader-international-marketing-award-winners-2023/.

[110]宁波市委党校.市委党校初心书店被评为2021年"文旅融合空间"[EB/OL].(2021－12－13)[2023－11－20]. https://www.nbdx.cn/art/2021/12/13/art_14753_2080.html.

[111]李晓萌.日照两城市书房获全省"最美城市书房"称号[N].日照日报,2022－12－01(B3).

[112]洪芳林,汤艳霞.大学图书馆空间馆员新职位及其人才培养研究[J/OL].图书馆建设:1-15[2023－11－21]. http://kns.cnki.net/kcms/detail/23.1331.G2.20221010.1702.006.html.

[113]广东工业大学学生处.宝藏图书馆:黑科技＋高颜值|这样的视听空间很炫酷![EB/OL].(2019－10－12)[2022－12－20]. https://www.sohu.com/a/346590011_676799.

[114]教育部高等学校教学指导委员会.普通高等学校本科专业类教学质量国家标准[M].北京:高等教育出版社,2018:867－872.

[115]段宇锋,顾思晨.图书情报硕士专业学位(MLIS)教育发展状况调查报告(2021)[J].图书情报知识,2022,39(03):95－102.

[116]段宇锋,景香玉,徐盼灵,等.图书情报硕士专业学位(MLIS)教育发展状况调查报告(2020)[J].图书情报知识,2021,38(04):41－49.

# 第四章　图书馆全民阅读活动开展

进入 21 世纪,伴随全民阅读工作的蓬勃发展,图书馆进入向全社会主动推送服务的新时期。从图书馆服务的发展来看,图书馆专业服务工作经历了文献服务、信息服务和阅读推广三个不同的阶段。文献服务即人们印象中传统的图书馆服务,如外借、阅览等,到现在仍有不可动摇的地位。随着社会的进步和科技的发展,信息服务如参考咨询、信息检索等也成为图书馆的重要业务工作之一。随着时代进一步发展而出现的阅读推广集文献服务和信息服务之大成,通过形式多样的活动和手段将文献服务和信息服务送到读者身边。2017 年颁布的《公共图书馆法》第三条规定,"公共图书馆是社会主义公共文化服务体系的重要组成部分,应当将推动、引导、服务全民阅读作为重要任务"。可以说,阅读推广是全民阅读时代的服务。图书馆开展阅读推广服务是促进全民阅读发展的有效手段和重要桥梁,在某种程度上是历史发展之必然,也是图书馆全民阅读工作发展的历史趋势。

《图书馆·情报与文献学名词(2019)》对"阅读推广"作出如下定义:"图书馆或其他文化部门开展的以培养公众阅读意愿或阅读能力,促进公众阅读行为的服务。"当今,阅读推广在图书馆服务范围中是一个很活跃的领域,它通常以活动的形式展开,通过举办节庆类、阅读指导类、读书交流类、演讲诵读类、展演竞赛类活动,推广阅读资源,吸引广大民众积极参与阅读,营造浓厚的阅读氛围。"活动化"的阅读方式丰富了人们的阅读体验,促进了个人阅读与社会生活的结合,使阅读更加多元化和个性化,满足了不同人群的阅读需求,针对不同年龄段、不同兴趣爱好的人群,还可以举办不同类型的阅读活动。可以说,"活动化"是当前全民阅读的一大特点,它使得阅读更加生动有趣,更加贴近人们的生活,吸引更多的民众走近图书馆、走进图书馆,很好地推动全民阅读工作进一步深入发展。2021 年 11 月发布实施的国家标准《公共图书馆业务规范 第 1 部分:省级公共图书馆》(GB/T 40987.1—2021)、《公共图书馆业务规范 第2部分：市级公共图书馆》(GB/T 40987.2—2021)、《公共图书馆业务规范 第3部分：县级公共图书馆》(GB/T 40987.3—2021)"阅读推广"条款中对组织阅读推广的工作内容和质量作了相关要求；对工作内容的要求是通过制定阅读计划、推荐阅读书目、发起阅读运动、建立长效阅读促进机制进行阅读推广；质量要求是省级图书馆每年开展阅读推广活动应不少于15次[1]，市级图书馆每年开展阅读推广活动应不少于8次[2]，县级图书馆应定期开展阅读推广活动[3]。阅读推广已发展成为各大图书馆的主流服务，是图书馆服务中充满活力、充分体现图书馆核心价值的服务。图书馆通过开展阅读推广服务，吸引更广泛的参与者投身阅读活动，促进全民阅读活动的开展。图书馆作为精神文明建设的重要窗口和社会文化传播的重要机构，依托免费开放、环境优雅、功能齐全的场地，海量的文献资源、专业的人员队伍保障等因素，在开展全民阅读活动上也具有独特的优势。本章对行业组织的全民阅读活动、各类型图书馆的全民阅读活动和相关研究工作进行梳理总结，分析全民阅读活动开展现状，结合实际情况和变化，探讨开展全民阅读活动面临的机遇和挑战，并提出新阶段新要求背景下推进图书馆全民阅读活动发展的若干重点和建议。

## 第一节　图书馆全民阅读活动概述

我国图书馆界在全民阅读活动中，尤其是21世纪以来的书香社会建设高潮中，发挥了主阵地的先导作用，展现了职责担当，体现了图书馆的社会价值，扩大了图书馆的社会影响。中国图书馆学会和各省图书馆学会通过组织形式多样、丰富多彩的大型全民阅读活动，引领和指导整个图书馆行业阅读活动的开展。同时，公共图书馆、高校图书馆等各类型图书馆也是全民阅读活动的策划者、组织者和实施者，以世界读书日、全民阅读月、"书香城市"等活动为契机，推出了一批国家级示范活动和地方主题阅读推广活动，并围绕活动实践基础开展案例、标准规范等相关研究工作，构建阅读活动评价体系，在推动全民阅读工作常态化、长效化方面功不可没。

### 一、图书馆行业学会发挥专业引领和示范推动作用

以中国图书馆学会为龙头的行业组织对全民阅读工作的规划和做法引领着

## 第四章 图书馆全民阅读活动开展

整个图书馆行业,对各级图书馆学会和各级各类图书馆,都具有举足轻重的指导意义。

(一)中国图书馆学会组织的全民阅读活动

作为我国唯一的全国性图书馆行业组织,中国图书馆学会近年来承担了统筹、指导、引领、组织全国图书馆阅读活动的职责,已经成为我国图书馆行业推动全民阅读工作的"总指挥部",其章程中明确提出要"推动全民阅读,促进知识的创新与传播,为提高国民科学文化素质,建设学习型社会发挥作用"。

中国图书馆学会一直发挥着组织全民阅读活动的领头羊作用。2003年7月,中国图书馆学会受原文化部委托,开始组织全国图书馆行业的全民阅读推广活动。[4] 2004年4月23日,中国图书馆学会与国家图书馆首次开展了"倡导全民读书,建设阅读社会——2004世界读书日"宣传活动。在中国图书馆学会的带动下,全国图书馆界很快了解并参与到4·23"世界读书日"中来。以此为抓手,开展全民阅读活动成为图书馆界的广泛共识。中国图书馆学会每年策划不同的主题,广泛联系业界,开展丰富的阅读推广活动。同年,中国图书馆学会首次发布《关于开展2004年"全民阅读"活动的通知》,为全民阅读注入活动内涵,推动"全民阅读"这一概念走向了全国图书馆界。此后,中国图书馆学会每年发布全民阅读工作通知,明确年度工作主题和项目,通过各分支机构和省级图书馆学会逐级传达到基层,号召和引导全国各级各类图书馆结合自身优势,开展形式多样、内容丰富的阅读推广活动,培养大众的阅读兴趣,形成了我国图书馆界全民阅读工作"各馆齐心,遍地开花"的良好局面。

因应新世纪中国社会发展需求,强化图书馆在全民阅读活动中的专业建设与理论指导,2006年,中国图书馆学会设立了科普与阅读指导委员会,负责在全国范围内规划、指导、协调、组织阅读推广及相关学术研究活动。2006年4·23"世界读书日"中国图书馆学会科普与阅读指导委员会在东莞正式成立,由此中国图书馆界进入组织化、全面、有序、理性推动全民阅读的新阶段。2009年,科普与阅读指导委员会更名为阅读推广委员会。经过十余年的发展,阅读推广委员会的规模不断扩大。2006年,委员会下设5个专业研究队伍,2009年增加到15个,2016年扩展到21个,2021年增加到26个。2024年9月,中国图书馆学会阅读推广委员会更名为中国图书馆学会阅读推广工作委员会。在中国图书馆学会的带领下,为完善阅读推广示范引领机制,阅读推广委员会每年组织开展"全民阅读"优秀组织、先进单位,"全民阅读示范基地"和"阅读推广示范项目"的推荐工作,激励在全民阅读工作中表现突出和积极参与全国性阅读推广活动而成效突出的图书馆及相关组织,研议出一批在"全民阅读"活动中具备一定的品牌效应和社会影响力,有一定的示范作用和推广价值的优秀阅读推广项目。2013年、2017年和2022年,文化和旅游部组织了第五、六、七次公共图书馆评估定级工作,在评估标准中均设置了"阅读推广活动"的指标。2021年9月6日,中国图书馆学会发布了《中国图书馆学会"十四五"发展规划纲要(2021—2025年)》,其中明确提出"全民阅读促进与专业指导中心建设",并提出建立全民阅读指导体系、加强阅读推广理论研究及成果应用、举办全民科普与阅读推广活动、完善阅读推广活动成果评价机制等多项具体举措,大力推动全民阅读,培育阅读新风尚。

中国图书馆学会整合业界资源、人才、阵地等优势,打造了多个全民阅读品牌活动,受到了图书馆乃至全社会的积极响应,成效显著。其组织的全民阅读活动主要分为面向图书馆行业及其工作从业人员开展的学术活动和面向社会公众开展的阅读活动两大类。一方面,中国图书馆学会通过召开学术会议、组织学术研究、开展人才培训和出版学术著作等方式,推动图书馆行业从学术化、专业化的角度开展全民阅读工作。目前,中国图书馆学会已经建立以全民阅读论坛为核心,以科普阅读推广论坛、公私藏书与经典阅读论坛、大学生阅读推广高峰论坛等为专题的学术交流体系;设立中国图书馆学会阅读推广课题,带动图书馆员参与专业研究;通过征集论文、案例,制定阅读推广活动实施指南等,总结分析阅读推广实践经验,推动阅读推广理论发展,向业界传递阅读推广的新理念和新方法。此外,中国图书馆学会自2014年开始启动"阅读推广人"培育行动,至2023年5月共举办了20期活动,培育"阅读推广人"5600余名,为全民阅读事业的可持续发展输送和储备了大批专门人才。另一方面,在面向社会公众开展的全民阅读活动上,近年来中国图书馆学会一直重视优质阅读资源的推介工作,先后开展了《中华传统文化百部经典》阅读推广活动、"中国阅读"图书推荐系列活动等大型联动推广活动。中国图书馆学会还根据热点策划全国性项目,对于营造浓厚的社会阅读氛围、引发社会大众关注阅读起到了积极作用。例如,2019年适逢中华人民共和国70华诞,中国图书馆学会和国家图书馆在全国公共图书馆系统广泛开展"读好书,爱中华"主题读书活动,以阅读作为切入点,采取"线下服务+移动终端传播"相结合的方式,以"读经典学新知链接美好生活——4·23全民阅读活动""我心中的一本好书"等六项重点活动,以公共图书馆的视角,反映新中国成立70年来国家面貌和人民生活的巨大变化和未来美好发展前景。2022年4·23"世界读书日"期间,中国图书馆学会和国家图书馆在全国范围内发起"书籍春风还有你——给读者的一封邀请信"主题活动,该活动得到千余家图书馆的踊跃参加,让更多的读者走进图书馆,爱上图书馆。此外,开展"馆员书评"征集、绘本剧嘉年华、读书会案例和阅读刊物推广活动等各类特色活动,具有广泛的参与面和辐射力,取得了较为明显的成效。

(二)各省图书馆学会组织的全民阅读活动

各省图书馆学会在图书馆界主要发挥了策划、组织、宣传和发动职能,充分发挥了承上启下的桥梁和纽带作用。从组织上说,省级图书馆学会一般挂靠在省级图书馆,是各省图书馆开展区域性合作的重要平台,也是联动活动的主要组织者,有些省学会还成立了专门的阅读推广委员会。而城市级图书馆学会则承担着对内整合提升、对外宣传倡导的职责,负责策划开展本地的全民阅读活动,旨在培养读者的阅读习惯,营造积极向上的社会阅读氛围。

4·23"世界读书日"、图书馆服务宣传周、各地读书节(月)是各省学会开展联动活动的主要时间节点,他们充分发挥组织宣传优势和人才资源、信息资源优势,科学策划和开展丰富多彩的阅读推广活动,取得了一定的成效。如广东省的"粤读粤精彩"、山东省的"约会鲁图,阅享时光"2022年图书馆服务宣传周系列阅读推广活动、广西壮族自治区的"书香八桂"、湖北省的"长江读书节"等,省图书馆学会都在其中起到了重要作用。各省图书馆学会也根据各自的文化资源优势,策划开发了多个独特的阅读推广活动品牌。如,2017年,浙江省图书馆在联合全省各级公共图书馆举办"图书馆之夜"等活动的基础上,首次联动全省65家公共图书馆举办"阅读马拉松挑战赛",全省3000余名读者在同一时间共读一本书。2018年后,浙江省图书馆和上海图书馆、阅读马拉松组委会联合,集结江苏、安徽两地公共图书馆,推出规模更大、影响更广的"长三角阅读马拉松大赛",至今已连续举办七年。

城市图书馆学会(或社团)组织的全民阅读活动方面,例如,2023年4月,厦门市图书馆学会组织开展"读一本书阅一座城"系列活动,包括"阅一本厦门故事"系列活动、爱上老厦门系列活动、厦门文史沙龙之寻访中山公园等诸多活动。市学会牵头组织本市公共图书馆、民间公益图书馆、景区、书店、学校、社区等,围绕厦门地方文化,开展内容、形式不限的各类分享活动,打造全市性共读活动,形成不同区域、不同场所、不同人群的全城共读氛围;2021年,佛山市图书馆学会上线"易本书"家藏图书共享平台,打造了具有线上线下完整生态链的全民阅读创新品牌,成为国内首个实现家藏图书与公共图书馆馆藏同平台流通的公益性、综合性资源共享项目,获评2021年广东图书馆学会阅读推广示范项目、2022年度广东省公共文化服务优秀案例、2023年国际图联国际营销奖第三名。

## 二、各类型图书馆组织丰富多彩的全民阅读活动

近十多年来,公共图书馆、高校图书馆等一方面加强网络建设,丰富馆藏资源,另一方面注重提升管理水平,利用科技延伸服务,同时也致力于常年以世界读书日、图书馆服务宣传周、儿童阅读日和各个节日为重要节点,坚持开展丰富多彩的读书活动,倡导读书、组织读书、服务读书。

### (一)公共图书馆组织的全民阅读活动

近年来,公共图书馆的阅读推广活动得到长足发展,公共图书馆成为政府主办的阅读推广活动的必要及重要的参与者。各级公共图书馆基于丰富优质的阅读资源,积极深入推进全民阅读工作,400多个城市常设读书节、读书月等,全民阅读活动遍地开花。2023年全国公共图书馆共为读者举办各种活动29.35万次,参加者2.13亿人次。[5]随着公共文化服务体系建设的深入发展,全民阅读活动也深入基层。各地不断创新拓展城乡公共文化空间,尽可能将图书馆的服务深入城市和乡村的肌理。以"城市书吧""阅读驿站"为代表的新型阅读空间先后涌现,其内容和形式随着实践的发展不断丰富,深受读者的欢迎与追捧。

公共图书馆开展的全民阅读活动变得普遍、丰富和多元发展。一是在活动对象上,除面向常规读者外,图书馆在阅读服务和阅读活动中也给予特殊群体额外的关注和关怀,例如组织专门的志愿者为盲人和老年人进行书报朗读;阅读推广活动开设少数民族语言专场或者安排少数民族语言翻译,设置专门针对特殊人群的读书会[6];联合各级残联、文化机构等为残障人士提供无障碍阅读服务;为特殊儿童群体开展"星星点灯"自闭儿童读书会、生命教育课等主题阅读推广活动,实现文化服务均等化。二是在活动内容和形式上,公共图书馆借助社会力量开展跨界合作的尝试,为全民阅读活动提供更广阔的创新空间。展演是目前全民阅读活动的一个重要的创新方式,如深圳市福田区图书馆推出"绘本剧嘉年华"系列活动,带给读者愉悦和沉浸的阅读感受。另一个方式是文旅融合,公共图书馆通过旅游、研学等方式加深公众对图书馆的认识和了解,如东莞图书馆举办"悦读·在路上"系列活动,通过自行车(骑行)文化图文展、阅读推广志愿者户

外宣传活动和骑行达人分享会等,寻求跨界合作。对讲座、展览等传统的活动,公共图书馆也提供线上讲座、云展览、线上展览等形式,让公众在网上即可收看浏览,大大扩展了资源的受众范围。三是在活动品牌打造上,数字时代,图书馆的品牌意识越来越强烈,不再满足于单次活动的效果,而愿意投入更多精力,拓展服务内容,打造精品,树立品牌。如杭州图书馆推出融经典传承、人文修养、生活休闲、少儿阅读于一体的"YUE杭图"活动;金陵图书馆推出"阅美四季"创新阅读品牌;青岛市图书馆的"小贝壳快乐营"少儿阅读推广品牌等也深受读者的喜爱。四是在社会合作上,图书馆加强与社会力量的联合,拓展了服务阵地,提高了活动覆盖面和读者参与热度。2016年以来,公共图书馆阅读推广跨界方式呈现向联盟合作的发展趋势,联盟合作有利于加大资源整合力度,强化整体阅读推广能力,创造阅读服务一体化联动新格局。2015年,佛山市图书馆组建了"佛山阅读联盟",至2021年底成员覆盖5区,累计80家,开展阅读推广活动超千场,受益公众超8万人次,社会效益显著。[7]东莞图书馆打造了首个绘本主题图书馆服务体系,从2017年起联合分馆、社区、幼儿园等机构合作共建面向未成年人的绘本馆体系,整合社会资源,聚焦未成年人阅读推广活动深入发展。

2008年至2024年,共有来自全国各地区的223家公共图书馆获得中国图书馆学会授予的"全民阅读示范基地"称号,占"全民阅读示范基地"总数的71.9%。此外,中国公共图书馆界的国际影响力也在不断提升,佛山市图书馆的邻里图书馆、济南市图书馆的"泉城书房——'快递小哥'驿站"和佛山市图书馆"易本书"家藏图书共享服务项目先后获得国际图联国际营销奖,另外,宁波图书馆的"Dating a Book in 24 Hours"、上海图书馆的"我的战疫"阅读马拉松线上快闪比赛、温州图书馆的"漫画温图"、嘉兴市图书馆的"Listen Within:Audio Box"和深圳盐田区图书馆"Sea Library, See Library"等多个项目也先后入围该奖项。

(二)高校图书馆及其他类型图书馆组织的阅读活动

高校图书馆、中小学图书馆、专业图书馆和民办图书馆是我国图书馆事业的重要组成部分,根据自身的职能定位、工作特点、文献资源、服务对象等具体情况,分别开展不同层次、不同范围、不同形式和主题的阅读推广活动,体现不同类型图书馆阅读推广活动组织的鲜明特色,在推进全民阅读和书香社会建设中发挥了重要作用。

当前,高校图书馆全民阅读活动呈现出新的面貌。一是活动阵地规模扩大。据教育部统计,2023年全国共有高等学校3074所,各种形式的高等教育在学总规模4763万人[8],与1998年全国普通高等学校1022所,本专科在校生340.87万人、在学研究生198885人[9]相比,学校和学生数量大大翻了几番,高等教育的快速发展促进了高校图书馆建设,也加大了高校图书馆开展全民阅读活动的力度。二是活动组织趋向立体和多元化。由大学生阅读推广委员会、阅读与心理健康委员会联合完成的《大学生阅读暨高校图书馆阅读推广问卷调查报告(2010)》显示,高校图书馆阅读推广活动主要包括读书征文比赛、图书推介、名家讲座、读书有奖知识竞赛、精品图书展览等14种组织方式。[10] 随着新媒体技术手段的进步,活动组织方式在新增,活动内容也从推广纸质文献资源扩大到数字资源、数据库、有声书等,参与方式发展成为线上、线下相结合,活动频率也从依托各节日节点开展发展到全年开展,近几年部分高校还根据开学季、迎新季、毕业季等节点组织阅读推广活动,例如新乡学院图书馆开展"开学季"阅读推广系列活动[11]。三是活动出现了一批优秀的成果。2008年至2024年,共有83所高校图书馆获得中国图书馆学会授予的"全民阅读示范基地"称号,占"全民阅读示范基地"总数的26.8%。教育部高等学校图书情报工作指导委员会读者服务创新与推广工作组在2015年和2017年主办的全国高校图书馆阅读推广案例大赛分别征集到456个、118个案例,分别有38个、30个图书馆获奖;清华大学图书馆、厦门大学图书馆、北京科技大学图书馆等多个图书馆先后申报的阅读推广项目获得国际图联国际营销奖。2021年,天津师范大学图书馆主办的天津市大学生"悦读之星"校园推广活动入选国家新闻出版署2021年全民阅读优秀项目推介工作项目。

在全民阅读的大背景下,中小学图书馆以"书香校园"建设为抓手,依托教师、班级、年级开展阅读推广活动,紧密结合教学任务,注重提高学生的读写能力,内容上以推广经典读物、知识类读物、数字阅读、主题阅读为主,取得了一定成效。2017年教育部教育装备研究与发展中心一项针对全国6省(直辖市)169所中小学开展的调研显示,图书馆开展频率最高的是"形式多样的读书活动",开展频率相对较低的是"如何利用图书馆的讲座"。[12] 李任斯茹等人于2019年对西安市及其他省市学校的一项调查显示,中小学图书馆阅读推广常规活动的主要形式是阅读课,"4·23世界读书日"常被作为特殊时间节点进行荐书类、交互类、诵读类、表演类等形式的非常规阅读推广活动。[13]

专业图书馆广泛分布于各行业、各领域、各系统,数量多,它们面向各行业内从业人员、专业读者、学生、社会公众开展各类阅读推广活动。如,中国科学院文献情报中心推出"科学人讲坛"品牌活动,积极探索科普活动进学校、进社区模式,与地区合作组织科普展览、开展青少年科普,入选2017年全国"全民阅读活动先进单位"。解放军医学图书馆每年组织"世界读书日"活动,举办"读书之星"评选、名家讲座、图书漂流新技术互动体验等系列活动,人民网、新华网等20多家网站对其2013年"世界读书日活动"进行了专题报道。[14]中国盲文图书馆在"4·23世界读书日"期间举办"中国盲图数字阅读达人评选"活动,在2021年第30个国际残疾人日期间推出"视障读者阅读激励计划"活动等针对视障读者发起的阅读推广活动。[15]

民办图书馆依托自身馆藏资源、馆藏空间等条件,开展不同层次、不同范围的各类阅读推广活动。吴汉华于2009年、2011年参与对民间图书馆的调查显示,民间图书馆开展世界读书日活动、每周读书日、读书演讲比赛、讲座、中小学生读书心得评比、朗诵比赛及其他各种形式的读书活动。[16]在城市,更多的民办图书馆侧重阅读培训尤其是亲子阅读培训,如全国首家公益性民营少儿图书馆、武汉武昌区荆楚少儿图书馆定期举办小读者交流会及图书漂流、文学讲座、讲故事、读书与作文比赛等活动,推动少儿阅读。[17]在城郊乡村,民办图书馆主要培养民众的阅读习惯,推进阅读公平、普及,力图满足各类人群的公共文化需求。河南内黄县村民李翠利创办的微光书苑致力乡村阅读推广,开展阅读分享、家庭阅读、小小演讲家、旧物改造、科学小实验、民俗传承等活动,12年来书苑受众达30多万人次[18],李翠利本人获得"2016年中国图书馆榜样人物"等称号。

## 三、全民阅读活动研究成果丰硕

伴随着大量的图书馆阅读推广活动实践,图书馆界的相关研究工作也在不断深入开展,涌现出一批优秀成果,包括论文、专著、课题等形式的图书馆阅读推广活动研究成果,以经典阅读推广活动、科普阅读推广活动、读书会等等为代表的活动案例研究成果。

(一)图书馆阅读推广活动研究成果

相关研究学者开展了广泛的研究,内容主题主要涉及阅读推广活动相关理论研究,包括对阅读推广活动各项要素的研究,如阅读推广活动基础理论研究、阅读行为研究、读者需求研究、阅读载体变迁等;成果形式包括论文、专著、课题等不同类型。在不同类型的阅读推广活动研究成果中,学术论文的数量最多。通过CNKI进行检索,以"图书馆+阅读推广活动"为主题进行精确检索,共得到

4040条信息。

在学术专著方面,通过在中国国家版本馆国家版本数据中心中进行检索,在"内容摘要"字段以"图书馆"+"阅读推广活动"为关键词进行模糊检索,共检索出 CIP 数据 138 条。可见,目前进行阅读推广活动研究的相关著作相对较少。自 2006 年起,阅读推广委员会整合高校图书馆学界及公共图书馆界的力量,陆续推出三套阅读指导类丛书:《书与阅读文库》第一辑 7 册(2007);《中国阅读报告丛书》第一卷 3 册(2008);《阅读推广丛书》5 册(2010),对图书馆开展相关工作起到了很好的示范作用。2014 年,在江苏常熟举办的中国图书馆学会全民阅读推广峰会上,中国图书馆学会正式提出并启动了"阅读推广人"培育行动。作为配套措施,中国图书馆学会组织编写了"阅读推广人"系列教材,目前共出版 6 辑 36 本。这套教材是国内阅读推广人培育方面最为系统的一套教材,为总结我国阅读推广工作既有经验,为实践提供理论支持,推动全民阅读工作发挥了积极的作用。

在国家社科基金课题研究方面,2010 年北京大学图书馆王波研究馆员立项的国家社科基金一般课题"图书馆的阅读推广活动调查研究",探讨了经典文献阅读推广、实用文献阅读推广、休闲文献阅读推广这三种阅读推广主张之间的根源,对理解不同的阅读推广理念以及如何凝聚这些理念具有启发作用,也揭示了以相关学科理论指导阅读推广的重要性。[19]郑州大学崔波教授 2014 年立项的国家社科基金重点项目"基于读者需求的图书馆阅读推广活动与服务创新研究"取得一系列研究成果,包括提出了阅读推广活动的产生应当考虑的三种属性[20],将图书馆阅读推广活动对象划分为学习型、研究型、消遣型、情报型、应用型等五种类型[21],将读者参加阅读推广活动的影响因素分为心理特征、发展需求、中间障碍、主体因素和环境因素等 5 大类 15 个小因素。[22]

范并思教授 2015 年立项的国家社科基金重点项目"图书馆阅读推广的基础理论和体系结构研究"主要研究了阅读推广的基本理念、阅读推广活动管理的基本理论、阅读推广活动的环境设计与评估等,为阅读推广活动的开展提供了充分的理论指导和支撑。[23]2018 年其立项的国家社科基金重大课题"图书馆阅读推广理论与实践研究"围绕阅读推广基础理论、阅读推广应用理论研究和阅读推广方法与对策三个方向进行研究,同时开展阅读推广制度、阅读推广环境、阅读推广管理和阅读推广评估方面的研究,对于进一步创新我国图书馆阅读推广理论研究具有重大意义,对于全面指导我国图书馆阅读活动开展具有重要推进作用。

此外,中国图书馆学会阅读推广委员会于 2016 年 9 月首次开展了阅读推广课题项目申报,并在 2018 年、2020 年、2022 年和 2024 年又分别开展了多轮阅读推广课题项目的申报工作,五轮课题共立项 506 个项目,吸引了全国各地众多图书馆员的积极参与。

(二)图书馆阅读推广活动案例研究成果

阅读推广活动研究离不开图书馆的实践探索,通过对各类阅读推广活动实践案例进行总结和反思,能更好地提升活动品质。中国图书馆学会阅读推广委员会主任李东来在第二届"中国图书馆馆长高级论坛"活动中明确提出"图书馆学作为应用文科,现实的发展既是图书馆学的研究对象,也是很好的作用场域"[24]。每年图书馆界都会开展各类阅读推广案例征集活动,从中发掘出一批实践性与创新性并重的图书馆阅读推广优秀代表。从活动主题来说,目前成果较为丰富的主要有经典阅读推广、科普阅读推广、读书会和文旅融合阅读推广活动等领域,研究成果主要包括案例集以及相关的论文成果。

经典阅读推广是图书馆阅读推广一个长盛不衰的领域。王余光认为经典阅读是对传统的继承,可以增长情趣,提高语言表达能力,是成为知识分子精英的条件之一。[25]李西宁和张岩等编著的《图书馆经典阅读推广》对经典阅读推广的各个环节进行深入讲解,为图书馆经典阅读推广提供了理论与实践相结合的参考材料。在中国图书馆学会学术论文和业务案例征集中,与经典阅读相关的有"全媒体时代的图书馆阅读空间与经典阅读案例征集""融合发展跨界创新:公私藏书互动模式构建与经典阅读案例征集"等。通过在 CNKI 上以"图书馆经典阅读推广"为主题进行检索,检索出以案例研究为主的论文有 161 篇,对高校图书馆、各级各类公共图书馆的经典阅读活动优秀案例进行了介绍和总结。

在科普阅读推广活动研究方面,2016 年至 2018 年,中国图书馆学会阅读推广委员会主办了第一届、第二届科普阅读推广优秀案例征集活动,共收到来自全国的案例 200 余个。2019 年,穆红梅主编的《科普阅读推广优秀案例集》收录了全国图书馆界 43 个优秀的科普阅读推广案例。2020 年,肖佐刚、杨秀丹主编的《图书馆科普阅读推广》从理论层面对公共图书馆及其合作机构的实践活动作了较为细致的解析和梳理。在论文成果方面,徐黎、麦志杰等对东莞松山湖图书馆的科普阅读推广活动进行深入介绍,该活动已形成了阅读体验类、技能体验类、信息素养类等不同类别、面向不同年龄层次的活动体系。[26]

在读书会研究方面,2014 年中国图书馆学会阅读推广委员会开展了首届

"图书馆书友会优秀案例征集"活动,共收到案例78份,同年在中国图书馆学会年会上举办了"图书馆读书会与阅读推广"专题会议。2019年再次进行图书馆"读书会"案例征集活动。冯玲主编的《读书会运营与阅读推广》一书,对读书会的起源、组织机制、管理模式等方面进行了深入阐述,对各类型读书会的运营管理以及图书馆如何搭建读书会合作交流的平台进行了分析,为图书馆开展读书会活动或与读书会合作提供了参考资料。

在文旅融合阅读推广活动研究方面,通过以"文旅融合"+"阅读推广"为主题进行检索,搜索到125篇相关论文,最早的发表时间为2019年,三年来,每年的发表量在不断上升。目前,图书馆文旅融合研究的热点主要有研学旅行、图书馆阅读推广、图书馆服务创新等领域[27],研究以案例分析为主,广州、佛山等旅游资源丰富的城市,以及天津滨海新区图书馆一类的"网红图书馆"都是主要研究对象。

针对阅读推广的多个研究领域,中国图书馆学会阅读推广委员会还策划推出系列调查与研究报告,包括《图书馆阅读推广理论进展(2005—2015)》《未成年人阅读推广理论进展》《政府组织的全民阅读工作中公共图书馆角色调查报告》等专题研究报告。此外,阅读推广委员会还推出了多本案例集,如《创新与融合——2016年"书香城市(区县级)"发现活动案例集》等,为国内图书馆开展阅读推广活动提供参考。

## 四、全民阅读活动标准规范研究持续推进

随着全民阅读活动尤其是阅读推广走向主流服务,越来越多的学者开始思考阅读推广服务标准化的建设路径,为推动阅读推广服务标准化提供相应保障。有学者划分了全民阅读标准的类型,并提出需要从国家政策法规、组织机构、认证管理等方面为全民阅读标准化提供保障[28];另一些学者关注到特殊群体的阅读推广服务标准化工作,提出"建立完整的服务评估标准,实现推广效果的科学评价"等建议。[29]

### (一)全民阅读活动的标准规范研究

国内图书馆阅读推广服务标准化的建设还不健全,目前尚未出台专门针对该领域的标准,与阅读推广相关的标准散见在各类政策、规则、指南、规程、规范中。2012年5月5日实施的《公共图书馆服务规范》(GB/T28220—2011)是阅读推广服务标准化建设的基础性文件。《公共图书馆业务规范》中就明确有"阅读推广"这一指标,对组织阅读推广的工作内容和质量提出了明确要求。

近年来,阅读推广活动地方标准的制定工作受到各地的重视,多个城市已经出台了阅读推广活动相关的地方标准。安徽省制定了《公共图书馆阅读推广志愿服务规范》(DB34T3877—2021),为公共图书馆阅读推广志愿服务的术语和定义、基本要求、组织管理、服务流程和绩效评估提供了依据。绍兴市出台的《公共图书馆阅读推广工作指南》(DB3306/T048—2022)明确了公共图书馆阅读推广工作的术语和定义、推广形式、应用场景、特殊人群服务、服务管理和服务成效与反馈等要求。佛山市制定了《邻里图书馆建设及服务规范》(DB4406/T19—2022),对邻里图书馆的建设要求、服务提供、服务管理、宣传推广、考评与改进提出了明确要求,也为其他公益性民间图书馆、家庭图书馆提供了参考。

在课题项目成果方面,文化行业标准化研究项目《图书馆阅读推广标准调研及标准体系框架研究》和《公共图书馆阅读服务标准化研究》均于2018年12月顺利结项。其中《图书馆阅读推广标准调研及标准体系框架研究》系统梳理了国内外图书馆阅读推广实践、相关研究成果和已有的标准规范成果及其实施情况,研究构建阅读推广标准体系,并就相关重点领域及重点标准的研制给出建议。《公共图书馆阅读服务标准化研究》则讨论了公共图书馆阅读服务标准的基本框架与内容,为制定我国公共图书馆阅读服务标准提供理论依据和政策建议。

在阅读活动指南的制定上,开展活动标准和指南研制,为图书馆提供拿来即用的活动开展指引,为图书馆尤其是基层图书馆降低开展阅读推广活动的难度。同时,各地通过标准化的活动组织,保证活动开展的质量。2018年,中国图书馆学会阅读推广委员会阅读与心理健康专业委员会组织委员全文翻译了美国图书馆界最主要、最经典的阅读推广活动指南性文件——由美国图书馆协会公共项目办公室编写的"一书,一社区",以及最新版的《美国国家艺术基金会(NEA)"大阅读"项目预算指南》,为我国图书馆开展阅读推广活动指南编制提供了很好的参考。中国图书馆学会2020年阅读推广课题中专门设置了规范指南类课题,提倡对阅读推广项目进行总结提炼,以编制阅读推广活动指南(或规范)及配套文件为结项标准。2020年共立项7项标准规范类课题,其研究对象包括绘本阅读推广活动、儿童信息素养教育、动漫阅读推广活动等。

(二)全民阅读活动评价及指标体系研究

全民阅读活动要讲实效,不能只停留在场次、参与人数等表面指标上,需要构建科学合理的图书馆阅读推广活动评价体系,对阅读推广工作进行定期评估和反馈。随着全民阅读工作的深入发展,关于阅读推广活动的相关评价及指标体系研究也日益增多。

岳修志于2015年立项了国家社会科学基金项目"阅读推广活动的评价指标体系构建及其实证研究",通过比较国内相关文献提出的阅读推广活动评价指标、全民阅读体系及其指标,分析单个、单位和区域阅读推广活动的过程及其要素,提出基于公共项目视角的阅读推广活动评价指标体系,共有管理绩效、技术绩效、经济绩效、社会绩效等6个一级指标,以及19个二级指标和92个三级指标。[30]王波指出"应从两方面来设计阅读推广活动的指标体系,一是基于图书馆的阅读推广活动评价指标,二是基于读者的阅读推广活动评价指标",提出基于问卷调查的单一阅读推广活动的评价指标,面向读者的评价指标包括参与广度、参与深度、读者满意度等8个指标,面向图书馆的评价指标包括投入的时间、人力、财力、与外单位合作等6个指标。[16]237-238 王素芳副教授提出,图书馆儿童阅读推广活动综合评估指标体系应包括图书馆、参与者和社会影响3个一级指标,人员、活动、经费、社会资源整合、参与者满意度等13个二级指标,以及组织者人数、常规活动数量、特色活动数量、政府对活动的支持度、媒体报道数量等50个三级指标。[16]258-260 该指标体系是一套涵盖了图书馆投入、产出、结果和影响的多维度的指标体系,比较符合当前国际图书馆界儿童阅读推广项目评估的趋势和国内现实,对儿童阅读推广实践活动有一定的价值导向意义。

## 第二节　图书馆全民阅读活动开展现状

图书馆作为全民阅读体系中的重要一环以及现代公共生活的信息中心,对全民阅读的推动和现代公共文化生活的构建都有不可替代的重要作用,依托丰富的阅读资源、完备的阅读空间和设施、专业的阅读推广团队,通过开展丰富多彩的阅读推广活动,宣传阅读的重要性和价值,培养读者的阅读兴趣和习惯,切实推进全民阅读事业的发展。

### 一、图书馆全民阅读活动总体情况

随着图书馆全民阅读事业的深入推进,各级各类图书馆组织策划了大量主题丰富、形式多样的全民阅读活动。在公共图书馆方面,每年的《中华人民共和国文化和旅游部文化和旅游发展统计公报》对公共图书馆组织的展览、各类讲座、培训班等三类读者活动进行了场次和参与人数的统计。据统计,2023全年,全国公共图书馆共组织各类讲座超12万次,参加人次约2258万人次。[31]从阅读活动供给的角度,各类讲座的组织和举办是公共图书馆重要的阅读活动形式,各馆每年的讲座数量也是衡量阅读服务的重要数据。[32]从统计数据中可以看出(见图4-1),近10年来,公共图书馆开展各类讲座的次数和参与人数都呈现不断上升的趋势,也从侧面反映我国公共图书馆全民阅读活动的供给量在不断上升。各级文化、出版、教育等部门会定期开展全民阅读活动的相关调研。如黑龙江省全民阅读工作领导小组开展了第三次全民阅读基础状况调研。调研发现,在"十三五"时期,全省各地各部门累计投入资金3.5亿元,搭建各类阅读平台2万个,举办各类阅读活动5万场(次),参与群众达2500万人次。[33]各级图书馆学会、公共图书馆也是开展全民阅读活动调查的主要机构。根据广东图书馆学会和广东省立中山图书馆联合发布的《2021年广东省公共图书馆事业发展报告》,广东各级公共图书馆积极开展讲座展览、阅读指导、读书交流、演讲诵读等形式多样的阅读推广活动。2021年,广东省各县级以上公共图书馆共有阅读推广活动品牌875个,珠三角地区各公共图书馆共举办阅读推广活动45172场,参与人数4804.95万人次。[34]深圳图书馆携手深圳图书情报学会联合发布的《2024年深圳"图书馆之城"

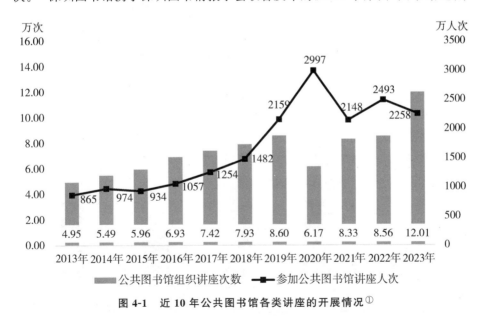

图4-1 近10年公共图书馆各类讲座的开展情况①

---

① 本章作者根据国家图书馆研究院《2023年中国公共图书馆事业发展基础数据概览》整理。

阅读报告》显示,截至2023年底,深圳共有804个公共图书馆(室)与321个各类自助图书馆。文献外借量2298.37万册次,累计持证读者478.54万人,全市持证率27.09%,举办的线上、线下各类读者活动2.8万场,参与读者2677.34万人次。[35]

在高校图书馆方面,当前并没有官方机构发布的高校图书馆开展全民阅读活动的数据,但众多研究者对各地、各类高校图书馆开展阅读推广活动的情况进行了调研,发现湖南、江苏、华北地区等大部分高校都有开展全民阅读活动。如,湖南省34所普通本科高校图书馆基本上都开展了阅读推广活动[36];江苏省130所普通高校图书馆中开展阅读推广活动的有88所,比例达到67.69%[37];华北地区336所高校图书馆中开展阅读推广活动的有178所[38];全国100所示范性高职院校图书馆、9所重点培育(扶持)院校图书馆,其中开展阅读推广活动的有68所,占比62%[39],42所"双一流"高校的图书馆均开展了丰富多彩的阅读推广活动[40]。

本次问卷调查显示,2018—2022年,图书馆年均开展10次以上全民阅读活动的占调查总数的92.85%,即大部分的图书馆每年都会持续开展全民阅读活动(见图4-2)。问卷也对图书馆开展全民阅读的活动形式进行了调查,调查结果发现荐读类(包括新书推荐、优秀读物推荐等)活动是当前图书馆开展最多的活动形式,超过85%的图书馆皆有开展此类活动,有超过70%的图书馆会开展诵读类(包括讲故事、集体诵读等)、讲座类、竞赛类(如知识竞赛、作文比赛、猜谜等)活动;交互类(包括读书会、作者见面会等)和展演类(如绘本剧等)活动则有40%以上图书馆开展。由此可见,当前我国图书馆开展全民阅读活动的形式多样(见图4-3)。

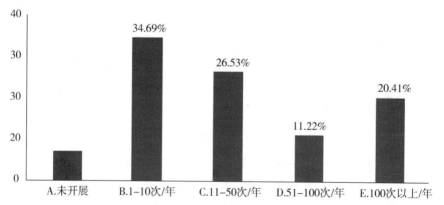

图4-2　2018—2022年图书馆独立开展各类型全民阅读工作的频率统计

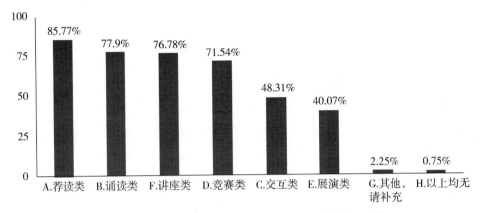

图 4-3　图书馆系统合作开展的全民阅读活动的主要形式

在图书馆全民阅读活动蓬勃发展的过程中,读者作为图书馆全民活动的核心参与者,他们的感受、体会成为衡量活动成效的重要维度。一方面,图书馆全民阅读活动越来越受到读者欢迎,参与人次逐年增长可为例证。另一方面,读者对图书馆的评价和对阅读的高涨热情也是图书馆全民阅读活动成效的证明。2020年,东莞图书馆吴桂春读者给东莞图书馆留言"余生永不忘你",让社会重新认识图书馆的价值和阅读的重要性。而在中国图书馆学会阅读推广委员会开展的"#我的读者,我的图书馆#——晒出图书馆读者留言"活动中,#我的读者,我的图书馆#微博话题晒出读者留言累计阅读27.3万次。全国各地的读者点赞身边的图书馆,表达对图书馆全民阅读活动的认可。

## 二、图书馆全民阅读活动主要类型

全民阅读推广是一种活动化的服务,其开展形式和类型有着很大的发展空间。当前各级各类图书馆开展的全民阅读活动异彩纷呈,众多专家学者根据不同的划分标准,将全民阅读活动划分成多种类型。根据阅读活动中涉及读者、读物和环境三大要素,可以分化出12种阅读推广活动分类标准[41],如根据读者年龄特征差异,可以将全民阅读活动分为幼儿阅读活动、少年儿童阅读活动、成年人阅读活动、老年人阅读活动等;根据活动周期,可以划分为常态性推广、策划性推广、随机性推广活动;根据活动的媒介不同,可以分为人媒式、物媒式、纸媒式、视媒式、数媒式、多媒式阅读推广活动。也有学者提出可以按照活动频率、活动性质、活动方法、活动形式、活动角色等五个维度进行分类,按照活动开展频率可以分为常态性推广、策划性推广和随机性推广,按照活动的性质可以分为直接推广和间接推广,按照图书馆在活动中担任的角色可以分为主角推广、配角推广和媒角推广,按照活动方法可分为拉法推广、推法推广和撞法推广,按照活动手段可以分为借图、借声、借影、借演等类型。[42]《公共图书馆法》第三十六条明确了公共图书馆推动全民阅读的方式,"公共图书馆应当通过开展阅读指导、读书交流、演讲诵读、图书互换共享等活动,推广全民阅读"。综合专家对图书馆全民阅读活动方法与形式的分类方式,结合公共图书馆法的相关要求和当前图书馆全民阅读开展的热点与趋势,本节将图书馆全民阅读活动分为:节庆类活动、阅读指导类活动、读书交流类活动、演讲诵读类活动、表演竞赛类活动以及其他类全民阅读活动等6类活动进行介绍。

(一)节庆类活动

近年来,我国越来越重视全民阅读工作,《政府工作报告》多次提及全民阅读的重要性,全民阅读推广成为现阶段的一项重要工作,全国各级各类图书馆充分利用"世界读书日""图书馆服务宣传周"等契机,策划开展了一系列如读书节、书香节、读书月等节庆类全民阅读活动,在全社会营造浓厚的阅读氛围。

根据中国新闻出版研究院第二十一次全国国民阅读调查结果显示,我国成年国民对阅读活动的诉求较高。2023年,我国成年国民对全民阅读品牌活动的知晓率达74.1%。其中,"本地读书月"影响力最高,为29.9%,对"本地特色读书节"活动的参与度也高达27.7%。[43]为了更好地满足居民对阅读活动的高诉求,各地全民阅读主管部门推出了精彩纷呈的全民阅读品牌活动。除了"4·23世界读书日"的安排之外,各地政府还分别在全年不同时期广泛开展"书香中国·北京阅读季""书香中国"上海周、"书香江苏""书香荆楚""天山读书节"等一大批各具特色、规模宏大的全民阅读节庆活动,据统计,每年总计吸引8亿多人次读者参与。[44]"苏州阅读节""东莞读书节""深圳读书月"等地方级大型阅读文化活动是以本地常住人口为服务对象,已连续举办数年并形成一定的品牌效应,公共图书馆在其中扮演着重要的组织者角色。如一年一度的东莞读书节,2005至2024年共20年来,共举办"线下+线上"市镇各类读书活动逾9209项(其中含全市性重点活动549项),参与群众7632余万人次,大大满足了占东莞常住人口七成以上、逾700万的外来务工群体的阅读求知需求。东莞图书馆承担了东莞读书节办公室的职责任务,协调、组织、策划、管理东莞全市读书节活动,充分发挥"阵地、活动、机制"阅读推广三要素共同推进的优势,注重对阅读推广的理性认知和实践提升,彰显图书馆的专业能力。

根据全民阅读与融媒体智库发布的《2022—2023年度"书香中国"全民阅读品牌发展趋势报告》[45],2022年,各地全民阅读品牌持续开展"青少年读书节""儿童阅读月/周""大学生读书""少儿书香节"等青少年阅读活动,部分开展青少年阅读活动较早的全民阅读品牌已经形成了有影响力的青少年阅读品牌活动,如"书香天津·校园大学生悦读之星"评选活动由天津市全民阅读活动办公室、市高校图工委及市高等教育文献信息中心共同主办,已连续举办七届,成功入选国家新闻出版总署全民阅读15个优秀项目名录,是高校图书馆组织的节庆类全民阅读活动的优秀案例;重庆市"书香重庆红岩少年"阅读大赛自2009年创办至今,已连续举办14届,全市41个区县公共图书馆全面参与,惠及350多万少年儿童;北京阅读季已连续12年针对不同年龄段的青少年开展"儿童阅读月""少年读书节""大学生读书节"等系列活动,通过各级各类图书馆的组织推进,活动规模和影响力也在不断扩大。

(二)阅读指导活动

阅读指导是图书馆的一项传统读者服务项目,也是彰显图书馆教育职能的主要方式。吴慰慈在《图书馆学概论》一书中对"阅读指导"活动作了如下定义:"阅读指导是图书馆员根据读者的不同需求和阅读目的,通过一定的方法和手段,引导和帮助读者正确、有效地利用图书馆的文献资源,提高其阅读能力和阅读效果的一种服务方式。"[46]常见的阅读指导类活动包括图书推荐、专题讲座、展览展示等。随着电子资源的普及,电子图书、电子期刊、数据库等电子资源的推广和使用辅导也成为图书馆阅读指导的重要组成部分。

1. 图书推荐

图书馆图书推荐活动一般围绕图书馆馆藏的优质阅读资源进行策划,如经典名著、特色馆藏、新到馆图书等都是重点推荐的内容。如中国图书馆学会自2017年起每年发布"中国阅读"图书推荐榜,榜单聚合全国公共图书馆之力,向读者推荐当年图书馆界最受欢迎的70种好书。五年来,共有31个省级行政区、600家/次公共图书馆及100余位专家参与,获取473万条流通数据,推出283种书籍。深圳图书馆联合中国图书馆学会阅读推广委员会在2014年启动"南书房家庭经典阅读书目"推荐活动,用10年时间,每年推荐30种经典图书,共推荐300种经典图书,从而形成一般家庭经典书架的基本容量,在指导家庭经典阅读、培育城市人文精神等方面产生了良好效果。所荐图书在深圳"图书馆之城"统一服务平台的借阅热度持续上升。2014至2021年累计总外借量达115.6万册次,外借读者突破102.4万人次。

在推广方式上,图书馆主要是建设专题网站,甚至是全文网站,以及创建微信荐书专栏或阅读App。清华大学图书馆创建了"读在清华"专题书架专题网站,分"每周甄选""新书通报""借阅排行"三类推荐。中国人民大学图书馆创建了"读史读经典"全文专题网站,进行经典阅读推广。公共图书馆也积极利用官网或微信公众号开设专栏定期推介特色馆藏文献,如广西壮族自治区图书馆"走读广西·遇见好书"、浙江图书馆"两浙缥缃"、四川省图书馆"川图观四川"等。

2. 展览讲座

图书馆在利用各类导读书目进行阅读推广时,往往会配套举办展览、讲座等系列主题活动,使读者可以更直观地了解图书内容,提升阅读效率。如中国图书馆学会在2019年启动的"中华传统文化百部经典"推介活动,结合了图文展览、名家讲座、阅读打卡、书评征集、知识竞赛等多种形式,培养读者的经典阅读习惯,提升对传统典籍的理解,受众达百万余人次。2022年,北京大学图书馆以"书香迢递,斯文在兹:共读《中华文明史》"为主题,举办北京大学首届阅读文化节,通过讲座、展览、文化体验活动以及知识竞赛等系列活动,立体深入地展示《中华文明史》一书的内容,真正实现对书籍内容的深阅读,大幅提升了学生对这部学术巨著的理解。

3. 数字资源推荐

应数字阅读的发展,图书馆主动适应信息技术条件下数字阅读方式更便捷、更广泛的特点,积极推动全民阅读工作与新媒体技术紧密结合,通过加大数字阅读供给、推广线上阅读服务、开展数字阅读创意活动等方式助力全民阅读。"扫码看书,百城共读"活动就是其中的代表。"扫码看书,百城共读"活动是2016年由东莞图书馆首先在东莞地区策划发起,经中国图书馆学会阅读推广委员会倡导,在全国开展的一项公益性数字阅读推广行动项目。该项目以重建数字时代图书馆"知识入口"形象,打造图书馆"数字阅读之门"为目的,以二维码作为移动获取图书馆数字资源的极简通道,整合数字资源商免费提供的电子图书、期刊、听书、音乐等资源,通过阅读推广专家的甄选,定期向读者提供优质的数字阅读内容,引导深度阅读,让读者"易读、易得、易交流",提升读者数字阅读素养,截至2022年底累计在东莞地区和全国推荐数字资源1696种,资源利用量超1079万次。项目的全国参与单位达527家,覆盖全国30个省级行政区、200余个市、300余个县(区),扫码看书从一城到百城,全民共读效应不断增强。

### (三) 读书交流活动

读书交流活动通常是指通过各种形式的活动,促进读者之间的交流和互动,以增加读者对书籍的理解和欣赏能力,同时也可以扩大读者的阅读面和知识面。在以借阅为中心的服务体系向以学习为中心的多样化服务体系转型的新时期,开展读书类活动能够发挥图书馆的空间价值,挖掘图书馆的潜在资源,更好地为读者提供服务,是结合读者、资源、空间三者功能于一体的服务形式,越来越受到图书馆的重视。

#### 1. 读书会

读书会是阅读分享活动的一种主要方式,活动形式通常为读书报告交流会、阅读研讨会、阅读沙龙等,主要目的在于推荐图书、推广阅读、增进交流与理解,是图书馆历久弥新的阅读推广方式。读书会的运作流程包括确定讨论主题、确定讨论图书、寻找讨论引导者和宣传者、以报名或预约的方式确定参与者、开展阅读交流、汇总及整理讨论会材料,以及评估成效。实施形式通常为一名或数名引导者(如语言文学类教师,或是作者)及参与人员就某本书或某类书交流相关问题、观点,或是阅读体会。[47]

图书馆开展读书会活动主要有三种方式,分别是自行组织、委托组织和合作组织。[48]图书馆自行主办的读书会由专人负责,有专门的活动场所和完善的管理制度和运作程序。目前,图书馆的读书会大多是这种组织形式,如苏州图书馆"天香读书会"。委托组织是指由图书馆发起组织并提供活动空间,交由图书馆的志愿者或在校大学生,或者委托某一阅读组织进行管理与开展活动。如北京的浩途家庭俱乐部受多个社区图书馆委托开展家长沙龙活动,影响颇大。合作组织是指由图书馆提供活动空间,与其他阅读组织和社会机构共同举办读书活动。在这种组织方式下,图书馆组建一个读书会管理团队,策划读书活动,与其他阅读组织和相关机构开展联系与合作,并对读书活动进行管理。广州图书馆与广州新华出版发行集团合作建立的"广州阅读联盟"与广州市各类阅读组织合作,在广州图书馆及各区图书馆、社区文化空间、新华书店等举办各类阅读活动,超过7万人次的参与者从中受益。东莞图书馆易读书友会成立于2014年9月,以"好书共读,以书会友,交流知识,分享智慧"为宗旨,以东莞图书馆阅读推广刊物《易读》为平台,以图书馆业务部专业馆员为骨干力量,广泛开展社会合作,并于2018年组建东莞阅读联盟,共同开展读书活动,实现阅读资源共享。

#### 2. 真人图书馆

真人图书馆是一种将个人的阅读行为立体化的活动。它把"人"作为可借阅的书,把人的经历与知识作为读者阅读的内容,把真人书与读者的交谈作为书的阅读方式,以达到鼓励交流、分享经验的目的。[49]上海交通大学图书馆的"鲜悦(Living Library)"真人图书馆活动,首期在2009年3月进行,至今已持续10年。上海同济大学图书馆、石家庄学院、广东外语外贸大学、大连医科大学、南京师范大学等大学图书馆也陆续开展了"真人图书馆"活动。[50]上海图书馆自2012年起推出"真人图书"借阅服务,邀请来自各行各业的人士作为"图书",供读者借阅。这些"图书"涵盖了文学、历史、哲学、心理学、艺术等多个领域,读者可以通过预约的方式,与这些"图书"进行面对面交流,了解他们的故事和见解。广州图书馆、杭州图书馆、成都图书馆、南京图书馆等也都有开展类似活动。

3. 线上交流活动

随着互联网技术的发展,越来越多的读书交流活动开始采用在线形式。例如,通过社交媒体、在线论坛或读书应用等平台,读者可以随时随地分享自己的阅读心得,评论书籍,与其他读者进行交流等。北京科技大学图书馆获2017年国际图联图书馆营销奖第一名的项目"读书天"(READay),每天在专栏上推送一本由学生原创书评的图书及书中的精彩片段,通过社群化运营,活动取得了显著的成效。

(四)演讲诵读类活动

中国从古代开始,朗读就作为读书人的一种传统学习方式而存在,传承到现代,朗读已由学习方法转变为一种常见的阅读方法,也是图书馆阅读推广工作中经常采用的活动形式。演讲诵读类阅读推广是以馆员诵读书籍故事为主的活动,包括讲故事、讲绘本等活动都属于诵读。[51]各式各样的绘本故事会广受少儿读者喜爱,国家图书馆少儿图书馆的"周末故事会"、首都图书馆的"红红姐姐讲故事"、杭州少年儿童图书馆的"小可妈妈伴小时"、深圳市少年儿童图书馆的"喜阅读书会"等都深受欢迎。新疆库尔勒市图书馆的"故事妈妈"项目起源于一位明眼的孩子给视障妈妈讲故事,由库尔勒市图书馆馆员普凯群发起,通过召集志愿者团队,走进社区、乡村、孤儿院、学校,给孩子带来阅读的教育和妈妈的陪伴。

广大图书馆充分发挥专业性,根据不同的读者需求对诵读活动进行创新。如中国图书馆学会2016年阅读推广优秀项目黑龙江省图书馆的古诗词吟唱公开课活动项目,邀请黑龙江省内国学名家刘冬颖教授为读者教授古诗词吟唱技巧,还原演唱古乐谱诗歌曲调,以亲子课堂的生动形式,激发孩子们的学习兴趣,打消孩子们对国学枯燥乏味的认识,引领公众共赏古典诗词的音韵之美、文字之美。福建省图书馆和福建省图书馆学会每年结合重要的时事热点开展"读中华经典颂时代华章"全省诵读比赛活动,2019年首次举办。诵读比赛的参赛选手涵盖全省不同年龄层次、不同领域行业。最小参与年龄6岁,最大参与年龄74岁。参赛选手除涵盖教师、公务员、学生、军人等不同职业身份外,还包括盲童、退休老人等特殊群体。

（五）表演竞赛活动

为了培养参与者的阅读兴趣和阅读习惯,提高读者的阅读质量和阅读能力,表演竞赛类活动以其挑战性、表演性和激励性更佳的特点,也成为图书馆全民阅读活动的一种重要形式。

1. 竞赛类活动

根据活动参与方式,竞赛活动可分为现场型竞赛和作品征集型竞赛两种。

现场型竞赛是指参赛者在同一时间、同一场地内同时完成某项任务,并且当场比较得出结果的形式,例如朗读比赛、演讲比赛、知识问答比赛等等。如华东师范大学图书馆的"声动人心"经典诵读比赛、南京大学图书馆组织的"书香南大·读书有奖"演讲比赛、天津师范大学组织的"悦读之星"演讲赛等,此外,清华大学、浙江大学、上海交通大学等高校也有类似活动。中国图书馆学会阅读推广委员会自2016年起开始组织大学生读书演讲风采展示活动,旨在通过阅读与演讲的形式,引领大学生获取文化知识、展示青春风采,传承时代优秀精神,凝聚青年奋斗力量。该活动通常在每年的4月至5月进行,为期约一个月,由中国图书馆学会阅读推广委员会主办,各省市高校图书馆、相关组织单位协办,同时还会邀请业界专家学者、知名人士担任评委,确保活动的专业性和公正性。该活动影响力广泛,覆盖了全国范围内的近百所高校,参与学生近千人,社会反响强烈。活动不仅提高了大学生的阅读、思考和表达能力,还为高校图书馆开展阅读推广工作提供了新的思路和方法。

作品征集型竞赛是将某一主题或某一类型的创作作为比赛内容,读者不需要在现场创作,只需要在规定时间内提交比赛作品,由活动组织方组织评委评选后得出结果,如书评征集、诗歌征集等。中国图书馆学会阅读推广委员会从2013年起组织馆员书评征集活动,目前已开展了十二季馆员书评征集活动,从2016年起,通过馆员书评活动,遴选推出《全国图书馆馆员荐书榜》向全国发布,并将获奖书评刊登在《图书馆报》《图书馆杂志》《阅微》《书林驿》《喜阅》《厦门图书馆声》《张掖阅读报》《藏书报》等刊物上,以图书馆员的专业视角为读者提供阅读指引。

#### 2. 演出类活动

图书馆举办的表演类阅读推广活动主要包括话剧、舞台剧、绘本剧、情景剧、角色扮演、童谣演唱等。深圳市福田区图书馆从 2014 年开始探索绘本剧，推出"绘本剧嘉年华"系列活动，活动内容包括国内外优秀儿童剧演出、主题讲座、戏剧工作坊、绘本剧大赛和研讨会等，为绘本剧实践者提供理论和实践较为全面、实用的指导。沧州图书馆自 2017 年底开始尝试打造"话剧时空"这一品牌活动，沧州图书馆与青年文化志愿者团队——入梦剧团合作，每年冬、夏两季举办大型话剧公益演出，并延伸推出经典戏剧作品阅读推广周、剧本研读、主题讲座、剧组主创人员与读者见面会、经典话剧视频展播等活动，以话剧展演为主要形式，通过有效途径引导读者积极参与交流与互动，带给读者愉悦和沉浸的阅读感受。这一品牌活动得到了各界读者的广泛关注和积极参与。

### （六）其他类型活动

随着技术手段的不断发展，图书馆全民阅读活动的形式也在不断创新，并且提供了更加多样化的活动主题以满足读者多样化的活动需求。图书馆借助社会力量开展跨界合作的尝试，为阅读推广活动提供了更广阔的创新空间。

#### 1. 研学类活动

自 2018 年文化和旅游部的组建开始，文化设施与旅游资源相融合成为图书馆服务创新的新方向。2018 年 10 月，文化和旅游部《关于做好冬季旅游产品供给工作的通知》首次正式提出将图书馆等纳入旅游线路。但是图书馆如何利用自身的各种资源，设计科学的研学课程，将传统服务与研学旅行课程相融合是目前的一大挑战。众多图书馆积极立足本馆特色，与社会力量合作，共同探索利用旅游资源推进全民阅读的有效途径。如"国际茶日"及每年 5 月"图书馆服务宣传周"之际，东莞图书馆联合各分馆举办"茶韵书香"系列活动，以茶文献资源为基础，寻求跨界合作，包括茶文化促进会、茶文化博物馆、茶企业等，通过赞助、活动合作等方式，举办茶文化主题讲座、展览、茶园研学旅行、博物馆探秘、茶叶品鉴等活动，促进茶文化的传播，实现社会公众、图书馆、茶产业之间的良好互动。安徽省图书馆围绕"从图书馆出发：一本书的旅行"这一主题，组织中小学生通过一天的研学，参观图书馆、出版集团、印刷厂、新华书店等单位，让小读者体验一本书从选题、组稿编辑、审校到制版印刷再到市场流通的全过程，加深他们对图书馆的认识。佛山市图书馆"旅图·晓读夜宿"以民宿为载体，将公共图书馆资源与旅游相结合，通过在景区及周边地区选择合适的民宿，将其改造为具有图书馆功能的阅读空间,使读者可以在旅途中随时借阅图书、参加阅读活动、交流阅读心得等。此外,项目还针对不同主题的民宿设计相应的阅读主题和活动,吸引读者在旅途中深入了解当地的历史文化、风土人情以及生活习俗等。2018年4·23世界读书日,"阅天下·邂逅图书馆之美"活动在长沙图书馆首发启动,活动采取线上线下同步参与的方式,读者可以到附近的参与图书馆领取"游学护照"和"游学笔记",到全国多家图书馆盖章打卡,并在"游学笔记"上记录所思所得,也可以通过新浪微博线上参与话题♯阅天下·邂逅图书馆之美♯或通过微信小程序打卡,分享照片及文字心得,通过图书馆特色主题游学这一新型阅读推广模式,将阅读、旅行有机结合,密切人、书、馆、城的联系,让公众进一步了解图书馆,利用图书馆,促进全民阅读。

2.户外阅读活动

2021年7月,在"双减"政策背景下,户外阅读学习方式正在悄然兴起。户外阅读具有开放性、灵活性以及自由性等特点,被看作是一种"没有围墙的教室"[52]。图书馆作为推广阅读的重要机构,有义务也有必要针对广大未成年人读者开展户外阅读推广活动,结合当地地域特色,尤其是文化遗产、红色文化等资源,引导广大未成年人读者在户外以及自然环境中亲身学习体验,为读者锻炼能力、了解自我和环境等创造条件。深圳龙岗区图书馆"一书一世界"户外阅读项目以"让阅读无处不在"为理念,在公园、社区等公共场所设立阅读角,提供舒适的座椅和灯具,以及精选的图书和杂志,让读者可以在户外安静地阅读,并且定期在户外阅读角举办读书会,邀请作家、学者、艺术家等嘉宾与读者面对面交流,分享他们的创作和阅读体验。[53]宁波图书馆的"草木笔记"活动一般会选在具有丰富植物资源的户外场所举行,邀请专业人士为参与者讲解各种植物的名称、习性、用途等基础知识,带领大家走进大自然,将全民阅读与环保教育相结合。

3.艺术阅读活动

图书馆艺术类资源类型丰富、别具特色,对其进行阅读推广能够给读者提供精神愉悦的享受,提升读者审美能力,增强图书馆的美育功能。[54]图书馆通过开展丰富多样的艺术阅读推广活动,将艺术与阅读进行深度融合,通过阅读感知艺术之美,通过艺术揭示阅读内涵,从而进一步推进全民阅读,促进美育教育。中国图书馆学会阅读推广委员会一直致力于开展艺术阅读推广工作,策划开展了"艺术与阅读"美育展览活动、"读绘经典"图像阅读与创作活动、全国书偶创意设计征集活动等,以美育展览、艺术创作等方式推进全民阅读。2018年中国图书馆学会阅读推广委员会首次主办"图书馆杯"主题图像创意设计征集活动,至今已成功开展三届,吸引全国超过1500家图书馆参与,3万余位读者投稿。活动汇聚了大量优秀的阅读推广主题设计作品,从艺术的角度汇集了图书馆工作人员及读者对阅读之美的想象和表达,已成为图书馆界较有影响力的全民阅读推广品牌活动。天津大学图书馆利用馆内音乐欣赏室的场地资源,依托特色馆藏资源《中国京剧音配像精粹》,策划推出京剧音配像欣赏会活动,引导读者了解京剧艺术,弘扬我国优秀传统文化。"声光色影读经典"是东莞图书馆自2015年起开展的一项阅读推广工作,以文学、影视经典作品为主要推广内容,邀请阅读或创作经历丰富、有较高欣赏水平的志愿者担任讲解老师,就经典作品相关话题组织专题交流活动,通过光影、文字、图片、声音等媒介全方位地诠释文学艺术经典的魅力,以此激发、培养读者经典阅读的兴趣和习惯。

### 三、图书馆全民阅读活动特点

**(一)活动开展常态化,将阅读推广融入日常服务**

在全民阅读活动发展早期,图书馆开展全民阅读活动的频率并不固定,公共图书馆往往集中在"4·23"世界读书日、图书馆服务宣传周等特殊时间节点开展全民阅读活动,而高校图书馆和中小学图书馆则集中在"两季一节"即入学季、毕业季和文化节等时间点开展活动。但随着全民阅读的不断深入,图书馆节庆类活动的时间不断延长,从原来的一天一周,慢慢变成一月,甚至演化成贯穿全年的系列活动。从不定期开展到全年实施,标志着图书馆全民阅读工作真正成为图书馆的主流服务。

**(二)活动推进体系化,形成品牌效应**

经过多年体系化建设,我国图书馆,尤其是公共图书馆已建立了相对完善的服务体系。为了扩大图书馆全民阅读活动的影响力和覆盖面,图书馆充分利用图书馆服务体系,由城市中心图书馆发挥业务统筹、辅导职能,积极发动、组织基层乡(镇)图书馆共同开展活动,指导各基层充分利用本地资源组织活动,以体系化推广的形式让更多居民切实了解、参与到联动活动中来。东莞图书馆2017年启动了绘本馆体系化建设,服务体系内各绘本馆在总馆带动下,每个季度定期举办各具特色的绘本阅读活动,每年体系内各绘本馆联合策划统筹大型绘本活动,扩大宣传和社会影响,并配以《东莞图书馆绘本馆建设项目工作方案》《东莞图书馆绘本馆合作共建协议》《东莞图书馆绘本馆服务标准》等制度文件,打造"为爱朗读""爱绘本 i 悦读""绘本进社区"等阅读推广项目,形成以"绘本阅读"为抓手的东莞地区阅读推广联合品牌效应。

(三)活动内容特色化,推广地方文化

各地图书馆结合各地区历史文化特色,通过挖掘区域资源、搭建地区阅读品牌和活动矩阵、结合区域特色加强区域联动等方式,举办一系列具有本地特色的全民阅读活动,有效促进全民阅读品牌的差异化、特色化传播,提升本地群众参与度、辐射面和号召力,营造独具特色的城市阅读氛围。如首都图书馆联合市内图书馆充分利用北京悠久的传统文化资源,围绕传承发展古都文化、红色文化、京味文化、创新文化推动全民阅读工作,推出北京中轴线走读、京剧文化走读、"书本里的北京轴线"展览与数字体验活动等一系列创新活动,将全民阅读推广与传承地方文化有机结合,通过阅读活动助力城市文化品质的提升。深圳图书馆联合"粤港澳大湾区"各城市图书馆举办"从文献看湾区"系列特色主题展,通过互动策展、联合办展、交流巡展等形式联动湾区公共图书馆,聚焦"大湾区"城市公共图书馆馆藏珍贵的文献资源,从文献视角展现湾区历史文化底蕴和城市经济、社会发展面貌,推动粤港澳大湾区城市间文化交流,增进城际间的相互认知。

(四)引入社会力量,打造"图书馆+"活动新模式

图书馆通过社会资源的引进与整合,对图书馆业务进行拓展和延伸,是图书馆与合作方优势互补、聚力发展的服务模式创新。[55]通过分析国内公共图书馆较为成功的阅读推广活动,不难看出,仅靠图书馆一家的力量推广阅读其效果是有限的。那些成功的阅读推广活动在主题谋划、协调指挥、组织运行、活动评价等各个环节都离不开其他社会组织的鼎力协助。[56]图书馆与社会组织的合作以及交流运营阅读推广项目已有相当的实践积累,如杭州图书馆科技分馆"书香科技城"民间阅读组织联盟、温州读书会联盟、佛山阅读联盟、广州公益阅读等,联盟成员通过图书馆审核后,可以单独或与其他联盟成员联合以"某馆阅读联盟"的名义在图书馆场馆内外策划实施阅读推广。[57]合肥市图书馆以 PPP 模式,与社会力量合作共建"悦·书房",利用"悦·书房"的场地,并引入志愿者队伍,策划开展手工、讲座、绘本故事汇、亲子教育等各类主题活动,并在活动实践中,打造"4点半悦·课堂""悦·诗词"等四个品牌活动,为读者们带来更加丰富的阅

读体验,让读者在家门口就能享受优质的阅读推广活动资源。

(五)拓展数字阅读推广,助力活动提质增效

随着信息技术的快速发展,图书馆全民阅读活动也呈现出丰富和提升数字化的趋势。图书馆利用线上平台开展全民阅读活动,提高活动的参与度和影响力。如武汉大学图书馆牵头组织的大学生读书演讲风采展示活动,利用视频录制方式,在线进行作品征集、评选和展播,得到了众多图书馆的积极参与。同时,图书馆还积极推动线上阅读服务的发展,通过开发阅读App、微信小程序等方式,为读者提供更加便捷的阅读体验。如有全国500余家图书馆参与的"扫码看书,百城共读"项目,实现数字资源的快速获取和分享,读者只需手机扫码即可随时随地阅读,普惠广大基层图书馆尤其是偏远地区群众。通过技术赋能与数字化升级,图书馆的全民阅读活动从馆内延伸到读者身边手边,提升了阅读推广的效率,也增强了读者的体验感和满意度。

## 第三节 图书馆全民阅读活动开展的机遇与挑战

在长期的工作实践中,图书馆界在开展全民阅读活动方面积累了一定的经验,也取得了一定的成果,由行业组织的全民阅读活动起到了专业引领、示范推动的作用,由公共图书馆组织的全民阅读活动遍地开花,深入基层,高校图书馆、中小学图书馆、专业图书馆、民办图书馆在全民阅读活动开展中也发挥了积极作用,进一步提高了全民阅读活动的覆盖面、参与度。未来,图书馆全民阅读活动开展仍需不断创新和改进,牢牢抓住机遇,积极应对挑战,助力全民阅读事业发展加速推进。

### 一、发展机遇

全民阅读是新时代精神文明建设的载体之一,是增强文化自信和建设文化强国的重要举措。"十四五"时期我国发展处于重要战略机遇期,图书馆开展全民阅读活动也将迎来重要的发展机遇。

(一)国家战略层面支持,相关政策出台保障

党和政府高度重视全民阅读,进入新时代,全民阅读上升为国家发展战略。

自2014年起,"全民阅读"连续11次被写入政府工作报告,2022年政府工作报告提出"深入推进全民阅读",从"倡导"到"深入推进",彰显了党和国家对全民阅读的持续关注;2022年4月,习近平总书记专门向首届全民阅读大会致贺信,提出"希望全社会都参与到阅读中来,形成爱读书、读好书、善读书的浓厚氛围",大力倡导和亲自推动全民阅读;2022年10月,党的二十大报告提出要"深化全民阅读活动",是继2012年党的十八大报告历史性地写入"开展全民阅读活动"以来,"全民阅读活动"第二次被写入党的全国代表大会的报告,体现了党中央对推动全民阅读、建设书香中国的高度重视。

在相关政策法规方面,《公共图书馆法》第三十六条规定"公共图书馆应当通过开展阅读指导、读书交流、演讲诵读、图书互换共享等活动,推广全民阅读"[58],对公共图书馆举办全民阅读活动明确了法律责任;2020年10月,中央宣传部印发《关于促进全民阅读工作的意见》,意见明确"到2025年,通过大力推动全民阅读工作,基本形成覆盖城乡的全民阅读推广服务体系,全民阅读理念更加深入人心,活动更加丰富多样,氛围更加浓厚,成效更加凸显"[59],对全民阅读活动开展的丰富化提出了要求;2021年发布的《中华人民共和国国民经济和社会发展第十四个五年规划和2035年远景目标纲要》明确提出,深入推进全民阅读,建设"书香中国"[60];2021年文化和旅游部发布的《"十四五"公共文化服务体系建设规划》提出"广泛开展全民阅读活动",并进一步具体化了时间节点,指出要"围绕世界读书日、图书馆服务宣传周、全民读书月以及重大节庆活动,深入开展系列阅读推广活动"[61]。图书馆作为全民阅读的主阵地,向来以推广全民阅读为己任,进入新时期,国家战略层面的持续重视、政策法规的相继出台更为图书馆广泛、深入地开展全民阅读活动提供了有力支持、重要保障和发展机遇。

(二)全民阅读理念深入,社会阅读环境提升

自古以来,中华民族就有着崇尚读书,耕读传家、诗书继世的思想,"读书破万卷,下笔如有神""立身以立学为先,立学以读书为本""腹有诗书气自华,读书万卷始通神"等名言世代流传、激人奋进。党的十八大以来,在党中央的重视和引领推动下,全民阅读工作深入推进,阅读更进一步走进乡村、基层,逐步向全年龄人群覆盖,书香社会建设进展明显,读书学习蔚然成风,媒体也介入和推进全民阅读,中央电视台推出的《朗读者》《中国诗词大会》以及部分省市卫视的《见字如面》等与阅读相关的栏目受到了大众的关注和欢迎,体现了公众参与全民阅读

的热情。全民阅读理念深入人心,越来越多的群体参与到全民阅读活动中来,包括个人、学校、社区、企事业单位、行业组织等,不仅壮大了图书馆开展全民阅读活动的客体规模,还有可能发展成为活动组织的合作对象,带来更多的资源支持,拓展更大的活动平台,为图书馆开展全民阅读活动带来更多的关注度和参与度,推动活动的规模和影响力进一步扩大。

从2015年中共中央办公厅、国务院办公厅印发《关于加快构建现代公共文化服务体系的意见》,到《公共文化服务保障法》和《公共图书馆法》相继颁布施行,全国公共图书馆建设取得积极进展,全民阅读基础设施、服务保障体系不断完善。在2024年第三届全民阅读大会上,中国新闻出版研究院发布的第二十一次全国国民阅读调查结果发布,对比往年数据可发现,从2012年到2023年,全民阅读率显著上升,成年国民包括书、报、刊和数字出版物在内的各种媒介的综合阅读率由76.3%提升到81.9%,图书阅读率从54.9%提升至59.8%,年人均纸质图书和电子书合计阅读量由6.74本提升至8.15本。[62],可见随着社会阅读环境显著改善,人们的阅读需求日益增长,相应地对优质阅读资源、良好阅读体验有了更高的追求,这将成为图书馆开展丰富多彩的全民阅读活动,为人们提供品质化、多元化的阅读生活的重要机遇。

(三)数字媒介发展迅猛,科技赋能阅读活力

数字化时代,从"一卷在握"到"万卷一屏",数字媒介的迅猛发展带来阅读的内容、形式、时间、场所的极大变化,激发了人们更大的阅读潜力,也为图书馆开展全民阅读活动提供了更多新能量。《2023年度中国数字阅读报告》显示,2023年我国数字阅读用户规模达5.70亿,同比增长7.53%,数字阅读市场总体营收规模达567.02亿元,同比增长22.33%[63],可见数字阅读发展势头强劲。在传统纸质文献资源推广的基础上,以电子书、有声书、视频、多媒体课件、虚拟现实3D内容等多元化呈现方式的数字阅读资源将形成图书馆阅读推广活动的多元内容题材格局,以优质内容输出提升活动推广成效。此外,数字媒介的快速发展使人们的阅读需求趋向多元化、个性化,这将推动图书馆加强数字化理念,建设数字化阅读平台,开展智慧阅读服务,为图书馆积极探索全民阅读活动开展新模式提供新动力,带来新思路。

近年来,5G网络、云计算、区块链、人工智能、大数据、虚拟现实、全景视频等新技术不断涌现,为不少行业开辟了更加广阔的发展空间。虚拟现实在游戏娱乐、教育和培训、建筑与设计、医疗保健等领域都有广泛的应用,在提供空间感

知、内容推介、交互交流各方面都已经有成功案例,如 VR 新闻纪录片、全景 VLOG、汽车厂商提供的沉浸式试驾等,而 AR/VR 将步入 5G 进阶期,与其他新技术的融合协同应用(如元宇宙等新应用概念)将为全民阅读活动打开"沉浸式"新世界的大门。大数据、云计算技术则为用户画像、阅读行为分析提供了条件,使图书馆精准化、定制化策划阅读推广活动成为可能。在科技赋能下,图书馆开展全民阅读活动迎来新机遇,未来阅读活动开展的每一个环节都有机会在实物的基础上,于虚拟空间中获得扩展、互联,为读者提供更多元的交互和动态体验,以科技打破阅读壁垒,使活动开展朝智能化、定制化、精准化、个性化发展,拓宽阅读边界,激活阅读活力,推进全民阅读活动走向更广阔的场景。

## 二、面临的挑战

机遇往往与挑战并存,在新时期,图书馆开展全民阅读活动迎来新的发展机遇,也仍然面临着一定的挑战。在新征程上,图书馆还需继续探索和研究,推动全民阅读活动开展走深走实,为奋进新征程、建功新时代注入力量。

(一)专业人才不足

图书馆开展全民阅读活动的具体落实者、执行者是图书馆员,其业务能力和专业水平直接关系到活动成效,而阅读推广活动是活动空间、阅读资源、阅读服务、阅读活动、阅读兴趣、阅读习惯、阅读方法、文本选择、专用技术等各种要素的集合[64],对活动策划和组织管理者的专业素养有较高的要求。今日的阅读推广在活动的范围、内容、组织、手段、对象等方面都有了重大的改变,图书馆员要成为一个合格的阅读推广人,自身的专业能力需要有相应的提升。[65]在全民阅读上升为国家战略的背景下,图书馆员以阅读推广为己任,积极开展各种阅读推广活动,但仍面临着专业人员不足的挑战。据统计,2023 年末,全国共有公共图书馆 3246 个,从业人员 6.1 万人,其中具有高级职称人员 0.8 万人,占 13.0%,具有中级职称人员 1.9 万人,占 31.19%[5],可见中高级职称人数占比不到总数的 50%。此外,据教育部高等学校图书情报工作指导委员会统计,截至 2023 年 8 月 3 日,共有 1327 所高校图书馆提交了 2022 年度在编工作人员的有效数据,总人数为 38010 人,馆均 28.6 人[66],数据表明高校图书馆在编工作人员的数量差异较大,且呈现出持续降低趋势,"双一流"建设高校图书馆的在编工作人员学历学位层级明显高于其他高校图书馆,发达城市的重点高校图书馆工作人员的学历学位提升速率快于欠发达城市的非重点高校图书馆。[67]职称、学历是衡量图书馆员知识、能力和素质的重要标志之一，也是图书馆员从事阅读推广工作的重要基石，具备高学历、专业技能职称、多学科背景等更有助于阅读推广人的专业化，更有助于全民阅读活动开展的规范化、深度化。从以上数据看，未来图书馆阅读推广活动专业人才队伍建设还有待加强。

（二）理论体系不够成熟

长期以来，图书馆全民阅读活动开展得如火如荼，相关实践也在不断丰富，但仍存在缺乏成熟的理论体系指导的问题。在国家重视和大力倡导全民阅读的背景下，个人阅读活动不再局限于个体的阅读行为，而是与社会提供的阅读资源、阅读设施等有密切的关系，作为全民阅读活动的主要组织者，图书馆需要成熟、稳定、立足于中国国情和国民需求的理论体系，来为全民阅读推广、人才培训、调查、评估等提供指导，助力健立全民阅读活动开展的科学机制，解决实践中活动定位策划、内容方式、成效与价值评估等方面存在的问题。图书馆在开展阅读推广中如何既尊重公众的差异性的阅读行为，维护公民阅读权利，又能够对阅读行为进行有效促进，提升国民阅读率，在理论上和实践中还有许多问题需要研究。这一领域需要研究阅读、阅读行为与机理、社会阅读与全民阅读、阅读干预理论和图书馆阅读推广等命题所涉及的基础理论问题。[68]只有以成熟的理论指导实践，以丰富的实践完善和发展现有理论，才能进入理论指导实践，实践完善发展理论的良性循环，促进全民阅读活动的开展提质增效。

（三）活动管理体系不够完善

图书馆全民阅读活动开展至今，取得了显著的进步，部分图书馆在长期实践中形成了自己的活动品牌，部分优秀案例也产生了示范效应，但就总体而言，活动管理体系还不够完善。在活动前期策划中，活动的长期性和可持续性规划不足，导致许多活动在一场嘉年华式的热潮过后就陷入停顿阶段，没有产生持续的活动效果，活动内容存在主题同质化、品牌深度不够的问题。随着公共文化服务的大力推进，社会精神文明建设成效凸显，人们的精神文化需求进一步提升，对高质量的文化产品和知识服务有了更高的期待，一般性、应景性阅读活动已难以满足人们的需求。第二十次全国国民阅读调查数据显示，我国成年国民对阅读活动的诉求较高。2022年，有80.5%的成年国民认为当地有关部门应当举办读书活动或读书节。[69]在活动的执行过程中，部分出现图书馆主体地位缺失、角色弱化的现象，如许多中小学开展了阅读推广活动，但常常由学生处、团委、大队部等部门组织。[70]在各类校园阅读活动组织中，只有帮助师生提升信息素养而开展的阅读活动由图书馆全面负责[71]。活动推广范围也存在一定的局限性,如高校图书馆阅读推广活动面向对象是在校师生,来自校外的社会读者或参与到高校图书馆阅读推广活动中,但不是常态性,也未形成规模。在活动的总结阶段,目前还没有图书馆行业通用的阅读推广评价指标体系,活动评价和奖惩机制不完备。未来全民阅读活动高质量、品牌化发展仍需完善的活动管理体系作支撑。

## 第四节 图书馆全民阅读活动开展的对策与建议

当前正处于全面推进中国图书馆事业高质量发展的新征程中,图书馆全民阅读活动开展也面临着新的发展要求,需要持续关注、科学管理、规范实施活动全过程。在活动顶层设计方面,首先要紧跟新政策要点,落实文件新要求,以国家及行业规章制度、国家及行业五年规划、国际图联战略规划、中国图书馆学会相关文件、地区出台的相关指导意见等为指导标准策划重点主题活动;其次是紧密结合新形势,如文旅融合为图书馆阅读推广活动开展带来的新合作空间、新冠肺炎带来的新挑战、跨界融合趋势带来的社会力量参与图书馆活动推广等,活动内容和形式要与时俱进、紧贴实际;再次是注重活动体系化、质量化,包括统一主题和口号、优质阅读内容输出、阅读人群覆盖、重点阅读品牌打造等。在活动具体策划执行方面,图书馆要发挥引领、主导作用,组建专业阅读推广队伍,以多种形式开展各类活动,制定活动总体目标和具体指标,区分不同年龄、不同阅读层次读者的需求,保障少年儿童、特殊人群的阅读需求,有针对性地策划活动,加强活动联动性,可依托总分馆体系、图书馆之城等服务网络开展,同时注重跨界合作,与相关文化机构、企业、媒体平台等合作,让活动走出图书馆,走进社会,提高活动的社会影响力。在活动总结评估方面,关注目标及指标完成情况,进行定性和定量评估,从内部完成质量和外部影响力评价两方面相结合进行绩效评估、对比,更重要的是尽快制定行业通用的阅读推广活动评价体系。

总之,面向未来,图书馆界需要梳理整合发展重点,加强发挥在全民阅读中的主力军作用,提升全民阅读活动的品质和效果,拓展全民阅读活动的覆盖面和影响力,建立科学的指导机制为实践活动提供理论支撑,从而书写图书馆全民阅读活动的新篇章。

**一、加强整合，增强品牌影响力和行业话语权，进一步发挥图书馆在全民阅读活动中的主力军作用**

图书馆要加强整合，从行业联合和跨界融合两个方向，积极探索全民阅读活动开展的新内容、新方式。首先，作为阅读推广工作开展的主阵地，图书馆自身的主体意识应树立起来，以职业情怀和专业性作为行业的立身之基，找到图书馆的意义与价值所在，加强在全民阅读活动中的话语权，以中国图书馆学会为带领，整合图书馆行业力量，围绕世界读书日、图书馆服务宣传周、建党纪念日、重大节庆日等重要时间节点集中开展系列阅读推广活动，形成活动联动效应。其次，在跨界融合的社会趋势下，图书馆要善于发展合作对象，主动面向全社会寻求合作开展阅读推广活动的相关主体，如文化机构、出版机构、教育培训机构、餐饮机构、公益组织、协会/学会组织等社会团体及专家学者、城市名人、阅读推广人等个人。前者可以为图书馆提供活动资源、资金、场地、宣传平台等方面的支持，后者可以通过分享阅读经历、倡导阅读观念，通过名人效应或自身经验带动群众的阅读兴趣和行动力。图书馆与合作对象建立规范的合作机制（如阅读推广联盟、读书会等），利用双方的优势资源，强强联合，取长补短，以便让阅读推广活动不再局限于图书馆，扩大活动覆盖面，增强群众的参与度、获得感。同时需要注意的是，在合作过程中，图书馆要坚持主导地位，在面向社会开展的阅读推广活动中加强发声，凸显图书馆的专业形象，避免成为陪衬角色。

在全民阅读活动组织过程中，图书馆要多打造一些成规模、体系化的阅读推广活动，突破大多数阅读推广活动举办临时性、一次性、浅层性的局限，探索活动的长效发展机制。要注重收集读者对阅读活动的期待与建议，使活动策划贴合读者的实际需求，同时注重优质阅读内容的输出，开发活动内容的深度和广度，形成有影响力的阅读推广活动品牌，并通过多渠道宣传、推广，强化活动品牌营销，深化活动成果，形成行业内示范效应，共同提升图书馆开展全民阅读活动的社会影响力。

**二、加强专业，立足文献资源应用推广和人才培养，进一步促进全民阅读活动的效果和品质提升**

文献资源是图书馆开展各项服务的基础，也是阅读推广的内容所在。在2022年举办的中国图书馆学会第十四届全民阅读论坛上，中国图书馆学会阅读推广委员会主任李东来提出新一届阅读推广委员会将以"再发现图书馆"为核心,开展"活动整合""文献推介""专业研究"三方面工作,共同推动图书馆全民阅读工作。图书馆文献资源建设从最初的以纸质图书为主发展到今天的纸质图书和数字资源并重,日益丰富多元,为提高全民阅读活动内容质量提供了良好的基础。图书馆开展阅读推广活动要聚焦优质阅读资源的整理、发掘、推广,通过编制推荐书目、主题书目、阅读分享、书评征集等各种方式推广经典阅读、科普阅读。在数字阅读成为一种普遍阅读方式的今天,图书馆还要加大数字资源推广力度,依托中国图书馆学会的数字阅读推广公益行动,利用公共文化服务体系网络,推广数字阅读资源进学校、基层、社区、农村。除了提供阅读内容,图书馆还需要关注读者对阅读资源的获取能力的培养。图书馆发挥专业优势,策划开展信息素养、数字素养等教育活动,缩小数字鸿沟,促进信息公平,促进读者更好地利用图书馆、利用检索工具获取自己所需的文献资源。

人才队伍培养也是全民阅读活动开展的重要保障。《全民阅读"十三五"时期发展规划》提出"建立阅读推广人队伍""制定阅读推广人培养方案及管理办法,建立基层全民阅读工作者队伍培训机制,对全国各级全民阅读工作人员、图书馆馆员、农家书屋管理员、阅读推广人等进行系统培训,提高全民阅读推广能力,支持开展各类基层读书活动"[72]。作为阅读推广的主阵地,公共图书馆和学校图书馆更应该成立专门的阅读推广部门,设立专职岗位负责阅读推广活动的组织开展。2018年教育部印发了新修订的第三版《中小学图书馆(室)规程》,这是目前我国最新的中小学图书馆建设标准,《规程》再次将阅读活动作为学校图书馆主要任务提出,更进一步指出要设立阅读指导机构,指导和协调全校阅读活动的开展。[73]

图书馆可以对阅读推广活动实施项目化管理,由专人专岗负责活动策划、运营、执行、宣传等过程。由于活动主题与方案的设计与策划、受众群体的定位与高效参与、活动成效的展现与多元化实现等都需要专业人才的支持,图书馆需要组建一支由专业化、年轻化、多元化的人才构成的优质阅读推广团队,针对性地策划分龄、分众、分级阅读,有利于活动的高效组织和开展。此外,建立阅读推广人制度也是人才培养的一种方式。目前许多图书馆实施了公益性的阅读推广人培训和认证制度,通过"课程培训+线上、线下考核"的模式,培育了一批儿童阅读推广人、高校阅读推广人、图书馆阅读推广人。这批阅读推广人通过考核获取证书后,参与到全民阅读推广的工作中,进入到公共图书馆、学校图书馆、社区、基层、乡村,利用自身的专业才能和阅读推广经验,参与公益培训、讲座、阅读分享交流会、家庭阅读指导、儿童阅读指导等各种阅读推广活动的组织和开展,为图书馆开展全民阅读活动的人才队伍增添了专业化的社会力量。

### 三、加强创意,注重新载体、新技术的运用,进一步拓展全民阅读活动的覆盖面和吸引力

在科技发展日新月异的今天,图书馆要注重科技赋能,探索全民阅读活动开展的新模式、新载体。首先是打造线上数字阅读推广活动平台。第二十一次全国国民阅读调查结果显示,2023年有78.3%的成年国民进行过手机阅读,数字化阅读深入成年国民生活,听书和视频讲书受到越来越多成年国民喜爱,从2012年到2023年,数字化阅读方式的接触率从40.3%提升至80.3%[74],可见数字阅读增长趋势明显。图书馆利用互联网+技术,提供数字图书馆"云服务",以图书馆官网、微信公众号、微博、视频号、抖音号等平台为依托,通过"云观展""云听书""云课堂""云阅读""云打卡"等方式为读者推送电子书、有声书等文献资源和展览、讲座、培训等活动资源,打破活动开展的空间限制,实现读者足不出户也可以云参与活动,提高活动参与的便捷度。

其次是利用新媒体平台传播方式。2023年3月,文化和旅游部办公厅印发的《关于组织开展2023年公共图书馆、文化馆服务宣传周活动的通知》中指出要"创新传播方式。各级公共图书馆、文化馆积极入驻新媒体平台,创新运用热门话题、'粉丝'社群、互动评论等新型传播方式"。图书馆应积极打造多样化的媒体宣传矩阵,针对不同类型活动的对象特点,可以利用不同类型的媒体进行分阶段推介,比如发布阅读推广活动预告、活动直播、活动花絮、活动回顾等,通过多阶段宣传强化读者对阅读推广活动的印象,以激发读者参与活动的热情。图书馆可以利用短视频平台开展如书目推荐、阅读分享、创意体验等活动,设置排行榜、收藏、点赞、分享等互动功能,引流一部分短视频用户,培育用户对图书馆的认知,引发对阅读的兴趣,逐渐吸引他们参与图书馆的各种线上线下阅读推广活动。再次是注重大数据、云计算、人工智能、联合虚拟技术等科技手段在活动中的应用,提升阅读新体验。大数据、云计算应用于读者阅读行为数据挖掘、收集、分析、计算,生成读者阅读偏好和需求,得到用户的精准画像。图书馆不仅可以针对性地推送阅读资源、生成个性化的阅读书单和年度报告,方便读者收藏、转发、分享,提升读者阅读获得感、互动感,还可以根据分析结果面向不同阅读偏好的人群精准策划不同的主题阅读推广活动,加强读者与图书馆的情感链接。将

人工智能应用于阅读推广活动,通过语言互动、触屏互动可以为读者带来全媒体阅读体验,吸引青少年儿童读者的参与。而VR/AR、全息影像等联合虚拟技术应用于阅读推广活动场景设计,可以打造声光色影于一体、动静相结合、三维立体化的沉浸式阅读空间,通过场景还原实现阅读内容的可听、可视、可感,拓展了阅读的时空延伸性,可提高活动对读者的吸引力。

开展阅读推广活动本身是一种使阅读从单向参与变为双向互动、增进多元化体验的行为,因此,图书馆在策划活动的时候还可以结合当下流行的社交文化现象、热点,创新"阅读+""图书馆+"的活动模式,将读者的社交需求与阅读行为相结合,提高活动覆盖面。如结合年轻人热衷"看展式社交"的现象[75],图书馆可以策划推出主题展览,打造沉浸式看展打卡空间,并配套相应的系列阅读推广活动,通过各种社交平台进行宣传、推广,提高活动人气和参与度。此外,在网络游戏发达的今天,图书馆可以将游戏作为载体融入阅读推广活动设计中,吸引更多的年轻读者关注阅读。答题类、闯关类等挑战型游戏可以在通关过程中不断输送新的阅读内容,读者通过挑战获取新的知识,实现寓学于乐。图书馆还可以在游戏关卡中"插入广告",宣传图书馆的各类文献资源、活动资源,引导读者进一步了解、参与和获取。集角色扮演和逻辑推理于一身的游戏——剧本杀,由于社交性、互动性较强,成为当下火热的游戏,将其应用到图书馆活动策划,能进一步提高活动的趣味性、吸引力,也为阅读带来生机和活力。

### 四、加强研究,建立健全科学系统的指导机制,进一步提供实践活动的理性支撑

科学的理论指导是全民阅读活动实践开展的基础,系统的机制保障是全民阅读活动实践成功的关键。图书馆应该加强阅读推广理论研究,通过组织业务培训、课题申报、学术交流等方式提升图书馆阅读推广队伍的专业素养和理论水平,并积极开展阅读推广活动标准化研究,制定各类阅读推广活动实施指南,为广大阅读推广工作人员的活动实践提供理论指导。

目前,江苏、湖北、广东、辽宁、四川、吉林、贵州、宁夏等地先后出台了地方全民阅读法规和促进办法,湖北、内蒙古、四川、海南、福建、重庆、江西、黑龙江、广西等地还制定了全民阅读中长期规划,为推进全民阅读工作提供了法治保障和战略指导。在地方全民阅读组织领导机构的引领下,图书馆作为全民阅读工作主阵地,在发挥全民阅读活动组织实施的主体作用的同时,还应探索建立科学系

统的阅读推广活动指导机制。机制需要明确活动的制度保障、经费保障、组织保障，贯彻活动的顶层设计、策划实施、宣传推广、评价总结的全过程，确定整体目标、细分各类指标，为全民阅读活动的规范组织和效果评价提供科学依据，以促进图书馆全民阅读活动的长效、高质量开展。

（执笔人：冯玲　张利娜　冼君宜　吴纯）

**参考文献**

[1] 公共图书馆业务规范 第1部分：省级公共图书馆[EB/OL]. https://openstd.samr.gov.cn/bzgk/gb/std_list? p.p1=0&p.p90=circulation_date&p.p91=desc&p.p2=%E5%85%AC%E5%85%B1%E5%9B%BE%E4%B9%A6%E9%A6%86%E4%B8%9A%E5%8A%A1%E8%A7%84%E8%8C%83.

[2] 公共图书馆业务规范 第2部分：市级公共图书馆[EB/OL]. https://openstd.samr.gov.cn/bzgk/gb/std_list? p.p1=0&p.p90=circulation_date&p.p91=desc&p.p2=%E5%85%AC%E5%85%B1%E5%9B%BE%E4%B9%A6%E9%A6%86%E4%B8%9A%E5%8A%A1%E8%A7%84%E8%8C%83.

[3] 公共图书馆业务规范 第3部分：县级公共图书馆[EB/OL]. https://openstd.samr.gov.cn/bzgk/gb/std_list? p.p1=0&p.p90=circulation_date&p.p91=desc&p.p2=%E5%85%AC%E5%85%B1%E5%9B%BE%E4%B9%A6%E9%A6%86%E4%B8%9A%E5%8A%A1%E8%A7%84%E8%8C%83.

[4] 中国图书馆学会先进集体申报材料[EB/OL].[2009-11-10]. http://archive.wenming.cn/zt/2009-11/10/content_18190021.htm.

[5] 中华人民共和国文化和旅游部 2023年文化和旅游发展统计公报[EB/OL].[2024-08-30]. https://zwgk.mct.gov.cn/zfxxgkml/tjxx/202408/t20240830_954981.html.

[6] 丁文祎.21世纪中国公共图书馆阅读推广发展研究[J].图书情报研究,2014,7(02):7-11+20.

[7] 柯静.佛山阅读联盟可持续发展路径研究[J].图书馆学刊,2023,45(02):7-14.

[8] 2023年全国教育事业发展统计公报[EB/OL].[2024-10-24]. http://www.moe.gov.cn/jyb_sjzl/sjzl_fztjgb/202410/t20241024_1159002.html.

[9] 中华人民共和国教育部.1998年全国教育事业发展统计公报[EB/OL].[2022-12-01]. http://www.moe.gov.cn/jyb_sjzl/sjzl_fztjgb/tnull_842.html.

[10] 岳修志.基于问卷调查的高校阅读推广活动评价[J].大学图书馆学报,2012,30(05):101-106.

[11] 新乡学院党委宣传部.图书馆开展"开学季"阅读推广系列活动[EB/OL].[2023-06-

21]. https://xcb.xxu.edu.cn/info/1011/2341.htm.

[12] 刘强,陈晓晨,杜艳,等.中小学图书馆(室)建设与使用现状及改善策略——基于全国169所中小学校的调研[J].中国教育学刊,2018(02):57-63.

[13] 李任斯茹,郭武,熊伟霖.中小学图书馆阅读推广现状分析及改进路径研究[J].图书馆研究与工作,2022(03):16-22.

[14] 中国图书馆学会专业图书馆分会.专业图书馆"十二五"期间事业发展报告[M].北京:国家图书馆出版社,2017:197-209.

[15] 中国盲文图书馆.活动介绍[EB/OL].[2022-12-22].http://books.cbp.org.cn/Pages/ZhuanTiHuoDong/HuoDongShowList.aspx?id=293.

[16] 吴汉华.民间图书馆实践调查与发展战略[M].武汉:武汉大学出版社,2018:127-128.

[17] 荆楚网.武昌区荆楚少儿图书馆[EB/OL].[2022-12-22].http://news.cnhubei.com/xw/2015zt/gjettsr/wherdw/201503/t3220555.shtml.

[18] 人民网.爱书,也想让更多人读书(为梦想奔跑)[EB/OL].[2022-12-22].http://culture.people.com.cn/n1/2020/1022/c1013-31901035.html.

[19] 王波等.中外图书馆阅读推广活动研究[M].北京:海洋出版社,2017:2-6.

[20] 姚显霞.图书馆阅读推广活动方式的产生机理分析[J].图书情报工作,2015,59(20):18-22.

[21] 吕学财.图书馆的阅读推广活动研究[D].吉林大学,2011.

[22] 胡陈冲."推—拉理论"视角下高校大学生参加阅读推广活动的动因分析[J].大学图书馆学报,2017(1):79-84.

[23] 范并思.阅读推广与图书馆学:基础理论问题分析[J].中国图书馆学报,2014,40(05):4-13.

[24] 李东来.专业化支撑图书馆事业高质量发展[J].图书馆建设,2021(06):6-8.

[25] 王余光,王媛.高校图书馆设立经典阅览室与经典教育[J].大学图书情报学刊,2014,32(6):5-10.

[26] 徐黎,麦志杰,柴伟,等.国家高新区公共图书馆科普阅读推广创新与实践路径研究——以东莞松山湖图书馆为例[J].图书馆理论与实践,2020(04):89-93.

[27] 王雪超,姚雪梅.图书馆文旅融合研究的热点与前沿[J].大学图书情报学刊,2021,39(06):116-121.

[28] 梁玉芳,王红,李晋瑞.公共服务视角下的全民阅读标准化探究[J].图书馆工作与研究,2017(08):11-16.

[29] 朱佳林.可行能力视角下特殊群体阅读推广服务研究[J].图书馆工作与研究,2021(05):99-105.

[30] 岳修志.阅读推广活动评价指标体系构建[J].图书情报工作,2019,63(05):42-50.

[31] 中华人民共和国文化和旅游部.中国文化文物和旅游统计年鉴2024[M].北京:国家图书馆出版社,2024:40.

[32] 罗丹.江苏省公共阅读服务体系建设研究[D].扬州大学,2022.

[33] 黑龙江省全民阅读基础状况调研课题组.黑龙江省第三次全民阅读基础状况调研报告[J].新阅读,2023,(03):25-30.

[34] 陈卫东,陈杰,伍舜璎,等.2021年广东省公共图书馆事业发展报告[J].图书馆论坛,2022,42(06):1-10.

[35] 《深圳全民阅读发展报告2024》发布[EB/OL].[2024-04-24].http://wtl.sz.gov.cn/xxgk/qt/whsy/content/post_11258378.html.

[36] 蒋逸颖,杨思洛.湖南省高校图书馆阅读推广活动调查分析[J].高校图书馆工作,2016,36(03):92-96.

[37] 丁枝秀.江苏省高校图书馆阅读推广活动调查与分析[J].大学图书情报学刊,2015,33(03):96-101.

[38] 李杏丽.华北地区高校图书馆阅读推广活动调查分析[J].图书馆研究,2014,44(05):58-61.

[39] 高原,罗德一,陆韡.全国百所示范性高职院校图书馆阅读推广研究——基于图书馆网站"4·23"阅读推广活动调查[C]//中国图书馆学会.中国图书馆学会年会论文集(2017年卷).国家图书馆出版社,2018:9.

[40] 韩卫红,宗文哲."双一流"高校图书馆阅读推广活动调查分析[J].大学图书情报学刊,2020,38(01):17-22.

[41] 张怀涛.阅读推广方式的维度观察[J].大学图书馆学报2016(6):59-65.

[42] 王波.图书馆阅读推广的定义,类型,方法——在"图书馆阅读推广理论与实践"专题研讨会上的演讲[J].上海高校图书情报工作研究,2017(01):6-19.DOI:CNKI:SUN:SHGT.0.2017-01-008.

[43] 第二十一次全国国民阅读调查成果发布[EB/OL].[2024-04-23].https://www.nppa.gov.cn/xxfb/ywdt/202404/t20240424_844803.html.

[44] 冯瑛冰,袁元,张康喆.瞭望·治国理政纪事|全民阅读 共享书香[EB/OL].[2023-12-18].https://baijiahao.baidu.com/s?id=1698170841428835341&wfr=spider&for=pc.

[45] 李忠.2022—2023年度"书香中国"全民阅读品牌发展趋势报告[J].新阅读,2023,(05):33-37.

[46] 吴慰慈,董焱.图书馆学概论[M].北京图书馆出版社,2002.

[47] 陈幼华等.高校图书馆阅读推广理论与方法[M].北京:朝华出版社,2019.11:110.

[48] 冯玲,李正祥.图书馆读书会与阅读推广——基于全民阅读的视角[J].高校图书馆工作,2018,38(2):5.

[49]陈幼华.高校图书馆阅读推广理论与方法[M].北京:朝华出版社,2019:116.

[50]丁友兰.近年来我国图书馆 Human Library 研究评述[J].图书馆工作与研究,2015(3):88—91.

[51]韩永进.中国图书馆事业发展报告·少年儿童图书馆卷[M].北京:国家图书馆出版社,2017:146.

[52]王正青,但金凤.澳大利亚中小学户外教育实践与推进举措[J].比较教育研究,2019(3):8.

[53]潘金辉.以"阅读+"模式,探索全民阅读新方向——以"一书一世界"户外阅读交流项目为例[J].河南图书馆学刊,2019,039(004):90—91.

[54]张章.图书馆艺术类资源阅读推广的方法探究[J].图书馆研究与工作,2022(9):50—54.

[55]马骥,汪然.公共图书馆创新服务案例研究——基于两届全国公共图书馆创新创意征集推广活动案例的比较与分析(2018—2019)[J].图书馆理论与实践,2021,000(002):41—45.

[56]储兰.全民阅读背景下图书馆多元化阅读推广活动创新研究[J].图书馆学刊,2017,39(06):66—70.DOI:10.14037/j.cnki.tsgxk.2017.06.015.

[57]冯莉.公共图书馆服务体系阅读推广运营制度研究[J].图书馆建设,2022(5):9.

[58]中华人民共和国中央人民政府.中华人民共和国公共图书馆法[EB/OL].[2023—11—08].https://www.gov.cn/xinwen/2017-11/05/content_5237326.htm.

[59]中华人民共和国中央人民政府.中宣部印发《关于促进全民阅读工作的意见》深入推进全民阅读[EB/OL].[2023—11—08].https://www.gov.cn/xinwen/2020-10/22/content_5553414.htm.

[60]中华人民共和国中央人民政府.中华人民共和国国民经济和社会发展第十四个五年规划和2035年远景目标纲要[EB/OL].[2023—11—08].https://www.gov.cn/xinwen/2021-03/13/content_5592681.htm.

[61]中华人民共和国文化和旅游部."十四五"公共文化服务体系建设规划[EB/OL].[2023—11—08].https://zwgk.mct.gov.cn/zfxxgkml/ggfw/202106/P020210623598673338311.pdf.

[62]张勇,李苑,徐鑫雨.第二十一次全国国民阅读调查显示:国民阅读方式呈现多元化特色[N].光明日报,2024—04—24(09).

[63]数字阅读市场规模迈上新台阶[EB/OL].[2024—04—25].https://news.gmw.cn/2024-04/25/content_37284080.htm.

[64]邱冠华.公共图书馆阅读推广需要关注的两个问题——从主编"阅读推广人系列教材"中的两本教材说起[J].图书馆建设,2017(12):22—24.

[65]李东来,郭生山.阅读推广:实践、现状与理论思考——李东来馆长专访[J].图书馆理论与实践,2023(03):8—14.

[66]吴汉华,王波.2022年中国高校图书馆基本统计数据分析[J].大学图书馆学报,2023,41(06):63-72.

[67]教育部高等学校图书情报工作指导委员会.2021年高校图书馆发展报告[EB/OL].[2023-11-15].http://www.scal.edu.cn/sites/default/files/attachment/tjpg/2021%E5%B9%B4%E9%AB%98%E6%A0%A1%E5%9B%BE%E4%B9%A6%E9%A6%86%E5%8F%91%E5%B1%95%E6%8A%A5%E5%91%8A_0.pdf.

[68]范并思.拓展图书馆阅读推广的理论疆域[J].图书情报知识,2019(06):4-11.DOI:10.13366/j.dik.2019.06.004.

[69]中国全民阅读网.第二十次全国国民阅读调查成果[EB/OL].[2023-11-15].https://www.nationalreading.gov.cn/wzzt/dejqmyddhzq/cgfb/202304/t20230423_713063.html.

[70]宫昌俊.中小学图书馆建设与阅读推广[M].北京:朝华出版社,2020:96.

[71]杨玉麟,王铮,赵冰.中小学图书馆在校园阅读活动体系中的主体作用及未来路向[J].中国图书馆学报,2022,48(05):43-58.DOI:10.13530/j.cnki.jlis.2022039.

[72]新华网.《全民阅读"十三五"时期发展规划》发布[EB/OL].[2023-11-15].http://www.xinhuanet.com/politics/2016-12/27/c_129421928.htm.

[73]教育部关于印发《中小学图书馆(室)规程》的通知[EB/OL].[2022-01-01].http://www.moe.gov.cn/srcsite/A06/jcys_jyzb/201806/t20180607_338712.html.

[74]魏玉山.深化全民阅读活动 推进书香社会建设[N].人民日报,2024-07-05(09).

[75]光明网.【文化评析】"看展式社交"兴起带来的启示[EB/OL].[2022-01-01].https://m.gmw.cn/baijia/2022-09/09/36013512.html.

# 第五章　图书馆数字阅读服务

数字阅读源自电子阅读(Electronic Reading),相关概念包括网络阅读(Network Reading)、多媒体阅读、泛在阅读(Ubiquitous Reading)、数字媒体阅读(Digital Media Reading)、云阅读、移动阅读和移动数字阅读等。对于何为数字阅读,不少学者进行了定义但尚未形成统一。王子舟认为数字阅读是人们在任何地方都能进行最新文本内容阅读的状态[1];柯平认为数字阅读是基于数字文本知识和数字媒介信息获取的一种阅读活动和文化现象,包括数字化、媒体化、动态化、交互化四个基本特征,其中数字化表现为阅读内容、阅读载体、阅读方式的数字化,媒体化表现为多媒体、全媒体和自媒体特征,动态化体现在对象是动态屏幕、文字、图像及其他符号,交互化表现为读者与作者的双向互动、读者间的即时交流等[2]。可见数字阅读包括数字化的阅读内容和数字媒介形式,数字阅读内容存在狭义和广义之分,狭义的数字阅读内容主要为电子出版物以及网络文学,广义的数字阅读内容指不仅包括狭义内容,还包括声音、数据、利用新兴数字方式获取的各类信息。随着信息技术的发展,一方面数字阅读行业整体发展迅猛,图书馆开始基于数字资源阅读提供创新服务;另一方面图书馆不断尝试将技术手段融入传统纸本资源的阅读服务以提升服务水平。

综上,我们认为数字阅读是指对象内容和阅读载体采用数字方式的阅读行为,而数字阅读服务即利用数字阅读的资源内容和数字载体开展读者阅读服务。本章将重点围绕图书馆数字阅读服务中的资源和载体的数字化服务进行论述,剖析数字阅读服务的发展概况,梳理出不同时间段的发展现状与时代特点,对数字阅读服务的内容和主要形式进行分类归纳,总结当前国内图书馆数字阅读中的常用服务模式,对数字阅读服务的未来发展趋势与展望进行探索,以期为读者呈现完整的、不断发展着的及未来可期的图书馆数字阅读服务。

中国图书馆事业发展报告·全民阅读卷

## 第一节 图书馆数字阅读服务发展进程

随着数字传播技术的发展,以PC电脑端、手机阅读及电子阅读器等为媒介的数字阅读方式逐渐走进大众视野,人们大量的阅读时间已从传统纸质阅读转移到数字媒介阅读上,阅读方式在不断发生改变,可以说数字阅读已经成为互联网时代人们的阅读新习惯。数字阅读也凭借其阅读内容和阅读载体的数字化优势,在满足普通大众阅读需求的同时,不断弥补全民阅读环境下视障群体、居家老人等特殊群体在传统阅读中的不足,为他们提供了新的阅读途径和方式。如浦东图书馆、金陵图书馆借助数字媒介,为视障人士提供有声读物、电脑培训及读书会等一系列的公益性服务。可见数字阅读为全民阅读在不同群体中的推广、普及提供了新模式,数字阅读已成为全民阅读的重要组成部分。因此加强数字阅读的普及,是提高全民阅读整体质量和效益的重要措施,对强化全民族文化认同、提高全民素质、提升国家文化软实力具有非常重要的现实意义和价值。我国图书馆数字阅读服务一共经历了服务场地开始建设、服务形式逐步创新、服务矩阵初步形成、服务策略多元协同、服务水平快速提升五个阶段。

### 一、数字阅读服务场地开始建设(1994—2001年)

当世界范围内信息网络兴起,信息资源由以纸质材料为主要媒介的传统印刷型文献迅速向以数字化技术为主要特征的"联机/网络型"、多媒体、光盘型等文献转移,对传统图书馆以文献收藏和传递为主的服务模式形成巨大威胁和挑战,图书馆开始尝试各种专题数据库建设、电子读物引进等,提供互联网服务,由此以电子阅览室为主的数字阅读服务场地开始建设。

1994年我国第一个光盘阅览室在清华大学图书馆建成,设置有30台电脑,可以运行CD-ROM光盘,满足读者多媒体光盘阅览及辅助外语学习。1995年1月我国首家电子图书馆——广州中南电子图书馆开馆。1995年2月北京图书馆(今国家图书馆)开通了我国第一个电子阅览室,内设20台微型计算机提供光盘检索及互联网查询服务,入藏国内外光盘数据库多达数十种,涵盖生物、医学、计算机科学、材料科学、商贸和社科等各领域,近亿条数据,例如"工程索引数据库"便收录了世界范围内工程领域的4500种期刊、技术报告、图书、文摘和会议记录,年更新约 15 万条数据,北京图书馆电子阅览室拉开了电子阅览室建设序幕。[3]

1997 年 1 月至 1999 年 12 月,由国家图书馆、广东省立中山图书馆、上海图书馆、深圳图书馆、辽宁省图书馆、南京图书馆、文化部文化科技开发中心共同承担实施了"中国试验型数字式图书馆项目",标志着我国数字图书馆事业进入到了试验阶段。1997 年 1 月,广东省立中山图书馆与省邮电局、省数据通信公司等单位共建了"视聆通"多媒体阅览室,读者通过由高速专线连接的电脑就可浏览互联网上的信息,并可查询世界各国工商企业信息、各国政府机构与法规、国外大学概况、专题论文检索、各类会议信息以及世界各国产品技术信息等,可以利用丰富的光盘资源和先进的网络技术享受光盘观赏、光盘数据库检索等服务。[4]1997 年 10 月,郑州图书馆电子阅览室正式向读者开放,阅览室内设 15 台多媒体电脑、400 余种电子读物,并配有打印机、扫描仪供读者使用。[5]1997 年 IBM 公司和辽宁省图书馆的数字图书馆合作项目,清华大学、华南理工大学、上海交通大学和北京大学合作承担的教育部数字图书馆攻关计划启动。[6]1998 年 1 月至 2000 年 12 月,国家图书馆与中科院计算所合作实施的 863/306 项目"知识网络—数字图书馆系统工程",技术上达到了与国际数字图书馆主流技术接轨的要求,为中国数字图书馆建设及运营奠定了良好的基础。[7]1998 年 3 月,河南省图书馆电子阅览室正式开通,配置了包括光盘塔、服务器、交换机、工作站、激光打印机等设备,能够为读者提供光盘网络阅览服务、互联网上网访问和多媒体光盘阅览服务。[8]1998 年 6 月,安徽财贸职业学院图书馆电子阅览室正式向读者开放,配有 20 台多媒体工作站和相应的服务器和网络,读者可以上机检索、阅览、选择、打印《中国学术期刊(光盘版)》和其他光盘资料,也可查询馆藏文献等。[9]1999 年 9 月,原文化部与国家图书馆正式启动中国国家数字图书馆工程,标志着中国数字图书馆进入实质性建设阶段,各地图书馆纷纷开始建设电子阅览室,成为数字图书馆建设的主要内容。

电子阅览室的服务方式分为以获取信息、利用网络资源为主要功能的检索应用型服务,以扩大知识面、提高技能为主要目的的助学型服务,以消遣娱乐、缓解紧张情绪的消遣娱乐型服务,以开展电子邮件、电子公告牌等服务,加强学术交流为目的的导向型服务。[10]而传统图书馆服务以纸本资源为基础,利用卡片式、书本式目录索引及文献等检索工具,服务手段相对单一且被动落后,相比之下电子阅览室服务方式更为多样灵活。纸质文献从出版到阅读耗时较长,文献时效较差,而电子出版物大幅缩短了读者的等待时间,利用时效更快,能满足读者对文献信息大容量、快节奏、高效率等需求。电子出版物依靠全文数据库制作技术,检索功能更全面,可以实现全文检索,读者在很短的时间内查找某一信息可以一索即得,而纸质文献则需要进行全文阅读后才能找到所需信息。纸质文献受限于载体,只能在图书馆内部或读者间进行流通,而电子阅览室可以利用与图书馆联网的计算机,通过网络检索直接查阅电子图书。因此这一阶段的数字阅读服务以电子阅览室建设为主,并呈现出利用时效更快、检索功能更全等特点。

## 二、服务形式逐步创新(2002—2009 年)

进入 21 世纪以来,腾讯、阿里巴巴、百度三大互联网公司相继成立,搜狐、网易、新浪在美国上市,这些公司构成了中国互联网的基本盘面,中国互联网进入全面普及的时代。与此同时中国国家数字图书馆工程的启动与完成标志着中国数字图书馆进入实质性建设阶段,各类图书馆纷纷借助互联网技术开始数字图书建设。图书馆界开始加大国家规划的大型数据库的建设力度,以提供更多的网上信息;同时建立特色数据库,形成整体信息资源的共建共享,加强知识信息的组织创新,构筑数字图书馆信息服务的新平台。网络将图书馆服务逐渐由传统的线下服务向线上转移,阅读服务亦出现了新形式。2002 年上海图书馆推出了读者通过网络借阅馆藏电子图书的业务,改变了图书馆文献外借仅凭物理载体单元的传统模式,开始了"借内容"而"不借载体"的文献服务新形态。[11]

2006 年北京理工大学图书馆率先推出手机图书馆服务。同年清华大学图书馆开始尝试手机图书馆建设,服务内容由最初的短信通知发展到多种服务模式共存。清华大学图书馆将手机阅读的发展方向锁定在数据库和文献资源检索、阅读、下载等方面,在移动互联网环境中实现了对 4 个数据库的整合,读者可以通过手机进行跨库检索。

2008 年国家图书馆的手机图书馆开始对读者开放,除提供图书续借、催还等传统服务外,也提供文津图书奖获奖图书在线阅读等在线服务。历届文津图书奖的获奖作品、推荐图书的展示、文津图书奖的读者荐书等等都可以在手机上浏览。国家图书馆还特别针对智能手机,为读者提供便捷、及时、个性化的新型服务,其中书报亭给读者提供了一个包含图书、报刊等内容的最新资源列表,方便读者实时阅读最新内容,订阅、退订报刊,下载图书等。2008 年 9 月中国国家数字图书馆正式开馆,除为全国乃至全球读者提供数字资源服务外,还为到馆读者提供手持移动电子阅读器,使读者能够方便地阅读电子读物。2008年国家图书馆推出触摸体验系统,展示的资源包含馆藏资源、电子报刊、在线讲座和展览、文津图书奖,以及中国政府公开信息整合服务平台等丰富内容,其中电子报刊每天更新,电子期刊每月中旬更新;读者只需用手指轻触液晶显示屏就可以实现电子报刊的选择、放大、缩小、翻页、拖动等操作,达到对馆藏资源和服务的浏览与互动。2009年国家图书馆开始实行电子阅读器外借服务,外借期限15天并可以续借。读者不但可以阅读电子阅读器中预装的图书,还可以登录国家图书馆的电子图书平台,下载想看的电子图书。

2008年苏州图书馆与苏州移动公司正式推出的"掌上苏图",不仅可以进行各种信息的短信订阅、馆藏书目检索,还可以进行电子图书阅读、古籍浏览等,大大方便了读者。2009年2月上海图书馆推出了电子阅读器外借的"口袋图书馆"服务,出借的电子阅读器内载有大量电子书刊,除TXT、PDF格式电子书外,还可以阅读上海图书馆24万册以CEB为格式的电子图书,极大地突破了传统外借文献的数量制约以及电子书格式的限制,引起了读者的兴趣和业内外的广泛关注。[11]同年北京大学图书馆引进汉王电纸书,凡持有效校园卡的读者均可到图书馆多媒体学习中心借阅1月,可读内容除了汉王随机预装的电纸书及其网站上提供的免费下载资料外,北京大学图书馆还直接在电纸书中预装了一些参考书,包括李政道数字图书馆等自建资源,每件电纸书设备以类似一个纸质图书单册的方式提供外借服务。

尽管在早期,文献资源不过是载体发生变化,内容以转载、直接扫描上传实体内容为主,但由于在网络环境下,阅读载体突破了传统纸本的表现形态,使阅读具有了超文本和多媒体特性,促使文献检索方式、咨询方式改变,并最终推动图书馆阅读服务突破了时空限制。此时图书馆的数字阅读服务方式较为简单,移动化服务和社会化服务水平有待提升,数字阅读服务矩阵中的服务仍以图书馆资讯为主,数字阅读服务的比例并不高,同时被动服务居多,主动服务较少,图书馆对数字阅读推广的重视程度相对不足。

### 三、服务矩阵初步形成(2010—2015年)

2009年1月,工业和信息化部门正式向中国移动、中国电信、中国联通发布3G牌照,通信技术与计算机能力不断融合,手机成为继报纸、广播、电视和互联网之后的"第五媒体"。2010年5月中国移动的阅读基地进入商用,中国电信和中国联通的移动阅读也迅速跟进。数据显示,2010年我国网络已初步覆盖全国城镇,手机上网用户蓬勃发展,手机网民在总体网民中的比例从2009年末的61%提升至2010年底的66%。与此同时,Kindle手持阅读器销售了300万台,iPad仅80天销量突破300万台,2010年全国国民阅读调查内容增加了电子书(报、刊)、手机阅读、手持终端阅读等统计项,这些均可表明我国已进入数字阅读蓬勃发展的时代。

随着数字图书馆的普及,各数字图书馆陆续嵌入即时通信、BBS、博客、微信、微博、豆瓣等各类公共互联网平台与社区。数据显示,2015年底就已有超过93%的"211工程"院校建成移动数字图书馆[12];很多图书馆在探索把Web2.0技术应用到图书馆虚拟社区服务当中,例如重庆大学图书馆的民主湖论坛,将图书馆虚拟社区建成了有特色的个性化服务平台;武汉大学数字图书馆积极借助第三方平台,包括新浪微博社区、博客、豆瓣等社交网络服务空间,搭建起知识社区并开展服务。2012年以来,随着微信公众平台的崛起,越来越多的图书馆开始尝试利用微信平台开展推送消息、读者互动等服务。总体看来,图书馆已初步形成包括网络数字图书馆、移动数字图书馆、虚拟社区等平台的数字阅读服务矩阵。

随着数字出版的高速发展,图书馆数字信息资源日益丰富,资源类型涵盖电子期刊、电子图书、数据库、网络资源等,数字资源发展快、数量大、品种多,其数量及比重逐渐超过纸质资源。无论是图书馆还是读者对于电子资源的重视程度和依赖程度都已远超传统纸质资源,同时图书馆重心开始向数字阅读服务转移,2010—2013年是图书馆数字服务发展的高峰时期。[13]图书馆以用户为中心,利用前沿数字技术,拓展数字资源整合与导航、移动服务、数字阅读推广、数字阅读社区等多元服务形式。2010年上海图书馆与盛大文学协商合作,盛大文学通过"云中图书馆"向上海图书馆提供海量的数字版权,并与上海图书馆开展电子书产品的合作,将上海图书馆的电子阅览室改成电子书体验馆;同年7月上海图书馆开通新浪微博并于9月在国内图书馆当中率先推出了手机移动App。在此之后上海图书馆还向公众推出了市民数字阅读app,拥有上海图书馆借阅证的读者可以登录市民数字阅读app,从阅读平台上获得大量的数字资源。读者在进行阅读的同时,还可以进行笔记、书签、翻译等。

2011年北京大学图书馆与书生公司合作,率先实现移动图书馆系统的上线

# 第五章 图书馆数字阅读服务

服务,移动图书馆解决方案是基于手机、平板电脑、手持阅读器等可移动手持设备实现各类数据库资源的统一检索和正文阅读的移动图书馆服务;2011年上海交通大学图书馆与超星公司合作为致远学院约200位学生提供个性化定制的"智慧泛在课堂"移动阅读器,覆盖该学院该学期所有课程的教参书;2013年南通市图书馆与方正阿帕比合作,建成"中华数字书苑"电子书服务平台。2015年上海图书馆分别在微信和支付宝的"城市服务"中开通"图书查询"服务,在支付宝内免费开放了可供在线阅读的图书。作为全国第一家入驻支付宝"城市服务"的图书馆,用户通过支付宝,闲暇时刻就可以便捷地阅读育儿、健康、文学等各类书籍。上线仅3个多月,就有超过100万人次通过支付宝查询、关注并参与阅读。同年在"上海图书馆"公众号、支付宝和微信的"城市服务"平台上,上海图书馆推出图书馆城市服务微站和大众类市民数字阅读网站微阅读频道,提供图书全文阅读服务,此举不仅使数字阅读推广获得了良好效益,半年时间就为上海图书馆争取到近40万注册办证读者。目前上海图书馆每周精选7本优质电子书向读者推荐,多渠道的数字阅读服务平台已经初步构成。2016年上海图书馆在"微阅读"频道上线电子期刊和多媒体视频资源,资源类型更加丰富,该频道还定期结合热点图书内容进行阅读分享、线上读书会等互动活动,进一步激发了市民移动阅读的热情。[14]

整体而言,此阶段读者已经基本形成通过互联网阅读电子图书与电子期刊、查询数据库的习惯,尤其是电子期刊和数据库,不少用户已产生依赖。此阶段图书馆的数字阅读服务方式较为简单,移动化服务和社会化服务水平有待提升。

## 四、服务策略多元协同(2016—2019年)

2016年国家新闻出版广电总局印发的《全民阅读"十三五"时期发展规划》明确指出,加强对数字化阅读的规范和引导,推动传统阅读和数字阅读相融合;《公共图书馆法》中明文规定,各图书馆需进一步加大数字资源建设,为读者提供优质的数字阅读服务,自此数字阅读的发展有了政策支持和法律要求。2016年以来信息技术呈现出"大跃进式升级",人工智能、VR/AR、5G、大数据等技术层出不穷,其衍生产品的大量应用,使得数字阅读服务呈现出新的形态。

美国数字图书发行商OverDrive是一家有着30多年历史的数字内容提供商,从早期的磁带、CD制品到现在的数字图书,致力于向读者提供优质阅读资源,与全球34000多家图书馆和学校建立了合作伙伴关系。2016年上海图书馆的OverDrive少儿数字图书馆上线,成为国内首家OverDrive合作的少儿数字资源公共图书馆,推出了英文数字图书借阅平台,提供近2000种英文原版电子图书及有声读物,其中包括各种主题的英文电子书和英文有声书,如文学、青少年小说、儿童绘本、科幻小说与奇幻作品等题材,上海图书馆的读者可以从图书馆的收藏中借阅并享用数字内容。[14]

2016年中国图书馆学会发出《关于开展"阅读推广公益行动——'扫码看书,百城共读'"活动的通知》和《"扫码看书,百城共读"活动指南》,在全国正式开展"扫码看书,百城共读"活动,探索和思考与图书馆相关联的"数字阅读之门",读者通过扫描二维码,就可以在线阅读或下载图书。截至2017年12月共247个机构申报,活动共举办7期,阅读推广委员会共推荐63本图书,全国各地区阅读总量约为49万人次。[15]

2017年中宣部、财政部、文化部、国家新闻出版广电总局、中国残联启动了"盲人数字阅读推广工程",包括"一个平台、两个推广渠道"。"一个平台"即由中国残联指导、中国盲文出版社承担建设,国家图书馆参与有关数字资源共享共建的盲人读物融合出版与传播平台;"两个推广渠道",一是为全国400家设有盲人阅览室的公共图书馆配置20万台基于互联网的智能听书机,免费向盲人读者借出;二是为全国100所盲人教育机构配置1000台盲文电脑和盲文电子显示器,免费向盲人出借。[16]

2018年杭州图书馆在抖音发布了公共图书馆行业第一条抖音;2019年国家图书馆联手抖音短视频发起了"#抖音图书馆"系列活动,向全国多地的公共图书馆发起活动号召。

《2018年度中国数字阅读白皮书》显示,截至2018年底,我国数字阅读用户的全民阅读活动参与度高达78%。超八成的用户每周数字阅读3次以上,58%的14-18岁用户群体每天数字阅读1小时以上,图书馆数字阅读服务对象范围逐步扩大,在进行阅读推广时对读者亦进行群体划分。例如,安徽大学从阅读需求与内容、阅读频率与时长、阅读成本、阅读体验评价4个方面调研5所安徽省内高校大学生的阅读行为[17];段知雨以粤港澳大湾区公共图书馆联盟为研究样本,分析少儿分级数字阅读服务的流程、方法与内容[18];刘婧等从社会支持角度对贵阳市某乡小学全体在校生的阅读现状进行调研与分析[19];广东省立中山图书馆分析老年人的数字阅读行为,提出面向老年人开展数字阅读推广的策略[20];王子昕等通过调研发现,吉林省老年大学开展数字阅读既有特殊性又具

## 第五章　图书馆数字阅读服务

备可行性,提出老年大学数字阅读推广的路径与思考。[21]

总体而言,数字阅读不受时空及载体的限制,与传统纸质阅读相比,读者间的阅读行为显得更为分散;然而数字阅读的交互性使得读者间产生即时性的情感共鸣,又改变了纸本阅读的单一、被动接受信息的局面,使读者能够主动选择所需信息。此阶段数字阅读比重继续加大,越来越多的数字内容生产与传播技术不断催生立体、融合型的流媒体内容,数字阅读行为逐渐与视听、体验等融合,成为立体阅读、多维阅读,阅读行为的内涵越来越宽泛。图书馆数字阅读服务对象范围更广,且更倾向于大学生、儿童、老年人及特殊群体。与此同时,与时俱进应用3D、VR/AR及MR等现实呈现技术,为用户提供各类新型立体阅读服务,改进用户的数字阅读体验。图书馆还依托各种数字服务平台和主流服务方式,开展融合移动阅读服务、社会化阅读服务、微阅读服务、智能(个性化、精准化)阅读服务、融合服务(多屏融合、新旧媒介融合、虚拟与现实融合)、阅读推广服务等于一体的数字阅读服务,提高数字阅读服务的效果和用户的满意度。数字阅读服务呈现出服务平台多极化、服务形式多元化、推广内容多样化、服务对象多样化等特征,服务策略日益多元有效。

### 五、服务水平快速提升(2020年至今)

新冠肺炎疫情爆发以来,图书馆到馆人次逐渐减少甚至闭馆,传统线下阅读服务工作遭受了巨大冲击。随之而来的长期居家办公、线上学习导致读者的阅读习惯及需求不断发生改变,因此数字阅读服务成为各级各类图书馆在疫情期间能有效服务读者的突破口和不二选择。各个图书馆纷纷借助新媒介、新技术、新模式提供多样化的数字阅读服务,采取短视频、直播及在线会议(讲座)等数字媒介载体开展线上读书沙龙、线上领读、直播阅读课程等形式多样的阅读活动。如重庆图书馆开展了具有创新性的"跟着主播去借书"的抖音直播活动,馆员们在直播间纷纷各展其才,通过生动、形象的语言对馆内图书资源、馆舍情况进行全方位的介绍及展示。江苏省少儿数字图书馆在资源共享的基础上开展了"VR故宫全景展""每逢佳节倍思亲——中秋诗词展"等活动,并根据不同的展览配备不同的解说,读者只需一部手机,足不出户便可穿梭于各个展览之间,尽情领略线上数字阅读之美。湖北省图书馆则通过线上阅读直播间、网上展厅等数字化方式带给读者不一样的阅读体验。

此时国内大部分公共或高校图书馆都在极力寻求转变。天津图书馆从数字资源建设到读者线上服务,从馆员能力提升到读者素养培养等方面形成了一套完整的数字阅读服务体系。首先是积极提高本馆数字阅读资源服务保障能力,通过拓宽数字资源线上获取渠道、丰富馆藏数字资源及完善数据库建设的方式增强数字资源建设;其次是利用电子扫描设备对馆内实体文献资源进行数字化转换或借助人工智能转换成音频视听资源;最后是通过接受捐赠的形式收集文献资源。天津图书馆构建的数字资源包括50万件中国艺术精品图片、15万册畅销电子书、10万集有声资源、6000余种简笔画互动资源、4000多种社科期刊、400多门文化慕课、海量双语绘本等,将这些数字阅读资源集成合并到"阅·听"微信平台,读者只要扫描指定二维码或访问平台资源即可免费畅读。同时开展多样化的数字阅读推广活动,借助"云"端数字阅读助力读者抗"疫",通过创新数字阅读推广方式,针对不同年龄段读者的喜好,设立QQ阅读、文雅慕课及博看微书屋等多个线上阅读空间;还利用云端音乐开展数字阅读推广等活动,实现读者居家就能欣赏到经典音乐的魅力,在做好疫情防控的同时满足大众探索、感受音乐的需求。

可以说,图书馆纷纷大显神通,为大众带来了全新的数字阅读体验。同时,数字阅读服务也在模式融合、方式创新、场景化服务、互动体验升级等方面呈现新的特点与趋势。在技术革新与疫情需求赋能的双重驱动下,数字阅读在内容形态、服务模式、渠道创新、业态融合等方面展现出更广阔的创新空间。这期间数字阅读服务的整体水平得到了快速提升,数字阅读服务已成为新时代图书馆不可或缺的重要服务手段。

如今,虚拟现实、区块链、元宇宙等新兴技术的快速兴起、发展,为各行各业的创新服务带来新的机遇与挑战,也给新时代图书馆数字阅读带来了前所未有的影响,为数字阅读服务的创新带来无限可能。不同的新兴技术具有不同的应用特点,在数字阅读服务中将发挥不同的优势与价值,为读者开启一个全新的数字阅读模式新视野。如虚拟现实技术在数字阅读服务中的应用,可以凭借其多感知性、存在感及交互性的特点,给读者带来沉浸式阅读、虚实结合、泛在化阅读等新体验,弥补数字阅读平面化的局限,实现读者阅读行为的立体交互,阅读将会变得更加生动有趣。尤其在儿童数字化阅读中,将更契合儿童奇思妙想、天马行空的阅读特点,增强儿童在数字阅读中的体验感和获得感,促进儿童数字化阅读的发展。而将区块链技术应用到数字阅读服务中,可以利用区块链去中心化、开放性及独立性的特点,加强数字阅读资源的版权保护,提升阅读作品的品质与

第五章 图书馆数字阅读服务

内涵,满足当代读者的个性化数字阅读,不断激发全民的数字阅读积极性。

相较于虚拟现实和区块链,近年来元宇宙和 ChatGPT 成为新的关注焦点,引起各行各业专家学者的讨论与实践研究。元宇宙应用于图书馆的数字阅读服务中,主要表现为数字阅读空间的建设与打造,借助元宇宙拓展实体阅读空间边界,探索虚实结合的数字阅读服务空间新形态。在新型的数字阅读服务空间中,读者可以进行个性化的阅读空间和阅读场景的搭建,并根据个人喜好的变化自由编辑、更新阅读场景,自由选择添加数字阅读资源、自由决定是否对外开放或封闭个人阅读空间、进行不同阅读空间的实时交互等。可见元宇宙时代下的数字阅读服务根据不同读者阅读行为的发生,具有无限的自生长特性。随着空间用户的增加、阅读行为的积累,将会呈现出更加丰富多彩的阅读场景与更加多元的服务空间新形态。而 ChatGPT 则可以凭借其在自然语言处理中的优势,利用启发性内容生成、对话情景理解及程序语言解析等综合能力,为数字阅读注入更深入、更精准及交互性更强的服务内容。如在数字阅读推广服务中,可以根据读者需求实现基于文本内容的精准抓取、提炼与推送,甚至可以与读者对话,并根据对话场景不断优化、挖掘及自动化生成最全面、最能满足读者个性化需求的数字阅读内容。可以说 ChatGPT 堪比全能的图书馆员,对图书馆的海量资源、各项服务如数家珍,能提供并实现数字阅读服务中有逻辑性的、深层次的育人服务价值。可见元宇宙、ChatGPT 等新技术的出现,又将催生数字阅读服务的新使命和新方向。

## 第二节　图书馆数字阅读服务的范围与模式

随着计算机技术的不断发展,数据库、互联网、移动互联网等在图书馆得到普遍应用,图书的联机编目、网络检索、全文服务等推动了图书馆现代化进程。20 世纪 80 年代始,国内图书馆便开始了数字资源建设,从早期的馆藏书目信息化、随书光盘、光盘数据库、网络信息检索等,再发展到文摘索引库、全文数据库,数字化形态的各种新型文献载体逐步取代传统纸质文献,其涵盖的数字资源如电子图书、电子期刊和学位论文等数据库都属于数字阅读可选择的资源类型,整体上类型丰富、数量巨大,并处于不断增长的态势。

## 一、图书馆数字阅读服务的基础建设

图书馆的数字阅读服务内容建设必须依托完善的数字资源、空间资源及服务体系建设,才能以此为基础开展形式多样的数字阅读服务工作。

### (一)数字阅读资源建设

资源建设包括馆藏资源数字化、网络资源馆藏化以及数字馆藏建设多样化三个方面,建设途径包括自建、采购和共享等。自电子出版物诞生以来,国家图书馆、上海图书馆、广东省立中山图书馆等公共图书馆,以及高校图书馆均重视对数字阅读资源的建设,并在此基础上加强对资源的开发及利用,以满足读者需求。

如广东省立中山图书馆自1998年就开始进行馆藏文献数字化建设,1999年建设了"广东省网上图书馆",包括广东地方史文献库、粤版新书、孙中山全文库、海洋经济文献库等具有地方特色的全文数据库;2000年与北京世纪超星公司合作建立数字图书馆,购买图书全文数据库,完成8万种图书的MARC目录转换套录,深入标引目次、篇名等信息,合理组织数字化文献体系结构,建立了元数据和书刊搜索引擎,提供全数字化、大规模的24小时联机电子图书服务,实现了国家馆、省馆、市馆三级图书馆的联网和资源共享。[22]

中国石油大学图书馆根据学校教学科研的实际需求,建成"石油大学重点学科网上资源导航库",包括地球探测与信息技术学科、化学工艺学科、油气井工程学科等6个重点建设学科,每个学科下设学科介绍、专家学者、科研成果、相关标准等11个栏目。图书馆根据上述学科和内容分门别类地收集和组织网络资源,弥补自身馆藏不足的同时方便教学科研人员查阅网络资源。[23]中小学图书馆也越来越重视电子出版物,不断增加电子图书的藏书量。[24]

### (二)数字阅读空间建设

数字阅读时代,图书馆除了提供舒适的传统阅读空间以外,也致力于依托一些数字阅读设备打造具有数字阅读功能和特色的数字阅读专属空间。数字阅读空间既是存放和再生产阅读文本的场所,也是基于文本的社会化流动而形成的动态交互网络[25],包括线上、线下两种形式。其中线下数字阅读空间主要指实体阅读空间与互联网联动,为读者提供舒适的阅读环境和氛围;线上阅读空间指图书馆利用网络通信技术、云技术、大数据等,将馆藏数字资源及服务进行整合,通过电脑、电视、手机、移动终端等阅读设备,为读者提供网络化、虚拟化、数字化、无缝化的专读空间。国内很多公共图书馆围绕数字阅读、创客、创新的理念,通过空间改造、技术创新、服务拓展和合作经营等多种形式,对数字阅读空间建设进行积极探索与实践。

国家图书馆 2014 年 9 月正式开放"印象数图"数字图书馆体验区,运用科技手段,以数字资源展区、体验区、畅想区等多种形式全面展示国家数字图书馆的建设成果。[26] 辽宁省图书馆新馆 2015 年开放,对电子阅览室进行功能区布局调整,集多媒体学习中心、信息共享空间、信息素养培训中心于一体,使其焕发出新的生机。[27] 浦东图书馆 2016 年建设"数字体验中心",引进、展示并推广符合时代发展的新型阅读技术、阅读设备、阅读资源与阅读方式,经过不断完善,形成了创客科普课堂、数字体验、阅读相结合的活动体系。[28] 河北省图书馆 2021 年启动建设"阅见未来·沉浸式数字化交互体验空间",该空间是集知识内容、设施设备、技术工具等于一体的阅读学习空间、交流共享空间和协同创新空间,依托新技术、新媒体,以"特色数字资源"+"多种新型体验设备"+"全方位主题活动"推广新型阅读技术与方式,提供基于虚拟现实、增强现实等智能化技术的沉浸式服务体验。[29] 同时,中小学图书馆还积极利用网络信息技术建设方便学生查询和阅读的电子藏书系统。[23]

(三)数字阅读服务体系建设

数字阅读服务体系涉及政策制度、阅读内容、阅读服务、数字阅读公共服务设施、阅读推广推介机制等诸多方面。数字阅读兼具事业和产业双重属性,对于提高国民文化素质和社会文明程度方面肩负着重要责任,数字阅读服务体系构建主要包括提升数字阅读服务技术、深化数字阅读服务内容、优化数字阅读服务策略、完善数字阅读基础设施建设等。

目前各图书馆在不断完善数字资源的同时,日益重视网络数字图书馆、移动数字图书馆、图书馆虚拟社区等平台建设,积极利用微博、微信等社交平台提供账号绑定、资源检索、讲座通知、好书推荐、数据库更新等服务,将数字图书馆服务体系引入公共互联网移动平台。例如中国人民大学图书馆、郑州大学图书馆在手机端推出座位预约、研讨间预约功能,便于读者查询、选定、预约座位;同济大学图书馆微信服务号推出账户提醒功能,方便师生及时掌握图书馆动态,及时借还图书。也有图书馆借助信息技术优化数字阅读服务,例如北京大学图书馆与哈尔滨工业大学图书馆推出 VR 全景体验功能,改进用户的数字阅读体验。

重庆大学图书馆借助京东阅读的平台优势及在电子图书版权方面的优势,和京东阅读合作推出的京东阅读校园版,专注于移动端阅读,支持 ePub、PDF 等主流格式和多媒体电子书,让读者随时随地享受精致的阅读体验。京东阅读校园版参考京东电商 App,在应用界面设置阅览室、书架、圈子等功能模块,保留读者的收藏和阅读记录,展示读者的阅读评价与体会,以此努力为高校读者提供正版优质的电子图书及阅读交流平台;提供 20 余万种电子图书,全部为出版社授权的正版图书,其中 70% 的书是 2010 年以后出版的,涵盖经济金融、社会科学、文学、管理、科技、历史、医学、教辅等 20 余个大类,并且每周都会有图书更新。[11,12]

## 二、基于服务内容的图书馆数字阅读服务模式

在过去的二十余年间,数字资源内容囊括了国内外众多有影响力的数字产品,且大部分图书馆将馆内数字资源放置于网站首页。面对大量的数字文献资源,且文献从单一的纸质载体逐步走向缩微胶片、光盘、计算机、电子阅读器等多元载体并存,图书馆开始转变传统的以"藏"为主的思想,重视馆藏资源的使用,提供 Kindle、iPad 等电子书阅读器、数字阅读器借阅服务。然而图书馆资源传播及使用仍存在图书馆异地下载阅读时效果不尽如人意、现有网络缺少对众多移动阅读终端的支持、阅读软件种类繁多严重制约读者数字阅读体验等问题,相关服务需要加以改进。因此图书馆开始逐步数字资源阅读体系建设,创建独具特色的移动阅读服务平台,并对不同的读者群进行分类和定位,利用本馆丰富的纸本资源和电子资源,有针对性地进行推广。从服务内容出发,图书馆数字阅读服务模式主要包括数字阅读专用阅读器借阅服务、数字阅读推广服务和数字阅读素养培训服务。

(一)数字阅读设备借阅服务

19 世纪末,随着第一台专用阅读器的诞生,数字阅读方式愈加多元化。专用阅读器凭借自身小巧轻便的优势很快获得热爱阅读的人群的追捧,图书馆为拓展数字阅读服务方式,逐渐将专用阅读器借阅服务纳入图书馆的读者服务范畴,目前国内大部分图书馆都提供有不同类型的专用阅读器借阅服务。随着数字阅读载体不断呈现多样化,PC 端、手机、平板电脑、电子书阅读器因其便利性逐渐受到关注。相较于前三种载体,电子书阅读器可更好地避免其他信息的干扰,享受沉浸式阅读,但其使用和服务成本较高;而平板电脑适用范围更广但价格更加高昂,因此一些图书馆创新地开展了数字阅读相关设备的外借服务,以资

源和设备相结合的方式传递文献资源。例如,2008年国家图书馆率先向读者提供电子书阅读器流通服务,但只提供馆内借阅,读者不能将阅读器带出图书馆。2009年上海图书馆推出"口袋图书馆服务",为读者提供汉王电纸书、Kindle等8款电子书阅读器、5款平板电脑终端外借服务[30],读者可凭本人有效证件借阅1台设备,支持电子图书和报刊阅读。[31]2010年广州图书馆开通移动阅读设备借阅服务,设备类型更加多样化,包括电子阅读器、平板电脑借阅服务,借阅服务更加人性化,读者根据阅读需求可进行续借。[32]2022年上海图书馆东馆开馆,在新馆里专门设置10套"京东读书阅读本自助借还柜",每套里面有66个京东电子墨水屏的阅读本,供读者自助借阅。

电子阅读器中的内容丰富多样,图书馆一般会提前预装部分图书供读者阅读,同时支持在指定书城下载自己喜欢的电子图书。如北京大学图书馆提供的汉王电纸书预装了2万册图书,国家图书馆提供的易博士阅读器可以下载方正电子书;上海图书馆提供的Bambook阅读器能下载盛大"云中书城"的电子图书;广州图书馆提供外借的电子阅读器自带3000本电子书,涵盖国学、小说、青春及人文社科等内容,还可通过无线网下载阅读十大类龙源电子期刊,通过个人电脑在方正中华数字书苑下载超过35万种电子书。武汉大学图书馆为充实外借阅读设备资源量,购买了Kindle Unlimited电子书包月服务,包括5万余本海量畅销电子书,读者利用阅读器每次可下载10册图书。[33]2023年深圳市少年儿童图书馆联合科大讯飞青少年阅读器,精选青少年适读的优质书籍资源并进行科学分类,针对不同年龄段的孩子提供匹配的阅读指导,满足不同阶段孩子的不同阅读需求,为孩子提供科学的阅读规划。[34]

图书馆的电子阅读器借阅服务已成为数字阅读服务的特色方式之一,不仅使读者获得了阅读数字资源的理想工具和体验新鲜阅读方式的机会,还有效提高了电子图书的检索、下载及使用率。为让更多读者体验电子阅读器带来的阅读感受,北京大学、重庆大学及上海图书馆等在图书馆场馆内开辟出专门的电子阅读器应用体验区,如上海图书馆的"创·新空间"等,在阅读区域内摆放类型多样的阅读器,有兴趣的读者可在馆利用阅读器进行数字阅读。

(二)数字阅读推广

新的信息环境下,读者的阅读需求和偏好瞬息万变,为了让读者能够在浩如烟海的数字资源中迅速找到自己需要的信息内容,不少图书馆长期致力于引导用户养成良好的数字阅读习惯、能力与道德,通过多种推荐渠道向读者传递数字阅读资源、活动、服务等信息，以激发起阅读欲望，达到促进数字阅读行为的目的。数字阅读推广具有广义和狭义之分。狭义的数字阅读推广是对图书馆数字阅读资源的推广活动，其推广对象以数字阅读资源为主，包括电子图书、电子期刊、音视频、数据库等。广义的数字阅读推广除上述含义外，还包括通过数字化的手段对纸本阅读资源进行推广。近年来，各馆在数字阅读推广方面开展了丰富的实践工作。

国家图书馆官方微博的"数字阅读推荐""每日经典诵读""书刊介绍"等固定话题，在推文后附加阅读链接，读者点击链接便可弹出阅读界面，官方微信公众号推荐的移动阅读平台中的电子资源，扫描二维码后即可畅享阅读。在国家数字图书馆 app 中，每日 9 点为读者推送一条文津经典诵读的诗词名句并附注相关注释。[35]此外，国图还与北京歌华有线公司合作，通过有线电视把适合数字电视发布的阅读资源推送给电视用户，使用户轻松体验电视阅读。

广州图书馆于 2017 年启动"阅读攀登计划"，以推进图书馆文献资源、服务资源、活动资源和社会资源的开发和利用为目的，应用于图书馆基础服务和儿童阅读推广活动两大功能版块，包括"阅读星"挑战赛、"攀登接力"挑战赛、"阅读分享"挑战赛、"活动达人"挑战赛等。每一个阅读任务都设置了分享传播的要求，借力微信、微博等新型媒体平台扩大计划的影响力，达到阅读的有效推广。

山西省图书馆自 2005 年正式启动视障公共文化服务，2013 年建成 200 平方米的视障阅览室，馆藏盲文图书 5000 余册、大字本图书 200 册、明盲对照儿童读物 200 册、智能听书机 1400 台、有声读物 800 余部、无障碍电影 700 余部，视障读者可以通过盲用点显器、阳光读屏软件使用计算机，还可以使用盲文刻录机、盲用助视器、有声阅读机等设备进行阅读。此外，还陆续开展为视障读者送书上门、"我是你的眼——阅享人生"助盲阅读服务、无障碍电影口述、盲人读者健步行等，形成"我是你的眼"系列视障服务品牌，先后荣获五星级文化助盲志愿服务团队、全国盲人阅读推广优秀单位等称号。[36]

也有不少图书馆通过移动图书馆、自媒体等渠道开展数字阅读推广服务。例如深圳图书馆微信视频号与数字阅读类抖音大 V 号建立战略合作伙伴关系，通过视频超链接、直播互推、点赞互粉等方式跨媒介推广数字阅读内容；同时充分发挥自媒体平台的引流涨粉功能，在全网宣传官方微信视频号的读书视频。[37]该馆还发布以"人的历史，全球的历史"为主题的数字阅读短视频，邀请郑振满、赵世瑜等文化名家担当短视频的主角，采用专题讲座、嘉宾对话、导读领读等方式推广最新上架的历史书籍。[38]

众多高校图书馆开通了微信公众号,师生关注微信公众号,获得馆藏图书、借阅历史查询、阅读推广活动、推荐阅读书目及推广文章等信息。厦门大学图书馆通过官方微信公众号,每月推送一期书单,点击图书封面即可查看馆藏信息,在线阅读或借阅;通过"微书评,荐好书"活动,读者可推荐好书并说明理由,点击封面即可在线阅读。[34]郑州大学图书馆购置大屏电子报刊阅读器并与网络连接,每天都更新阅读内容,先进的触屏技术、丰富的报纸储存信息、便捷的浏览方式,为喜欢读报的师生提供了便利。[39]武汉大学图书馆开通移动图书馆系统,师生通过学号或工号登录移动图书馆app,不仅可以获取图书、期刊、报纸、视频等传统文献资源,还可以获取大量热门的学术前沿专题,且支持下载后离线查看。郑州升达经贸管理学院图书馆与超星平台联合,建立纸电一体化的期刊阅览室,师生通过手机"扫一扫"即可实现在线期刊阅读,还可以进行在线复制与分享,为师生阅读、科研学习提供了方便。[40]

(三)数字素养培训服务

数字素养是指读者能够认识到信息技术的作用,并能够正确地选择和利用信息化工具及数字资源的素质和能力。读者的数字阅读素养对图书馆数字阅读服务的推广效果具有明显影响。数字阅读素养的培养是图书馆数字阅读服务的重要方面。数字阅读素养包含读者所使用的媒介工具,具有的文化程度、思维方式,对待数字阅读的方法、态度以及读者在数字阅读中所需要遵守的道德规范、面对的社会人文环境等内容,同时,也包括读者在数字阅读环境中需要掌握的数字技能和知识技能,及因环境技术变化需具备的阅读素养。[41]基于此,图书馆面向读者大力提供信息素养教育和数字阅读工具使用技能方面的培训服务。

1. 信息素养教育

信息素养指利用大量的信息工具及主要信息源使问题得到解答的技术和技能。[42]图书馆信息素养教育的目标是培养和锻炼用户的上述技能。清华大学图书馆于2021年开设全校通识课程《信息素养——学术研究的必备能力》,帮助大学生系统地掌握高效获取信息、利用信息提出问题和开展研究的方法,课程内容涉及信息价值判断、学术质量评估和学术伦理与规范等。[43]西南交通大学、重庆大学和河北工业大学等图书馆开展了嵌入式信息素养教育。以西南交通大学图书馆为例,该馆于2016年开始探索嵌入式信息素养教育实践,并于2020年形成嵌入式信息素养教育的"3×3"路径,即深度的嵌入式信息素养教育包括3个阶段,每个阶段又分为3个环节。具体指嵌入准备阶段:确定嵌入目标课程、明确课程信息素养的要求、设计教学大纲;嵌入实施过程阶段:第一次嵌入是馆员阐明角色并设定目标,第二次嵌入是引导学生采用概念地图的方法查找信息,第三次嵌入是结合课程开展技能性教学等;嵌入效果评价:从学生、教师、馆员三个维度对嵌入效果进行评价和改进。[44]

2.数字阅读工具使用技能的培训

随着数字阅读的发展,读者越来越感受到数字阅读带来的便利,但由于数字阅读素养的差异,导致部分读者没有能力和机会享受数字阅读的发展成果,成为其公平参与数字阅读服务的主要障碍。图书馆作为公益性的文化服务机构,有义务和使命提供具有普惠性和均等性的阅读服务,因此有必要开展数字阅读工具使用技能的培训,引导和帮助特殊群体开展数字阅读,保障其平等获取阅读资源的权利。

有研究者调查了我国副省级以上地区的公共图书馆开展相关培养的情况,发现超过50%的图书馆针对中老年人、残障人士或务工人士开展数字阅读工具使用技能的培训。具体情况如表5-1所示,内容涉及手机、电脑、听书机等硬件设备的使用培训和微信、抖音、数字阅读App等应用软件的培训。

表5-1 主要公共图书馆数字阅读工具技能培训情况[45]

| 样本馆名称 | 培训内容 |
| --- | --- |
| 首都图书馆 | 中老年读者玩转"抖音"、盲人数字阅读 |
| 天津图书馆 | "智慧助老 畅享数字生活"系列讲堂 |
| 上海图书馆 | 无障碍电脑操作培训 |
| 重庆图书馆 | "常青e路 幸福夕阳"老年人数字阅读培训 |
| 河北省图书馆 | 智能手机讲堂 |
| 辽宁省图书馆 | 老年电脑手机班、听书机培训、线上阅读技能培训 |
| 黑龙江省图书馆 | 如何安全使用智能手机 |
| 西安图书馆 | 老年电脑培训班 |
| 浙江图书馆 | 中老年信息素养培养、视障者摄影、手机、电脑、听书机培训 |
| 安徽省图书馆 | 智能手机培训 |
| 河南省图书馆 | 中老年学电脑、务工人员计算机培训 |
| 湖南图书馆 | 中老年助力上网系列讲座 |

续表

| 样本馆名称 | 培训内容 |
| --- | --- |
| 海南省图书馆 | "银龄E时代"老年人智能手机课堂 |
| 贵州省图书馆 | 老年电脑公益培训 |
| 陕西省图书馆 | 智能手机课堂 |
| 甘肃省图书馆 | 智能听书机使用培训、盲人读者及务工人员电脑培训 |
| 青海省图书馆 | 智慧助老专题讲座 |
| 内蒙古图书馆 | 电脑PC终端实用技术讲座 |
| 广西壮族自治区图书馆 | "夕阳红"阅动指尖讲座 |
| 哈尔滨市图书馆 | 中老年智能手机、智能听书机培训 |
| 济南市图书馆 | "数字济图"系列培训(微信、手机、数字资源的使用) |
| 青岛市图书馆 | 老年读者电脑培训 |
| 南京图书馆 | 老年人智能手机使用培训 |
| 武汉图书馆 | 老年人计算机入门 |
| 成都图书馆 | 手机使用培训 |
| 广州图书馆 | "蓝马甲助老公益行" |
| 宁波图书馆 | 视障读者智能手机App培训 |
| 深圳图书馆 | 中老年智能手机培训 |
| 厦门市图书馆 | 老年人手机 |

## 三、基于载体的图书馆数字阅读服务模式

按照数字阅读的服务载体分类,图书馆的数字阅读模式包括:数字阅读的网站服务模式、移动数字阅读模式和新媒体与社交网络数字阅读服务模式。

（一）数字阅读的网站服务模式

从藏书楼到数字图书馆,从纸本借阅服务到数字阅读服务,图书馆的变化无一不体现着社会的发展和读者需求的变化。数字图书馆的诞生彻底改变了人们只能到馆阅读的时间和空间限制,读者可随时随地访问图书馆网站获取资源和服务。而图书馆也为读者提供多样化的数字阅读网站服务模式,如一站式搜索类型丰富的电子资源,并根据读者需求打造专题数字阅读服务网站,提供线上线

下相结合的数字阅读场景服务等。数字阅读的网站服务模式是读者了解图书馆资源和服务的主要方式之一。

1. 以搜索为核心的数字阅读网站服务

数字图书馆的出现,革新了读者使用图书馆资源的方式,读者可以通过访问图书馆网站并在主页中了解图书馆的资源情况和服务内容。而主页中最重要的呈现就是搜索栏,它集成了图书馆中诸如资源发现、馆藏目录、电子期刊、书目检索等读者最常用且富有特色的资源内容,同时给读者提供了一个快捷搜索、利用图书馆资源、服务及信息的途径。[46]读者借助搜索栏可以检索、浏览、下载、保存及使用图书馆的图书、期刊、报纸、音视频、古籍等类型丰富的电子资源。如国家图书馆的"文津"搜索系统,能全面满足读者对数字图书馆各类资源的搜索、获取需求,其数字阅读资源涵盖了国家图书馆各类中外文自建和外购数据库,读者通过该搜索系统可以直接获取数字资源的目标对象文件和各种应用服务。[47]

随着图书馆与新型信息技术的不断结合与发展,图书馆更加注重数字阅读服务的品质,因此出现了一些以大数据、人工智能等新型技术为支撑的文献资源搜索服务,如以重庆大学图书馆、宁波大学图书馆等为代表的智慧图书馆服务门户,通过对海量纸电文献资源元数据的清洗、加工及整合,其检索栏支持纸电文献资源的"一站式"检索,读者在搜索目标文献资源时,可以最快的速度检索到来自不同数据库的同类资源,极大提升了资源的查全率。

基于数字图书馆的阅读服务早期需要依托电脑访问数字图书馆主页检索框才能获取和阅读文献资源,但后来随着移动信息技术的发展,读者逐渐习惯于利用平板电脑、手机等移动端访问数字图书馆网站进行资源搜索与阅读。不同人群还会根据阅读目的选择差异化的搜索方式,如学术研究、撰写论文或进行深阅读的读者更喜欢利用电脑端,而喜欢阅读大众文献资源或浅阅读的读者更倾向于选择移动端检索资源。深圳图书馆年度报告显示,有63%的读者通过电脑进行数字资源的搜索阅读。[48]

目前国内图书馆都建设有自己的数字图书馆,并提供不同类型的、功能各异的搜索系统服务于广大读者,可见以搜索为核心的数字阅读网站服务是图书馆资源利用的重要服务方式之一。

2. 专题数字阅读服务网站

20世纪90年代开始,伴随信息技术的进步和数字化革命的进程,我国数字图书馆建设经历了从无到有,从探索到蓬勃发展的阶段。尤其在数字阅读时代,图书馆普遍支持读者搭建个人数字阅读空间,支持对电子图书、期刊等资源进行收藏、标注及订阅,并记录日常阅读习惯。在行为数据的基础上,图书馆可分析不同读者的差异化需求,通过整合海量文献资源来搭建专题数字阅读服务网站,为具有相同阅读喜好的读者进行读者画像,进而为不同的读者群体提供差异化的好书推荐等专题阅读服务内容,以及提供基于读者需求感知的个性化资源推送服务,使读者能更好地选择数字阅读内容。如国家图书馆主办的"网络书香"系列数字阅读推广活动,面向国内读者的阅读喜好,搭建数字阅读的专题服务网站,运用数字展板、多媒体终端并结合交互体验的方式,向读者提供诸如"阅见美好"的扫码阅读和阅读打卡等专题活动。关联数据的出现,也越来越受到图书馆的关注[49],基于关联数据的专题数字阅读服务网站不仅能传播数字图书馆的服务理念,还能为读者提供不同主题的文献资源的知识图谱,便于知识的传播和利用,不断增强读者对图书馆数字阅读服务的认同感和自身数字阅读的获得感。

(二)移动数字阅读模式

信息技术的发展日新月异,移动的终端迅速普及,读者阅读行为方式随之发生巨大改变。为满足读者差异化阅读方式的需求,图书馆不断探索升级数字阅读的服务方式,并建设多样化的移动数字阅读平台,通过这些平台为读者提供与图书馆网站服务相同的全部内容,满足读者的移动阅读需求。移动数字阅读方便快捷的特点正在吸引越来越多的读者享受其中,移动数字阅读时代早已来临。

1. 移动图书馆下的数字阅读服务

我国图书馆移动服务起步较晚,2003年12月北京理工大学率先推出短信服务,是国内最早的移动服务。图书馆开展移动数字阅读服务始于2009年,以上海图书馆、清华大学图书馆和国家图书馆为代表,其中国家图书馆推出"掌上国图"移动阅读品牌,包括移动数图、手机阅读及国图漫游等内容,为读者提供更方便、更快捷的移动数字阅读方式。

随着移动信息技术的进一步发展,大众对泛在化阅读需求的提升,图书馆为提高数字阅读服务水平,将丰富的文献资源进行整合,集中利用移动图书馆开展数字阅读服务,如依托超星、方正Apabi、书生、汇文掌上等移动图书馆开展数字阅读服务。移动图书馆便利性和智能性的优势,很快受到图书馆界的重视和推广应用,在读者群中获得了关注。如华中科技大学图书馆独立研发的超星移动图书馆,支持对图书馆电子资源的下载、阅读及视听等;清华大学图书馆使用的书生移动图书馆支持对图书馆电子图书的在线浏览;中山大学图书馆的掌上图书馆不仅能对馆藏资源进行查询,还可以让读者在知识社区进行阅读兴趣的交流互动等;上海交通大学移动图书馆提供书架、摇一摇、视频、公开课、有声读物等服务。同时,公共图书馆如深圳图书馆提供基于移动图书馆的手机阅读服务,读者利用手机可以随时阅读移动图书馆的电子图书、音视频资源等。上海图书馆也在很早就开始移动数字阅读服务的探索,在服务模式、新技术使用方面经验颇丰,不断推出移动客户端和微信公众号等不同类型、不同应用及不同系统的移动数字阅读服务。越来越多的读者会携带自己的移动设备到图书馆进行数字阅读,移动数字阅读服务成为图书馆开展数字阅读的一项重要内容。国内绝大部分高校图书馆和市级以上公共图书馆都为读者提供了各种形式的移动数字阅读服务,其中以移动图书馆客户端为主开展的数字阅读服务占主要地位,读者利用移动设备可以进行丰富的数字阅读和体验。

2. 多样化的图书馆移动数字阅读平台服务

思源悦读、京东读书及可知数字阅读等移动数字阅读平台的出现,进一步充实和完善了图书馆移动数字阅读服务的内容,读者在图书馆提供的专用数字阅读平台上即可享受优质的数字阅读内容。如上海图书馆于2011年12月正式推出"市民数字阅读平台",基于元数据整合等技术,面向读者提供包含馆藏的千种报纸、万种期刊、百万种图书在内的数字资源。其中,电子图书包含了方正、新华E店、超星及中文在线等丰富资源,期刊资源包括读览天下、龙源、博看等电子期刊。平台支持app、微站、微服务等各种展示模式,支持手持阅读器、平板电脑及手机等各类移动设备的智能识别,全面满足市民对移动阅读的迫切需求。市民数字阅读平台提供书目检索、好书推荐与排行、我的书架等功能。检索书目时,除了可通过文本框输入关键词进行查询,平台还提供了扫码查询,即通过手机上的扫码软件扫描图书或杂志的ISBN或ISSN号来进行检索。每位读者最多借阅10本电子书,并在借阅页面显示阅读历史,也可以把感兴趣的电子书收藏到书架,平台随时为读者记录阅读进度,还整合了书刊续借、讲座、展览等传统服务功能,为读者提供相关服务的选择渠道。[50]

上海交通大学图书馆通过自主研发移动阅读平台的方式为读者提供移动数字阅读服务,是当时唯一自主研发移动阅读平台的高校图书馆。为适应大学生合作式学习、个性化学习、混合式学习的需求,上海交大整合各类电子阅读资源,于2013年推出"思源悦读"平台。该平台设有思源共读(校长荐读、名师荐读)、书之道(系列读书讲座视频)及借阅排行(年度借阅排行)等栏目,支持读者利用手机、平板等便携式设备随时随地阅读,适合读者泛在阅读和群组学习。多场景的数字阅读有助于培养大学生的阅读习惯,在提高阅读数量的基础上提升阅读品质,为学生创造了全方位的阅读环境和体验。"思源悦读"平台的建立及时顺应了当代读者阅读习惯和方式的转变,为读者提供了数字阅读的多种途径,将多种互补的媒体糅合在一起,使读者能够随意掌握几种媒介阅读,体现了数字阅读方式的多样性。

重庆大学图书馆联合京东阅读建立的"京东读书数字阅读平台",发挥了各自的优势。在数字阅读平台的构建中,图书馆负责数字阅读推广和读者意见反馈,京东负责改善用户体验、解决版权问题和新书数量问题。通过京东与作者、出版社的合作,数字阅读平台满足了读者对新书的数字阅读和移动阅读需求,以此打通数字阅读行业的上下游产业链。京东读书数字阅读平台专注于移动端阅读,支持 ePub、PDF 等主流格式和多媒体电子书,正好迎合移动信息时代下阅读群体的阅读需求。该平台的电子图书总量有 20 多万册,涉及哲学、经济、法学、文学等十多个学科,资源丰富且更新速度快。平台设置有交流社区,可以将爱读书或阅读兴趣相同的群体聚集在一起,以书会友、以读相约,将新书上架、阅读提醒、书评更新、阅读圈子互动等衍生服务,以定制化、智慧化的形式服务于读者,潜移默化间引导读者参与阅读,习惯阅读,真正做到利用科技手段促进数字阅读推广工作。[51]图书馆能在平台内看到所有读者阅读书籍的学科分布、每周的读者阅读时长、阅读时段的分布统计等,能随时知晓平台读者的阅读情况。

(三)新媒体与社交网络数字阅读服务模式

移动信息时代,人们追求更高效快捷的信息获取方式,习惯利用移动终端随时随地进行多样化阅读。新媒体数字阅读服务方式也逐渐受到读者乃至图书馆界的关注和重视,诸多图书馆正在探索不同的新媒体方式以提升数字阅读服务品质。

1.听书服务

有声读物、视听资源等作为一种新生事物在现代社会越来越受到读者的青睐,人们可以通过听书,既解放双眼,又实现了阅读。随着信息技术的发展,图书馆提供的听书等数字阅读服务方式也在不断变化。读者最开始接触到的听书方式是通过手机扫码聆听有声读物,如 2012 年深圳读书月期间,云图数字有声图书馆在地铁站投放 20 台阅读设备,市民扫码即可下载、聆听有声书,活动受到大众的喜爱,当月下载量就超过 6 万次。云南省图书馆和北京东城区图书馆通过提供有声读物终端设备的方式满足中老年读者群体的听书需求,听书内容涉及怀旧、养生等方面。重庆大学图书馆通过建设声音图书馆,为读者提供声音相关的书籍2500余件,同时配备高品质耳机,为听书爱好者提供全方位的数字阅读服务。

2. 基于微博、微信等新媒体平台的数字阅读推广服务

图书馆为满足大众的阅读习惯,也在积极提供依托微博、微信等新媒体平台的数字阅读推广服务,如国家数字图书馆于2013年开通新浪官方微博,以微话题形式向用户推送数字资源和发布信息;中国图书馆学会阅读推广委员会在全国公共图书馆开展了"扫码看书,百城共读"数字阅读推广活动,利用名人形象推广、海报宣传等方式,将包含在线阅览地址二维码的电子图书信息推送到读者用户身边,读者扫描后即可获得电子图书全文。活动开展一年,就有25个省市的240余家图书馆或机构参与,阅读量突破十万次;深圳图书馆利用微信订阅号、微信服务号为读者提供数字阅读专区,专区包括数字阅读馆、喜马拉雅·VIP畅听、掌阅精选、手机阅读、深图视听等栏目,看书、听书等音视频数字阅读资源应有尽有,听书或看书模式还可随意切换。同时微信小程序"深圳图书馆数字阅读馆"整合QQ阅读、云图有声数字图书馆等13个数据库资源,22万余集音频和近3万集视频资源,读者可随意检索、视听感兴趣的文献主题或某本电子书。[52]

随着微博、微信等新媒体平台的快速发展,图书馆与这些平台的合作日益广泛深入,并在此基础上逐步建立起基于新媒体平台的数字阅读整合服务体系。例如,国家图书馆2014年开通微信公众平台订阅号,以微网站形式整合馆内外文化资讯信息,以微连载形式推送系列文献资源服务内容,提供以"国图公开课""文津经典诵读"为代表的特色资源阅读。国家图书馆还利用微信视频号,围绕民国期刊、中华古籍和善本的内容开发了一系列读书内容,借助新媒体平台特有的点赞、转发、关注、评论等功能吸引读者参与、分享阅读感悟[53],满足读者在线阅读电子书的需求,极大提升了数字阅读的互动性和趣味性。深圳图书馆将所有资源和服务整合到微信端,读者仅通过一个新媒体平台即可享受所有的数字阅读资源和多样化的服务方式。这不仅能提升读者对图书馆的满意度,还能提升图书馆的数字阅读服务水平。借助新媒体平台开展数字阅读服务不仅传播迅速,让读者轻松获取图书馆的数字资源,还能丰富读者在感官上的体验层次,提升图书馆数字阅读的服务水平。

3. 短视频阅读服务

进入视频媒体时代之后,视频号、抖音、小红书等视频媒体平台凭借其交流互动、共建分享等优势,成为人们学习、工作和分享生活的主阵地,人们更愿意在

这些平台上听书学习、分享和讨论。很多图书馆为顺应时代潮流,适应新媒体时代读者阅读需求和阅读方式的变化,也在积极拓展数字阅读服务范围和阅读场景,专注于多媒体数字阅读服务平台的使用和推广,充分利用抖音、哔哩哔哩、小红书等视频媒体平台为读者提供基于音视频资源的数字阅读服务。国家图书馆、杭州图书馆、深圳图书馆、盐田区图书馆、中南大学图书馆等绝大部分公共和高校图书馆纷纷在这些平台上开设官方视频号,通过自制视频和直播互动等方式推广图书馆服务和特色资源。如国家图书馆"文津经典诵读"、深圳图书馆"读吧!深圳"基于微信视频号开展数字阅读推广服务;广州图书馆提供的"绘本阅读"、江西省图书馆的"赣图荐书"、上海图书馆的"读书分享会"等基于抖音短视频平台开展服务,极大满足了不同多媒体平台读者的数字阅读需求。

4. 嵌入社交网络的数字阅读服务

数字阅读作为传统阅读和媒介技术联姻的产物,在拓宽阅读场域的同时,也起到了社交行为的中枢纽带作用,其互动分享性特征能使志同道合的朋友或兴趣爱好相同的群体快速形成社区,拓展传播范围并缩小阅读鸿沟。尽管数字阅读用户在一开始并非以社交为目的进行阅读,但在数字阅读的过程中逐渐与他人产生互动联结,从而建立起一种游离于、根植于社交网络之中的互动性亲密关系。例如,重庆图书馆打造了以数字阅读为主题的微信群与QQ群,引导社群成员群策群力进行"阅读大闯关",胜出者获赠"终生阅读卡",发挥了社群激励作用。[54]中山纪念图书馆依托并利用分级阅读服务平台"考拉阅读"用户讨论区,打造少儿数字阅读社交圈,鼓励阅读兴趣、阅读目标与阅读素养相近的少儿读者互助解答彼此的阅读疑问[32-33]。盘锦市少年儿童图书馆联合知乎、小步读书app、CNKI少儿图书馆数字阅览室等互动式知识问答分享平台,打造了分层分级的少儿数字阅读释疑社群,并引入用户排名机制,让社区成员主动进行点对点的数字阅读咨询。这些做法说明图书馆既可利用社会网络群策群力地解答数字阅读疑问,又可在社群内交流共享阅读经验。[55]

# 第三节 图书馆数字阅读服务发展趋势与展望

数字阅读经过二十余年的发展,已成为大众阅读的一种重要方式,深刻影响了人们的阅读习惯。图书馆在开展数字阅读服务过程中主要取得了以下三方面的进展:一是关于数字阅读服务的共识基本达成。随着读者与日俱增的数字阅读需求,大家对图书馆服务从纸本资源为主转移到纸本资源与数字资源相结合的共识基本形成。二是数字阅读资源建设逐渐从关注数量到注重质量转变。数字资源的存储一般不受实体空间的限制,且大部分图书馆尤其是大中小图书馆采购的数字资源总量较大、种类较多,但各式各样的电子阅读平台常常给读者带来困扰,因此图书馆数字阅读服务越来越注重精品阅读平台的采购和推荐。三是数字阅读服务从仅能提供单一的文本阅读,到可以提供集阅读、笔记、书签、书架以及听书等一体化阅读的服务,读者的阅读体验得到逐步改善。

未来,数字阅读的发展也面临着挑战和机遇。本节从数字版权、数据孤岛、数字鸿沟等问题出发,结合数字阅读服务的时代背景及读者的服务需求等分析当前环境,并对图书馆数字阅读服务的未来发展趋势进行展望。

## 一、数字阅读服务的挑战与机遇

尽管数字阅读服务面临数字版权、数据孤岛、数字素养差异以及商业阅读平台的冲击,但开展数字阅读服务既是时代的需要,也是读者的需要,更是由信息技术发展推动的,未来数字阅读服务的挑战与机遇并存。

(一)数字阅读服务的挑战

数字阅读服务当前面临的挑战主要来自数字版权的困扰、数据孤岛的制约以及读者数字素养的差异和商业数字阅读平台的冲击等。这些挑战一方面为数字阅读服务的发展带来了困难;另一方面,在梳理挑战的同时,也能更好地明确数字阅读服务未来的工作重点,为数字阅读服务的发展指明方向。

1.数字版权的困扰

数字版权问题是数字阅读服务当前面临的一大挑战。由于数字作品传播速度快、范围广,数字出版的版权管理相对于传统出版难度更大,作品在互联网传播的过程中容易产生版权纠纷,版权问题的规避制约了一些出版社在数字出版领域的大胆创新和作为。

出版社和作者之间一般采用出版合同对网络传播权进行约定,包括数字出版的形式和范围等,出版社所取得的权利及其理解和执行程度,决定了数字出版的产出。当前受限于数字出版法律法规的明晰程度和法律解释、普及工作的细致程度,作者和出版社的版权顾虑都没有得到很好地解决,这是数字阅读服务还没有走出版权困境的根源。版权控制导致图书馆无法获取全面的数字阅读资源,许多纸本文献没有相应的电子版,或者即便图书馆购买了电子文献,但由于只有使用权,只能在特定的 IP 范围或指定平台为读者提供阅读服务,难以实现二次组织和推广,成为数字阅读服务极大的障碍。

2.数据孤岛的制约

图书馆是各地区或机构的文献信息中心,开展阅读推广、向公众提供阅读服务是图书馆的重要职责。随着数字阅读的发展,图书馆普遍重视数字资源的采购和推广,数字资源的采购经费逐年攀升。教育部高等学校图书情报工作指导委员会发布的《2022 年高校图书馆发展报告》显示[56]:全国 1208 所高校图书馆的电子资源总购置费约为 43.59 亿元,均值为 360.9 万元,占馆均文献资源购置费的 66.5%,均值与所占比例自 2006 年以来基本呈上升趋势。

由于数字资源来自不同供应商,所采用的元数据和信息交换格式等存在不一致性,通常依托特定的阅读器或 app 阅读,形成了数字资源"孤岛"。数据孤岛为跨库跨平台的数字阅读带来了障碍,读者阅读极其不便。同时也容易造成图书馆数字阅读资源的浪费和利用的不平衡,不利于图书馆对读者阅读习惯和兴趣进行全面的细致分析,给精准阅读推广和深度知识服务带来了困难。

3.读者数字素养的差异

数字素养是 21 世纪公民的核心素养之一。我国 2021 年发布《提升全民数字素养与技能行动纲要》[57],明确"到 2025 年,全民数字化适应力、胜任力和创造力显著提升,全民数字素养与技能达到发达国家水平"的目标,培养和提升公民数字素养成为国家战略。

在数字化进程中,地区、行业、年龄和教育程度等的客观差异导致人们对信息技术的理解和应用能力的差距。在图书馆服务领域,读者数字素养的差异对全民阅读和阅读服务的影响体现在阅读准入、阅读技能要求、阅读信息冲击等多方面,具体包括数字阅读对阅读设备和网络、软硬件操作熟练程度的要求,以及大量信息对有效获取阅读资源的干扰等。

4.商业数字阅读平台的冲击

自 2002 年起点中文网成立,中国数字阅读行业出现付费模式,我国数字阅读行业开始实现高速发展。《2023 年度中国数字阅读报告》显示,2023 年我国数字阅读市场总体营收规模达 567.02 亿元,同比增长 22.33%,形成了掌阅科技、中文在线等一批优势企业以及晋江阅读、番茄小说、起点中文网、微信读书等阅读平台。[58]这些平台与图书馆所提供的数字阅读服务在一定程度上形成了竞争关系。

与图书馆相比,上述商业数字阅读平台提供了更为丰富多样的电子书、音频等数字化资源,涵盖了网络文学、专业经典等多个领域,涉及读者的多种兴趣爱好,而图书馆或因预算及资源采购类型的限制,在资源购置方面受到一定影响。在数字阅读发展过程中,如何凸显图书馆较之商业数字阅读平台的独特优势,是未来图书馆阅读服务发展值得重点思考的问题。图书馆的独特优势主要体现在以下三方面:一是公益性,图书馆免费均等地为读者服务,可以帮助社会弱势群体更好地利用数字阅读;二是资源整理方面的专业性,图书馆可以更加深入、细粒度地揭示文献内容,便于读者利用;三是资源保存的长期性,商业数字阅读平台以盈利为目的,当相关服务不够吸引用户的时候就容易被裁撤,而图书馆致力于保存人类的文化与文明载体,长期以来均专注于此项事业。

5. 其他挑战

一方面,尽管数字阅读为读者提供了便利,但与传统纸本书籍阅读相比仍存在阅读体验差异,例如屏幕疲劳、数字版式限制、书本触感缺失等问题,这些问题会影响读者对数字阅读的接受度和满意度,从而进一步影响图书馆数字阅读服务的效果和发展进程。另一方面,图书馆提供数字阅读服务需要建设先进的技术基础设施,需要大量资金和技术支持,也不可避免地需要投入一定的人力资源;对于目前大部分图书馆而言,如何优化数字阅读服务与传统阅读服务的资源配置是一个难点。此外,数字阅读服务会涉及大量用户数据的收集和处理,因此数据安全和隐私保护成为图书馆发展数字阅读服务必须面临的挑战。

(二)数字阅读服务的时代需求与机遇

在全民阅读、国家文化数字化战略以及信息技术的变革等背景下,数字阅读服务的挑战与机遇并存。深入开展数字阅读服务,不断提升数字阅读服务质量,既是时代的要求,也是满足读者随时随地、多场景、多终端阅读的客观需求。

1. 开展数字阅读服务是时代的需求

党的十八大以来,全民阅读连续11次被写入国务院政府工作报告,成为党和国家持续关注的重点工作之一。2021年《中华人民共和国国民经济和社会发展第十四个五年规划和2035年远景目标纲要》提出"深入推进全民阅读,建设书香中国"的要求[59],全民阅读作为一项国家战略深入人心。数字阅读是全民阅读的组成部分和未来趋势,全民阅读为数字阅读服务提供了重要机遇,图书馆顺应全民阅读要求为公众提供公平、便捷的数字阅读服务,将促进数字阅读和全民阅读的良好发展。

2022年中共中央办公厅、国务院办公厅印发《关于推进实施国家文化数字化战略的意见》，明确了国家文化数字化战略的目标和任务。在此影响下，全民阅读将发生巨大变化，数字阅读将迎来新的发展机遇。一方面，数字阅读资源极大丰富，国家文化数字化战略的重点任务之一即全面梳理中华文化形成中华文化数据库，必将为数字阅读输入优质的阅读资源。另一方面，将带来数字阅读场景的多元化，国家文化数字化战略促进了多元文化的输出，全息呈现、数字孪生等新型数字技术将得到充分应用，为数字阅读读者提供互动性和体验感俱佳的阅读产品。国家文化数字化战略实际上给予了数字阅读服务资源和技术的支持，图书馆应深刻理解国家文化数字化战略的内涵，顺势而为推动数字阅读服务的飞跃。

数字阅读未来可期，图书馆数字阅读服务尤为重要。一些文件明确了图书馆在数字阅读中的角色和任务，如《公共图书馆法》第四十条规定[60]：政府设立的公共图书馆应当加强数字资源建设、配备相应的设施设备，建立线上线下相结合的文献信息共享平台，为社会公众提供优质服务。该条款从国家法律层面对图书馆数字阅读服务提出了要求。为此，图书馆围绕数字阅读服务拓展了相关业务，如读者决策的电子书采购和单篇订购服务、一键直达的电子书阅读推广、经典数字阅读平台建设以及数字阅读设备租借等。

2. 开展数字阅读服务是读者的需求

我国数字阅读用户数量在快速增长，因此开展相关服务也是读者的必然需求。根据《2023年度中国数字阅读报告》的数据，2023年我国数字阅读用户规模为5.70亿，较2022年的5.30亿增长约4000万，增长率为7.53%。对比我国数字阅读用户规模与网民用户规模，2023年我国数字阅读用户占网民规模的比例为52.19%，自中国音数协有数据测算以来，首次超过50%的分水岭，这是一个重要的里程碑。[61]

为提高数字阅读服务的个性化和人性化，图书馆应根据读者的年龄特征，按照未成年人(0-18岁)、中青年人(19-59岁)和老年人(60岁以上)三类群体分析读者的数字阅读服务的具体需求。未成年人的典型特点是心智尚未成熟，难以准确判断数字阅读作品的品质和价值，容易受到其他互联网产品的干扰。因此未成年人的数字阅读服务重点是内容的选择和控制，通过专业的数字阅读内容甄别和组织服务，将高质量的阅读作品打包分发至家庭，甚至提供专属阅读设备,减轻家长对未成年人数字阅读的担忧。中青年人的阅读特点是阅读时间、地点、内容等要素变化大,具有较强的随机性,并且对阅读体验感的要求相对较高,阅读可能伴随一定的分享和社交需求。因此针对中青年人的数字阅读服务一方面要关注阅读设备、技术的更新和应用,注重阅读的便捷性和交互性,提供丰富的阅读场景等;另一方面需要结合大数据、人工智能等技术,根据个体当前的阅读偏好为其推荐合适的数字阅读作品,鼓励持续和深入阅读;同时可通过知识组织提取阅读作品的关键内容和逻辑结构,辅助内容选择并节省阅读时间。提高老年群体的数字素养和简化数字阅读流程是帮助老年人跨越数字鸿沟的两个关键方面:一是组建老年人数字阅读服务队伍,指导老年人进行数字阅读,听取和解答老年人的数字阅读诉求;二是定制开发适合老年人的数字阅读软硬件,对阅读字体、亮度、颜色、流程等进行有针对性的优化。

3. 数字阅读服务由信息技术推动

数字阅读是信息技术发展的产物,数字阅读服务在技术迭代和升级中将具有更广阔的前景。与数字阅读服务联系紧密的技术手段包括虚拟现实、增强现实、混合现实、区块链等,以及2021年最新提出的元宇宙概念及其相关技术,这些技术在丰富阅读场景和形式、解决版权纠纷等方面具有重要作用。

以虚拟现实和增强现实技术为例,据中国信息通信研究院发布的《虚拟(增强)现实白皮书》[62],2020年全球虚拟现实、增强现实终端出货量为630万台、市场规模约为900亿元,预计到2024年终端出货量将超7500万台、市场规模将达到4800亿元。可见虚拟现实和增强现实技术将迎来爆发式发展,有力推动VR、AR数字阅读服务的落地。虚拟现实具有沉浸性、交互性和构想性特征,通过应用VR技术优化数字阅读服务,将在上述三方面提升读者的阅读体验。如吉林音像出版社的《太空第一课》VR图书,读者可近距离观察星球,通过操作手柄控制飞船,实现太空遨游,为VR数字阅读服务提供了范例。

区块链技术对解决数字阅读服务的版权困扰具有突出优势。区块链又称为分布式账本技术,由分布式网络、一致性协议、超级账本模型和非对称加密技术构成,对数据具有共享共识、一致存储、难以篡改的功能。利用区块链的分布式网络,可以实现著作权人对版权的自主监控和跟踪,有效避免图书馆数字阅读服务无意侵权行为的发生;一致性协议为链上交易记录的一致性和正确性提供保障,让数字资源的版权交易和使用情况都清晰可查,为解决版权纠纷提供确切的凭证;超级账本和非对称加密技术对数据的存储和安全至关重要,将有利于防止

第五章　图书馆数字阅读服务

由于扩大传播或数据失窃等带来的版权风险。

4.数字阅读服务的研究与实践

顺应时代的变革和读者的需求,数字阅读领域的研究和实践层出不穷,为数字阅读服务的深入开展奠定了坚实的基础。其中兼具代表性和指导性的研究、实践包括以下方面的内容:一是国内外数字阅读服务的现状与案例调研,通过梳理数字阅读服务的成果和不足,为深化数字阅读服务提供指导;二是未来数字阅读服务体系的构建,在分析数字阅读服务经验和新要求的基础上,提出新时期数字阅读服务的框架体系,支持数字阅读服务的健康、可持续发展;三是数字阅读服务著作权侵权规避研究,通过研究明确数字阅读服务著作权侵权行为的产生与认定以及相应的规避策略,为图书馆摆脱版权困境提供了可靠的法律参考;四是数字阅读平台对比研究,数字阅读服务通常依托数字阅读平台开展,对不同类型的数字阅读平台的主要功能进行对比,促进数字阅读服务平台的优化和升级;五是特殊群体的数字阅读服务,特殊群体是数字阅读服务的重点群体之一,如探讨数字阅读视障服务的内容和模式等,为视障群体公平共享阅读资源、推动数字阅读深入发展提供可行路径。

上述的这些研究和实践彰显出数字阅读及其相关服务的时代机遇和广阔前景。充分的研究和实践将有利于行业进一步把握数字阅读现状,推广数字阅读服务经典案例,聚焦数字阅读服务的关键问题,为数字阅读服务未来的发展勾勒出更清晰的蓝图。

## 二、图书馆数字阅读服务的趋势及建议

数字阅读的发展已势不可挡,面对数字阅读服务的挑战与机遇,图书馆必须清醒地辨识数字阅读服务的未来方向,集中力量在内容精品化、沉浸式数字阅读、数字阅读服务的宣传与推广、成效评估以及应对数据孤岛和数字鸿沟问题等方面,凸显数字阅读服务的价值和意义,为读者提供更满意的数字阅读服务。

(一)数字阅读服务的趋势

未来数字阅读服务的发展将呈现内容精品化、体验沉浸化、推广形式多样化的趋势。

1.数字阅读服务内容精品化

数字阅读时代,技术的发展让海量资源的存储、分发和传播都变得极其容易,这为读者提供更多内容选择的同时,也带来了信息过滤的困难,读者难以从

冗杂的数字阅读资源中找到优质资源。2020年文化和旅游部发布《关于推动数字文化产业高质量发展的意见》，对加强数字文化产业内容建设提出明确要求[63]，即"深刻把握数字文化内容属性，加强原创能力建设，创造更多既能满足人民文化需求、又能增强人民精神力量的数字文化产品"。数字阅读属于数字文化产业的一部分，其建设对践行社会责任和提升读者阅读品味至关重要，内容的精品化将成为数字阅读服务的关键任务和必然趋势。

2.数字阅读服务体验沉浸化

沉浸式数字阅读体验是指数字阅读与新型信息技术结合，让阅读从二维平面提升至三维立体空间，信息获取方式从文字阅读扩展到听、说、读、写、看等多种渠道的实时交互，作品的故事情节、人物情感等抽象描述通过声音、图片、视频、虚拟场景等方式具象传达，读者"临场"感显著增强，实现完全沉浸于作品情境的阅读效果。

与传统纸质阅读相比，沉浸式阅读体验是数字阅读最大的优势和吸引力来源。随着3D全息投影、虚拟现实、增强现实、混合现实等技术的不断成熟，以及图书馆元宇宙课题的提出，沉浸式数字阅读服务体验越来越受到关注和期待。2019年第26届北京国际图书博览会上，中国图书进出口公司与中国联通联合设立阅读展区，依托5G、AR、VR、MR等技术展示"5G＋VR主题书柜""5G＋4K远程互动阅读""5G＋AR古琴百科阅读"等新型阅读场景[64]，基本构建起了沉浸式数字阅读服务的雏形。再如以阅读《三国演义》为例，在沉浸式阅读服务支持下，读者可以选择阅读原著、听音频、看视频或观看VR表演甚至以数字人身份参与在线创作和互动等。因此数字阅读服务既带来了虚拟与现实融合的炫酷体验，也丰富了文字作品的传播和呈现形式，是数字阅读服务从实现媒介转变到体验颠覆的重要途径。为此，数字阅读服务应该将沉浸式数字阅读体验作为未来的重点发展方向之一。

3.数字阅读推广形式多样化

当前图书馆数字资源占比已超越纸质资源，读者数字阅读意愿和实际接触率都逐步提升。在此背景下，数字阅读服务的宣传与推广对于全民阅读目标的达成，对于提升服务效率和资源的到达率都显得格外重要。数字阅读服务的宣传与推广开始受到图书馆的关注，一些图书馆将二维码、链接等嵌入海报或推文中进行数字资源的推广。部分图书馆开通抖音、小红书、哔哩哔哩等官方账号推广数字阅读资源等。尽管目前大多数图书馆尚未形成专业的数字阅读服务宣传与推广队伍,尚未形成常态化的数字阅读服务体系,但随着数字阅读资源的丰富、读者数字素养的提升等,数字阅读推广渠道将更加丰富、推广内容将更广泛。

(二)数字阅读服务建议

1. 坚持内容遴选,实现数字资源向精品转化

数字阅读服务的使命不应该局限于阅读媒介的更新和大量资源的堆砌,还应该致力于优秀文化和经典作品的传播和扩散。当前,数字阅读已经形成了包括网络文学、出版图书等多种品类的内容综合体,主题涵盖生活休闲、经典文学、科学科普、历史考古、政治军事等多个方面,满足了读者的多样化阅读需求,但精品内容的生产和组织仍有待加强。

与商业数字阅读平台以营利为目的不同,图书馆数字阅读服务大多是免费或者以较低成本提供给读者,对于经济条件有限的读者而言图书馆的数字资源是其进行数字阅读的重要途径之一。此外,图书馆拥有专业的图书馆员和信息专家,能够为读者提供专业的咨询和指导,而图书馆的数字资源通常会经过较为严格的筛选和审核,这是商业数字阅读平台不可比拟的。因此图书馆应该发挥自身优势,吸收广大的读者群体,同时通过组织专业人才进行内容遴选,定期整合发布优质资源,构建精品数字阅读服务平台,实现从海量资源到精品资源的转化,杜绝内容同质化、低俗化等现象的发生,提升数字阅读服务质量和水平。

2. 关注新兴技术,促进数字阅读沉浸式体验

图书馆数字阅读服务首先应密切关注新技术的发展,主动融入先进技术的发展潮流,并思考和探索新技术在沉浸式数字阅读服务领域的应用形式;其次,着力打造沉浸式数字阅读服务体验项目,通过项目式体验尝试开展沉浸式数字阅读服务,逐步从理论研究阶段走向实践阶段,并从项目体验中不断收集读者对沉浸式数字阅读服务的需求和建议,为沉浸式数字阅读服务的质量提升提供参考和帮助;还可以开辟沉浸式数字阅读服务空间,为读者提供专属空间和设备,保证沉浸式数字阅读服务的落地和良好体验感,例如VR等技术打造的沉浸式体验能吸引儿童注意力、促进儿童理解能力的发展,增强词汇积累,培养阅读习惯。

3. 转变运营思路,推动宣传推广手段多样化

面向数字阅读服务的未来,亟待构建更加多样化的数字阅读服务宣传与推广体系。一是组建专业的数字阅读服务宣传与推广队伍,转变阅读推广思路,将数字阅读推广作为阅读推广的重点内容,强化数字阅读服务宣传与推广的顶层

设计。二是拓宽数字阅读服务宣传与推广的渠道和方式,利用多种社交媒体、新媒体平台和文字、图片、音频、视频等多元化方式开展数字阅读服务的推广营销,制定合理的线上线下数字阅读服务宣传与推广规划;包括但不限于将图书馆数字阅读服务嵌入到小红书、哔哩哔哩、微信等常用的社交媒体平台上,通过这些平台分享图书馆数字资源和推荐书籍信息,推动其参与数字阅读服务,更好地吸引读者的注意力。三是丰富数字阅读服务宣传与推广内容,打造一批品牌项目,形成数字阅读服务宣传与推广常态化内容体系,既包括优质数字资源的推广,也应该包括与数字阅读相关服务的推荐,如阅读空间、阅读设备、阅读活动、阅读指导等。四是特别关注不同群体的数字阅读服务需求,针对不同年龄、不同文化背景、不同兴趣爱好群体开展分类和精准的数字阅读服务推广,提升数字阅读服务宣传与推广质量。

4. 重视服务质量,建立有效的成效评估机制

数字阅读服务的成效评估能客观反映数字阅读的服务质量,将推动数字阅读服务可持续和高质量发展。长期以来,数字阅读服务的成效评估被普遍忽视,这与数字阅读服务的发展阶段和评估难度有关。一方面,数字阅读服务还没有进入稳定发展期,数字阅读服务的内容、形式、宣传与推广等服务体系尚未形成;另一方面,数字阅读服务具有服务地点、内容、形式的多样性,以及服务数据获取和统计不便,很多服务没有数据或数据获取和统计依赖于数字阅读服务的平台供应商,这些都阻碍了数字阅读服务成效评估机制的形成。

随着数字阅读服务逐渐从关注数量转变到关注质量上来,数字阅读服务的成效评估将会引起行业的关注。基于数字阅读服务的特点,制定数字阅读服务的成效评估标准会成为未来的数字阅读服务的重点工作之一。可以从以下方面思考数字阅读服务评估体系的设计,一是数字阅读服务的内容价值,数字阅读服务应该始终坚持内容为王,为读者解决信息爆炸的困扰;二是服务体验感和满意度,数字阅读比纸质阅读更强调服务体验感,在人机互动的过程中用户的满意度是数字阅读服务质量的重要体现;三是用户持续阅读意愿和阅读行为,二者是数字阅读服务成效最直接的反映,所提供的数字阅读服务若是有效的,那么必然将带来用户持续阅读行为的基本稳定或长效增长。

5. 促进数字阅读与纸质阅读融合发展

数字阅读具有获取便捷、内容丰富、互动性强的特点,适合碎片化阅读和知识拓展;纸质阅读则注重深度阅读,适合系统学习和深度思考,因此两者须相互

补充,促进图书馆提供多元化、包容的阅读服务。例如纸质图书可以通过融入二维码、AR(增强现实)等技术,实现与数字内容的互动;图书馆可以通过数字技术将纸质图书与电子图书、有声图书、在线课程等结合,实现线上线下一体化的阅读服务,读者可以在手机上借阅纸质图书,也可以在线阅读电子图书;数字平台的智能推荐算法能根据用户的阅读习惯和偏好,推荐适合的数字内容和纸质图书,增强读者的参与感和体验感等,由此为中国的广大读者群体提供数字与传统阅读互相融合的服务,这也是当前阅读推广和文化产业发展的重要趋势。

(执笔人:杨新涯　罗丽　文佩丹　涂佳琪)

## 参考文献

[1] 王子舟.随电纸书洪流走入数字阅读时代[J].图书馆建设,2010(6):7-9.

[2] 柯平.数字阅读的基本理论问题[J].图书馆,2015,(6):1-6,36.

[3] 北京图书馆的电子阅览室[J].编辑学报,1995(02):118.

[4] 韩晓民,李英.光盘资源+网络技术——深圳图书馆让读者"上网读书"[J].人民邮电,1998(07).

[5] 陈斌.适应信息需求增强服务功能——谈郑州图书馆电子阅览室的建立[J].河南图书馆学刊,1998,(01):56-57.

[6] 汪冰.数字图书馆:定义、影响和相关问题[J].中国图书馆学报,1998(06):9-17.

[7] 程亚男.网络化趋势与图书馆发展观[J].中国图书馆学报,1998(04):38-42+37.

[8] 王海辉.路漫漫其修远服务社会创佳绩——河南省图书馆概览[J].河南图书馆学刊,1998(01):64-65.

[9] 曾发祥.从我馆电子阅览室建设谈高校馆的发展[J].大学图书情报学刊,1998,(04):27-28.

[10] 都平平,郭梅香,刘霞.网络环境下电子阅览室的读者服务特点与形式[J].情报探索,1999,(03):17-18.

[11] 金红亚,周德明.电子阅读器应用与图书馆借阅业务的变革[J].图书馆杂志,2010,29(04):30-31+50.

[12] 茆意宏,朱强,王波.高校图书馆数字阅读服务现状与展望[J].大学图书馆学报,2017,35(01):85-91.

[13] 魏群义,袁芳,贾欢,等.我国移动图书馆服务现状调查——以国家图书馆和省级公共图书馆为对象[J].中国图书馆学报,2014,40(03):50-63.

[14] 许桂菊.公共图书馆推进数字阅读的实践与思考:以上海图书馆数字阅读推广服务为例

[J].图书馆,2017(04):21—26.

[15]王小平.中国"扫码看书百城共读"与美国"一书一城"比较研究[J].图书馆学研究,2020,No.479(12):82—85.

[16]朱莉.山东省"盲人数字阅读推广工程"实践探索[J].山东图书馆学刊,2021(01):67—74.

[17]严贝妮,汪东芳.互联网+时代大学生数字阅读行为研究——基于安徽省5所高校的调查分析[J].图书馆学研究,2017(05):87—92.

[18]段知雨.粤港澳大湾区公共图书馆联盟少儿分级数字阅读服务研究[J].图书馆工作与研究,2022(03):108—113.

[19]刘婧,黄崇,于勤.社会支持视角下农村儿童阅读现状及推广策略研究[J].人口与社会,2021,37(03):97—106.

[20]黄丹珠.公共图书馆面向老年人开展数字阅读推广工作的探讨[J].科技风,2017(18):275—276.

[21]王子昕,李朝恒.老年大学数字阅读推广的拓展路径与思考——以吉林省老年大学为例[J].图书情报工作,2017,61(16):165—170.

[22]潘妙辉.我馆数字化图书馆服务的实践[J].图书情报工作,2001(09):9—11.

[23]高京文.网络环境下数字资源的建设与利用[J].情报杂志,2001(06):70—71.

[24]刘连晓.网络环境下中小学图书馆管理工作探究[J].河南图书馆学刊,2018,38(10):74—75.

[25]高焕静,李妍琪.数字阅读空间生产逻辑探究[J].青年记者,2022(24):46—48.

[26]国图"印象数图"数字图书馆体验区对外开放[N].图书馆报,2014—09—26(A04).

[27]田雪莹,傅云霞.公共图书馆电子阅览室的功能演变与重构——以辽宁省图书馆为例[J].图书馆学刊,2020(7):72—75.

[28]刘丹.公共图书馆创新型空间建设的实践分析——以上海浦东图书馆数字体验中心为例[J].图书馆学刊,2020(8):32—37.

[29]吴秀红,田静.公共图书馆数字阅读体验空间服务创新探究——以河北省图书馆为例[J].河北科技图苑,2022,35(1):47—51.

[30]冯贞翔.公共图书馆从"看书"到"听书"的新阅读推广研究[J].晋图学刊,2019(01):45—50+56.

[31]李亚军,何凤毅.数字阅读与图书馆创新服务[J].图书情报工作,2011,55(S1):162—164.

[32]广州图书馆移动阅读设备外借服务规则[EB/OL].[2022—02—05].https://www.gzlib.org.cn/svcinfo/181915.jhtml.

[33]电子阅读器(Kindle)借阅[EB/OL].[2022—02—05].https://www.lib.whu.edu.cn/

webfile/category/kindle/369.html.

[34] 把图书馆借回家？深圳少年儿童图书馆新增阅读器借阅服务[EB/OL].[2022－02－05]. https://new.qq.com/rain/a/20230201A03YLB00.

[35] 刘一鸣,王佳佳.基于区块链技术的图书馆数字阅读精准推荐研究[J].图书馆理论与实践,2022(2):107－115.

[36] 公共|山西省图书馆:让视障读者"看"到"诗和远方"[EB/OL].[2022－02－21]. https://www.thepaper.cn/newsDetail_forward_18879217.

[37] 张婕,孙雨.新冠肺炎疫情下公共图书馆新媒体阅读推广与区域协作[J].新世纪图书馆,2020(10):63－67.

[38] 朱笑宇.自媒体传播与"四重阅读需求"——分享机制下的公共图书馆阅读推广方向研究[J].图书馆,2020(8):67－71,92.

[39] 张甜.数字阅读背景下的高校图书馆推广模式研究[J].信息记录材料,2021,22(10):62－63.

[40] 李瑞欢.谈高校图书馆阅读推广服务模式的创新[J].延边教育学院学报,2020,34(3):65－67.

[41] 周惠敏.大学生数字阅读素养现状及提升策略研究[J].大学图书情报学刊,2019.37(01):55－61.

[42] 金春福.大学图书馆信息素养教育初探[J].中文信息.2014(4):176.

[43] 韩丽风,王媛,曾晓牧,等.面向高质量本科人才培养的信息素养教育创新探索——以清华大学图书馆实践为例[J].大学图书馆学报.2023.41(5):62－68.

[44] 杨勇.大学图书馆嵌入式信息素养教育实践路径研究 ——以西南交通大学图书馆为例[J].四川图书馆学报,2022(1):63－66.

[45] 陈文娣.公共图书馆数字素养教育创新路径研究——基于对我国43家公共图书馆的调查[J].图书馆工作与研究,2023,(10):85－92.

[46] 数据新高,疫情之下、E读之上……这份《2022年深圳图书馆数字阅读报告》不要太意外![EB/OL].[2022－02－27]. https://mp.weixin.qq.com/s/h4yEm0iA2POiAVtORIUYEg.

[47] 国图"印象数图"数字图书馆体验区对外开放[N].图书馆报,2014－09－26(A04).

[48] 市民数字阅读4.0[EB/OL].[2022－02－27]. http://e.library.sh.cn/.

[49] 许天才,潘雨亭,杨新涯,等.高校图书馆数字阅读推广创新模式——以重庆大学图书馆牵手京东阅读为例[J].图书情报工作,2018(13):19－23.

[50] 王晴.基于微信视频号的公共图书馆数字阅读营销策略研究[J].图书馆工作与研究,2022(08):116－122.

[51] 朱笑宇.自媒体传播与"四重阅读需求"——分享机制下的公共图书馆阅读推广方向研究[J].图书馆,2020(8):67－71,92.

[52]邓文辉.高校图书馆电子书服务现状的调查与建议——以"211工程"院校为例[J].图书馆工作与研究,2013(2):40-44.

[53]武智强,苏炼,李小平.新媒体时代高校图书馆抖音短视频阅读推广策略研究[J].大众文艺,2022(08):121-123.

[54]刘玉梅,姚宁.基于读者数据挖掘的图书馆阅读社群构建研究[J].河南图书馆学刊,2019,39(7):136-137,140.

[55]陈艳冬.皮亚杰认知发展理论视域下的少儿图书馆分级阅读推广服务研究——以盘锦市少年儿童图书馆分级阅读推广项目为例[J].山东图书馆学刊,2019(2):65-69.

[56]吴汉华,王波.2022年中国高校图书馆基本统计数据分析[J].大学图书馆学报,2023,41(06):63-72.

[57]中央网络安全和信息化委员会.提升全民数字素养与技能行动纲要[EB/OL].[2021-11-05].http://www.cac.gov.cn/2021-11/05/c_1637708867754305.htm.

[58]王佳燕,预见2023:《2023年中国数字阅读行业全景图谱》(附市场规模、竞争格局和发展前景等)[EB/OL].[2020-03-17].https://www.qianzhan.com/analyst/detail/220/230525-c3e2266b.html.

[59]新华社.中华人民共和国国民经济和社会发展第十四个五年规划和2035年远景目标纲要[EB/OL].[2021-03-13].http://www.gov.cn/xinwen/2021-03/13/content_5592681.htm.

[60]新华社.中华人民共和国公共图书馆法[EB/OL].[2017-11-05].http://www.gov.cn/xinwen/2017-11/05/content_5237326.htm.

[61]李弘,冯思然.2023年中国数字阅读行业观察:业态创新、技术赋能——基于《2023年度中国数字阅读报告》[J].中国数字出版,2024,2(3):37-45.

[62]中国信息通信研究院.虚拟(增强)现实白皮书[EB/OL].[2021-03-30].http://www.caict.ac.cn/kxyj/qwfb/bps/202103/t20210330_372624.htm.

[63]中华人民共和国文化和旅游部.文化和旅游部关于推动数字文化产业高质量发展的意见[EB/OL].[2020-11-18].https://zwgk.mct.gov.cn/zfxxgkml/cyfz/202012/t20201206_916978.html.

[64]中国经济网.以书为媒,向世界讲好中国故事——第二十六届北京国际图书博览会取得丰硕成果[EB/OL].[2019-08-26].http://www.ce.cn/xwzx/gnsz/gdxw/201908/26/t20190826_33001042.shtml.

# 第六章　图书馆特殊群体阅读服务

图书馆通过提供馆藏借阅、阅读空间和氛围塑造、阅读推广活动、阅读支持与辅导等多种方式提供专业阅读服务,旨在保障大众普遍均等地获取阅读权利,推进全民阅读社会建设。特殊群体由于身体、精神或认知方面的缺陷,往往面临着较多的阅读困难,亟需关注。图书馆通过引导、训练、帮助和服务助力这一群体共享社会文化发展成果,参与阅读,共建阅读社会。

特殊群体的范围覆盖广泛,在《公共图书馆宣言》中包括语言上处于少数的人、残疾人、数字或计算机技能困难者、读写困难者或住院病人及在押犯人等[1]。《中华人民共和国公共图书馆法》权威解读中指出,包括但不限于患者、监狱服刑人员、聋哑人、无家可归者、肢体残疾者、读写困难者等[2];我国第七次公共图书馆评估标准中明确列出了两类特殊群体,即未成年人和其他特殊群体,其中,其他特殊群体包括但不限于老年人、残疾人等。[3]综合以上界定,结合群体规模,本章将特殊群体划分为儿童、老年人、残疾人和其他特殊群体,从几类特殊群体的特征出发,分析图书馆特殊群体阅读服务现状,并结合环境变化,探讨未来面临的机遇与挑战,提出进一步发展的方向与建议。

## 第一节　图书馆特殊群体阅读服务概述

特殊群体作为若干群体的统称,需要进一步细分识别。特殊群体因其存在较多的阅读困难而具有同质性,但又具有群体的异质性,因而,图书馆面向其开展阅读服务时,既要遵循普适性的基本理念,也要尊重不同群体的特征差异,遵循群体针对性的服务理念。

## 一、核心概念

### (一) 儿童

儿童是一个从年龄角度界定的概念,不过由于文化和使用情境的差异,儿童年龄的上限有所不同。《联合国儿童权利公约》(Convention on the Rights of the Child)作为历史上获得最广泛批准的人权条约,几乎在全世界所有国家得到实施,其中规定"儿童系指18岁以下的任何人,除非对其适用之法律规定成年年龄低于18岁"[4],国际图联《0—18岁儿童图书馆服务指南》(Guidelines for Library Services to Children aged 0—18)也与其相对应,将儿童年龄范围限制在0—18岁[5],因此在本报告中儿童指0—18岁的任何人。与其相似的概念是"未成年人",主要作为法律概念,指"没有达到法律规定的成年年龄的自然人"[6],世界各国因国情、传统、民族习惯的差异,其规定也不一致,而在我国,《中华人民共和国宪法》《中华人民共和国民法典》《中华人民共和国刑法》《中华人民共和国未成年人保护法》均规定为"未满十八周岁的公民",在年龄规定上与儿童一致,因此在我国情境中,儿童与未成年人的含义相同。根据第七次全国人口普查数据显示,我国0—17岁儿童人口为2.98亿,占全国总人口的21.1%。[7]根据《2020年中国儿童人口状况:事实与数据》显示,我国0—17岁全部儿童共计2.9766亿,位居世界第二,占世界儿童人口的12.7%;其中流动儿童7109万人,农村留守儿童4177万人,城镇留守儿童2516万人。[8]

对儿童依据年龄进行细分已成惯例,但在年龄段上存在些微差异。国际图联在《婴幼儿图书馆服务指南》(Guidelines for Library Services to Babies and Toddlers,2011年发布)、《青少年图书馆服务指南》(Guidelines for Library Services for Young Adults,1996年发布、2006年修订)将0—3岁、12—18岁儿童分别界定为婴幼儿和青少年[9],而在2018年发布的《0—18岁儿童图书馆服务指南》则仅指出"儿童"涵盖了婴儿和幼童、儿童及青少年,未作具体年龄界定;我国在国家标准《公共图书馆少年儿童服务规范》(征求意见稿)中,曾将少年儿童分为0—3岁的婴幼儿、4—12岁的儿童以及13—18岁的青少年[10],但在正式标准中则去掉了这一说明。可见,国内外对儿童的年龄分段还未形成共识。在图书馆实际工作中,对0—6岁还会有更加细致地划分和服务,如苏州图书馆面向0—3岁儿童提供"阅读大礼包"、面向2.5—3岁儿童开展"不一样的两岁半"家庭教育活动。

儿童的特点表现为一方面他们处于不断变化成长的不稳定状态,尤其在身心发展上处于不成熟状态,因而具有天生的幼弱依赖性,需要父母、学校、社会给予支持;另一方面,他们又具有相对独立的成长性,在与环境不断地接触交互中形成自身的价值判断和能力储备,逐步走向成熟,实现从儿童向成年人的过渡和转换[11]3,这两方面特点相互交织共同影响了社会个体的终身发展。因而,0—18岁的儿童期对于个体成长而言具有非常重要的作用,同时,也是培育个人阅读兴趣和发展个人阅读能力的最关键时期,需要特别重视。

(二)老年人

1956年联合国发表的《人口老龄化及其社会经济影响》一书主要针对欧美情况提出以65岁作为老年人起点标准[12];1982年第一次老龄问题世界大会成果《1982年维也纳老龄问题行动计划》针对发展中国家的特点以60岁及以上作为老年人口的划分标准[13];2012年修订的《中华人民共和国老年人权益保障法》规定,"老年人是指六十周岁以上的公民"[14]。这也意味着老年人群是由60岁以上的不同年龄段的人组成,年龄跨度达数十年,因此通常将老年人分为不同的年龄群,即低龄老年人(60—69岁)、中龄老年人(70—79岁)、高龄老年人(80岁及以上)。[15]2021年第七次全国人口普查结果显示,我国60岁及以上老年人已达2.64亿,占总人口的18.70%;65岁及以上人口为1.91亿,占13.50%;与2010年第六次人口普查相比,分别上升了5.44%和4.63%[16],说明我国自2000年正式进入老龄化社会之后,人口老龄化程度进一步加剧。

未来老年人数量和比例仍将不断上升,老年人口增长和人口老龄化发展趋势已成为未来我国人口结构变化中最值得关注并且影响最大的问题。[17]多项国内外研究预测显示,2000—2050年将是我国老龄化、高龄化发展最为集中的时期,到2050年我国60岁以上老龄人口将达到4.34亿—4.59亿人,占总人口比例将达到29.9%—32.73%;80岁以上高龄人口将达到0.925亿—1.162亿人,占总60岁以上人口比例将达到21.77%—25.31%。[17-19]经过这一高峰期后,我国老龄化在2051—2100年仍将延续,进入稳定的重度老龄化平台期[20],这表明人口老龄化将成为整个21世纪都要面对的重要人口问题。公共图书馆如何适应老龄化发展形势,做好老年人服务已经刻不容缓地提到议事日程上来。

(三)残疾人

按照目前国际社会的通行理解,人体组织结构上的缺陷,或者是心理、生理功能的丧失或部分丧失,都属于残疾。[21]根据《中华人民共和国残疾人保障法》,

残疾人是指在心理、生理、人体结构上，某种组织、功能丧失或者不正常，全部或者部分丧失以正常方式从事某种活动能力的人。残疾人包括视力残疾、听力残疾、言语残疾、肢体残疾、智力残疾、精神残疾、多重残疾和其他残疾的人。[22]截至 2023 年 12 月 31 日，我国已办理残疾人证的人数为 3779 万余人；各类残疾人的人数分别为：视力残疾 397 万余人，听力残疾 344 万余人，言语残疾 59 万余人，肢体残疾 1976 万余人，智力残疾 351 万余人。[23]近几十年来，社会对残疾人的支持正在从"医疗"模式转向"权利"模式，越来越将残疾人视为权利享有者，有平等参与社会生活和决策的权利，因此，通过阅读促进残疾人的自身素养提升和社会参与，是提高残疾人生活质量的路径之一。

## 二、图书馆特殊群体阅读服务理念

图书馆职业宗旨决定了其为特殊群体服务所应遵循的基本理念，特殊群体内部的异质性又需要针对不同群体践行具有针对性的服务理念。近年来，随着公共图书馆精神、图书馆职业道德和服务规范的宣贯，及对特殊群体的重视，图书馆特殊群体服务理念日渐深入人心，成为实践行动中自觉遵循的准则。

### （一）基本理念

图书馆向特殊群体提供阅读服务首先应遵循普遍均等理念。普遍意味着服务面向所有特殊群体；均等意味着应尊重特殊群体的人格，不因年龄、身体、经济等原因歧视他们，不以一些错误的刻板印象看待他们，而要一视同仁，正如《公共图书馆宣言》从 1949 年版到 2022 年版始终倡导的那样，公共图书馆应不分年龄、种族、性别、宗教、国籍、语言、社会地位或其他任何特性，向所有的人提供平等的服务。[1]不过，由于特殊群体具有年龄、生理、心理等方面的特殊性，存在的阅读困难相对于一般读者而言更多、更大，因此要实现平等的服务，在实践中就需要向特殊群体进行服务倾斜，为其创设适宜的阅读条件、开展有针对性的阅读服务，从而使特殊人群达成与其他群体同样的阅读机会，提高其在阅读服务中的获得感。

其次，应以价值共创理念促进特殊群体的阅读参与和赋能。公共图书馆与特殊群体不是单一的服务与被服务者之间的关系，特殊群体同样是具有主观能动性的积极个体，全民阅读社会的创建过程也离不开特殊群体的参与。因此，应将特殊群体视为阅读服务的参与主体，积极鼓励、支持他们参与到阅读服务的调查、策划、实施过程中，发挥特殊群体的才智能力。特殊群体的阅读参与不仅为图书馆阅读服务水平的提升贡献价值，而且能提高特殊群体自身的阅读素养。

最后,应秉持差异化服务理念。特殊群体各有其细分特征,内部还存在较多差异,因此,一方面要认识特殊群体与其他群体的差异,如长期以来,图书馆都存在将老年读者归于普通成人读者服务群体范围的思维观念[24],忽略了老年期由于生理老化、心理老化等转变所带来的新需求,缺少适老化的阅读服务响应;另一方面要辨析同一特殊群体内部的差异,仍以老年人为例,老年群体从60岁到100多岁,跨度达几十岁,存在着年龄差异,也存在自理、介助、介护等不同身体状况的差异,还存在不同世代、不同阅读目的、不同阅读能力等差异,内部层次非常丰富。其他特殊群体中同样存在差异性特征,因此,公共图书馆应以差异化思想,提供多样化的服务内容和形式。

(二)面向不同类型特殊群体的阅读服务理念

不同的特殊群体存在特殊性,因此,面向特定特殊群体时还需坚持具有针对性的服务理念,其中主要包括:

1.儿童本位、儿童优先、儿童友好理念

儿童本位即以儿童为中心,重视儿童的本能和天性,从他们的兴趣、特点、需求及长远发展出发推动阅读,还儿童以"童心""童趣",既不将他们视为成人的预备,也不视为缩小版的成人;儿童优先就是要坚持儿童优先发展,从儿童视角出发,以儿童需求为导向,以儿童更好地成长为目标,全面保障其权利;儿童友好则是为了保障和实现儿童的生存权、发展权、受保护权和参与权,为儿童的全面发展提供适宜的政策、空间、环境和服务。三者内在统一,都要求图书馆在阅读服务中,重视儿童的主体性,在阅读场所的安全性、阅读资源的吸引力、阅读服务的舒适性、儿童的阅读参与性上给予保障。

2.分级阅读理念

儿童在不同年龄段显现出明显的心智发展、阅读兴趣、行为特征差异。瑞士心理学家皮亚杰的认知发展理论提出了儿童认知发展四阶段论,即2岁以前的感知运动阶段、2—7岁的前运算阶段、7—11岁的具体运算阶段和11岁以后的形式运算阶段[25],获得较多认可。其他研究同样表明儿童身心发展具有阶段差异,促成了分级阅读理念的形成。分级阅读的重点是儿童分级阅读,根据不同年龄儿童的心智发展程度,为不同阅读能力的孩子提供不同的阅读读物选择,并在阅读活动中给予科学性和有针对性的阅读方法及读物指导。我国《全民阅读"十三五"时期发展规划》指出要"建立符合中国儿童特点的阶梯阅读体系,开展我国少儿阶梯阅读工程的研发及推广应用工作";教育部《3—6岁儿童学习与发展指南》详细分析了儿童的阅读发展特征;《中国分级阅读苏州宣言》倡导儿童阅读"分级标准,合力打造",《中国儿童青少年分级阅读水平评价标准》《中国儿童青少年分级阅读内容选择标准》《亲近母语中文分级阅读标准》《儿童心智发展与分级阅读建议》等均致力于建立少儿成长阅读标准。部分地区的公共图书馆开展了"阅读起步走"阅读包、阅读成长尺等服务,践行着分级阅读理念。不过系统化、科学化的分级阅读服务尚未建立,还需要继续努力。

3. 亲子阅读、家庭阅读理念

新西兰学者Marie研究发现,儿童的读写能力从出生开始便是连续发展的过程,而父母及周围环境在幼儿早期读写能力的发展过程中起着重要作用。[26]家庭是儿童从出生到成人这一阶段中主要的生活空间,带给孩子的氛围熏陶将伴其一生;家长的阅读理念和阅读方式直接影响着孩子阅读兴趣和阅读能力的培养。因而,图书馆应重视亲子阅读、家庭阅读,从直接"面向儿童"的"授人以鱼"扩展到"面向家庭"的"授人以渔",指导家长(可将家长范围泛化为包括父母及其他家庭成员、法定监护人、看护人在内的人员)确立正确的阅读观念,科学地培养孩子的阅读习惯和兴趣,进行合理的阅读选择,营造家庭阅读氛围,为他们提供有关少儿阅读、学习和培养有关的信息资源,开展咨询和培训,使他们养成到图书馆获得帮助的意愿和习惯,以此促进儿童发展。

4. 社会包容理念

社会包容是指社会的制度体系对具有不同社会特征的社会成员及其所表现的各种社会行为不加排斥地宽容对待、平等相处,并扶持弱者、共同发展的状态,其核心精神是宽容和公正;社会包容是图书馆使命与核心价值范畴体系的重要组成,避免政治、设施、人格、制度排斥是公共图书馆实现社会包容的基本要求。[27]《公共图书馆宣言》中指出,图书馆应不分年龄、种族、性别、宗教、国籍、语言、社会地位或其他任何特性,向所有的人提供平等的服务,还必须向由于种种原因不能利用其正常的服务和资料的人,如语言上处于少数的人、残疾人、数字或计算机技能困难者、读写困难者或住院病人及在押犯人等提供特殊的服务和资料,这就包含了社会包容理念的核心;国际图联于2020年发起"图书馆致力数字包容"的共同承诺和行动呼吁,指出图书馆应最大可能地促进数字网络接入、数字内容和服务获取、数字技能与素养提升,以构建和平和包容的社会,赋能每个人,消解数字鸿沟。[28]图书馆阅读服务需要秉持社会包容理念,尊重、包容和关爱特殊群体,提高服务内容对特殊群体的针对性,打造无障碍的友好阅读环境,制订人性化的服务制度,保障各类阅读资源的有效获取,避免"微冒犯"现象。

5.阅读干预理念

阅读推广活动本质上是图书馆对其用户的阅读行为(或潜在用户的非阅读行为)进行专业化干预的过程。[29]从服务形态看,图书馆阅读推广对读者阅读的"干预"程度远大于其他图书馆服务,不仅介入读者的阅读过程,而且还通过各种措施鼓励阅读指定或推荐的读物。尽管看上去这一介入不符合价值中立原则,但对特殊群体而言却具有重要意义。特殊群体往往由于年龄、生理、心理、文化程度等多方面因素的限制,无法正常利用图书馆,也存在一定的阅读障碍,因此,图书馆有必要通过干预,主动提供阅读资源和服务,开展针对性阅读活动,使不爱阅读的人爱上阅读,使不会阅读的人学会阅读,使阅读有困难的人跨越阅读障碍[30],从而实现真正意义上的平等。已有的阅读推广研究也表明面向特殊群体的阅读推广能够切实产生效果,如"阅读起步走"项目通过阅读干预,使受赠儿童比其他儿童更具阅读兴趣、更有阅读能力;数字阅读设施设备的提供为残障群体打开了一扇新的通往阅读的大门。为此,图书馆阅读推广工作需要从特殊群体的特点和需求出发,进行积极的阅读干预,使这一群体成为阅读活动的生力军。

6.积极老龄化理念

随着老龄化程度的加重,老年群体在图书馆特殊群体中所占的比重也在增加。面向老年群体,图书馆还应秉持积极老龄化理念。这一理念于1999年由世界卫生组织提出,将健康与参与、发展并列为三大支柱,主要指老年个体在身体、社会、经济和心理方面保持良好状态,并按照自己的需要、愿望和能力来参与社会、经济、文化、精神和公民事务。它承认老年群体的差异性、丰富性和能动性,并带来"以权利为基础"的服务导向[31];对图书馆阅读服务而言,践行积极老龄化理念,就要保障老年阅读权利,提供适应老年人特点的大字书、听书资源;消除年龄歧视,塑造老年人的积极形象,宣传对老年人的积极认识;建立老年人的社会支持网络,改善老年人社会参与的自身条件和社会条件,如组建读书会、开展数字阅读服务和代际阅读服务等。

7.代际服务理念

代际服务是在老年人和年轻人之间创建的提供有目的的和持续的资源和学习交流的社会服务。随着家庭结构的变化和数字网络的快速发展,世代之间分离、疏远、冲突程度加剧,反映的不仅是代际之间的社会关系矛盾,也是数字原住民和数字移民之间的代际鸿沟[32],因此,需要代际之间的对话、理解和融合,彰显不同世代人群的独特价值。2011年9月,突尼斯图书馆和图书之友协会联合会与国际图联共同发表了《图书馆、阅读和代际对话的突尼斯宣言》,明确提出图书馆应充分开展多种代际阅读推广活动,为年轻人和老年人的跨代对话提供机会和场所,增强彼此间的理解和双方利益。[33]我国自2000年正式进入老龄化社会以来,老龄化态势持续深化,"十四五"规划提出我国要采取积极的人口老龄化战略规划。在公共图书馆服务实践中,一老一少已成为重点群体。在此背景下,图书馆在为特殊群体服务时,应重视代际阅读服务,通过代际讲故事、阅读分享、代际阅读资源构建等方式,将老年人与儿童连接起来,推动代际之间的交流和互相帮助,提升双方阅读水平,打破代际孤岛和隔阂。

## 第二节 图书馆特殊群体阅读服务现状

图书馆界从行业组织到各个图书馆都积极投身全民阅读社会的创建,在特殊群体服务上取得了显著成效。

### 一、图书馆行业开展特殊群体阅读服务的总体行动

图书馆标准化组织和行业组织从服务规范编制出台、全局性阅读活动组织策划、阅读服务馆员培训等方面,为特殊群体阅读服务进行了统筹规划,推动业界自觉践行阅读推广使命,使阅读服务蔚然成风,成为各图书馆的重要工作。

(一)组织起草特殊群体服务规范

近年来,以国家标准和地方标准形式出台的图书馆服务规范不断完善。特殊群体服务规范既包含在总体性服务规范中,如《公共图书馆服务规范》《河南省公共图书馆工作规范(试行)》《江西省公共图书馆服务标准》《江苏省公共图书馆服务规范》《公共图书馆服务质量规范(广州)》等,以其中的若干条规范形式出现;也以专门群体服务规范形式出现(见表6-1),如儿童方面发布了专门的国家标准,安徽省则发布了首部图书馆老年人服务地方标准;全国性《公共图书馆老年人服务指南》也在研制过程中。在内容上,特殊群体服务规范主要包括特殊群体服务理念、服务空间、服务资源、服务人员、服务活动和服务评价等方面,提出了规范化、标准化、高质量的服务要求。

表 6-1　图书馆特殊群体服务规范①

| 类型 | 面向群体 | 发布时间 | 名称 | 参与起草的图书馆 |
|---|---|---|---|---|
| 国家标准 | 儿童 | 2019 年 | 公共图书馆少年儿童服务规范（GB/T36720－2018） | 湖南省少年儿童图书馆、国家图书馆、天津市少年儿童图书馆 |
| | 残疾人 | 2018 年 | 图书馆视障人士服务规范（GB/T36719－2018） | 中国视障文化资讯服务中心（中国盲文图书馆）、安徽省图书馆、上海浦东图书馆、浙江图书馆、上海图书馆（上海科学技术情报研究所）、国家图书馆 |
| | 残疾人 | 2020 年 | 公共图书馆读写障碍人士服务规范（GB/T39658－2020） | 国家图书馆、黑龙江省图书馆、天津图书馆、安徽省图书馆 |
| | 残疾人 | 2021 年 | 公共图书馆听障人士服务规范（GB/T40952－2021） | 国家图书馆、安徽省图书馆、黑龙江省图书馆、天津图书馆 |
| 地方标准 | 儿童 | 2015 年 | 公共图书馆少年儿童服务规范（DB34/T2443－2015 安徽省） | 湖南省少年儿童图书馆、国家图书馆、天津市少年儿童图书馆 |
| | 儿童 | 2020 年 | 县级公共图书馆少年儿童服务质量要求（DB1410/T108－2020 山西省临汾市） | 曲沃县图书馆 |
| | 老年人 | 2022 年 | 公共图书馆老年读者服务规范（DB34/T4154－2022 安徽省） | 安徽省图书馆、庐江县图书馆、安徽文达信息工程学院图书馆 |
| | | 2023 年 | 辽宁省公共图书馆适老服务规范（DB21/T 3837－2023） | 辽宁省图书馆（辽宁省古籍保护中心）、辽宁省检验检测认证中心等 |

（二）统筹开展特殊群体阅读服务

中国图书馆学会自 2003 年被授权承办"全民读书月"活动以来，开展了大量工作，积极引导、协调和组织全国各级各类图书馆和图书馆学会参与全民阅读。

---

① 本章作者根据文献调研情况整理。

其中,面向特殊群体阅读所开展的工作主要包括:

1. 成立图书馆特殊群体阅读服务专业组织,建设相关的交流合作平台

中国图书馆学会下设"未成年人图书馆服务专业委员会""中小学图书馆分会",在"阅读推广工作委员会"下设"青少年阅读推广专业委员会""残疾人阅读专业委员会""社区与乡村阅读专业委员会";成立"全国图书馆信息服务无障碍联盟",通过举办"全国图书馆未成年人服务论坛""科普阅读推广论坛""全民阅读论坛""全国图书馆信息服务无障碍联盟会议"等全国性会议,进行系统性、规划性、科学性的阅读服务活动理论探讨和实践交流。

2. 组织开展阅读活动,编制推荐阅读书目

除了每年的全国读书月、图书馆宣传周、世界读书日等重大活动外,中国图书馆学会还推动了专门面向特殊群体的活动。对于儿童,中国图书馆学会每年都会发布"全国少年儿童阅读年""少儿报刊阅读季"系列活动通知,组织开展形式多样、内容丰富的活动;评选形成"阅绘999"推荐书目,并激励各个图书馆开展绘本故事会、绘本专架、巡展等多种推介活动。对于残疾人,中国图书馆学会与中国残联共同发出《全国图书馆信息服务无障碍联盟倡议书》《图书馆促进信息资源公平获取倡议书》,号召全国图书馆积极创造条件为残疾人无障碍信息获取创造条件,启动"图书馆促进信息资源公平获取"行动,推动"书香中国·阅读有我""残疾人文化周"活动成为促进残疾人阅读的重要平台,促进残疾人"爱读书、读好书、善读书"[34],编制并发布100种推荐图书。

3. 推动特殊群体阅读服务指导

中国图书馆学会编制了阅读推广人系列教材,其中涉及特殊群体中儿童这类群体的图书就包括《图书馆儿童阅读推广》《图书馆绘本阅读推广》《图书馆家庭阅读推广》《中小学图书馆建设与阅读推广》《小学生阅读推广》《中学生阅读推广》《图书馆科普阅读推广》等。自2012年起中国图书馆学会实施"全国图书馆未成年人服务提升计划",针对图书馆馆员开展进修型培训和在职专业培训,由具有丰富经验的图书馆未成年人服务工作者进行讲授,内容包括未成年人阅读推广与服务、未成年人心理与图画书阅读、未成年人图书馆资源与空间建设、"全国少年儿童阅读年"系列活动策划与实施等,以提高馆员服务的专业化水平;通过开展"阅读推广人"培育行动夯实专业指导体系,培训课程多与儿童阅读有关,截至2023年底已开展20期。

## 二、图书馆儿童阅读服务现状

图书馆儿童阅读服务主要在公共图书馆少儿阅览室或独立的少儿馆开展。

2022年11月10日,时任国家图书馆馆长熊远明在第三届"中国儿童阅读发展论坛"上发表的主旨报告《总结经验开拓创新——推动我国公共图书馆少年儿童服务高质量发展》中指出,近10年来,我国公共图书馆少年儿童服务品质逐步提升,在阅读服务体系、服务空间与设施设备、服务资源等方面均有突出表现。《第二十一次全国国民阅读调查结果》显示,2023年儿童阅读能力平稳提升,图书阅读率和人均图书阅读量分别为86.2%和11.39本,高于成年人的4.75本;0—8、9—13、14—17岁三个年龄段儿童的图书阅读率分别为73.8%、99.4%和90.7%,均较2022年有提高。[35]与十年前相比(2013年儿童的图书阅读率和人均图书阅读量分别为76.1%和6.97本,0—8、9—13、14—17岁的图书阅读率分别为66.0%、93.5%和79.1%[36])增长尤为明显,反映出儿童这一特殊群体在重视阅读的氛围中取得了突出成效,图书馆在其中功不可没。

(一)服务网络建设

2010年《文化部关于进一步加强少年儿童图书馆建设工作的意见》提出,各级公共图书馆都要开设专门的少年儿童阅览室。有条件的地区,要参照《公共图书馆建设标准》建立独立建制的少年儿童图书馆。在乡镇、街道、社区等建设少年儿童图书馆分馆(少年儿童阅览室),努力构建包括少年儿童图书馆、少年儿童阅览室、少年儿童图书馆分馆在内的覆盖城乡的服务网络体系。[37]在此政策指导下,我国独立建制的少儿馆数量增多,服务体系建设卓有成效。

截至2023年底,我国独立建制的少儿馆已经增加到146家。在第七次公共图书馆评估中,63家独立建制的少儿馆上等级,其中,一级馆33个,超过参评馆的一半[38];少儿馆共建成分馆1340家,其中,东部地区少儿馆分馆达475家,中部地区和西部地区分别为577家和288家。通过总分馆建设,图书馆少年儿童服务覆盖情况得到明显改善,广州将"图书馆之城"未成年人服务体系化建设发展为自身的特色之一;温州市图书馆将"校园分馆"作为自己的阅读品牌,将幼儿园、中小学校园图书馆(室)纳入公共馆总分馆体系中;浙江嘉定区图书馆依托"文教结合"项目,与幼儿园、中小学合作开展"图书馆之旅""图书馆阅读课""爱上图书馆"活动,实现了公共图书馆与学校图书馆和校园的联合;东莞图书馆在总分馆服务体系下,采用合作共建方式专门面向未成年人建设了绘本主题图书馆体系,2017—2022年已建立6批共31个绘本馆。[39]在乡村,多地图书馆致力于城乡一体化阅读空间共建,通过特色乡村书屋、分馆或服务点形式打通留守儿童阅读的"最后一公里",如重庆图书馆的"蒲公英梦想书屋"、贵州省图书馆"布克书屋"、云南省大关县"背篓图书馆"、安徽阜阳市图书馆的"留守儿童阅读服务点"等。

(二)阅读服务空间与设施设备

在服务空间建设上,我国少儿馆的书库面积从2010年的4.52万平方米,提高到2023年的10.65万平方米;阅览室总面积由2010年的7.14万平方米,提高到2023年的25.89万平方米,增长逾2倍;电子阅览室终端设备近8421台,较2010年增长64.34%。[40]在空间建设上,融入儿童友好、智慧化理念,如上海少儿图书馆新馆将"儿童友好"理念融入馆内空间设计,首都图书馆在智慧图书馆建设中融入儿童需求与服务。[41]根据本书编写组调研情况,在空间的功能设计上,除借阅区外,绘本馆、亲子空间、数字阅读区成为普遍设置的区域,创客空间、玩具和游戏动漫区、音乐影视区等创新区域也占一定比例(见图6-1),普遍提供了触屏一体机、电脑、电子书阅读器等多种设施设备(见图6-2)。广州图书馆自2014年开始以多元智能发展理念建设"小河马玩具馆",面向低幼儿开展玩具+阅读的服务,与绘本有关的主题活动占80%左右[42];2016年,上海市浦东图书馆在馆内建设专门的创新服务空间——"数字体验中心",通过引进、展示并推广符合时代发展的新型阅读技术、设备、资源与方式,打造数字阅读推广的前沿阵地和文化领域现代技术应用的体验空间,举办"数字体验嘉年华"活动,形成"听+看+读+活动体验"相结合的阅读服务模式。[43]

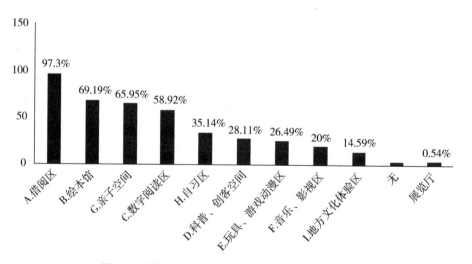

图6-1 图书馆少儿阅读服务空间的功能分区状况①

① 本章作者根据本次问卷调查数据绘制整理。

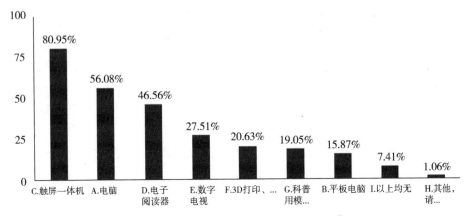

图 6-2　图书馆儿童阅读服务的设备配置①

#### （三）阅读服务资源

在阅读资源数量上,截至 2023 年,我国少年儿童图书馆文献总量约 5946.47 万册/件②,较 2010 年增长了约 1.75 倍,当年购置的报刊总数约 321 万种,较 2010 年增长 2.17 倍。②③文献类型更为多样化,除普通纸本图书外,视听文献、电子图书等逐渐成为文献资源的重要组成部分[44],在"以购为主、共享结合、自建为辅"的建设模式下,有效利用优秀数字资源供应商的创造力与生产力,少儿图书馆数字资源得以丰富,以满足日益增长的各年龄段少儿读者的数字阅读需求。2011 年,国家图书馆在"国家数字图书馆推广工程"的体系框架下,建设国家文化科技提升计划项目"全国少年儿童阅读推广服务平台",以构建覆盖城乡的全国少年儿童阅读资源及活动推广的服务体系。[45]2016 年江苏省少儿数字图书馆开始建设,由南京图书馆牵头,联合江苏省 108 家图书馆共同参与,利用网站、数字资源实体产品、手机移动应用（app、微信）等新兴社交媒体手段,形成服务于全省少儿读者的集数字阅读、互动体验与活动开展于一体的公共文化服务平台。

在阅读资源的书目建设上,国家图书馆联合全国各地图书馆,自 2011 年起共同启动少儿书目研制工作,编制了《全国少年儿童图书馆基本藏书目录》,涉及建国以来图书 4913 种,15105 册/件。[46]之后《藏书目录》每年度更新并在国家图

---

①　本章作者根据本次问卷调查数据绘制整理。
②　中华人民共和国文化和旅游部.中国文化文物和旅游统计年鉴 2024[M].北京:国家图书馆出版社,2024:39.
③　中华人民共和国文化和旅游部.中国文化文物统计年鉴 2011[M].北京:国家图书馆出版社,2011:62－63.

书馆少儿馆网站发布,适用于从幼儿到高中分龄读者,涵盖多载体、多语种及盲文文献,并推荐少儿数字阅读数据库37个、少儿报纸77份、阅读指导图书50种,成为我国首个适用于全国少儿图书馆(室)的基本藏书目录。为提高阅读书目的时效性、针对性和权威性,国家图书馆2023年启动"四季童读"项目,以季度为单位,面向学前、小学初段、小学高段、初中四个不同阶段提供童书书单,并与全国多家地方图书馆形成馆际合作,协同开展活动。

图书馆还致力于建设专题阅读推荐书目,如深圳图书馆打造了多个专题书单,包括面向少儿的"童书同阅"书单,每月一期;针对漫画阅读的"漫读时光"书单;面向家庭阅读,发布"家庭与图书馆(室)少儿推荐书目",特别值得一提的是其所打造的阅读资源建设品牌——"南书房家庭经典阅读书目"推荐推广十年计划。该项目自2014年以来,每年在"世界读书日"推荐30种古今中外经典图书,旨在形成一般家庭经典书架的基本容量;同时配套持续举办一体化的经典阅读推广活动。截至2022年底,前9期书目在"图书馆之城"统一服务平台累计外借量达141.8万册次,累计借阅人数超过124万。[47]

(四)阅读服务人员

本次问卷调查显示,在阅读服务人员中,90.48%的图书馆有专门的儿童阅读服务馆员,78.31%、64.02%、52.38%的馆在儿童阅读方面有志愿者、儿童阅读推广人、社会合作机构人员参与服务。这说明图书馆广泛调动社会力量共同服务少儿阅读。如苏州图书馆建立了"雏鹰志愿者""悦读妈妈""故事姐姐"多个志愿者团队,调动少儿、幼儿家长和儿童文学专业学生,共同参与到图书馆儿童阅读服务中;深圳图书馆的志愿者团队建设根基深厚,建立有"同心童阅志愿者"、学生志愿者、团队义工、故事义工队伍;上海宝山区图书馆在志愿者推荐下,与上海阅读越精彩公益组织合作开展"娃哈哈故事会",实现优势互补。

图书馆对馆员和志愿者均进行培训,还特别开展少儿阅读推广人培育行动,以发掘阅读推广人,提高阅读服务人员的专业化水平。如国家图书馆少年儿童馆开展"国家图书馆儿童阅读指导培训班",目前已开展3期;广东省少儿阅读推广人培训班自2018年开班以来,每年1期,已开展6期;烟台市图书馆确立"全民阅读,儿童优先"理念,将儿童阅读推广人培育作为"领读者"工程的重点,自2018年开始,每年两期,通过"理论考试+实践讲读"相结合的考核模式进行初级、中级和高级阅读推广人资格认证。[48]

## (五)阅读服务活动

在阅读服务方式上,主要有日常性服务活动和专题阅读活动。本次问卷调查显示,41.27%的馆平均每周开展1—2次活动,4.76%平均每周有7场次及以上活动,没有开展专门阅读活动的仅0.53%,说明少儿阅读服务在公共图书馆中发展良好,已成为常态化服务。从活动类型来看,亲子阅读指导/培训,故事会、读书会,讲座,书目推荐等开展较多,读者参与率高(见图6-3)。亲子阅读的重要意义备受认可,图书馆通过开展专门的家长课堂或在故事会、读书会活动中让家长参与,从而潜移默化地宣传亲子阅读、家庭阅读理念,传授相关方法。如浙江嘉兴市图书馆2017年开展"阅动全家·书香嘉兴"(三年期)阅读推广项目,设计开展"三三三"课程,包括"领读者课堂""好宝贝课堂"和"好家长课堂",每个课堂配备了三门标准化课程,以立体式的系列讲堂来指导农村亲子阅读。书目推荐、竞赛、展览类活动也是较为常见的服务方式。天津和平区图书馆从2008年起就开始举办"全国读书漫画大赛",将漫画与阅读相结合;"我最喜爱的童书"品牌活动有30多个省市图书馆联动,吸引学校小学生参加;首都图书馆自2015年起每年开展全国少年儿童"我的藏书票"设计大赛。

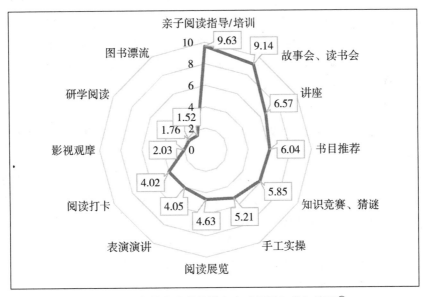

图6-3 图书馆少儿阅读服务方式开展与参与情况①

---

① 本章作者根据本次问卷调查数据绘制整理。

创新性活动总体开展较少,不过从实施情况来看,各地图书馆的创意不少,将阅读与戏剧、朗读、研学、科普等结合,打造服务品牌,推动阅读的活化和具象化,如重庆市图书馆的品牌活动"格林童话之夜",通过舞台剧、儿童电影、手工制作、3D绘本展阅、童话沙龙、童话文创产品等多元方式还原书中的童话梦境,先后荣获国际图书联盟国际营销提名奖、第二届公共图书馆创新创意案例一等奖;上海市嘉定区图书馆开展"小创客学堂",将机械科技操作、科学素养启蒙与阅读结合,推行科普阅读;将研学与阅读结合开展活动的图书馆也逐渐增多,如上海少年儿童图书馆开展"行阅自然"品牌活动、江苏淮安市图书馆开展"追寻光辉足迹做向上好少年"党史学习研学打卡系列活动等。

随着分级阅读、精准服务理念的日益普及,公共图书馆也面向不同年龄儿童开展专项阅读项目。如苏州图书馆于2011年在全国率先引入"阅读起跑线"(Book Start)项目模式,开展"悦读宝贝计划",通过阅读大礼包、蹒跚起步来看书、听故事姐姐讲故事、家长沙龙、悦悦姐姐教我念儿歌、科创天地等活动,培养儿童早期的阅读兴趣和能力;宁波图书馆从"场域分龄""馆藏资源分龄""活动分龄"三个方面进行了努力,在"天一"公益品牌之下创设了"天一童读""天一童绘""天一朗读"等子品牌,旨在从"读、讲、演、编、绘、做、展"不同角度激发儿童参与阅读。

面向残障儿童、留守儿童、外来务工人员子女等特殊情况的儿童服务也在积极开展。如杭州图书馆音乐分馆自2011年开始,每月举办一次"盲童看电影"活动,由知名主持人现场解说电影;广东省中山纪念图书馆面向特殊儿童启动"星悦童行:'1+N'普特儿童融合阅读行动计划",以音乐、美术为依托,联合社会各界探索普通儿童和特殊儿童的融合阅读[49];面向乡村留守儿童的阅读服务,如湖北省图书馆"相约乡读"家庭阅读推广项目、江西省会昌县图书馆留守儿童家庭导读服务、河南省少年儿童图书馆"手拉手,阅读齐步走"留守儿童红色研学活动等;苏州图书馆开展针对外来务工人员子女的"小候鸟"服务项目[50];山东省图书馆从2017年开始举办"会说话的绘本"帮扶孤独症儿童康复项目[51]、深圳市南山图书馆于2012年创办"星星点灯"孤独症儿童读书会[52]、广州图书馆举办面向读写困难症儿童的暑期"学习潜能体验营"[53]、嘉兴市图书馆面向读写障碍儿童开展"快乐读写直通车"学习体验营,采用多感官教学法和游戏解决其阅读、写作和拼写的困难。[54]

### 三、图书馆老年人阅读服务现状

我国图书馆界在20世纪80年代就意识到"公共图书馆如何适应当前形势

发展,加强为老年读者服务工作,已是刻不容缓地提到议事日程服务上来了"[55],并切实开展了为老年群体服务的工作。上海市黄浦区广东街道图书馆在1982年成立了上海市第一个老年读书会[56],河北省张家口市图书馆设立了专门的老年阅览室[57]、上海市徐汇区天平街道1996年设立了老年图书馆[58]。近年来随着老龄化形势日益严峻,老年群体正日益成为主要的读者群体,图书馆开展了更多的服务实践。

（一）服务网络建设

图书馆与老年大学、老年活动中心、民政部门等机构合作,通过建立图书馆分馆、流通点或老龄委活动基地的形式,促进图书馆服务嵌入老年人活动场所,如2012年,温州市图书馆设立的老年分馆,是全国首家老年分馆,举办一系列以籀园为名的品牌活动,先后被评为"全国敬老文明号"、温州市"雷锋号示范岗";湖南图书馆着力打造全省首家老年主题图书馆,组建阅读推广工作室;杭州图书馆以健康为核心主题,建立老年健康分馆和江南健康主题分馆;陕西省图书馆揭牌老年大学分馆;河南省许昌市图书馆设立特殊教育学校馆外借阅点。

总分馆体系的建设和图书馆之间的互联互通还为图书馆开展整体性的老年人阅读活动提供了支撑。重庆图书馆联合全市图书馆共同开展"常青e路 幸福夕阳"老年人数字阅读活动,活动培训主题由全市公共图书馆报名制订培训方案,重庆图书馆确认后,同步在全市38个区县公共图书馆主导下开展培训,并在总分馆体系的各个层级展开。自2018年2月开始举办以来,到2021年2月共举办了12期共计910场培训,累计培训老年读者89259人次。[59]

依托图书馆服务体系和线上服务方式,传统的送书上门服务得以创新,成为具有一定可持续性的工作。如杭州图书馆通过移动终端"一键悦借"网络借书平台和物流系统,为老年人提供便捷的借还服务,开发的自助转借系统,让老年读者足不出户就可实现读者互借[60];厦门市图书馆上线"飞鸽传书2.0",可通过市图微信公众号挑选心仪书籍下单借阅,等待快递送书上门[61]。重庆巴南区图书馆启动"巴图优借"服务,在总分馆体系的基础上,推出免费快递借还服务系统,实现办证零押金、服务零等待、阅读零距离的实时乡村服务,还开展"点对点""一对一"服务,让老年读者实现"零距离"享阅读。[62]

（二）阅读服务空间与设施设备

本次问卷调查显示(见图6-4),分别有54.44%和60%的馆提供老年阅览室和专座,29.44%的图书馆设置了老年人数字阅读专区,15%的馆配有老年人活动室。可见,大多数图书馆重视建设针对老年人的专门服务空间,设立了专门的阅读所需空间,对他们的数字阅读需求也有关注。南京图书馆安排专门经费,为所有进馆老年读者购买意外伤害险,为老年读者提供安全阅读、安全在馆的空间保障。[63]东莞图书馆以"老幼相扶"的办馆理念在少年儿童图书馆设立了老年人图书馆,提供养生保健、传记文学等专题书刊借阅服务,还定期开展琴棋书画活动,打造阅读与养生、休闲与娱乐相结合的服务阵地。[64]

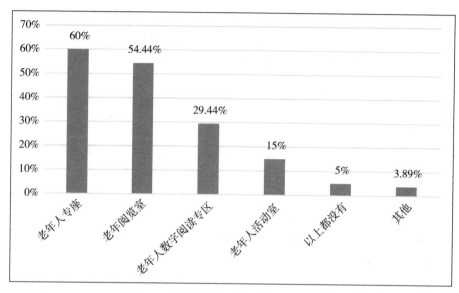

图6-4 图书馆老年人阅读服务空间状况

### (三)阅读服务人员

伴随着对老年服务重视程度的提升,一些图书馆设置了专门的服务部门,如宁夏回族自治区图书馆的"青少年与老年读者服务部"。[65]志愿者在老年阅读服务中也发挥了重要作用,哈尔滨市馆成立文化志愿服务队,其中就包括"孝亲"等8支千余人的志愿服务队伍,利用业余时间为敬老院以及托养培训中心送书上门;浙江省图书馆组织大学生志愿者为中老年人讲授数字信息课程。[66]本次问卷调查显示(见图6-5),只有27.22%的馆没有老年人阅读服务人员,这在一定程度上说明,多数图书馆对老年服务的专门性是有所关注的。特殊群体读者的复杂性意味着为其服务的馆员应具有相关的服务技能和专业素养,也应不断学习,本次问卷调查显示,仅有四成馆提供年均1—5次的相关培训;《公共图书馆服务规范》也未对老年人服务人员的培训进行规定。

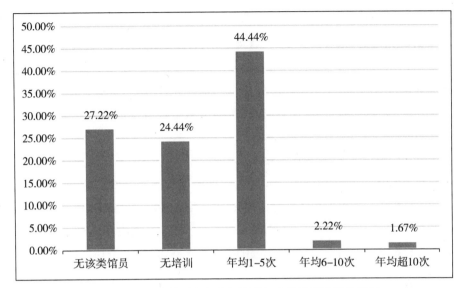

图 6-5　图书馆针对老年人阅读服务人员开展培训的状况

（四）阅读服务活动

本次问卷调查显示（见图 6-6），从具体服务活动来看，读书会获得了最高的参与率得分，其次是保健、康复、反诈等方面的讲座、展览，再次为开设计算机/手机/上网培训班。读书会发挥团体促进作用，以阅聚人，互相交流阅读心得的同时也促进了老年人的社会参与。浙江省平湖市图书馆老年读书会自 1985 年创建以来活跃至今；深圳图书馆开展"银发阅读计划"，其中一项活动就是于 2016 年

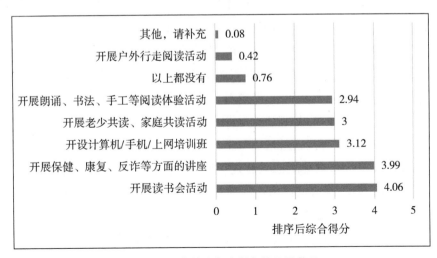

图 6-6　图书馆老年人服务的开展状况

成立了"乐读"老年读书会。[67]在讲座方面,安徽省图书馆在小岗村分馆针对农村老人的文化需要,开展法律普及、政策解读、科技讲座等活动,普及知识的同时增加业余活动;浙江温州市图书馆老年分馆开展籀园老年学堂免费公益培训、籀园老年讲坛等;陕西省铜川市宜君县图书馆承办"科学膳食健康生活"适老化主题服务讲座;宁夏回族自治区固原市泾源县图书馆开展"爱在端午"关怀乡村留守老人活动等。

老年人运用智能技术多存在困难,因而图书馆长期以来开展数字阅读相关培训的活动较多。尤其是2020年,文化和旅游部与国家文物局印发了《关于落实〈关于切实解决老年人运用智能技术困难的实施方案〉的通知》,明确提出通过组织智能技术培训、推广线上服务等方式,帮助老年人解决智能设备的使用问题;同时要考虑实际情况,着力做好兜底保障;北京印发《关于提高图书馆、文化馆等场所服务适老化程度的通知》。这些措施推动公共图书馆对老年人网络、智能技术培训更加重视,同时也注意保留传统的线下服务方式。国家图书馆自2011年起,就通过公益培训、资源推荐、读书沙龙,为老年读者提供多样化服务;2014年起推出"关爱夕阳"老年课堂公益培训服务,提升数字阅读能力;目前老年课堂已形成"常规化+"的课程体系,每年8个系列24讲课程,内容丰富、方式灵活、体系完善。[68]在各地图书馆中,重庆图书馆开展"常青e路 幸福夕阳"老年人数字阅读培训,杭州市图书馆与中国大学慕课共同开办老年人系列学习班等,广州图书馆还为老年人开设"爱心电脑俱乐部",湖北省图书馆开展"银龄E时代网罗智生活"老年人智慧触网系列主题讲座,天津市图书馆策划举办了"智慧助老畅享数字生活新方式"老年人运用智能技术课堂系列讲堂;山东省济南市图书馆自2008年起承办"夕阳红"老年电脑公益培训,至2021年已开设培训90余期,累计授课2000多课时,成为深受老年读者欢迎的服务品牌;临沂市图书馆自2013年起每年面向中老年人,举办智能手机应用、计算机使用等公益培训班,累计培训学员1000余名,培训500余课时,最大学员年龄85岁[62];合肥市图书馆从2014年开始"夕阳红公益培训",至2018年底已举办33期,累计198讲[69];陕西省、山西省图书馆在积极引入智能化设备和各类网上在线服务的同时,还保留了传统预约方式,保留电话预约咨询专线,保留预约名额,为老年读者开通绿色通道,保留传统人工服务窗口。[70-71]

在代际阅读活动上,老少共读、家庭共读促进了老年人价值的发挥和代际关系的融洽。广东省立中山图书馆2018年举办的"乐龄读书会"第1期就以"祖孙互读,共享经典阅读之美"为主题,以描绘祖孙之情的文章开篇、以祖孙互读的形式进行[72];每年寒暑假,东莞图书馆少儿分馆都开展老年人志愿者书法和国画少儿培训班,同时也培养少年儿童爱的能力,尤其是尊老敬老爱老的能力。高校图书馆充分发挥退休教师和专家学者的价值,以"老年专家学者讲授+学生互动提问"模式,通过讲座、阅读分享会、真人图书馆和导读活动等开展代际服务。同济大学图书馆邀请中文系退休教授喻大翔为学生讲解格律诗创作知识;上海交通大学图书馆"鲜悦Living Library"、清华大学图书馆的"学在清华·真人图书馆"系列活动和武汉大学的微天堂真人图书馆等,都曾多次邀请60岁以上的专家学者作为嘉宾。在年轻人助益老年人的活动中,华中科技大学图书馆与社会学院合作,由学生志愿者为退休老人提供送报上门服务;西安科技大学图书馆招募大学生志愿者定期到退休教师家中进行朗读活动。[73]

### 四、图书馆残疾人阅读服务现状

在残疾人服务方面,我国省级图书馆残疾人服务始于20世纪80年代,由山东省图书馆、广东省立中山图书馆和陕西省图书馆率先开展;2000年后全面铺开。2016年,随着四川省图书馆和西藏自治区图书馆残疾人服务的开展,省级馆已全部开展了面向残疾人的服务。[74]在数字时代,残疾人服务获得了新的拓展,在"盲人数字图书馆推广工程""残疾人数字图书馆"、无障碍建设、有声阅读等推动下,残疾人阅读服务向着数字化、无障碍化、视听化方向不断发展。

(一)服务网络建设

在残疾人阅读服务体系建设上,2011年国家图书馆与中国残联联合成立"全国残疾人阅读委员会",中国残联同时要求各省级、地市级残联均要成立残疾人阅读指导委员会,以组织残疾人开展包括"面对面朗读"、读书交流、主题征文等广泛深入的读书活动。2013年,双方还联合启动了"书香中国·让知识的阳光照亮每一个人的心灵"——图书馆文化助残行动,发布了倡议书。[75]2012年,中国盲协、中国盲文图书馆和盲文出版社成立了全国盲人阅读推广委员会,制订《中国盲人协会阅读推广委员会工作规则》,公布了全国盲人阅读推广行动计划,并于2014推出"盲人文化服务联合行动计划",积极与全国各级公共图书馆视障阅览室加强合作,联合开展盲人阅读推广和相关文化活动。山东济宁市图书馆成为全省首家市级残健融合文化服务中心,杭州图书馆音乐分馆被杭州市政府确定为首批"杭州市残疾人无障碍视听体验基地",北京市朝阳区图书馆[76]、广州市天河区图书馆[77]及厦门市思明区图书馆[78]等均与本区残疾人联合会合作，或提供盲文书籍及数字资源，或开展展览与讲座，为残障读者创造更加友好的阅读环境。

公共图书馆还通过服务联盟建设增进行业合作与共享。2010年，全国图书馆信息服务无障碍联盟成立，发布倡议书和建设规划，提出要加强与各地图书馆和地方残联、各地残疾人协会的沟通，积极推进残疾人的阅读调查、服务、法治建设以及资源和服务的共享。[79]2018年金陵图书馆联合南京图书馆、浙江图书馆、上海图书馆、安徽省图书馆共同发起"长三角地区图书馆视障服务联盟"，并在五家省、市公共图书馆网站同步启动"2018首届长三角地区视障文化服务摄影图片公益展"征集活动，召开长三角地区公共图书馆视障文化服务案例培训班。[80]浙江图书馆搭建全省视障联盟平台，实现了省馆引领、全省共享的成效。

（二）阅读服务空间与设施设备

从《公共图书馆法》到全国和地方性的《公共图书馆服务规范》都对保障无障碍环境建设提出了明确要求，国家在推行无障碍物理环境和数字环境方面也有多项专门规定，在公共图书馆评估标准中也包含相关指标，这些措施都推动了图书馆对无障碍环境建设的投入。图书馆普遍在室外开辟了坡道等进出通道，张贴无障碍设施标识，设立专门的残疾人阅览室，并设置在一楼，以方便出入，在室内提供适用的卫生设施、电梯等设施及老花镜、放大镜、电子阅报机等设备；对图书馆网站进行无障碍化改造，提供无障碍使用模式。

从全国情况来看，2023年，全国各级公共图书馆共有1541个盲文及盲文有声读物阅览室开展视障文化服务。[81]全国公共图书馆共有残障读者的阅览座席38306个。各馆残障读者阅览区域面积从十几平方米到几百平方米不等，曾有调查显示，辽宁省图书馆设立的残疾读者阅览室面积最大，约500平方米，阅览座席80个；其次是浙江图书馆，阅览面积约350平方米，阅览座席100个。[82]本次问卷调查显示（见图6-7），分别有71.67%和45.56%的图书馆提供残疾人阅览室和专座，43.33%的图书馆设置了残疾人数字阅读专区，16.67%的馆配有残疾人活动室。可见，大多数图书馆重视针对残疾人的专门服务，设立了专门的阅读所需空间，较重视残疾人的数字阅读服务。

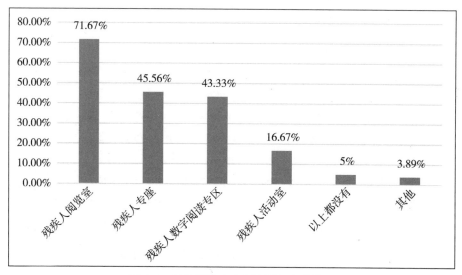

图 6-7　图书馆残疾人阅读服务空间状况

在设施设备配置上,调查表明目前各馆相关设施较为完善(见图 6-8),89.44%的图书馆提供老花镜、放大镜、助听器等设施;85%的馆配有坡道、轮椅、电梯等设备,以供使用群体更方便、更安全地进行阅读活动。可见,各级图书馆在实现无障碍物理环境上的配置较为普遍。上海图书馆于 1996 年在淮海中路建成开馆时,就在国内率先实施了建筑无障碍规划,东馆建设过程中,特别规划了 100 多平方米"无障碍阅览区",并对东馆的无障碍设施按照国际国内最新标准进行了规划和实施,增加了扶手,修改了盲道,设置了盲文导览图、电梯的低位按钮、盲点字、语音播报、无障碍停车位和洗手间等。[83]

随着近年来无障碍数字阅读的推进,以及人工智能、计算机视觉、语音技术的发展,图书馆在服务残疾人的设施设备配置方面水平更高。如杭州图书馆"天使眼"设备能够将物体信息转换成语音信号并通过耳机传导,还有远近两用电子助视器、一键式智能阅读器、便携式盲人阅读器和盲文点显器等[84];首都图书馆、浙江省龙泉市图书馆也进行了无障碍设备的高端配置。在网站的无障碍建设上,辽宁省图书馆、黑龙江省图书馆、湖北省图书馆、甘肃省图书馆、上海图书馆、济南市图书馆、哈尔滨市图书馆等均提供了无障碍阅读条和边栏,便于调节页面文字大小、布局,或提供有声网页播放功能,便于通过语音提示功能直接收听页面内容。[85]本次问卷调查显示,在数字设备方面,50%左右的馆配备了触屏一体机、电子阅读器、无障碍电脑,还有 16.11%的馆配备了数字电视,说明图书馆在数字无障碍上的配置还有提升空间。

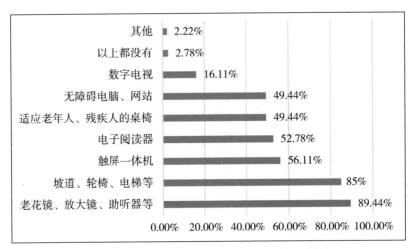

图 6-8　图书馆残疾人阅读服务设施设备配置状况

（三）阅读服务资源

面向残疾人的阅读资源主要集中在大字书、盲文书方面。截至 2023 年底，公共图书馆共有盲文图书 157.80 万册。[86]数字资源、视听资源的出现拓展了阅读资源的范围。2012 年，金陵图书馆联合南京新闻广播共同发起"朗读者"文化助盲项目，通过招募朗读志愿者，和社会各界相关单位建立朗读者联盟，将授权图书作品录制成有声读物，截至 2021 年累计志愿者人数近 1.1 万人，录制书籍总时长超过 300 小时，正式出版有声读物 15 种。2016 年该馆还率先开设"盲人剧场"版块，开展集多种资源与服务于一体的一站式服务，并通过读书会等活动形式，为视障群体及其他有需求的人群提供阅读服务。[87]

数字图书馆建设大大推动了阅读服务资源的数量与范围，通过无障碍设计与改造提升了老年人、残疾人对数字资源的获得感与使用体验。2008 年 10 月国际盲人节前，依托国家图书馆丰富馆藏建设的中国盲人数字图书馆开通，为视觉障碍群体提供服务，该项目于 2009 年获得第三届文化部创新奖。[88]2011 年"中国残疾人数字图书馆"开通，包括电子图书、有声读物、电子报刊、少儿天地等各类资源；编制面向残疾人的 100 种推荐书目。2013 年，文化部全国公共文化发展中心开始建设"心声·音频馆"，这是为盲人、弱视力群体打造的数字文化产品，到 2018 年已有 6 期，汇集了各类音频资源 6.7 万小时、24 万余集，建有无障碍版网站、大众版网站、支持无障碍功能的 IOS 和 Android 客户端、微信公众号等，在全国图书馆中进行推广。[89]2017 年正式启动"盲人数字阅读推广工程"，包括"一个平台、两个盲文数字阅读推广渠道"："一个平台"即盲人读物融合出版与

第六章 图书馆特殊群体阅读服务

传播平台。"两个盲文数字阅读推广渠道",即首期为全国400家设有盲人阅览室的公共图书馆配置20万台基于互联网的智能听书机并免费向盲人读者出借,为全国100所盲人教育机构配置1000台盲文电脑和盲文电子显示器、免费向盲生出借;工程还广泛动员社会力量参与盲人阅读推广工作,共同解决盲人阅读难题。[90]各地图书馆也积极响应,如2018年天津图书馆、天津市少年儿童图书馆、和平区图书馆、河西区图书馆、河东区图书馆等5家单位完成3000台智能听书机的配置工作[91],广东省立中山图书馆完成700台智能听书机的配置[92],启动智能听书机免费借阅服务。到2020年,已有340家公共图书馆完成设备激活,设备日活跃量近4000台次,在线交互累计1685万次、1852万小时。中国盲文图书馆还面向云南、贵州、西藏等26个省(区、市)及地、县的1436家公共图书馆开展了业务培训,培训人数达3989人次;同时开通网络直播,通过微信公众号推送设备的操作微视频和常见问题解答。[93]

一些省馆积极建设无障碍数字图书馆,利用互联网为残疾人提供数字资源服务。2010年,上海图书馆在全国公共图书馆界率先推出"阳光听书郎"电子书阅读器外借服务;2011年,上海图书馆启动无障碍数字图书馆建设。[94]无障碍数字图书馆是国内首家,涵盖了2058种无障碍电子书、1107部数字化讲座等资源[95],并提供纯文本、字号配色显示调节、语音、指读等多种无障碍方式便利阅读。此外,山东省图书馆已建设光明之家数字图书馆,福建省图书馆建立了残疾人无障碍数字分馆,河北省图书馆、湖北省图书馆、南京图书馆等也已将建设无障碍数字图书纳入信息无障碍服务的未来规划之中。

2022年5月《马拉喀什条约》在我国正式生效,该条约倡导通过为无障碍格式版的制作提供版权限制与例外,为制作和丰富残疾人无障碍阅读读物提供保障;2022年8月,国家版权局出台《以无障碍方式向阅读障碍者提供作品暂行规定》作为首个成文的配套落地实施措施,将阅读障碍者界定为视力残疾人及由于视觉缺陷、知觉障碍、肢体残疾等原因无法正常阅读的人;2023年7月,我国被授权实体加入无障碍图书馆联合会全球图书服务。中国盲文图书馆、中国盲文出版社与世界知识产权组织签署被授权实体协议,成为推动《马拉喀什条约》在我国落地实施的重要一步,可以进行无障碍格式跨境交换,帮助中国的阅读障碍者获取全球80多种语言的图书,也让全世界的阅读障碍者有机会欣赏丰富的中文图书。在该条约生效前后,各地图书馆积极宣贯学习,中国盲文图书馆与中国盲人协会共同组织条约的专题学习,召开"《马拉喀什条约》落地实施与视障文化服务研讨会",深入黑龙江省图书馆、通辽市图书馆等分支馆进行条约履行情况调研;金陵图书馆举行首次《马拉喀什条约》全市落地文化助残OTO启动仪式等。

(四)阅读服务人员

另一项对省级图书馆的调查显示,在32家省馆中,有18家设置了专职从事残疾人读者服务的工作岗位,占56%;14家省馆没有设置专职岗位,而是由其他岗位的图书馆员兼任;为弥补图书馆员数量的不足,有17家省馆采用志愿者服务模式,以社会力量助推残疾人阅读,发展志愿者团队。全国各地公共图书馆广泛开展"文化助盲志愿服务",截至2017年,已建立100支文化助盲志愿服务团队,注册志愿者2万余名,志愿服务时长累计长达260万余小时,36万余人次的盲人获得志愿服务[96];山东省馆成立"光明使者"志愿者团队;苏州图书馆"你是我的眼"视障读者主题活动就是由志愿者完成。随着残疾读者服务规模的扩大,服务部门和服务人员也相应增加,如银川市图书馆早在2006年开设的视障阅览室于2019年4月更名为"残障读者服务部",部门工作人员专门服务于残障读者。[97]

特殊群体读者的复杂性意味着为其服务的馆员应具有相关的服务技能和专业素养,也应不断学习。2019年版《公共图书馆业务规范》明确规定省、市、县级公共图书馆应对服务残障人士的员工进行专业培训。本次问卷调查显示(见图6-9),28.89%的馆没有残疾人阅读服务人员,26.67%的馆没有开展培训,41.11%的馆年均1—5次培训。如哈尔滨市图书馆在2016年开展"文化助盲志愿服务经验交流活动暨首届文化助盲志愿者骨干师资培训班",北京市西城区第一图书馆在2020年开展线上文化助盲志愿者培训。[98]

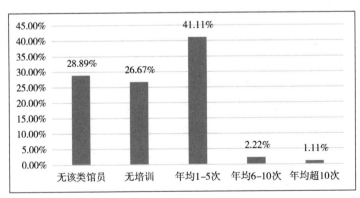

图6-9 图书馆针对残疾人阅读服务人员开展培训状况①

---

① 本章作者根据本次问卷调查数据绘制整理。

第六章 图书馆特殊群体阅读服务

**（五）阅读服务活动**

图书馆面向残疾人提供的阅读首要解决的是获得阅读资源的"最后一公里"问题，上海图书馆 2002 年首创"盲文邮包免费邮寄服务"；考虑到盲人出行不便，广州省立中山图书馆推出为广东省范围内的盲人提供在线办证和听书机免费快递借还服务。[99]

各地公共图书馆还开展了读书会、知识竞赛、电脑培训等形式多样的阅读服务活动。中国盲文图书馆从 2012 年开始举办朗诵沙龙活动，宁波图书馆支持成立"闻华"盲人读书会，浙江图书馆成立视障"心阅"读书会，石家庄市图书馆举办"阅读红色经典，传承红色精神"残疾人读书分享会[100]等。上海浦东图书馆多年坚持进行盲人数字阅读推广，开展阅读培训班、读书会、朗诵团、电脑培训、"无障碍电影"讲解等活动，开办"浦东图书馆残疾人博客"，为视障者之间的交流建立平台，获国际图联 2010 年唯一团体奖"最佳实践奖"——也是中国图书馆界首次获得该奖项，还获得"2014 年全国盲人阅读推广优秀单位""2016 年全国五星级助盲志愿服务团队"称号，并两次荣获"上海市扶残助残先进集体"[101]。东莞图书馆自 2016 年以来，连续 7 年组织视障读者参加省文化厅举办的盲人诗歌朗诵比赛和优秀散文创作大赛，连续多年策划开展盲人数字阅读体验培训，邀请其他读者参与"体验残障融合共享"残障体验，推出文化志愿者为盲人讲电影、东莞视障读者电脑培训班活动，并邀请了信息无障碍工程师、盲人李鸿利等举办"真人图书馆"励志故事分享会等，获得广东省"十大最美助盲天使"称号。[102]

图书馆还采取多种方式激活、调动残疾读者。2022 年，中国盲文图书馆开展为期一年的"视障读者阅读激励计划"系列活动，包括基于线上、线下阅读行为积分的"数字阅读达人"活动、"借阅之星"活动和"21 天阅读挑战"活动，以及基于互动行为和宣传推广行为的"数字推广大使"评选活动。[103]湖北省图书馆在盲人阅览室开设"光明直播室"，采用无间隔融合设计，将图书馆活动通过直播或录播方式进行传播，开展"同一颗爱心同一本书"阅读活动、主播培训、国学知识竞赛等活动。[104]

## 五、图书馆其他特殊群体阅读服务现状

除儿童、老年人和残疾人之外，还存在一些特殊群体，其因信息获取能力或心理等问题对于图书馆服务获取方面也存在障碍，可以将其大致分为信息型与心理型特殊群体。信息型特殊群体由于获取有效读物的客观条件或行为能力有

限而导致难以利用图书馆阅读服务,如外来务工人员、偏远地区群众、住院病人、服刑人员等,对其服务主要以克服获取限制、提供保障为主;心理型特殊群体包括抑郁症、自闭症、读写困难症等群体,对其服务主要以帮助降低阅读能力障碍为主。此次调查发现(见图6-10),面向其他各类特殊群体的服务尚处于发展阶段,43.2%的图书馆没有开展面向相关人群的服务;服务人群类型中,进城务工人员、监狱服刑人员以及读写困难者是图书馆最为关注的三大人群,提供相关服务的图书馆数量占比大;"其他"占比排在第四位,说明其他特殊服务人群类型繁多。

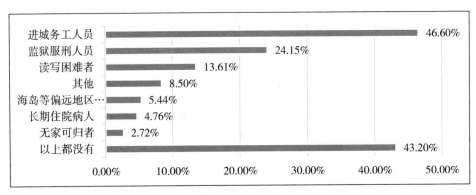

图6-10　图书馆其他特殊服务人群类型及占比

### (一)服务网络建设

图书馆面向其他特殊群体构建的服务体系主要表现为将农家书屋、监狱纳入总分馆体系,进行服务嵌入。如面向服刑人员,自20世纪80年代,浙江[105]、上海等省市图书馆率先尝试设立监狱流动借阅站以来,各省级公共图书馆均已将监狱纳入服务体系之中。云南省图书馆与云南省第三监狱合作建立图书馆分馆,广东省立中山图书馆甚至实现了省内监狱服务全覆盖,在广东省25个监狱设立"求知图新"读书基地。[106]面向进城务工人员,天津港保税区文化中心图书馆在外来务工人员集中的天保青年公寓、福光公寓、海港保税区职工生活服务中心建立分馆;重庆市图书馆构建以农民工为服务对象的"重庆市文化共享工程农民工联盟",带动全市公共文化服务单位开展服务活动。面向农村居民,吉林省长春市将农家书屋作为分馆纳入公共图书馆服务体系,市、县、乡、村四级图书馆联网,实现图书资源共享。[107]此外,重庆市卫星数字农家书屋、浙江省嘉兴市农村图书馆也已取得较快发展。[108]山西省图书馆则是组成驻村工作队,实地解决帮扶贫困地区的公共文化贫瘠问题,满足偏远地区的阅读需求。[109]

### (二)阅读服务资源

在资源建设上,图书馆针对不同对象提供了不同的阅读资源:对信息型特殊群体,以专题资源构建为主,云南省图书馆设立"进城务工人员专架""进城务工人员服务岗",提供专门服务和阅读指导;广西壮族自治区图书馆在门户网站建立"农民进城务工专题资源库"专区[110];甘肃省图书馆开设"进城务工人员之家"[111],配置专门资源。对于心理型特殊群体,一些图书馆采用了以文献为媒介,通过对材料的学习、讨论和领悟养护身心健康的阅读疗法[112],如唐山市丰南区图书馆配置众多阅读疗法专题书籍并设置疗愈专架[113]。有些图书馆也会选择与公益机构合作,根据孤独症、自闭症特点提供专业图书推荐,如长沙市图书馆参与支持的心翼会所[114]、广东省立中山图书馆"点点星意——关爱孤独症"鉴读区[115]等。

### (三)阅读服务活动

面对特殊群体,平等的服务态度使图书馆获得广泛赞誉,杭州图书馆因维护流浪汉、拾荒者的阅读权利而被誉为"最温暖的图书馆",东莞市图书馆因外来务工人员吴桂春"识惠外来农民工"的一封信而收获美誉[116],是图书馆宽容接纳特殊群体的典型代表。公共图书馆基本服务项目免费,降低了特殊群体获取阅读资源的障碍。

在服务活动上,本次问卷调查显示(见图6-11),大多数图书馆选择延伸服务(送书上门)和网上阅读推荐的形式来为这些特殊人群提供阅读服务,除此之外主要是线上直播、阅读心得打卡以及阅读疗法等。

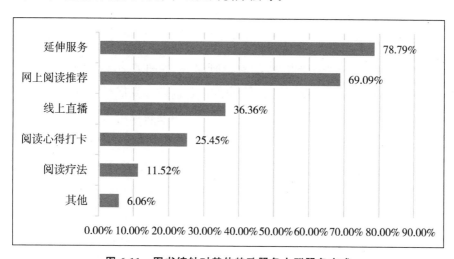

图6-11 图书馆针对其他特殊服务人群服务方式

延伸服务主要是提供送书上门、委托人员代借、电话续借等形式。如内蒙古自治区图书馆针对偏远牧民实施"数字文化走进蒙古包工程",荣获美国图书馆协会主席国际创新大奖;安徽省图书馆开展"关爱农民工书籍送温暖"活动;浙江省舟山市嵊泗县构建"海上移动图书馆",推进书箱上船头[117]。针对监狱服刑人员,图书馆提供了许多针对性的文化活动以增强服刑人员的法制观念、法律意识、社会责任感和知识素养。如湖北省图书馆不定期到监狱为服刑人员举办文化讲座和开展读书辅导活动[118];江西省图书馆与监狱干警一起开展对服刑人员的阅读辅导工作,进行多种形式的读书活动[119];首都图书馆的"首图讲坛"为服刑人员举办法律、科技、人文、艺术等多个领域的专场讲座[120];浙江省图书馆品牌活动之一"文澜·阳光讲坛"会根据服刑人员的需要确定讲座主题,邀请专业人士开展科普方面的讲座。[121]

## 第三节 图书馆特殊群体阅读服务的机遇与挑战

图书馆面向特殊群体的阅读服务已积累了不少经验,在服务体系、服务资源、服务人员、服务活动上既有坚持,也有创新,近年来开展针对性服务、延伸性服务、品牌化建设的意识和行动有明显改善,为今后发展奠定了一定基础,但也存在不足。面向未来,图书馆特殊群体服务既应牢牢把握机遇乘势而上,也要改进不足直面挑战。

### 一、发展机遇

当前,我国正处于"十四五"规划建设时期,也是朝着2035年远景目标发展的关键时期。从图书馆事业发展而言,也在向着高质量发展目标奋进,伴随着图书馆业的服务理念与手段创新,图书馆特殊群体服务将迎来重要的发展机遇。

(一)政策规划持续着力,拓深特殊群体阅读服务

自1997年九部委联合启动"知识工程"以来,党和国家对全民阅读的重视程度不断提升,通过制订多项政策规划,将开展全民阅读活动、建设阅读社会提到国家战略高度,将图书馆视为开展阅读推广活动的重要机构。这一战略在最新的政策规划如党的二十大报告、《中华人民共和国国民经济和社会发展第十四个五年规划和2035年远景目标纲要》中继续保持,明确指出要建设"书香中国",并将全

# 第六章 图书馆特殊群体阅读服务

民阅读的发展方向从"倡导"指向"深入推进"。对特殊群体阅读服务而言,意味着要深入分析群体中不同类型人群的特征,提供更加切实、细致的服务内容。从阅读促进及特殊群体事业发展相关的多项政策规划来看,变化也是非常明显的。

首先,在全民阅读和公共文化服务的相关政策规划中普遍包括特殊群体阅读服务内容(见表6-2),明确了特殊群体阅读服务的原则,均要以保障阅读权益为主;将儿童阅读视为重点,突出强调要培养其阅读兴趣和阅读习惯;明确了不同群体的服务内容,对儿童的阅读服务侧重家庭亲子阅读、青少年阅读、阅读活动和阅读资源保障,对残疾人侧重盲文书、大字书、有声读物等阅读资源建设与提供、无障碍阅读环境建设、数字图书馆服务,对老年人更强调数字技能培训、数字资源服务、文化产品和服务的供给;在实施服务的图书馆主体上,明确了公共图书馆、中小学图书馆等在内的各类图书馆的职责,主要包括设立特殊群体阅览室(区)、提供阅读资源、推广阅读观念、开展阅读活动。

表6-2 阅读服务政策规划中的特殊群体服务内容①

| 文件名称 | 发布时间 | 发布机构 | 特殊群体阅读相关内容 |
| --- | --- | --- | --- |
| 中华人民共和国国民经济和社会发展第十四个五年规划和2035年远景目标纲要[122] | 2021年 | 第十三届全国人民代表大会第四次会议 | 深入推进全民阅读,建设"书香中国";将儿童友好城市建设列入服务项目,要求加强公共空间适儿化改造,完善儿童公共服务设施;推进线上线下公共服务共同发展、深度融合,积极发展智慧图书馆;推进公共图书馆等公共文化场馆免费开放和数字化发展。 |
| 关于促进全民阅读工作的意见[123] | 2020年 | 中共中央宣传部 | 积极推动青少年阅读和家庭亲子阅读,保障特殊群体基本阅读权益。鼓励开展与学龄前儿童身心发展状况相适应、有利于培养阅读兴趣和阅读习惯的活动。完善中小学图书馆等校园阅读设施,编制中小学图书馆推荐书报刊目录。支持为阅读障碍者提供盲文出版物、大字出版物、有声读物等,并逐步改善阅读条件。重点保障未成年人尤其是农村留守儿童、贫困家庭儿童、孤残儿童等群体的基本阅读需求。 |

---

① 本章作者根据文献调研情况整理。

续表

| 文件名称 | 发布时间 | 发布机构 | 特殊群体阅读相关内容 |
| --- | --- | --- | --- |
| 关于推动公共文化服务高质量发展的意见[124] | 2021年 | 文化和旅游部、国家发展改革委、财政部 | 面向不同年龄段群体开展特色文化服务。推动公共文化服务与教育融合发展,面向中小学生设立课外教育基地。积极适应老龄化社会发展趋势,提供更多适合老年人的文化产品和服务,让老年人享有更优质的晚年文化生活。加强面向残疾人的文化服务。 |
| "十四五"公共文化服务体系建设规划[125] | 2021年 | 文化和旅游部 | 高度重视未成年人阅读习惯的培养。进一步丰富亲子阅读活动。实施青少年阅读素养提升计划,推荐一批高质量少年儿童图书。积极适应老龄化发展趋势,让更多老人享有更优质的晚年文化生活,面向老年人群体开展数字技能和文化艺术培训,切实解决老年群体运用智能技术困难等问题。面向残障群体,打造无障碍服务体系,支持盲人图书馆等特殊文化服务。 |
| "十四五"文化和旅游发展规划[126] | 2021年 | 文化和旅游部 | 面向不同群体开展差异化的公共文化服务,充分保障未成年人、老年人、残疾人和流动人口等特殊群体的文化权益。 |
| "十四五"文化发展规划[127] | 2022年 | 中共中央办公厅、国务院办公厅 | 丰富老年人、进城务工人员、农村留守妇女儿童、残疾人的公共文化供给,保障特殊群体的基本文化权益。 |

其次,特殊群体阅读服务的专项规划提供了更为具体的行动方案(见表6-3)。对儿童来说,一是要求在公共图书馆建立儿童阅览区、亲子阅读区,建设儿童阅读基地,实际是要将阅读服务延伸到儿童身边,保障阅读服务的便利性;二是建设儿童友好环境,在包括图书馆在内的公共空间中进行适儿化改造,完善儿童公共服务设施,为儿童提供安全友好的阅读环境;三是在阅读资源上,分龄推荐优秀儿童书目、开设国家智慧教育读书平台、提供优质数字阅读资源;四是开展阅读活动,加强亲子阅读指导,开展"全国青少年学生读书行动"。对残疾人来说,

主要突出了三方面规划内容:一是无障碍阅读空间和资源建设;二是数字资源与服务平台建设,强调了大字读物、有声读物、视听资源等类型,着重指出要加强残疾人数字图书馆和盲人数字图书馆建设;三是明确了面向残疾人的全国性阅读活动,包括"书香中国·阅读有我""五个一"等;四是加强中国盲文图书馆服务体系建设。对老年人来说,规划内容较为简略,主要指出适老化公共文化产品和传统文体活动的发展方向。

表6-3 特殊群体阅读服务专项政策规划①

| 文件名称 | 发布时间 | 发布单位 | 特殊群体阅读相关内容 |
| --- | --- | --- | --- |
| 中国儿童发展纲要(2021—2030年)[128] | 2021年 | 国务院 | 鼓励支持各类教育、科技、文化、体育、娱乐等公益性设施和场所以及城乡社区儿童之家等为开展家庭亲子活动提供条件。加强亲子阅读指导,培养儿童良好阅读习惯。分年龄段推荐优秀儿童书目,完善儿童社区阅读场所和功能,鼓励社区图书室设立亲子阅读区。公共图书馆单设儿童阅览区,公共图书馆盲人阅览区为盲童阅读提供便利,鼓励社区图书室设立儿童图书专区。 |
| 关于推进儿童友好城市建设的指导意见[129] | 2021年 | 国家发展改革委等 | 推进图书馆向儿童免费开放;加强公共图书馆等各类服务设施和场地适儿化改造;在公共图书馆设置儿童阅览区,鼓励设置少儿图书馆,提供适宜残疾儿童的阅读资源,开展儿童友好图书馆建设。 |
| 全国青少年学生读书行动实施方案[130] | 2023年 | 教育部等 | 按照学校图书馆、阅览室有关工作规程,丰富图书配备,改善阅读条件,保障学生阅读需要。有效利用图书馆等社会公共资源。鼓励各地遴选一批青少年学生阅读基地。 |

① 本章作者根据文献调研情况整理。

续表

| 文件名称 | 发布时间 | 发布单位 | 特殊群体阅读相关内容 |
| --- | --- | --- | --- |
| "十四五"残疾人保障和发展规划[131] | 2021年 | 国务院 | 鼓励残疾人参加"书香中国·阅读有我"等公共文化活动。重点项目包括：为重度残疾人家庭开展"五个一"(读一本书、看一场电影、游一次园、参观一次展览、参加一次文化活动)文化服务；为盲人提供盲文读物、有声读物、大字读物、数字阅读、无障碍电影电视剧等产品和服务；继续开展盲人数字图书馆推广工程。推动公共图书馆盲人阅览室(区)建设，加强中国盲文图书馆和分支馆建设，增加公共图书馆盲文图书和视听文献资源。 |
| "十四五"提升残疾人文化服务能力实施方案[132] | 2021年 | 中国残联、中央宣传部、中央网信办、中央文明办、文化和旅游部、国家广播电视总局 | 各级公共图书馆等公共文化设施要有为残疾人提供服务的场地和内容，要免费或优惠向残疾人开放，并提供无障碍服务。各级公共图书馆、文化馆(站)要面向不同残疾类别人群，开展形式多样的个性化差异化文化服务。扶持有条件的省、市、县三级公共图书馆建立盲人阅览室(区)，增加盲文图书和视听文献资源，配备盲文图书及有关阅读设备，为盲人提供盲文读物、有声读物、大字读物、无障碍版本的电影、电视剧等产品，做好盲人阅读服务。扶持全国50个地市级公共图书馆、200个县级公共图书馆的盲人阅览室建设。 |
| 关于切实解决老年人运用智能技术困难的实施方案[133] | 2020年 | 国务院办公厅 | 引导公共文化体育机构提供更多适老化智能产品和服务，同时开展丰富的传统文体活动。 |

最后，在特殊群体相关的重要政策法规上，有些虽然没有直接涉及图书馆的内容，但也为图书馆服务提供了潜藏的发展机遇，在儿童群体中表现得尤为突出。2021年7月24日，中共中央办公厅、国务院办公厅印发《关于进一步减轻

义务教育阶段学生作业负担和校外培训负担的意见》,简称"双减"政策,明确指出要通过阅读等活动,充分用好课后服务时间,为学有余力的学生拓展学习空间,这为校园阅读活动的有效开展提供了广阔空间,也为中小学图书馆提供了更多的发展机会;2021年10月23日通过的《中华人民共和国家庭教育促进法》强调了未成年人的父母或其他监护人负责实施家庭教育,国家和社会为家庭教育提供指导、支持和服务的责任,明确提出"图书馆……每年应当定期开展公益性家庭教育宣传、家庭教育指导服务和实践活动,开发家庭教育类公共文化服务产品"[134],为图书馆开展亲子阅读、家庭阅读提供了法制支持。为落实"十四五"规划中开展100个儿童友好城市建设试点的重点任务,2021年9月30日,国家发改委发布《关于推进儿童友好城市建设的指导意见》,广东、上海、深圳、长沙等地纷纷跟进,制订了相应的实施方案,以"一米高度看城市"的认知重视儿童友好的5个维度,要求以适儿化思路健全完善面向儿童的空间和公共服务体系建设,聚焦儿童日常学习生活等场景,塑造健康文明向上的社会人文环境。这一系列政策为图书馆的适儿化建设和扩宽儿童阅读服务场景提供了具体要求和保障,必将有力促进图书馆儿童阅读服务条件提升。如广东将"儿童友好图书馆"列入十大重点工程,将"设置儿童阅览专区的公共图书馆及阅读空间数量"作为指导性建设指标之一。

  对于老年人和残疾人,在国家《"健康中国2030"规划纲要》指导下,"共建共享全民健康"成为战略主题,老年人、残疾人对健康知识、健康科普、健康康复、阅读疗法等的需求将增长;老年人、残疾人还面临着"数字鸿沟",在"十四五"规划确立的"数字中国"战略实施过程中,帮助老年人和残疾人跨越数字鸿沟,提升数字阅读素养,将成为图书馆进一步着力推进的主题。老年人和残疾人的无障碍、适老化工作将成为当前和今后一段时间的建设重点。在政策法规上,2021年13部门联合发布《无障碍环境建设"十四五"实施方案》,同年,全国人大常委会会议表决通过关于批准《马拉喀什条约》的决定;2022年《政府工作报告》提出,推进无障碍环境建设和公共设施适老化改造。《以无障碍方式向阅读障碍者提供作品暂行规定》出台,《马拉喀什条约》生效实施;2023年《中华人民共和国无障碍环境建设法》颁布,一再彰显出国家对无障碍建设的重视程度。《中华人民共和国无障碍环境建设法》中还以专门法条形式规定"提供公共文化服务的图书馆、博物馆、文化馆、科技馆等应当考虑残疾人、老年人的特点,积极创造条件,提供适合其需要的文献信息、无障碍设施设备和服务等",对图书馆提出了明确的法律责任;中国残疾人联合会将无障碍建设作为重点项目,近年出台了《无障碍环境认证实施方案》《关于推进信息无障碍的指导意见》《创建全国无障碍建设示范城市(县)管理办法》《关于推进无障碍环境认证工作的指导意见》等。这些政策法规将为图书馆特殊群体服务带来新的发展机遇。

(二)特殊群体的特征变化将带来阅读服务新需求

特殊群体的特征变化首先表现在数量还在继续增长,在图书馆读者中所占比例不断增加。随着我国老龄化程度加重,老年人口增长和人口老龄化发展趋势已成为未来我国人口结构变化中最值得关注并且影响最大的问题。[17]全国老龄工作委员会办公室预测,2036年我国老年人口将增至4.23亿,老龄化水平达到29.1%;2053年老年人口将增至4.87亿的峰值,老龄化水平升至34.8%[135],达到重度老龄化水平。我国残疾人的数量多且仍在不断增长,我国是世界上盲人最多的国家,视障人群每年还新增45万人,平均每分钟新增1例。[136]在儿童人口规模上,尽管近年来新出生人口减少,但目前儿童在总人口中占比超过五分之一,可以想见在今后较长时间内,儿童规模依然很大。此外,新世代的老年人会表现出更加乐观的生活态度、更加积极的社会参与意愿以及更高水平的阅读素养,他们将重新定义老年生活期待,希望有更为充实的老年生活,这对图书馆特殊群体服务来说是一种可喜的形势,孕育着创新老年服务理念和服务活动的无限希望。

其次,特殊群体参与阅读的自身条件在逐步改善。随着我国国民受教育程度的提高,特殊群体的文化程度也在提高。2020年我国6—17岁儿童在校率为92.0%,高中学龄儿童在校率达92.4%[137];残疾人教育体系日趋完备,2021年残疾人特教普通高中在校学生、中等职业教育在校学生、特教高等院校和普通高等院校录取残疾考生人数分别达11847、17934、2302和14559人;残疾儿童义务教育普及水平也显著提高,各类残疾儿童少年义务教育入学率超过95%,5.8万名残疾学生进入高等院校就读。[138]老年群体同样在发生变化,第七次全国人口普查结果显示,60岁及以上人口中,拥有高中及以上文化程度的有3669万人,比2010年增加了2085万人;高中及以上文化程度的人口比重为13.9%,比十年前提高了4.98%。[139]这些数据反映出特殊群体的教育程度在提升,意味着他们的阅读能力在提高,接触阅读的机会也在增加,对图书馆阅读服务的需求也必然会增加。从健康状况来看,《第五次中国城乡老年人生活状况抽样调查基本数据公报》显示,2021年我国老年人中自评健康状况非常好和比较好的占42.7%,

一般的占40.9%[140],总体较好。残疾人的健康康复水平提高,2019—2023年残疾人精准康复服务人数基本保持在832万到1.1亿区间[141],侧面显示出残疾人健康水平有较大提升,这些都为特殊群体参与阅读服务奠定了较好的健康基础。此外,特殊群体还拥有较多的闲暇时间和活动选择,《中国休闲发展报告(2023—2024)》显示,退休居民每日平均休闲时间和年度平均总休闲时长均较2022年提高了14.55%,每日休闲时间达6.48小时[142];"双减"政策也保障了儿童开展课外阅读的时空条件。在各方面条件具备的情况下,图书馆可乘势而上,调动特殊群体参与阅读的有利条件,将其吸引到图书馆阅读、学习和文化休闲活动中。

最后,特殊群体数字阅读比例上涨,图书馆数字智能服务将大有可为。随着网络社会的数字化、移动化、智慧化的深入发展,特殊群体"触网"比例增长。以老年人为例,中国互联网络信息中心2022年第50次和2025年第55次《中国互联网络发展状况统计报告》显示,60岁及以上老年人在网民群体中的占比从11.3%[143]增长到14.1%[144],一定程度上显示出老年群体的数字阅读所需能力在加强。另据《中老年人用网情况及网络素养调研报告》显示,中老年人使用网络的主要用途之一就是"阅读新闻、资讯、书籍"[145],说明老年人对数字阅读具有较高需求。不过目前老年人仍是非网民的主要群体,60岁及以上非网民群体占非网民总体的比例达46.8%。[144]而在促进非网民上网的因素中,排在前列的方便获取专业信息、提供无障碍使用的上网设备、上网费用减少、提供免费上网培训指导恰好是图书馆的优势所在,也是图书馆已经在开展的工作,也为未来进一步扩展服务提供机遇。

儿童的变化更加明显,他们是数字时代的"原住民",对数字资源、数字设施设备、有声资源的了解和掌握程度高,全国国民阅读调查报告在2017年就指出未成年人有声阅读增长较快[146];当前儿童身处倡导全民阅读的环境中,图书馆、学校和社会都非常重视儿童阅读,开展的各类阅读活动丰富多彩,对促进这类特殊群体的阅读形成了良好的氛围和强劲的动力,也必然促进他们投入更多的时间到阅读中,亲近阅读、亲近图书馆;而且儿童阅读具有极强的带动性,一个儿童阅读和利用图书馆,就将带动其父母、家人阅读和利用图书馆,一些图书馆意识到这一现象,将老年人阅读室与少儿阅读室相邻,或在少儿阅览区设置家长书架,以激发家庭阅读。随着儿童阅读率提升,家庭阅读也会获得发展,对图书馆而言也是阅读服务的机遇。

(三)理念转变驱动图书馆特殊群体服务创新

当前,将儿童、老年人和残疾人一味地归入"弱势群体"的观念已经变化,在关注到特殊群体限于种种条件而存在阅读和图书馆利用障碍的同时,图书馆对他们的认识正在朝着积极方向转变,服务理念也在从支持保障到赋能与价值共创扩展,尊重特殊群体的主体性,注重用户参与。具体而言,在儿童阅读上,认识到儿童本位,将儿童视为阅读的发生主体,将培养阅读兴趣置于重要地位,在阅读资源推荐和阅读活动设计上都将儿童的兴趣和需求置于优先考虑,实践"儿童优先"原则,这种认识与将儿童视为社会教育对象,将阅读视为传经送道的媒介的传统观念不同,必将带来遵从儿童身心发展特点的阅读服务;同时,将儿童视为具有主动性的个体,尊重他们对阅读资源编写、采选、组织和阅读环境建设、阅读服务提供等方面的想法和建议。当前,已有一些图书馆进行了很好的服务探索,他们以科学的儿童发展理论为指导,精心设计特色化服务项目,调动儿童参与设计和优化属于自己的图书馆和阅读资源,体现出相当的专业性,获得了很好的读者反馈和社会评价,必将发挥行业示范作用,引导更多图书馆创新服务内容。

在老年人阅读上,积极老龄化、健康老龄化的理念已推行多年,目的在于消除对老年人"弱势""衰退"的刻板印象和以照顾为主的服务思想,消除老年歧视和消极老龄化观念。尽管现在这些消极观念还存在,但在积极老年观和老龄化发展态势的影响下,图书馆对老年人的看法正在转变,意识到老年群体是一个年龄跨度从 60 到 100 多岁的群体,异质性与同质性并存,因而服务不仅要保障老年人的阅读权利,提供阅读设备、开展数字阅读技能培训、实施阅读疗法,而且要尊重老年人的生命价值,发挥他们的能力,调动其参与的积极性,将阅读与写作、交流、朗读、口述历史等结合,实现阅读形式多样化的创新。随着我国老龄化形势日益严峻,老年人口数量增加,图书馆及时转变服务理念将会为其服务发展打开新局面。

残疾人阅读服务理念与老年人有相似之处,都要抵制歧视,坚持平等、参与、共享的服务理念。我国残疾人数量多,其中视障人士数量世界第一,随着老龄化发展,残疾与老年人叠加,更增加了残疾群体的阅读获取障碍,因而无障碍阅读服务、送书上门的延伸服务成为保障残疾人阅读权利的首要工作,体验残疾群体的阅读困境提高了馆员和普通读者的同理心;利用直播、朗读等方式加强了图书馆与残疾读者的联系。这些工作正是图书馆近年来阅读服务着力实施的方面,在新技术、新媒体的推动下,平等、参与、共享理念更具有落地的可行性,有可能带来服务的创新。此次调查显示,有 180 个馆(占比 61.22%)已开展面向老年人、残疾人的阅读服务工作,而 114 个馆(占比 38.78％)仍未开展相关阅读服务工作,说明面向这两类特殊群体开展服务已成普遍状态,在未来持续扩展和深化现有服务将会成为工作的目标方向,在理念转变、技术发展的背景下,特殊群体的服务必将展现新的面貌。

(四)数智技术将提升图书馆特殊群体阅读服务能力

图书馆经过数字化后,又将进入智慧化建设新阶段,"智慧图书馆"已被写入"十四五"公共文化服务发展规划中,对特殊群体服务而言,数智技术的运用将极大革新图书馆服务手段,对提升服务效果大有裨益。数智技术的运用首先表现为无障碍数字阅读环境的构建,通过构建三维虚拟现实智能馆,开展智能导引、智慧服务,通过网站的无障碍建设、一键式智能阅读器、盲文点显器、盲用听书机等专用设备和语音识别技术将推动特殊群体共享数字时代成果。其次,数字化与社会化结合,通过社交媒体平台和志愿者,为特殊群体制作、提供和贡献视听阅读资源提供了可行性,降低了过去制作盲文、大字版资源的成本,也为特殊群体的参与提供了平台和路径。再次,数智技术如 VR、AR、虚拟机器人等的运用有助于实现阅读具象化,将书面文字转化为虚拟仿真的多维图像和动态视频,提高阅读吸引力,促进对读物内容的形象化感知和理解。又次,数字化、智慧化技术与现代物流系统结合,推动图书馆服务体系的发展,特殊群体出行受限,通过手机 App 或微信公众号即可"点单"预约,使点到点送书服务所需人力、时间、经济等成本降低,也更具有持续开展的内生动力。最后,特殊群体涵盖广泛,在每类特殊群体中也存在内部异质性,大数据的智慧化分析利用读者特征数据、借阅数据、地理位置数据等多方数据,通过智能数据挖掘分析,将有助于构建用户画像,了解读者阅读特征,预测读者潜在需求,提供精准化服务。

数智技术对特殊群体而言,具有独特魅力,原因在于其将有效解决传统服务中难以解决的一些问题,如送书上门的高成本、低覆盖问题,盲文、大字版等资源数量少、制作难度大、利用率低等问题,打破了传统阅读服务的局限。而且短视频、新媒体、数字网络传输提高了阅读资源的获取效率和传播范围;网络的无障碍建设和语音输入识别技术有助于自由调节阅读资源的呈现效果,降低阅读和交流难度;AR、VR、可视化阅读、多媒体互动阅读、有声阅读等提供了纸本阅读难以提供的沉浸式、具象化体验,扩展了阅读资源类型,将为特殊群体提供有吸引力的多感官阅读体验。因此,在"十四五"建设智慧化图书馆的进程中,图书馆特殊群体的智慧化阅读服务必将迎来更大的发展机遇。

## 二、面临的挑战

新时期预示着新发展,但也带来新挑战。图书馆行业在为特殊群体开展阅读服务方面尽管已有一定的经验,但仍存在不足,在推动特殊群体发展战略和行业新时期高质量发展上还需要更多努力。

### (一)地区发展不均衡,服务条件发展不充分

我国图书馆东中西部地区发展不平衡的局面由来已久,在特殊群体服务上同样呈现出明显的地区差异。东部沿海地区早在20世纪80年代已开始提供老年人和残疾人服务,而西部地区起步较晚,西藏自治区图书馆和新疆塔城地区图书馆至2016年才开始提供残疾人服务[82];东部地区开展老年服务的图书馆数量和开展活动的场次数都明显高于其他地区。从活动的内容及其服务水平来看,东部地区图书馆也更胜一筹。以儿童服务为例,第七次公共图书馆评估中,东部地区被评为一级馆的独立建制少儿馆共19家,占儿童图书馆一级馆总数的57.58%。东部地区图书馆已经覆盖婴幼儿、青少年、留守儿童、外来务工人员子女、自闭症儿童、残障儿童等多种类型,阅读服务专业而深入,而西部地区细分和深入程度不足。从图书馆级别来看,服务活动则相对集中于省市级图书馆,区县和街道社区图书馆分布较少,这对于活动范围小、出行不便的老年人、残疾人而言是非常不方便的。在同一城市之间也存在不同程度的发展不均衡现象。如在老年人服务上,北京的东城区第一图书馆、西城区图书馆等与社会力量已有较多合作,但延庆区图书馆、大兴区图书馆等4个公共图书馆基本没有与社会力量合作的经验。[147]

此外,从服务条件来看,公共图书馆在特殊人群服务方面还存在着发展不充分的问题。

在服务空间上,残疾读者服务方面,从省地县三级公共图书馆设立盲文及盲人有声读物阅览室的数量变化来看,2023年的1541个相对于2014年的1616个[148]还是有所减少;提供老年人专座、残疾人专座的馆分别占比60%与45%,而提供数字阅读专区及活动室的图书馆则占比更低。儿童服务方面,独立建制少儿馆和公共馆中的少儿阅览室在服务空间面积上存在显著差异,很多图书馆由于馆舍面积的限制,只能提供借阅服务,且藏书面积受限,难以满足现在少儿日益增长的读书需求,也难以进行分区管理,很多的功能区域没办法设立,影响了细分性服务的开展。

在文献资源上,以残疾读者服务为例,适用的文献资源类型较为单一、数量不够丰富,且普遍存在资源更新滞后,资源量增长缓慢的现象。很多图书馆缺乏资源建设指引,制定了特殊文献资源建设相关原则或标准的仅占18.6%[74],在初期一次性投入之后,资源建设进入长期停滞状态,不利于残疾人服务的深入长远发展。而且在资源类型上,较多体现了盲人读者的需求,盲文出版物和有声读物是入藏最多的资源类型;而适用于其他类型残疾人的资源种类较少,如提供聋哑读者适用的描述性视频的省馆仅占28%。[74]在资源数量方面,各馆差距较大,资源较多的可以达到数千册/件,资源较少的只有几十册/件。

在设施设备上,85%及以上的图书馆着重于健全坡道、轮椅、电梯等设施和提供放大镜、助听器等设备,但提供触屏机、电子阅读器、无障碍网站和电脑的馆相比于前述比例则有极大差距;东部地区91家地市级公共图书馆读者辅助设备老化严重,存在投入不足与服务延续性不强的问题;2019年仅有35家公共图书馆设有老龄群体专用的阅读设施[149];近50%省馆没有残疾人服务专项经费,有经费的也多是建设之初的一次性投入,缺乏稳定的维护、更新投入,导致设施陈旧,成为装饰,而缺乏实用价值,服务利用率低,最终陷入"建设投入少—服务成效低—投入进一步减少"的恶性循环[74];32家省级公共图书馆网站中仅有6家提供无障碍阅览服务与无障碍访问功能[150],缺乏明确的服务对象划分与适老化关怀。这说明许多图书馆只是在浅层方面泛泛提供了一般类设施设备,而对于特殊群体专用的数字化设备投入力度、重视程度远远不足。当前,阅读形态面向多样化方向发展,数字阅读、有声阅读、科普阅读、智慧阅读推广都具有极大的创新性,也有发展前景,但这些方式都需要设施设备的投入,对经费、人力和馆藏配备方面也有较高要求,使得设施设备的购买与运行面临着严峻挑战,往往在要不要买、买什么样的、买不起、用不起、效益低等的审问中成为被放弃的选项。

(二)阅读服务人员配备不足,专业能力有限

各类特殊群体的情况各不相同,其阅读行为存在各自的特点、规律和习惯,需要图书馆员具备与之相适应的专业能力,如手语、盲文、分龄阅读开展能力等,为此,全国图书馆标准化技术委员会近年来先后归口制定了面向少儿、视障、听障读者等特殊群体的服务规范。但从实际情况来看,相当数量的图书馆还没有配备专业服务人员,遑论服务规范的执行了。本次问卷调查显示,约28%的馆未配备老年人、残疾人阅读服务人员。专业人才匮乏、服务素质不足是图书馆面临的最普遍问题。近年来虽通过劳务合同招聘人员,使情况有所改善,但仍处于

能力水平参差不齐、知识结构单一、人员流动性大的状况,相当一部分工作人员只能简单应付传统的图书馆工作,对图书馆专业知识和相关知识掌握得较少,对阅读推广的理论与方法了解不足,在运用新媒体开展服务方面的能力基础还存在明显薄弱环节。《公共图书馆业务规范》中明确要求,图书馆应对服务残障人士的员工进行必要的专业培训,每年举办培训次数应不少于20次。而本次问卷调查显示,约有25%的图书馆未对该类专门服务人员进行培训,仅有3个图书馆对老年人阅读服务人员培训每年超过10次,同样的,仅有2个馆对残疾人阅读服务人员设置培训每年超过10次。以上结果表明,仅有少部分图书馆严格遵循了业务规范,其他图书馆应在未来加强培训业务的开展。

(三)阅读服务活动的持续性、特色化、品牌化不足

从服务活动的开展情况来看,面向特殊群体的免费借阅服务已成日常化工作,在开放时间上也有较充分保障。少儿服务基本能保证常态化开展,但在老年人、残疾人服务上,应景性、临时性、形式化问题还较突出。重阳节、国际老年人日(也是国庆节)、中秋节、敬老月、世界读书日以及春节、元旦等主要节日、纪念日成为比较集中的时间;部分图书馆的老年阅读推广活动时间间隔长达一年。[147]数字图书馆建设的更新存在问题,如中国残疾人数字图书馆、盲人数字图书馆网站、信息无障碍联盟等网站信息基本还停留在建设之初的状态,缺少信息更新,网站中的一些应用都已经过期,存在因时而建、因事而建、因项目而建的问题,显然不利于阅读服务推行。

从服务活动的开展状况来看,此次调查中将近40%的馆未开展老年人和残疾人相关阅读服务;在已开展的特殊群体活动中,总体以讲座、阅读推荐、延伸服务等传统方式为主,新颖的服务活动形式较少,对线上直播、线上听书、短视频等新媒体的应用少;对老年用户蕴积的人力资源并未充分调动和利用,限制了图书馆某些服务活动的充分展开,也抑制了图书馆与老年用户的交流合作。在服务内容上主题狭窄,老年人活动主要集中在养生保健、书画上,较为单一,开展频率低。

在服务品牌建设上,有些服务项目虽然有品牌建设意识,有项目名称,但从内容来看,缺少独特内核,不过是把各类活动以服务对象之名汇总而已,很难说会形成真正的阅读服务品牌。儿童服务发展得如火如荼,多样化、创新型、特色化的阅读项目相对较多,但也存在品牌标识不明、名称多而杂乱、品牌内涵雷同、品牌活动推广不足等问题,往往令读者无所适从。

## （四）阅读服务社会效益不明显，彰显度不够

阅读服务与读者特征和需求匹配错位往往导致图书馆特殊群体专门阅读空间和设施设备闲置，投入几万到二十几万的阅读设备还未使用就将过时。《半月谈》2021年对山东多地图书馆的调研发现，约85%的视障阅览服务区是闲置的，山东省图书馆视障数字阅览室馆藏2000余册盲文书在两年内几乎零借阅，而与此同时视障读者需要的盲文习题资源却难以提供。[151]此外，配置的阅读设备不便于操作使用，在缺乏专业人员指导的情况下难以使用，反而带来新的数字鸿沟问题，进一步影响读者的获得感。因而，如何使馆藏资源和设施设备切实发挥作用，使服务供需对接，是一个摆在图书馆面前的挑战。

从服务的社会合作和宣传来看，开放性、影响力还不足，图书馆在特殊群体事业发展中的彰显度低。从我国老龄事业的"十三五"和"十四五"发展规划来看，前者有明确的图书馆相关内容，而后者则未提及图书馆；从活动来看，图书馆与老龄委合作布局阅读服务的情况还比较少，与残疾人事业发展规划及阅读活动情况的总体布局情况形成鲜明对比，后者在"十四五"规划和"全国残疾人文化周"活动通知中都详细说明了图书馆应开展的活动，图书馆与残联还共同建设阅读指导委员会、开展"书香中国·阅读有我"活动，因此如何让图书馆深度参与到国家老龄事业发展中是今后面临的重要挑战。在服务宣传上，通过图书馆网站和公众号进行宣传的多，进入到特殊群体生活情境中的宣传少，甚至有些活动在图书馆网站中都很难找到，由此产生的影响力自然不足。因此，如何与特殊群体机构加强联系，深入特殊群体之中，提升图书馆服务的实际效益和显示度是今后需要面对的重要挑战。

## 第四节　图书馆特殊群体阅读服务发展趋势与建议

机遇寓意着新的生机，当前我国正处于"十四五"建设中期，也处于大数据时代、智慧时代发展时期，公共文化服务朝着高质量发展目标迈进，图书馆特殊群体服务将迎来新的发展时机，呈现出新的发展趋势；同样也面临挑战和不足，需要图书馆思考和践行发展建议，从而书写特殊群体阅读服务的新篇章。

## 一、发展趋势

图书馆特殊群体阅读服务在新的机遇环境中,大有可为,在服务新理念的驱动下,阅读服务内容将呈现出如下发展趋势。

### (一) 以人为中心的阅读服务将深入发展

"建设以人为中心的图书馆"是《"十四五"公共文化服务体系建设规划》中确立的目标,也是图书馆高质量发展的表征,强调了对读者主体性的关注,遵从的服务路径是读者—服务—资源,即要主动了解和激发用户需求,以用户为中心来设计服务内容。这一路径是对以图书馆为中心的资源—服务—用户路径的革新,必将推动对特殊群体积极服务的理念在更广范围内被认识和践行。

首先,以人为中心意味着人的自身主体性存在独特价值,要抵制对特殊群体的各种歧视。图书馆应成为抵制各种歧视、展现特殊群体积极形象的展示平台和协助特殊群体建立积极自我认知的社会力量。特殊群体所面临的障碍不能构成他们被歧视的理由,而应该由包括图书馆在内的社会机构共同面对和解决。以人为中心就是不让一个人掉队。当然,特殊群体遇到的阅读障碍相对较多,也是客观事实,因此要有一定的偏向性服务来实现总体公平。

其次,以人为中心意味着每个人都是独特的、具有能动性。儿童、老年人、残疾人等不仅应该因人的主体性获得尊重,他们还同样具有个体的创造性,有自己的独特优势,会带来不同的阅读感受和共享体验,如老年人有不同的人生阅历和知识积累,阅读感悟可能会比较深入;儿童性情天真,阅读可能多有奇思妙想。在积极视角中看待和服务特殊群体,才能以同理心,真正从用户特征、需求和期望出发,提供相应服务;重视调动特殊群体的参与动力,让其在阅读服务中以领读者、志愿者、分享者、参与者等不同角色发挥各自的价值。

最后,以人为中心的阅读服务意味着充分尊重个体的差异性。特殊群体是因年龄、身体或社会身份而划分的群体,但仅以这些标准完全不足以定义特殊群体,无论是儿童、老年人、残疾人还是其他特殊群体,内部层次都非常丰富,存在较大差异,为此应注重读者调研,在制度、资源、服务、阅读活动中反映特殊群体的多样性特征,制订不同的阅读服务目标和规划。

### (二) 数智化阅读、无障碍阅读、健康阅读、代际阅读将成为服务亮点

第一,数字化、智能化技术与阅读结合,为特殊群体参与阅读带来了前所未

有的机遇,大大扩充了阅读资源的范围和类型,提供了可自由调节的阅读感知,丰富了多感官阅读体验。同时,特殊群体借助于社交媒体、线上广播、短视频等新媒体,也可以生成和传播自己的阅读资源和阅读感受;依托于大数据技术、算法推荐、内容自生成技术,适应特殊群体需求的阅读资源获得推送,有利于提高个性化服务水平,因此,数智化阅读已获得特殊群体青睐,有声阅读、网络阅读率均在上升。目前,特殊群体的上网率相对于其他群体而言还偏低,这也从反面说明他们将是数智化阅读的"红海",在世代变化和弥合数字鸿沟的努力之下,数智化阅读将会成为图书馆特殊群体阅读服务的亮点之一。

第二,无障碍是保障普遍均等服务的基本要求,也在政策法规中予以强调和重视,对图书馆而言既是职业宗旨的内在要求,也是提升服务水平的首要抓手。依托《中华人民共和国无障碍环境建设法》《以无障碍方式向阅读障碍者提供作品暂行规定》《马拉喀什条约》等的宣贯,图书馆物理环境无障碍、信息无障碍、服务无障碍和无障碍资源建设不仅会有效促进图书馆无障碍环境建设,而且会显著扩大无障碍格式版馆藏资源规模,成为图书馆特殊群体阅读服务的新的生长点。

第三,"健康2030"的国家战略已大大激发对健康信息、保健康复知识的需求,特殊群体是实现健康中国所需关注的重点对象,"健康老龄化"早已成为老龄事业发展的重要理念和目标;老龄化问题将是我国 21 世纪面临的重大问题。与此同时,残疾人的规模也将大大增加,据预测,到 2050 年,我国残疾人口总规模将达到 1.68 亿[152],比目前的 8500 万将增长一倍。因此,对健康知识的阅读、科普阅读都将拥有广阔的发展空间。同时,健康领域的谣言、虚假信息多,特殊群体对科学、正规、高质量的健康文献及其选择、理解的需求也非常迫切。此外,阅读疗法也有助于调节情绪,刺激脑力活动,在部分图书馆已经有所开展,因而,健康阅读将成为图书馆特殊群体阅读服务的新增长点。

第四,代际阅读(Intergenerational Reading)是在老年人与年轻人之间形成的有目的和持续的阅读。2011 年,国际图联在《图书馆、阅读和代际对话的突尼斯宣言》(The Tunisia Declaration on Libraries, Reading and Intergenerational Dialogue)中明确提出,"图书馆应利用它们丰富的基础设施开展跨代阅读推广项目,把年轻和年长的群体组织起来,促进他们阅读,增强相互间的理解和照顾双方的利益;图书馆应该为跨代的对话和学习提供机会和场所;图书馆应开展促进不同年龄组之间交流互动的服务项目,如老年人向婴儿、儿童和青少年提供的阅读活动;为了传递文化和传统,由老年人来讲故事……"。[33][153]这一宣言既声明了图书馆以阅读为中介促进代际交流的使命,也提供了图书馆可资操作的形式。特殊群体中"一老一少"也已成为并将在今后一段时间都会是图书馆的主要读者,但目前我国开展代际阅读的馆还较少,因此,开展代际阅读对图书馆而言有发展为特色服务的潜力。

(三)阅读服务的专业化要求将进一步提升

当前,社会对阅读重要性的意识也基本建立起来,从家庭到学校到企事业机构都普遍开展了阅读活动,在此背景下,图书馆阅读服务究竟有何与众不同之处?这实际上是对图书馆阅读服务专业性的叩问。图书馆界推广全民阅读自1997年以来已有二十多年的时间,服务也需要从开展向专业发展,而专业需要符合规范,需要了解和掌握不同读者阅读服务的知识技能,提供针对性、精细化服务。特殊群体的不同类型对阅读服务的需求差异很大,具有不同于其他群体的特征和沟通服务方式,因此需要图书馆服务人员既要有服务儿童、老年人、残疾人和其他特殊群体的专业知识和服务理论,如儿童发展心理学理论、多元智能理论、融合阅读理论、社会重建理论、活动理论等;能掌握专业设施设备的操作、针对性阅读资源的选择和与特殊群体的沟通技能;还要有一定的读者研究和组织策划实施特色服务活动的能力。为推动阅读服务质量,中国图书馆学会和多地图书馆都开展了多年馆员的在职培训和"阅读推广人"培育行动,其中很多内容涉及特殊群体服务;全国和地方出台的一系列服务标准和规范,以及图书馆界对品牌活动的案例总结、服务指南和工具包的编制推广都在自觉推进阅读服务的专业化。可以想见,未来图书馆特殊群体服务的专业化水平必将获得进一步提升。

## 二、发展建议

全民阅读的深入开展,离不开阅读均等化服务提升,在国家人口发展新战略和公共文化服务高质量发展的指引下,图书馆特殊群体阅读服务应有更高水平的发展,为此,图书馆可将贯彻服务新理念、夯实服务基础、促进服务专业化和提高服务显示度作为进一步发展的重点。

(一)树立以人为中心的理念,研究特殊群体需求

意识决定行为,对特殊群体的积极观念将有助于开拓思路,创新服务。目

前,以照顾、保障为主的服务立场还在很大程度上存在,对特殊群体主体性和独特性的尊重还有待增强。因此,应在特殊群体阅读服务中,大力倡导并深入解读"以人为中心"的理念内涵与践行方式,首要就应深入研究所服务的特殊群体,发展相关服务。从差异化视角来看,特殊群体存在不同年龄、不同世代、不同社会经济文化背景、不同身心状况、不同人生体验和生活方式、不同阅读需求、不同阅读能力,为提供针对性服务,图书馆应加强对特殊群体总体状况和发展趋势的了解,还要指导开展调研走访,了解服务区域和利用图书馆阅读服务的特殊群体的基本特征。同时,图书馆业务工作的各个环节都积累了大量的读者服务相关数据,如馆藏借阅、预约、续借数据,数字图书馆检索查询、阅读数据,活动参与数据、入馆数据等,图书馆应在保护读者个人信息的前提下,对特殊群体数据进行提取和分析,了解他们的阅读特点、选择偏好、阅读关联、图书馆利用情境,从而建立重点读者信息库,以情境创设的思路规划不同的读者服务模式。

(二)夯实特殊群体阅读服务基础

特殊群体对阅读空间和阅读资源的需求有其特殊需求,为增强图书馆阅读服务的友好性,图书馆应以相关标准、规范为依据,以用户友好理念夯实特殊群体的阅读服务基础。在空间设计上,物理空间构建应按照《方便残疾人使用的城市道路和建筑物无障碍设计规范》《老年人建筑设计规范》《图书馆建筑设计规范》等规定,进行无障碍建筑建设或对其原有的建筑进行无障碍化、适儿化、适老化改建,使图书馆楼层布局、书架间距、标识指示、台阶、电梯等符合规范;消除安全隐患,提供符合特殊群体身心发展特征的设施设备,如在儿童空间提供高度不同的阅读桌椅和电子设备。友好的网络空间要求图书馆按照我国《网站设计无障碍技术要求》《老年无障碍网页/网站建设规范》,并参考国际互联网联盟(W3C)的《Web 内容无障碍指南》(Web Content Accessibility Guidelines2.0,WCAG2.0)等建设无障碍网站并对现有网站进行无障碍化改造,按照我国《网站设计无障碍评级技术要求》《网站设计无障碍评级测试方法》标准和测试工具软件对图书馆网站的无障碍水平进行评测。《未成年人网络保护条例》颁布,明确规定图书馆要为儿童提供上网指导和安全、健康的上网环境。对此,图书馆应从保护儿童发展的角度,对儿童数字阅读提供阅读指导,控制儿童数字阅读时长,保障数字阅读设施设备和网络连接的安全,引导儿童合理开展数字阅读。

在资源建设上,友好的阅读资源应契合特殊群体需求、考虑阅读服务重点主题而配置,考虑阅读资源的吸引力要素,考虑资源的利用效率和读者满意度,不能为配而配;在资源选择上应注重收集多方书单和推荐信息,开展类似"你选书我买单"工作,让特殊群体参与选书决策;开展类似"朗读者"活动,依据《马拉喀什条约》,调动特殊群体及其志愿者生成新阅读资源;扩充有声资源、影像资源规模,增加视障读者之外的其他残障群体适用的资源。

(三)加强培训,提升服务人员专业化能力

图书馆行业应加强特殊群体服务人员包括馆员、志愿者和社会力量在馆人员的专业化建设。第一,应加强特殊群体服务规范的培训,包括《公共图书馆服务规范》《公共图书馆少年儿童服务规范》《图书馆视障人士服务规范》《图书馆听障人士服务规范》,促进服务人员在理念认知、服务方式与内容、服务礼仪等方面的提升。第二,应加强特殊群体阅读服务资质培训,将在职培训与"阅读推广人"培训结合,规范全国和部分地区的"阅读推广人"培育和评价,形成系统化的培训体系。第三,应对特殊群体阅读服务培训内容进行设计,目前的培训涉及最多的特殊群体是儿童,内容主要涉及儿童心理、儿童文学、绘本等方面,而关于数字阅读、有声阅读等方面的培训主题较少;老年人、残疾人和其他特殊群体阅读服务方面的培训内容存在空白和薄弱环节,尤其在无障碍设施建设、面向特殊群体的阅读服务活动设计和服务礼仪方面需要增加和强化。第四,对特殊群体阅读服务人员进行分层分类业务考核和评估,设计和细化服务要求,以评促建,提升服务人员的专业化能力。

(四)创新服务方式,实现服务品牌化运营

在图书馆特殊群体服务方式上,应不断拓新思路,以读者细分为基础,结合新的服务发展趋势设计专项性阅读服务,如老年人易罹患阿尔茨海默病,重温过去会有较好的记忆激活效果,健康阅读又是发展趋势,当下存在服务空白,据此可创建记忆包,实施康复助读服务。其他特殊群体囊括的具体读者类型多样,对这些群体如阅读障碍群体、留守老人等的服务还较为缺乏或呈零星状态,对此可结合文化扶贫、乡村振兴及《马拉喀什条约》履行的大背景,开展广泛的社会合作,将阅读服务触角触达这些未受关注的特殊群体。

品牌创设需要考虑品牌标识、品牌内涵和品牌关系等方面,实现从读者认识到读者认知到最终读者认同的目标,显示出层层递进的发展思路。在品牌运营上,第一,应构建完整、鲜明的品牌感知识别系统,最主要的是名称、标识、标语。现在图书馆特殊群体阅读服务项目有的名称大同小异,如老年人电脑培训、银龄电脑课堂之类;有的名目繁多、冗长,无端生发出多个品牌名称或大名称里套小名称的情况;有的仅有名称而无其他,都导致读者难以建立品牌认识,因此要以易记、易认、易写为原则建设品牌形象。第二,图书馆可采取项目式建设思路,深挖服务目标,明确服务对象和主线内容,注重营销策划并在活动实施后收集用户反馈,自我总结、评价、复盘、反思、调整,不断完善品牌。山东省少年儿童图书馆在开展"会说话的绘本"帮扶孤独症儿童康复项目时,通过调整,将孤独症儿童的单一指向改为家长和孩子的双向服务,在绘本课程之外增加绘本解读、线上互动游戏。[51]第三,图书馆应始终认识到品牌化运营不是目的,促进特殊群体阅读才是根本。项目式建设是为了突出目标驱动、针对性服务思想,而不是"开一枪换一炮",因此应进行系统性、持续性建设,从而形成稳定的服务品牌。第四,服务品牌还应进行复制推广,归纳总结服务模式、复制推广所需条件和实施步骤、编写建设指南和工作案例,与图书馆服务体系、联盟结合,扩展品牌效益,促进特殊群体的阅读成效。

(执笔人:肖雪 万丽 刘端 龚蕾)

## 参考文献

[1] 国际图联—联合国教科文组织公共图书馆宣言 2022[EB/OL].[2023-11-19]. https://repository.ifla.org/bitstream/123456789/2081/1/ifla-unesco-public-library-manifesto-2022-zh.pdf.

[2] 中华人民共和国公共图书馆法解读编写组.中华人民共和国公共图书馆法解读[M].北京:中国法制出版社,2019:137.

[3] 文化和旅游部办公厅关于开展第七次全国县级以上公共图书馆评估定级工作的通知[EB/OL].[2025-01-15]. https://zwgk.mct.gov.cn/zfxxgkml/ggfw/202206/t20220602_933319.html.

[4] 联合国儿童基金会.《儿童权利公约》[EB/OL].[2023-11-19]. https://www.unicef.org/child-rights-convention/convention-text.

[5] 国际图联.国际图联 0-18 岁儿童图书馆服务指南[EB/OL].[2023-11-19]. https://www.ifla.org/wp-content/uploads/2019/05/assets/libraries-for-children-and-ya/publications/ifla-guidelines-for-library-services-to-children_aged-0-18-zh.pdf.

[6] 辞海:第 7 版[M/OL].上海:上海辞书出版社,2020.[2023-11-19]. https://www.cihai.com.cn/home.

[7] 国家统计局,国务院第七次全国人口普查领导小组办公室.中国人口普查年鉴[EB/OL].[2023-11-19]. http://www.stats.gov.cn/sj/pcsj/rkpc/7rp/zk/indexch.htm.

[8] 联合国儿童基金会,国家统计局,联合国人口基金.2020年中国儿童人口状况:事实与数据[EB/OL].[2023-11-19].http://www.stats.gov.cn/zs/tjwh/tjkw/tjzl/202304/P020230419425666818737.pdf.

[9] 张丽.国际图联儿童图书馆服务指南的坚守与创新[J].图书馆论坛,2021,41(8):132-141.

[10] 公共图书馆少年儿童服务规范(征求意见稿)[EB/OL].[2023-11-19].http://www.nlc.cn/tbw/gonggao/161206_1.pdf.

[11] 李海梅,李霞,茆长宝.社会工作中的儿童权利与法律保护[M].重庆:西南交通大学出版社,2021:3.

[12] 林超民.应对人口老龄化挑战——以云南老龄工作为例[M].昆明:云南大学出版社,2002:11.

[13] 邬沧萍,姜向群.老年学概论[M].北京:中国人民大学出版社,2006:31.

[14] 中华人民共和国老年人权益保障法[EB/OL].[2023-11-19].http://www.gov.cn/banshi/2005-08/04/content_20203.htm.

[15] 皮湘林.老年闲暇的伦理关怀[J].伦理学研究,2010(5):104-109.

[16] 国家统计局.第七次全国人口普查公报[EB/OL].[2023-11-19].https://www.gov.cn/guoqing/2021-05/13/content_5606149.htm.

[17] 张恺悌,郭平.中国人口老龄化与老年人状况蓝皮书[M].北京:中国社会出版社,2010:6,11-13.

[18] 李本公.中国人口老龄化发展趋势百年预测[M].北京:华龄出版社,2006:1.

[19] 李伟,孔伟.老龄工作手册——政府应对人口老龄化的职责和方略[M].北京:中国社会出版社,2009:17-18.

[20] 党俊武.关于我国老龄工作的若干重要问题[EB/OL].[2023-11-19].http://www.cnca.org.cn/default/iroot1000610000/4028e47d1bbeb02e011be2e0c934011b.html.

[21] 陈新华.残疾人权益保障:国际立法与实践[M].北京:华夏出版社,2003:4.

[22] 中华人民共和国残疾人保障法(2018修正)[EB/OL].[2023-11-19].https://zcfg.cs.com.cn/chl/bae1a775ddfaf017bdfb.html?libraryCurrent=law.

[23] 中国残疾人联合会.全国残疾人人口基础库主要数据[EB/OL].[2025-01-19].https://www.cdpf.org.cn/zwgk/zccx/ndsj/zhsjtj/2023zh/316116161eda40358e9422d4926e9d95.htm.

[24] 张莹华.公共图书馆人文关怀与积极老龄化[J].图书馆工作与研究,2010(7):82-84.

[25] 安妮塔·伍尔福克.教育心理学:主动学习版[M].伍新春,董琼,程亚华译.北京:机械工业出版社,2021:37-38.

[26] 吴琼.小班幼儿早期阅读能力的研究[D].大连:辽宁师范大学,2013.

[27]蒋永福.社会包容:现代公共图书馆的使命[J].中国图书馆学报,2009(6):4—9.

[28]IFLA. Library pledge for digital inclusion[EB/OL].[2023—11—19]. https://www.ifla.org/publications/library-pledge-for-digital-inclusion/.

[29]于良芝,于斌斌.图书馆阅读推广——循证图书馆学(EBL)的典型领域[J].国家图书馆学刊,2014,23(6):9—16.

[30]范并思.阅读推广与图书馆学:基础理论问题分析[J].中国图书馆学报,2014,40(5):4—13.

[31]熊必俊.制定新世纪老龄行动计划应对全球老龄化挑战——第二届世界老龄大会综述和启示[J].市场与人口分析,2002,8(5):75—78.

[32]张丽,范丽莉.国外公共图书馆代际融合服务实践及启示[J].图书馆工作与研究,2023,(5):44—51.

[33]IFLA Literacy and Reading Section. The Tunisia Declaration on Libraries, Reading and Intergenerational Dialogue[EB/OL].[2023—11—19]. https://ifla.org/wp-content/uploads/2019/05/assets/literacy-and-reading/publications/declaration-libraries-reading-intergenerational-dialogue.doc.

[34]中国残联宣文部.中国残联在首届全民阅读大会上介绍残疾人阅读推广工作[EB/OL].[2023—11—19]. https://www.zgmx.org.cn/newsdetail/d-72909.html.

[35]中国新闻出版研究院.第二十一次全国国民阅读调查成果发布[EB/OL].[2025—01—15]. https://www.nppa.gov.cn/xxfb/ywdt/202404/t20240424_844803.html.

[36]"第十一次全国国民阅读调查"成果发布[EB/OL].[2025—01—15]. https://www.zgcbcm.com.cn/zhongguochuban/chubantoutiao/2014-07-16/26731.html.

[37]文化部关于进一步加强少年儿童图书馆建设工作的意见[EB/OL].[2023—11—19]. https://zwgk.mct.gov.cn/zfxxgkml/zcfg/gfxwj/202012/t20201204_906181.html.

[38]文化和旅游部关于第七次全国县级以上公共图书馆评估定级上等级馆名单的公告[EB/OL].[2023—11—01]. https://zwgk.mct.gov.cn/zfxxgkml/ggfw/002311/t2023110/949444.html.

[39]绘本馆体系简介[EB/OL].[2023—11—19]. https://dglib.cn/dglib/hbtsg/202101/99c15ff6a9d94253bcab9530ea56ad93.shtml.

[40]第三届"中国儿童阅读发展论坛"在国家图书馆举办[EB/OL].[2023—11—19]. https://www.sohu.com/a/604420042_120005162.

[41]应妮.中国儿童阅读发展论坛:推动"儿童优先"原则融入阅读[N/OL].[2023—11—19]. new.qq.com/rain/a/20221111A07U5B00.html.

[42]刘璐.公共图书馆开展玩具服务的实践与思考——以广州图书馆小河马玩具馆为例[J].河南图书馆学刊,2019(8):20—22.

[43]浦东图书馆的主题科普之路:"数字体验嘉年华"[EB/OL].[2023-11-19]. https://www.sohu.com/a/277116578_99958728.

[44]陈雪.公共图书馆少儿服务取得长足发展[N/OL].[2023-11-19].光明日报. https://cn.chinadaily.com.cn/a/202211/15/WS6372ffe6a3109bd995a50077.html.

[45]科技教育司."全国少年儿童阅读推广服务平台"通过验收[EB/OL].[2023-11-19]. www.mct.gov.cn/whzx/bnsj/whkjs/201401/t20140117_750615.htm.

[46]全国少年儿童图书馆基本藏书目录重点推荐数据库[EB/OL].[2023-11-19]. http://www.gxiang.net/secsmlzt/index.html.

[47]"南书房家庭经典书目"十周年[N/OL].[2023-11-19].深圳商报. http://wtl.sz.gov.cn/ztzl_78228/zdly/sstsg/gzdt_81822/content/post_10460650.html.

[48]苏锐.儿童阅读推广从"领读者"抓起[N/OL].[2023-11-19].中国文化报. http://www.chinawriter.com.cn/n1/2021/0531/c404071-32117761.html.

[49]李百灵.开拓儿童阅读服务新路径[N/OL].中国文化报(2021-12-14). http://www.xinhuanet.com/culturepro/20211214/45054fadb0e049bfa12979064e5404c3/c.html.

[50]中国图书馆学会,国家图书馆.中国图书馆年鉴2019[M].北京:国家图书馆出版社,2020:77.

[51]绘本课如何帮助孤独症孩子进步?[EB/OL].[2023-11-19]. http://www.ananedu.cn/course/527-cn.html.

[52]南山区图书馆志愿服务总队简介[EB/OL].[2023-11-19]. https://www.nslib.cn/information/30937.

[53]招建平,方筱盈,苏丽平.广州图书馆读写困难症儿童服务研究[J].国家图书馆学刊,2015(6):66-70.

[54]许大文,程玉芳,苏丽平.嘉兴市图书馆读写困难症儿童服务研究[J].国家图书馆学刊,2015,24(6):54-58.

[55]石萍.适应形势发展加强老年读者服务工作[J].图书馆工作与研究,1986(3):36-37.

[56]周志光.丰富老年人精神生活的好形式——介绍上海第一个老人读书会[J].社会,1983(6):23-24.

[57]童光范,班金梅.老年之家——记张家口市图书馆"老年阅览室"[J].图书馆杂志,1996(2):38-39.

[58]市领导视察徐汇区长桥街道图书馆、天平街道老年图书馆[J].图书馆杂志,1996(2):19.

[59]重庆图书馆.常青e路 幸福夕阳|助力老年人运用智能技术 重庆市公共图书馆在行动[EB/OL].(2021-02-25)[2025-03-27]. https://mp.weixin.qq.com/s/zE5DJIEqklsbjM-BOndBUA.

[60]李熠煜,朱彤.AI赋能公共图书馆适老化阅读服务研究——以杭州市为例[J].新世纪图

馆,2022(1):23—27.

[61]潇湘晨报.厦门市图书馆升级"飞鸽传书"服务60多万册图书免费配送[EB/OL].[2023—11—19]. https://news.xmnn.cn/xmxw/202212/t20221223_55868.html.

[62]王彬.文化养老映出最美"夕阳红"[EB/OL].[2023—11—19]. https://www.thepaper.cn/newsDetail_forward_15657990.

[63]陈军.公共图书馆适老化服务大有可为(新论)[EB/OL].[2023—11—19]. http://opinion.people.com.cn/n1/2021/1111/c1003-32279042.html.

[64]刘锦秀.案例研究|东莞图书馆:创新引领发展[2024—12—24]. https://mp.weixin.qq.com/s/Gdu1fsniAUeVAJr0gmOSjQ.

[65]宁夏图书馆.机构设置[EB/OL].[2023—11—19]. http://www.nxlib.cn/gegz/jgsz/.

[66]刘一鸣,朱萍萍.公共图书馆老年人健康信息服务策略研究[J].国家图书馆学刊,2022(1):84—94.

[67]陈艳伟.《图书馆报》:深圳图书馆"乐读"老年读书会成立[EB/OL].[2023—11—19]. https://szlib.org.cn/article/view/id-29919.html.

[68]王彬.国家图书馆:填平"数字鸿沟"让老年人不掉队[EB/OL].[2023—11—19]. https://www.mct.gov.cn/whzx/zsdw/zggjtsg/202101/t20210108_920608.htm.

[69]合肥市图书馆."夕阳红公益培训"又开班啦[EB/OL].[2023—11—19]. https://www.hflib.org.cn/xwdt/info_itemid_4134.html.

[70]田佳琦,马帮勤.陕西省图书馆推出系列适老化服务——让老年人"智"享晚年[EB/OL].[2023—11—19]. https://www.thepaper.cn/newsDetail_forward_17740271.

[71]马晓媛.山西省图书馆推出适老化服务让老年人"阅读零障碍"[EB/OL].[2023—11—19]. https://www.gov.cn/xinwen/2021-02/28/content_5589356.htm.

[72]罗杏芬.祖孙互读,共享经典阅读之美——"乐龄读书会"第一期小记[EB/OL].[2023—11—19]. https://www.zslib.com.cn/TempletPage_Detail/Detail_NewsReport_2710.html.

[73]孙汝佳,赵荣,雷菊霞.高校图书馆代际服务现状分析与对策研究[J].图书馆理论与实践,2019(12):6—11.

[74]赵媛媛.我国省级图书馆残疾人服务现状调研及对策分析[J].新世纪图书馆,2018(6):21—25.

[75]李庆禹.残联、国图倡议"图书馆文化助残行动"[EB/OL].[2023—11—19]. https://www.mct.gov.cn/whzx/zsdw/zggjtsg/201305/t20130528_825792.html.

[76]北京市残疾人联合会.朝阳区残联举办"书香朝阳阅读有我"文化助残进社区活动[EB/OL].[2023—11—19]. http://www.bdpf.org.cn/cms68/web1459/subject/n1/n1459/n1544/n3223/n3275/c132413/content.html.

[77] 广州日报. 无障碍看书观影,他们力助残障人士放宽心走进来![EB/OL]. [2023-11-19]. https://baijiahao. baidu. com/s? id=1654491825449905327&wfr=spider&for=pc.

[78] 厦门市图书馆. 厦门市盲人协会、市肢残协会向我馆授予"爱心单位"牌匾[EB/OL]. [2023-11-19]. https://www. chnlib. com/News/2021-02/1312958. html.

[79] 全国图书馆信息服务无障碍联盟[EB/OL]. [2023-11-19]. http://www. nlc. cn/newwzalm/.

[80] "长三角地区图书馆视障服务联盟"成立共助视障阅读[EB/OL]. [2023-11-19]. https://www. chinadp. net. cn/channel_/VisualImpairment/2018-10/17-19566. html.

[81] 2023年残疾人事业发展统计公报[EB/OL]. [2025-01-15]. https://www. cdpf. org. cn/zwgk/zccx/tjgb/03df9528fdcd4bc4a8deee35d0e85551. htm.

[82] 李燕娜. 公共图书馆残疾读者服务现状及发展策略[J]. 图书馆工作与研究,2018(12):122-128.

[83] 李婧怡. 上海:视障者也能像普通人一样"读"书[EB/OL]. [2023-11-19]. https://qnzs. youth. cn/tsxq/202008/t20200805_12437741. htm.

[84] 童笑雨. 图书馆里的"黑科技":让盲人无障碍"阅读"和上网[EB/OL]. [2023-11-19]. https://www. chinanews. com. cn/sh/2021/10-15/9587575. shtml.

[85] 赵蕊菡,陈丹丹,王晓静. 中美公共图书馆老年服务现状对比研究[J]. 图书馆学研究,2021,513(22):56-65.

[86] 中华人民共和国文化和旅游部. 中国文化文物和旅游统计年鉴2024[M]. 北京:国家图书馆出版社,2024:39.

[87] 金陵图书馆"朗读者"项目:"文化盲道"铺到"最后一公里"[EB/OL]. [2023-11-19]. https://www. thepaper. cn/newsDetail_forward_15819472.

[88] 中国盲人数字图书馆网站荣获第三届文化部创新奖[EB/OL]. [2023-11-19]. http://www. nlc. cn/newwzalm/xwzx/201011/t20101129_20408. htm.

[89] 文化部全国公共文化发展中心心声·音频馆六期建设及运营服务采购项目中标公告[EB/OL]. [2023-05-15]. http://www. ccgp. gov. cn/cggg/zygg/zbgg/201805/t20180511_9913210. htm.

[90] 中宣部等五部门实施"盲人数字阅读推广工程"刘奇葆出席启动仪式[EB/OL]. [2023-11-19]. http://www. xinhuanet. com/politics/2017-09/13/c_1121659167. htm.

[91] 中国盲人协会. 天津启动盲人智能听书机免费借阅服务[EB/OL]. [2023-11-19]. https://www. zgmx. org. cn/newsdetail/d-68526-0. html.

[92] 广东省立中山图书馆. 省立中山图书馆"盲人数字阅读推广工程"智能听书机项目正式启动[EB/OL]. [2023-11-19]. https://whly. gd. gov. cn/news_newtpxw/content/post_2843188. html.

第六章　图书馆特殊群体阅读服务

[93] 全国政协十三届四次会议第 4046 号提案办理复文[EB/OL]. [2023－11－19]. https://www.cdpf.org.cn/ztzl/zyzt1/qglhjytafw/2021nlhjytablfwgk/fcffcef3ebfa4a5088c62b4cd4d452cb.htm.

[94] 马春. 社会包容视域下的公共图书馆服务研究[J]. 图书情报工作,2016,60(24):58－62.

[95] 上海图书馆:无障碍服务残疾人[N/OL]. 新民晚报,2018－05－20. [2023－11－15]. www.nlc.cn/newtsgj/yjdt/2018n/5y/201805/t20180528_169450.htm.

[96] 全国已建百支文化助盲志愿团队[EB/OL]. [2023－11－19]. https://www.gov.cn/fuwu/cjr/2017-02/27/content_5219319.htm.

[97] 华兴时报. 银川市图书馆深入开展扶残助盲服务[EB/OL]. [2023－11－19]. http://www.hxsbs.com/szb/con/202008/17/content_23233.html.

[98] 西城区第一图书馆开展线上文化助盲志愿者培训[EB/OL]. [2023－11－19]. https://www.clcn.net.cn/news/default/detail?id=2460.

[99] 广东省立中山图书馆. 我馆"盲人数字阅读推广工程"智能听书机项目正式启动[EB/OL]. [2023－11－19]. https://www.zslib.com.cn/TempletPage/Detail.aspx?dbid=2&id=2682.

[100] 石家庄市图书馆."阅读红色经典,传承红色精神"残疾人读书分享会在石家庄市图书馆新馆成功举办[EB/OL]. http://wglj.sjz.gov.cn/col/1569465630931/2021/10/27/1635297663285.html.

[101] 浦东图书馆. 大家好,给大家介绍一下,这是我们的盲人阅读推广品牌[EB/OL]. [2023－11－19]. https://www.sohu.com/a/198688374_289001.

[102] 章倩倩. 东莞图书馆荣膺广东省"十大最美助盲天使"称号[EB/OL]. [2023－11－19]. https://static.nfapp.southcn.com/content/202211/24/c7106177.html.

[103] 中国盲文图书馆."听见理想触摸未来"视障读者阅读激励计划"系列活动[EB/OL]. [2023－11－19]. http://www.blc.org.cn/Pages/ZhuanTiHuoDong/HuoDongShowList.aspx?id=293.

[104] 谢春枝. 无障阅读共享光明——湖北省图书馆光明直播室[M]//蔡迎春,金欢. 图书馆阅读推广案例赏析. 北京:国家图书馆出版社,2019:227－230.

[105] 浙江省图书馆. 浙江图书馆流通站(分馆)服务成果展[EB/OL]. [2023－11－19]. http://www.zjlib.net.cn/Public/ArticleInfo.aspx?ArticleID=fb4cffb3-b2e4-45e1-9e19-d4eef1c70702.

[106] 曾陕湘. 公共图书馆为服刑人员服务的思考[M]//刘洪辉,叶敏. 公共图书馆建设与服务——广州市图书馆专业人才高级研修班论文集. 广州:中山大学出版社,2007.

[107] 吴畅. 建立农家书屋图书流转机制的思考[J]. 图书馆工作与研究,2013(6):29－33.

[108] 嘉兴发布公共图书馆分布地图[EB/OL]. [2023－11－19]. http://www.cnjxol.com/

Industry/content/2015-12/11/content_3518268.htm.

[109] 王建军,赵谙炯,吴晋斐.文化扶贫背景下公共图书馆弱势群体阅读推广的实践研究——以山西省图书馆为例[J].晋图学刊,2019(6):34-37.

[110] 农民进城务工专题资源[EB/OL].[2023-11-19].http://gxwh.gxlib.org.cn/nmjc/index.asp.

[111] 广州图书馆2008年上半年工作总结[EB/OL].[2016-04-27].http://www.gzlib.gov.cn/aboutus/tongxun/tongxunDetail.do?id=281150.

[112] 王秀红,潘皓天,徐振宇,等.面向戒毒人员的"七位一体"交互式阅读疗法干预模式实证研究[J/OL].图书馆杂志.https://kns.cnki.net/kcms/detail//31.1108.G2.20230221.1256.002.html.

[113] 胡大翠,杨双琪,胡海燕,等.公共图书馆儿童阅读疗法服务实践研究[J].河南图书馆学刊,2018(4):138-140.

[114] 钟春华.长沙市公共图书馆在为特殊群体和弱势群体服务中的探索与实践[J].图书馆,2010(4):130-131.

[115] 世界孤独症关注日:让爱点亮星空——省立中山图书馆举办"点点星意·关注孤独症"系列活动[EB/OL].[2023-11-19].https://www.zslib.com.cn/TempletPage_Detail/Detail_NewsReport_3776.html.

[116] 图书馆涌进许多流浪汉,结果让所有人沉默了[EB/OL].[2023-05-06].http://inews.ifeng.com/52991382/news.shtml?srctag=pc2m&back=&back.

[117] 嵊泗县"四重赋能"打造满意图书馆海岛模式[EB/OL].[2023-05-15].http://zswglt.zhoushan.gov.cn/art/2022/1/5/art_1676401_58922196.html.

[118] 湖北省图书馆.中文图书借阅部在洪山监狱举办文化讲座[EB/OL].[2023-11-19].http://www.library.hb.cn/index/libdongtai/201102/t20110223_35156.shtml.

[119] 江西省图书馆.省图书馆南昌监狱分馆成立揭牌仪式隆重举行[EB/OL].[2023-11-19].http://www.jxlib.gov.cn/news_display.aspx?id=264.

[120] 北京图书馆"爱心帮教"谱写和谐社会新乐章[EB/OL].[2023-05-12].http://www.clcn.net.cn/guanjixt/tushugxx/200806/P020080605343933596135.doc.

[121] 朱克勤.开展文化帮教实现资源共享:浙江图书馆与省乔司监狱携手推进监地深度合作[J].图书馆研究与工作,2011(3):46.

[122] 中华人民共和国国民经济和社会发展第十四个五年规划和2035年远景目标纲要[EB/OL].[2023-11-19].https://www.gov.cn/xinwen/2021-03/13/content_5592681.htm.

[123] 关于转发《中共中央宣传部印发关于促进全民阅读工作的意见》的通知[EB/OL].[2023-11-19].https://jyglj.shaanxi.gov.cn/contents/173/3776.html?share_token=16f90cf1-c1d6-4227-a395-f289c3285946.

[124] 文化和旅游部国家发展改革委财政部关于推动公共文化服务高质量发展的意见[EB/

OL].[2023-11-19]. https://www.gov.cn/zhengce/zhengceku/2021-03/23/content_5595153.htm.

[125] "十四五"公共文化服务体系建设规划[EB/OL].[2023-11-19]. https://www.gov.cn/zhengce/zhengceku/2021-06/23/5620456/files/d8b05fe78e7442b8b5ee94133417b984.pdf.

[126] "十四五"文化和旅游发展规划[EB/OL].[2023-11-19]. https://www.gov.cn/zhengce/zhengceku/2021-06/03/5615106/files/2520519f03024eb2b21461a2f7c2613c.pdf.

[127] 中共中央办公厅,国务院办公厅.中共中央办公厅国务院办公厅印发《"十四五"文化发展规划》[EB/OL].[2023-11-19]. https://www.gov.cn/zhengce/2022-08/16/content_5705612.htm.

[128] 中国儿童发展纲要(2021—2030年)[EB/OL].[2023-11-19]. http://mzj.huhhot.gov.cn/policy/202109/t20210927_1176103.html.

[129] 关于推进儿童友好城市建设的指导意见[EB/OL].[2023-11-19]. https://www.gov.cn/zhengce/zhengceku/2021-10/21/content_5643976.htm.

[130] 教育部等八部门关于印发《全国青少年学生读书行动实施方案》的通知[EB/OL].[2023-11-19]. http://www.moe.gov.cn/srcsite/A06/s7053/202303/t20230328_1053070.html.

[131] 国务院."十四五"残疾人保障和发展规划[EB/OL].[2023-11-19]. https://www.gov.cn/zhengce/content/2021-07/21/content_5626391.htm.

[132] 关于印发《"十四五"提升残疾人文化服务能力实施方案》的通知[EB/OL].[2023-11-19]. https://www.gov.cn/zhuanti/2021-09/09/content_5650102.htm.

[133] 国务院办公厅.国务院办公厅印发关于切实解决老年人运用智能技术困难实施方案的通知[EB/OL].[2023-11-19]. https://www.gov.cn/zhengce/content/2020-11/24/content_5563804.htm.

[134] 中华人民共和国家庭教育促进法[EB/OL].[2023-11-19]. http://www.npc.gov.cn/npc/c30834/202110/8d266f0320b74e17b02cd43722eeb413.shtml.

[135] 完颜文豪.帮老年人迈过数字鸿沟:家庭"数字反哺"更有效[EB/OL].[2023-11-19]. http://www.xinhuanet.com/politics/2020-10/26/c_1126656208.htm.

[136] 中国盲文出版社.关注盲人的世界:他们看不见我们,但我们应看见他们[EB/OL].[2023-11-19]. http://www.cbph.org.cn/ArticleContent.aspx?ID=2856&CategoryID=237.

[137] 联合国儿童基金会,国家统计局,联合国人口基金.2020年中国儿童人口状况事实与数据[EB/OL].[2023-11-19]. http://www.stats.gov.cn/zs/tjwh/tjkw/tjzl/202304/P020230419425666818737.pdf.

[138] 中国残联:残疾人受教育水平显著提高残疾儿童少年义务教育入学率超95%[EB/OL].[2023-11-19]. http://finance.people.com.cn/n1/2021/0926/c1004-32237255.html.

[139]国家统计局.第七次全国人口普查公报解读.[EB/OL].[2025-01-22]. https:// www.stats.gov.cn/xxgk/jd/sjjd2020/202105/t20210512_1817342.html.

[140]中国老龄科学研究中心.第五次中国城乡老年人生活状况抽样调查基本数据公报[EB/ OL].[2025-01-22].http://www.crca.cn/images/20241017wdsjgb.pdf.

[141]中国残疾人事业主要业务进展情况(2019—2023)[EB/OL].[2025-01-22]. https:// www.cdpf.org.cn/zwgk/zccx/ndsj/zhsjtj/2023zh/62ef0e8e534e47c5bae7cd47acbb4b99.htm.

[142]中国旅游研究院.《中国休闲发展报告(2023—2024)》:增长的休闲时间、扩大的休闲空间与变化的休闲需求[EB/OL].https://mp.weixin.qq.com/s/9RIc9p-wHP2pX-puxsVEKA.

[143]中国互联网络信息中心.第50次中国互联网络发展状况统计报告[EB/OL].[2023-11-19].https://www.cnnic.net.cn/NMediaFile/2022/0926/MAIN1664183425619U2MS433V3V.pdf.

[144]中国互联网络信息中心.第55次中国互联网络发展状况统计报告[EB/OL].[2025-01-22].https://www2.cnnic.cn/NMediaFile/2025/0117/MAIN173710689576721DFTGKEAD.pdf.

[145]中老年人用网情况及网络素养报告:整体用网情况良好.[EB/OL].[2023-11-19]. https://www.thepaper.cn/newsDetail_forward_20206995.

[146]第十七次全国国民阅读调查报告显示:有声阅读成为国民阅读新增长点[EB/OL]. [2023-11-19].http:news.gmw.cn/2020-04/21/content_33755306.htm.

[147]陆和建,王洋.我国社会力量参与公共图书馆老年阅读推广的发展策略[J].图书馆理论与实践,2022(6):68-76.

[148]2023年残疾人事业发展统计公报[EB/OL].[2025-02-27].https://www.cdpf.org. cn/zwgk/zccxltjgb/03df9528fdcd4bc4a8deee35d0e85551.htm.

[149]张映梅.老龄化社会视阈下的公共图书馆阅读服务问题思考[J].兰台世界,2019(2): 115-117.

[150]袁丽华.东部地区地市级公共图书馆无障碍阅读服务研究[J].新世纪图书馆,2021(3): 91-96.

[151]张力元.图书馆几千册盲文书籍都是"零借阅",为什么?[EB/OL].[2023-11-19]. https://rmh.pdnews.cn/Pc/ArtInfoApi/article?id=21861919.

[152]中国残联康复部主任解读《残疾预防和残疾人康复条例》[EB/OL].[2023-11-19]. http://www.scio.gov.cn/xwfbh/qyxwfbh/Document/1543668/1543668.htm.

[153]赵俊玲,郭腊梅,杨绍志.阅读推广:理念·方法·案例[M].北京:国家图书馆出版社, 2013:111-112.

# 第七章　图书馆全民阅读合作

全民阅读是一项需要全社会共同合作、深入参与、携手促进的重要工作。作为全民阅读的主阵地之一,从 20 世纪 90 年代末以来,图书馆在政府引导下,主动整合和共享阅读资源,积极巩固与各类企事业单位、社会力量的合作纽带,有力地推动了全民阅读事业的迅猛发展,为营造全社会热爱读书与学习的浓厚氛围、共建全民阅读的大生态作出了重要贡献。

本章聚焦"图书馆全民阅读合作",回顾图书馆全民阅读合作的理论研究与发展历程,并对这一工作的现状进行回顾,发掘优秀案例,总结分析图书馆全民阅读合作的特点、存在问题等,并以此为基础,为深化图书馆全民阅读合作提出若干建议。

## 第一节　图书馆全民阅读合作概述

本节对图书馆全民阅读合作以及相关概念进行界定,着重讨论图书馆全民阅读合作的价值和意义,进而呈现当前图书馆全民阅读合作在理论基础、合作对象、合作形式、服务目标或对象、国际经验等方面的进展。

### 一、概念界定

"全民阅读合作"指的是:两个或两个以上的组织、机构及其他社会主体围绕促进全民阅读、建设书香型社会的相关业务,在资源、空间、服务以及其他方面展开的联合行动。可以说,全民阅读合作的重点是充分利用各方资源、实现优势互补,发挥"1+1>2"的功效,是打造全民阅读服务体系的重中之重。

在全民阅读工作中,各级各类型图书馆是阅读风尚的塑造者、阅读推广的实践者,也是社会阅读的赋能者,是促进全民阅读、保障公民的基本阅读权利的关键主体。"图书馆全民阅读合作"强调以图书馆为主导,聚焦图书馆的主体特征,关注其与各方面力量协作参与推动我国全民阅读事业的相关举措。从合作的对象来看,"图书馆全民阅读合作"大体可以为两类:(1)图书馆行业合作,指的是不同层级或类型的图书馆主体之间共同开展全民阅读工作的相关行动,如不同公共图书馆之间的合作、公共图书馆与高校图书馆的合作、各级各类图书馆共同参与的全国性或区域性的阅读推广活动等。(2)图书馆跨界合作,即图书馆与非图书馆主体的合作,如图书馆与社会组织的合作、与企事业单位的合作等。考虑到前文对"图书馆行业合作"方面的内容已有较多讨论,本章将侧重"图书馆跨界合作"的总结,更多聚焦图书馆与其他各级各类主体的协作互动。

## 二、合作意义

2014年以来,"倡导全民阅读"被多次写入《政府工作报告》,逐步成为我国一项基本的文教国策。[1]各级政府、相关部门和有关单位都围绕全民阅读出台措施、开展活动,着力打造全社会"爱读书、读好书、善读书的浓厚氛围"。与此同时,全民阅读的相关主体也意识到,全民阅读不是独属于某部门或某单位的一项孤立工作,有必要加强资源整合、服务协同,打造强健的、网络化的全民阅读服务体系。在这样的背景下,"全民阅读合作"成为一项重要的实践与理论议题。

随着全民阅读向体系化、纵深化发展,加强不同主体之间的合作已经成为无法忽视的重要工作,对于图书馆而言尤其如此。开展图书馆全民阅读合作,首先是满足用户需求的必要之举。图书馆服务面对着多样化的用户,不同的用户群体有不同的知识基础、阅读兴趣、阅读习惯等,因此又衍生出对阅读资源的类型、主题、形式等方面的多元化需求。即便拥有再丰富资源的图书馆,都无法独立满足、全面覆盖所有用户的需要。与此同时,和参与全民阅读的其他主体相比,图书馆亦有其自身的长处和短板。在这种情况下,寻求合作、取长补短有助于推动机构间阅读资源的整合和共享,支持图书馆更好地满足用户需求。

其次,图书馆全民阅读合作有助于拓宽图书馆阅读服务的边界和范围,提升全民阅读的服务效果。受到行政层级、地理、人力等方面的影响,对于单一的图书馆而言,开展阅读服务的范围往往会受到一定限制。通过图书馆之间或与社会力量的合作,图书馆可以扩大服务体系的覆盖面、增强阅读服务的实效性和专业性。例如,在面对特殊群体的阅读服务中,通过与专业组织和社会机构的合作,图书馆可以更好地触达特殊群体、了解相应群体的阅读需求,共同为其提供更具针对性的阅读服务。

最后,图书馆全民阅读合作对于调动社会各界关注图书馆事业、共建全民阅读服务体系也具有积极意义。深入推进全民阅读、建设书香社会,需要凝聚各方力量,共同打造具有可持续性发展性能的全民阅读生态。图书馆作为这一生态的主体力量之一,有责任推动全民阅读扩大覆盖、提升品质、增强实效,吸引更多社会力量参与全民阅读工作,为推动全民阅读工作高质量发展提供助力。

### 三、研究进展

#### (一)关于合作基础的研究

与经验性、案例型研究相比,当前关于图书馆全民阅读合作基础理论研究的总体数量较少。比较具有代表性的是关于合作的框架性研究,如张丽提出了由馆内馆外、线上线下以及政企民合作等合作模型[2];崔芳、温凌云探讨了公共图书馆如何联合社会各界构建关于少儿阅读推广的多元合作模式等[3]。

不过,当前有不少涉及合作机制的研究,其中,对全民阅读合作话语下图书馆主体性的考察是比较热门的议题。一般认为,在全民阅读合作关系网络里,图书馆是阅读合作关系的主要参与方,承担着推动全民阅读的主体责任[4],在整合社会资源、拓展服务领域和提升服务效能等方面发挥着主要作用。[5]但与此同时,也有学者指出,既有对国内图书馆阅读推广活动制度的调研表明,目前图书馆在社会合作中更多是发挥场地、平台优势,阅读合作制度内容缺乏系统性,图书馆主体性和专业性作用也不明显,长此以往导致图书馆在全民阅读合作中的主体和专业作用逐渐被弱化,偏离图书馆的核心功能和使命。[6]

与主体性存在一定关联的"专业性"议题,也得到了较多学者的关注。柯平、洪秋兰、孙情情以实证方法聚焦合作关系的考察,提出加强图书馆专业优势、助力健全公共文化服务体系的合作思路。[7]严贝妮、程诗谣提出在全民阅读合作中图书馆可以通过开展专业信息素养教育培训、制定合作阅读服务标准、对合作阅读服务进行相关绩效评价等方式发挥图书馆的专业优势。[8]

#### (二)基于合作对象的研究

在合作对象方面,张潇雨、孙红蕾以我国副省级及以上图书馆阅读推广跨界合作实践案例为素材,根据合作频率和普遍性将图书馆跨界合作对象分为主要合作对象(如政府机关、数据商、公办教育机构)、常见合作对象(如营利性机构、传统媒体)、潜在合作对象(如民间读书会、新媒体平台)。[9]在不同的合作对象中,图书馆与学校、出版界和书店的合作尤其受到关注。如吴可嘉对"双减"政策背景下公共图书馆在馆校合作阅读推广中的实践进行分析,提出合建馆藏资源体系,培养阅读推广专业人才等合作路径。[10]刘灿姣、叶翠认为图书馆与出版界合作助力阅读推广有客观必要性,分析了二者合作过程中遇到的阻碍,如公益与经营矛盾不利合作、互动与交流障碍不利合作、常态高效性合作机制缺乏等,应当采取实施多元评价机制、健全合作交流渠道、构筑统筹协调体系等策略深化合作。[11]梁彦君通过分析图书馆与书店阅读合作模式的背景、模式、意义等,揭示了此模式目前存在缺少顶层设计、没有形成合力的现象,认为应当建立阅读推广长效机制、充分发挥行业学会的桥梁作用等。[12]

(三)基于合作形式的研究

在合作形式方面,当前图书馆全民阅读合作的具体形式多种多样,一般包括且不仅限于:整合阅读资源、设立阅读空间、组织阅读活动、搭建数字平台、提供志愿服务等等,其中有三种形式最受研究者关注。

其一是整合阅读资源,有学者研究了上海图书馆与书店合作的案例,聚焦如何整合图书馆与书店的新书阅读资源,及时响应读者阅读时效性需求[13];也有研究关注广州图书馆与相关合作方在影像资源建设方面的合作,总结优化影像资源馆藏、创新影像服务形式等合作经验[14]。其二是设立阅读空间,已有研究多聚焦社会力量参与建设公共图书馆阅读空间的运营模式、机制和发展策略等。[15-16]其三是合作开展阅读活动,许多图书馆通过与各类型主体合作组织阅读活动,利用外部的资金、人力、设备、技术等,丰富阅读活动的形式。与活动相关的案例研究也是最多的,如有研究关注湖南省图书馆联合社会力量打造的"图书馆+学校+医院"活动模式[17],深圳图书馆与社会力量在读书会、培训课程、科普活动、公益讲座、数字阅读、朗诵比赛等方面的活动合作等[18]。

(四)基于服务目标或对象的研究

图书馆与各相关主体的合作往往围绕特定服务目标或特定服务对象展开。在服务目标方面,多强调合作构建专题化的阅读推广体系。例如,王耘以绘本阅读推广工作的合作为研究对象,指出公共图书馆绘本阅读推广存在专业局限和师资局限,认为图书馆可以与社区、出版社、学校、志愿者、教育机构、幼儿园等社会力量展开全面合作,共同打造图书馆绘本阅读推广品牌,培养少儿阅读兴趣。[19]牛育芳则聚焦科普阅读推广体系的建立,认为图书馆开展科普阅读推广要鼓励各种社群合作模式的加入,使图书馆科普阅读推广服务形式更加丰富。[20]

而服务对象方面,当前研究多聚焦如何通过合作满足老年人、少年儿童等特殊群体的需求。如陆和建、王洋调研了我国社会力量参与一线城市公共图书馆老年阅读推广的现状,指出其存在合作主体类型少、社会参与度不够、评价机制缺失、合作活动效果难以保证等问题,优化图书馆老年人阅读推广合作应当采取提高社会参与度,丰富形式与内容,建立评估机制等措施。[21]刘隽对社会力量参与上海浦东图书馆少儿阅读推广活动的实践进行总结,归纳出其通过与专业机构、社区、企业、政府以及志愿者合作等多种方式,开展形式多样且效果良好的少儿阅读推广活动,并提出图书馆应当更新观念,鼓励社会力量积极参与少儿阅读推广活动,共同为儿童营造良好的阅读环境。[22]

(五)国外经验的总结与借鉴

考察国外图书馆全民阅读的合作经验或教训,为本土的相关工作提供参考借鉴也是当下图书馆全民阅读合作的重要研究主题之一。有学者对国外图书馆阅读合作的机制或者模式展开了研究,如霍晓伟对日本少儿阅读推广的多元化合作机制,并对相应的机制建设、具体内容、特点及利弊进行总结[23];梁茁草、刘燕权则梳理了美国公共图书馆与中小学合作的渊源和历史发展,总结了图书馆阅读项目、读书讨论项目、拓展项目、图书资源共享合作、读写项目合作等合作模式及特征。[24]此外,有学者关注了美国公共图书馆与社会服务机构协同开展阅读障碍症儿童服务,为我国公共图书馆协同开展阅读障碍症儿童服务提出了主动与社会服务机构寻求合作、将服务合作纳入长短期发展规划等建议。[25]亦有学者基于国内外图书馆阅读推广合作模式的比较研究,为国内相关工作提供针对性的建议。[26]

# 第二节 图书馆全民阅读合作的历史回顾

为了系统展现我国图书馆全民阅读合作的发展历程,考察图书馆全民阅读合作的阶段性特征,本节梳理了图书馆全民阅读合作的重要事件,并以历史分期的方法将相关进程分为三个阶段:探索性合作阶段、常态化合作阶段、创新性合作阶段。

## 一、探索性合作阶段(1997—2012年)

探索性合作阶段以1997年1月,中宣部、文化部等九部委共同发出的《关于在全国组织实施"知识工程"的通知》为始,到2012年中国共产党第十八次全国代表大会召开前夕为止。尽管早年并没有"全民阅读"的提法,但与全民阅读理念相仿的阅读类或知识类工程自20世纪90年代以来颇多先例,最具影响力的是21世纪前后的"知识工程"。在《关于在全国组织实施"知识工程"的通知》中,明确指出"各图书馆应会同有关部门共同做好图书推荐、阅读辅导工作"[27],此后,图书馆行业有意识地与各相关主体展开合作,共同探寻阅读合作之路。但从整体上来看,这一时期图书馆与相关机构在阅读方面的合作仍具有探索性质,合作领域、协作范围和产生的影响力也相对有限。

第一,"知识工程"实施初期,图书馆(尤其是公共图书馆)在阅读合作体系中的主要任务之一是建设阅读基础设施。例如,2000年1月1日,文化部发布《文化事业发展第十个五年计划纲要》,提出"加强图书馆服务网点和阅读设施的建设,每年改建1000个标准乡镇、街道图书馆"[28],为图书馆开展"图书推荐、阅读辅导工作"提供基础设施保障。2006年9月,中共中央办公厅、国务院办公厅发布《国家"十一五"时期文化发展规划纲要》,提出"充分发挥县图书馆对乡镇、村图书室的辐射作用,促进县、乡图书文献共享"[29],促进县图书馆逐步实行分馆制,形成统一采购、统一编目的图书配送体系。

第二,得益于服务网点与阅读设施建设的日趋完备,图书馆在这一时期兴起的读书月、读书节等大型读书活动中起到了重要作用。2000年,全国"知识工程"领导小组把每年的12月定为"全民读书月",此后各地相继设立地方读书月。同年,深圳市委宣传部、市文化局等联合举办首届"深圳读书月"。读书月期间,书城、图书馆、知名作家、新华书店、学校等力量合作举办了文化产品展销、科普讲座、优秀图书巡回展等多个全民阅读活动。"深圳读书月"发展至今,已成为"书香中国"全民阅读品牌传播影响力第一梯队的阅读品牌。[30] 2005年,以东莞图书馆新馆开放为契机,中共东莞市委宣传部、东莞市精神文明建设委员会办公室等单位举办了首届"东莞读书节"[31],活动期间图书馆联合党政机关、企事业单位、社区等共同打造了各类读书活动,包括首届东莞图书展、作家与写作爱好者座谈会、"文化周末"民俗知识展演等。

第三,各地图书馆开始涌现出与社会力量合作、共同推进阅读事业的先行案例。一方面,图书馆与各行各业在阅读方面的合作日益出现纵深化、专题化趋势,以"书香机关""书香校园""书香社区"等为主题的活动在各地相继开展。[32]另一方面,社会上也掀起了兴办图书馆事业、支持阅读工作的风潮。如萍乡市农民刘炳继筹资兴建"农民图书馆",为当地农民提供阅读资源[33]等,这些由个人或社会力量建设的图书馆成为支持当地阅读服务的重要据点。

## 二、常态化合作阶段(2012—2017年)

常态化合作阶段始于2012年11月,以"开展全民阅读活动"写入党的十八大报告、成为建设社会主义文化强国的一项重要内容为始,到2017年11月4日《公共图书馆法》发布前为止。随着全民阅读成为党和国家的重要任务,我国图书馆事业迎来了高速发展时期,深化合作关系、共建阅读服务体系成为图书馆一项"常态化"的工作:

第一,随着全民阅读写入党和国家的重要文件,全民阅读合作在政策层面得到普遍认同和提倡。2012年11月,"开展全民阅读活动"历史性地写入党的十八大报告,振奋人心。2013年3月15日,国家新闻出版署发布《关于开展2013年全民阅读活动的通知》,明确强调全民阅读合作,提出要"加大力度鼓励和引导社会各界共同参与全民阅读公益活动"[34]。地方上,江苏省颁布了全国首部关于促进全民阅读的地方性法规——《江苏省人民代表大会常务委员会关于促进全民阅读的决定》[35],提出"依法成立全民阅读促进会,在全民阅读活动领导小组指导下开展工作。引导专业阅读研究推广机构、阅读社团和社会力量设立的阅读服务场所等共同参与全民阅读活动。发挥工会、共青团、妇联、科协和文联、作协以及其他社会组织在促进全民阅读中的作用",类似的政策文件为各地开展全民阅读合作奠定了政策基础。

第二,在政府的推动下,图书馆积极探索与社会力量合作的新模式,孵化出一系列具有影响力的项目。除了上一阶段已经提及的各类读书活动项目得到延续之外,图书馆在数字阅读推广方面的发力成为这一时期全民阅读合作的亮点。例如,2012年,上海图书馆与盛大文学有限公司、博看网、读览天下等平台联合推出了"上海市民数字阅读推广计划",并建设了相应的"市民数字阅读网站",整合了多种资源,为广大的读者打造出一站式的阅读平台,满足了读者对移动阅读的需要,增强了阅读的覆盖面和效能度。[36]

第三,图书馆全民阅读合作日益重视特殊群体的阅读需求,开发了多个面向特殊群体的阅读合作项目,彰显了专业性和平等性。例如,2008年,国家图书馆与中国残联信息中心、盲人出版社合作,共同建设中国盲人数字图书馆网站,为视障读者提供了丰富的数字化图书以及音视频资源,对网站进行无障碍设计,为视障读者利用图书馆提供了便利。[37]这些工作不仅有力地保障了特殊群体的基本文化权益,还推动全民阅读合作继续向专业化和纵深化发展。

### 三、创新性合作阶段(2018年至今)

创新性合作阶段始于2018年1月1日《公共图书馆法》的正式实施。该法明确"公共图书馆是社会主义公共文化服务体系的重要组成部分,应当将推动、引导、服务全民阅读作为重要任务",不仅指出"公共图书馆应当通过开展阅读指导、读书交流、演讲诵读、图书互换共享等活动,推广全民阅读",还提出"国家支持公共图书馆加强与学校图书馆、科研机构图书馆以及其他类型图书馆的交流与合作,开展联合服务"[38]。与此同时,随着"十四五"时期的到来,为呼应高质量发展阶段的要求,相关部门以及各地图书馆纷纷开展行动,面向人民群众日益增长的精神文化需求,深入落实全民阅读工作,进一步推进全民阅读合作创新发展:

第一,不少地区相继出台全民阅读促进条例或相关政策文本,有许多对全民阅读合作提出了更细致和更为明确的要求。例如,《广东省全民阅读促进条例》发布[39],从阅读推广人机制建设方面加强全民阅读推广合作,"鼓励和支持教师、公务员、科技工作者、文艺工作者、新闻出版工作者、图书馆工作人员和高等院校学生等作为志愿者加入阅读推广人队伍"。又如,《烟台市全民阅读促进条例》[40]第二十三条,明确提出公共图书馆、农家书屋、社区书屋等单位要经常性开展阅读推广活动;第三十七条,明确了公共图书馆在全民阅读中的主阵地地位;第三十九条,提出"建立线上线下相结合的文献信息共享平台""推动传统阅读和数字阅读相融合"等。可以说,各级政策和规划文件对图书馆全民阅读合作的对象、地位、方式等内容作了具体说明,有效引导了工作方向。

第二,图书馆与各类主体合作日益深化,逐步打造起覆盖全域的阅读服务供给体系。政策上,2021年6月,文旅部发布《"十四五"公共文化服务体系建设规划》,提出图书馆要"广泛开展全民阅读活动""加强与出版社、品牌书店、上网服务场所和互联网平台等合作,联合开展阅读推广活动"[41]。2023年4月,中央宣传部办公厅、文化和旅游部办公厅发布《关于推动实体书店参与公共文化服务的通知》,提出"推广基层公共图书馆与实体书店合作'你读书、我买单'等读书惠民活动""鼓励'专、精、特、新'的实体书店为公共图书馆补藏特色主题图书提供支持"[42]。在实践上,图书馆与实体书店加强功能融合,有利于提高阅读推广综合效益。图书馆进一步激发主动性,采用多种方式与各类主体开展合作,其中比较典型的是:(1)开展共建型或嵌入式的阅读空间合作,将图书资源和借阅体系嵌入到各类社会服务场景;(2)开展文旅融合背景下的阅读合作;(3)在乡村振兴背景下实施阅读合作,如农家书屋和基层图书馆互联互通,以阅读推广助力乡村文化振兴;(4)开展线上线下相结合的数字阅读合作等。通过以上种种方式,体系化效应逐步生成。

第三,图书馆全民阅读合作领域出现了一批具有社会影响力的典型项目。如由中央广播电视总台央视综合频道与央视创造传媒联合推出,中国国家图书馆参与制作的大型文化节目《典籍里的中国》聚焦中华优秀文化典籍,以"文化节目＋戏剧＋影视化"的方式,讲述典籍的成书、核心思想以及流转中的闪亮故事。[43]目前已播出两季,成功实现"破圈",在全社会形成了强大的"典籍热"。又如,佛山市邻里图书馆项目曾获得国际图联国际营销奖第一名、"绿色图书馆奖"第一名[44],受到《光明日报》《中国文化报》《环球时报》等媒体多次报道。[45]该项目由佛山市文化广电新闻出版局和佛山市图书馆合作打造,搭建了"图书馆＋家庭"的阅读体系,改变了由公共图书馆作为公共文化服务单向供给主体的传统模式。通过资源、人才、活动等多方位的合作共建,项目的社会影响力和服务效益在不断扩大。

第四,图书馆全民阅读合作领域不断探索新亮点、新方向,创新成为引领合作的核心动能。其中比较具有代表性的在标准化和数字化领域。一方面,与图书馆全民阅读合作相关的地方标准开始出现,推动全民阅读合作走向标准化的新阶段。例如,2020年,开封市图书馆起草了《开封市全民阅读工作实施规范(DB4102/T017－2020)》[46],明确开封市各级图书馆、城市书房、农家书屋等单位要"根据自身条件开展各项全民阅读活动,包括但不局限于公益讲座、读书会、演讲、展览、征文、读者培训等",还提出要"鼓励和支持教师、公务员、科研人员、大学生、新闻出版工作者、离退休人员等作为志愿者加入阅读推广人队伍"作为图书馆开展全民阅读活动的补充力量。另一方面,4G、5G通信技术、虚拟现实技术、人工智能技术的应用丰富了读者的阅读方式,也为全民阅读合作提供了更多可能:在资源的呈现方式上,图书馆与数据库商的合作使得图书馆的资源向多媒体和跨媒体方向发展[47]；在服务的宣传方式上，通过与各类型的社交媒体平台合作，图书馆不断扩大自身与书籍的影响力，进行数字阅读推广。

## 第三节　图书馆全民阅读合作的现状

随着我国全民阅读工作的日益深化，全民阅读推广服务体系逐渐成型，阅读理念渐入人心，读书氛围日益浓厚。全民阅读合作完善了阅读基础设施，提升了优质阅读内容的供给能力，健全了工作体制机制，成为全民阅读事业中一项无法回避的基础工作。为了呈现当前我国图书馆全民阅读合作的整体状况，本节系统梳理了近年来图书馆全民阅读合作相关的政策文件、学术论文、新闻报道和本次问卷调查结果。此外，本节还选取了中国图书馆学会"阅读推广示范项目"项目以及其他具有代表性、示范性的合作案例，以反映图书馆全民阅读合作的微观景观。

### 一、政策与机制建设日益完备

通过对相关政策文本的爬梳和分析，可以发现，全民阅读合作已经成为我国全民阅读政策体系中不可分割的一项关键内容，图书馆在全民阅读合作中的地位和重要性日益受到重视和认可。

2000年以来，国家相关部门层面发布了诸多的政策和规划文本，坚持"政府主导，社会参与"的原则，要求各级政府统筹开展全民阅读活动，积极鼓励各方力量参与全民阅读促进活动，对全民阅读合作及图书馆全民阅读合作起到宏观指导的作用。例如，2012年3月22日，新闻出版总署发布《关于深入开展全民阅读活动努力建设"书香中国"的通知》，指出要"鼓励和引导社会各界共同参与"，并要求"积极协调有关部门加大对全民阅读活动的支持力度"[48]。2016年12月27日，《全民阅读"十三五"时期发展规划》发布，提出"坚持政府主导，社会参与""组织引导社会各方力量共同参与"，同时还要求"成立全民阅读促进协会"，汇聚多方力量开展全民阅读推广活动。[49]2021年6月10日，文化和旅游部发布《"十四五"公共文化服务体系建设规划》，特别关注到图书馆全民阅读合作问题，指出图书馆应"加强与出版社、品牌书店、上网服务场所和互联网平台等合作，联合开展阅读推广活动"[50]。

# 第七章 图书馆全民阅读合作

考察历年关于开展全民阅读活动的相关文件,可以看到,国家对全民阅读合作的重视也日趋提升。例如,《关于开展2013年全民阅读活动的通知》明确指出"开展全民阅读活动是一项战略工程,需要各地各部门齐心协力共同推动"[51];《关于开展2014年全民阅读活动的通知》鼓励"将书博会、书展、书市等各种行业展会与全民阅读活动有机结合起来,吸引广大读者积极参与",要"加强对全民阅读的组织协调"[52];《关于开展2015年全民阅读工作的通知》提出"鼓励和支持民间阅读推广机构以及各种社会力量开展各种捐书助读等阅读推广工作",并要求"加强全民阅读组织协调"[53];《关于开展2016年全民阅读工作的通知》提出"鼓励、动员和引导社会各方力量积极参与全民阅读工作",要求"完善各部门共同参与的全民阅读工作协调机制"[54];《关于开展2017年全民阅读工作的通知》要求"着力加强组织协调工作"[55];《关于开展2018年全民阅读工作的通知》要求"加强统筹协调相关部门""有力动员引导社会各界"[56],等等。可以看到,加强合作、形成合力是推动和发展全民阅读的关键切入点,是实践工作中无法回避的核心议题。

随着全民阅读的深入开展,全国各地积极响应号召,发布了诸多政策或规划文件用以促进全民阅读活动的开展。相较于国家级政策,省、市级涉及全民阅读合作的相关政策或规划条款,呈现出具体化、清晰化、明确化的特点。具体来讲,这些政策提出了全民阅读合作的基本格局和工作机制,明确了全民阅读框架内多元的合作对象,倡导阅读资源整合、组织活动、平台建设、设施提供等多样化的合作模式。特别值得注意的是,这些政策和规划普遍将图书馆作为推动全民阅读合作的抓手和平台,图书馆作为全民阅读体系"黏合剂"和"赋能器"的作用体现得尤为明显。

首先,相关政策和规划在坚持"政府主导、社会参与"原则基础上,细化了各参与主体及其定位,明确图书馆、学校、企业、家庭、专家学者等都是全民阅读的重要参与主体。比如,2014年11月,《江苏省人民代表大会常务委员会关于促进全民阅读的决定》要求"建立家庭、学校与社会相结合的促进全民阅读工作机制"[35];2015年12月,《深圳经济特区全民阅读促进条例》明确提出"政府与社会各界协同提供全民阅读服务",并特别提出图书馆"指导机关、企事业单位和其他组织开展全民阅读活动"[57];2016年5月,《内蒙古自治区全民阅读中长期规划(2016—2025年)》提出"建立完善推进全民阅读的运行机制。建立完善政府主导、部门推进、专家学者指导、企业媒体支持、全社会共同参与的全民阅读运行机制,形成各方面力量共同推进全民阅读活动的格局"[58];2017年4月,《福建省全民阅读2017—2020年发展规划》强调"必须强化政府责任,按照'党委领导、政府负责、部门协调、社会支持、群众参与'的工作格局"[59];2020年11月,《宁夏回族自治区全民阅读促进条例》强调,"鼓励教育机构、文化团体、新闻媒体、出版发行单位和其他社会组织发展阅读推广人队伍。鼓励教师、新闻出版工作者、科研人员、图书馆工作人员、在校大学生等加入阅读推广人队伍"[60]。

其次,相关政策和规划进一步规范了公共图书馆在全民阅读合作中的具体作用和职责。在省级层面,如2014年12月,《湖北省全民阅读促进办法》要求"县级以上公共图书馆应当加强数字阅读、移动阅读和网络阅读平台建设,与基层综合文化服务中心、农家书屋、社区书屋、职工书屋等阅读终端互联互通,实现数字资源共建共享"[61]。2019年5月,《贵州省全民阅读促进条例》提出"鼓励公共图书馆、实体书店与驻地军事单位联合开展全民阅读活动,提供图书进军营服务""鼓励公共图书馆联合社区书屋、农家书屋、职工书屋、实体书店、学校图书馆、科研机构图书馆及其他类型图书馆开展全民阅读活动,实现阅读资源共享"[62]。在市级层面,2019年3月,《烟台市全民阅读促进条例》要求"市、县(市、区)公共图书馆应当加强与大中专院校图书馆、科研单位图书馆以及其他类型专业图书馆的交流与合作"[40]。2020年12月,《永州市全民阅读促进办法》指出"公共图书馆应当加强与大中专院校图书馆、科研单位图书馆以及其他类型专业图书馆的交流与合作"[63]。

最后,相关政策和规划还对图书馆全民阅读合作的具体类型、相关形式与可能场景作出了指引。在省级层面,2017年4月,《安徽省全民阅读"十三五"发展规划》要求"将学校、家庭、公共图书馆、乡镇综合文化服务中心、实体书店等紧密结合在一起,突出面向少年儿童的个性化阅读推广方式"[64]。2017年9月,《吉林省全民阅读促进条例》提出"鼓励和支持有条件的学校图书馆在法定节假日和寒暑假向社会开放,并与公共图书馆联合开展阅读资源共享服务"[65]。2019年3月,《广东省全民阅读促进条例》指出,公共图书馆"逐步实现与本行政区域内其他图书馆、全民阅读服务设施之间图书的通借通还,数字资源与本行政区域内其他阅读设备终端的互联互通、共享共用"[39]。2021年5月,《山西省全民阅读促进条例》要求公共图书馆加强协作,"实现省域内图书文献资源自由流通、统一检索、通借通还",并"鼓励高等院校、科研机构与公共图书馆、实体书店和其他阅读服务组织合作,开发、推广和应用阅读新技术、新载体、新设施"[66]。2021年8月,《河北省公共文化服务体系建设"十四五"规划》提出"鼓励公共图书馆与品牌书店合作,推广读者点单、图书馆买书阅读服务模式"[67]。在市级层面,2019年12月,《宁波市全民阅读促进条例》提出"鼓励公共图书馆与国家机关、企业事业单位和其他社会组织在相关场所和单位合作设立借阅服务设施,为公众提供阅读服务"[68]。

## 二、整体合作趋于常态化发展

在相关政策和规划指导下,图书馆作为全民阅读工作的倡导者、组织者和实施者,致力于整合各领域的优势资源,发挥自身专业引领作用,推动开展行业合作与跨界合作,使全民阅读合作的水平显著提升,全民阅读合作的实践不断丰富。[69]2023年2月,在由中央宣传部办公厅、文化和旅游部办公厅、国家发展改革委办公厅所遴选的51个基层公共文化服务高质量发展典型案例中,近三成的案例直接与全民阅读合作相关。[70]全民共建共享书香社会的生动局面正在加快形成,"流动书屋""城市书房"进一步扩大民众阅读圈,共享阅读资源、共建阅读环境的渠道不断拓宽。"阅读月""读书节"在全国广泛开展,积极引入社会各界的合作力量,推进全民阅读事业不断向前发展。

本次问卷调查显示,绝大多数图书馆开展了全民阅读合作。从行业内部的角度来看,图书馆之间的合作普遍开展,尤其同一图书馆系统内的合作愈加频繁。79.93%($N=235$)的图书馆与同系统图书馆开展了全民阅读合作,67.35%($N=198$)的图书馆与不同系统的图书馆开展了全民阅读合作,80.61%($N=237$)的图书馆则反映与中国图书馆学会、地方图书馆学会等行业组织开展了全民阅读合作。从跨界合作的角度来看,图书馆行业与文化馆、博物馆、科技馆等其他公共文化机构(68.03%,$N=200$)、高校、中小学等教育机构(76.19%,$N=224$)、群团组织(74.15%,$N=218$)、社会公益组织(68.03%,$N=200$)、政府部门(65.31%,$N=192$)、企业(58.84%,$N=173$)、医疗卫生机构(39.46%,$N=116$)、科研机构(36.05%,$N=106$)(见298页,表7-1)等社会各界组织机构开展了阅读合作。在全民阅读合作体系中,图书馆与各类机构的合作频次多集中在1—5次/年(见298页,表7-1)。

各级图书馆中,省/副省级(含计划单列市)图书馆带头引领全民阅读合作,各项合作均值都高于其他层级的图书馆,每年与同系统图书馆开展6—10次全民阅读业内合作,同其他机构也保持1—5次/年以上的合作频率。地市级图书馆的主要合作对象为公益组织,平均每年合作1—5次,同时与企业、医疗卫生机构的合作频次总体上也高于其他层级的图书馆。县(区)级图书馆的主要合作对象为教育机构,合作频次均为2.42次/年,同时与群团组织(2.38次/年)、公共文化机构(2.28次/年)、政府部门(2.27次/年)等机构建立了一定的合作基础(见299页,表7-3)。

各类图书馆机构中,公共图书馆开展行业合作和跨界合作的频次高于整体水平,在服务体系拓展、服务空间建设、服务内容营造等多个方面都展现了"合作共赢"的力量。在服务网络建设上,各地以公共图书馆总分馆制为抓手,协同各界力量优化布局基层公共文化服务网络,实现图书资源的通借通还、数字服务的共享、文化活动的联动。例如,深圳宝安区图书馆和卓悦商业合作共建"时光书屋"品牌,由宝安区图书馆统筹规划共建,统一安排经费,统一配置文献信息资源,共同打造"图书馆+商业综合体"的智慧化书房。[71]在服务空间建设上,鼓励将符合条件的新型公共文化空间作为公共图书馆阅读推广的阵地,实现融合图书阅读、艺术展览、文化沙龙、轻食餐饮等服务的"城市书房""文化驿站"等新型文化业态。又如,2019年以来,广东省大力推动建成韶关风度书房、佛山南海读书驿站、江门蓬江陈垣书屋、深圳盐田智慧书房、河源源城槎城书吧、中山书房等系列有地方特色的图书馆分馆或服务点,积极建设便民惠民、贴近群众需求的新型阅读空间[72],实现优质阅读资源和特色文化的有机融合。在服务内容上,推动公共图书馆与社会各界机构建立联动机制,加强功能融合,提高综合效益,面向不同群体,开展体验式、互动式、差异化的公共阅读和艺术普及活动。[73]

### 三、图书馆行业合作走向深入

与图书馆跨界合作相比,图书馆行业内部的全民阅读合作已经相当成熟,由于上文已涉及相关内容和案例,此处仅作简单介绍。近年来,图书馆行业合作开始走向区域化、深度化,引导和带动全行业全民阅读工作走向深入。

深圳推动创新区域性图书馆协作机制,联合开展图书馆行业交流活动,实现资源共享和提高服务效能,为全民阅读事业注入了新的活力和动力,其协作机制可为图书馆行业内的全民阅读合作提供参考借鉴价值。2003年,深圳市开始建设"图书馆之城",力图打造"全城一个图书馆",实现全市图书馆资源共享。[74]这样既实现了全市图书馆文献资源的流通,提高了图书馆的服务效能,也方便读者借阅图书,促进全民阅读活动的开展。同时,深圳图书馆于2015年联合南山图书馆、宝安区图书馆、福田区图书馆、盐田区图书馆、罗湖区图书馆、龙岗图书馆、光明新区图书馆、坪山新区图书馆,共9家图书馆推出"少儿智慧银行"项目。该项目在发展过程中逐渐形成了由"深圳图书馆牵头,各图书馆通力配合"的馆际联动模式,并始终在完善各图书馆之间的协调管理机制与沟通机制,以形成合力。[75]各图书馆以"鼓励少儿读者通过阅读行为累积智慧财富,激发阅读兴趣,提高阅读能力,培养良好的阅读习惯"为宗旨,积极合作举办小博士百科知识挑战赛、21天亲子阅读挑战、"智慧星"评选及表彰等系列活动[76],受到了家庭、学校与社会的大力支持。

图书馆行业合作不仅限于"一城""一地",有时候甚至超出"一省"。晋冀两地跨地域合作、共同打造跨省公益讲座品牌"文源讲坛·晋冀文化行系列讲座"项目[77],实现了图书馆行业地域层面上的业务互补,构建联系更加紧密的全民阅读合作体系。该项目由山西省图书馆、山西省社科联和河北省图书馆跨省合作开展,通过合作打造讲座品牌,打通文源交流桎梏,使得阅读资源和阅读服务得到流转。讲座深刻阐释了三晋文化内涵,为民众提供交流互鉴的平台,引导群众积极阅读相关书籍,促进两地民众增强文化认同感和文化自信心。同时,也凝聚专家学者力量,搭建公益讲座资源共建共享平台,实现资源共享和知识共享,促进两地文化协同发展。这也直接佐证了该类由图书馆牵头、跨地域合作开展阅读推广讲座项目的经验可供大力推广。

### 四、图书馆跨界合作

"优势互补、多元联动"是图书馆跨界合作的突出优势之一,"十四五"时期,跨界融合、深度融合的社会化供给是推进全民阅读工作高质量发展的重要路径。长期以来,图书馆依托自身专业引领作用,担当全民阅读"领读人"角色[78],努力探索多层面的融合发展模式,积极借助各方力量发展优势资源[79],日益拓宽全民阅读的合作对象,更好地推进全民阅读工作,引导社会各界一同养成"多读书、读好书"的良好文明风尚。目前不同类型、不同层级的图书馆与教育机构、群团组织、社会公益组织、公共文化机构(文化馆、博物馆、科技馆等)、政府部门、企业、医疗卫生机构、科研机构、书店、农家书屋等跨界机构开展了各种各样的跨界合作,积极探索"阅读+"创新合作模式,有效整合社会各界优势资源,为全民阅读工作引入新的活力。如表 7-1、表 7-2、表 7-3 所示。

表 7-1　图书馆跨界合作对象及合作频次占比①

| 机构类型 | 未开展 | 1—5 次/年 | 6—10 次/年 | 11—50 次/年 | 50 次以上/年 | 均值② |
|---|---|---|---|---|---|---|
| 高校、中小学等教育机构 | 70 (23.81%) | 139 (47.28%) | 52 (17.69%) | 26 (8.84%) | 7 (2.38%) | 2.19 |
| 群团组织 | 76 (25.85%) | 137 (46.60%) | 48 (16.33%) | 27 (9.18%) | 6 (2.04%) | 2.15 |
| 社会公益组织 | 94 (31.97%) | 142 (48.30%) | 32 (10.88%) | 17 (5.78%) | 9 (3.06%) | 2 |
| 文化馆、博物馆、科技馆等公共文化机构 | 94 (31.97%) | 139 (47.28%) | 43 (14.63%) | 12 (4.08%) | 6 (2.04%) | 1.97 |
| 政府部门 | 102 (34.69%) | 131 (44.56%) | 38 (12.93%) | 15 (5.10%) | 8 (2.73%) | 1.97 |
| 企业 | 121 (41.16%) | 130 (44.22%) | 28 (9.52%) | 9 (3.06%) | 6 (2.04%) | 1.81 |
| 其他机构 | 169 (57.48%) | 88 (29.93%) | 21 (7.14%) | 10 (3.40%) | 6 (2.04%) | 1.63 |
| 医疗卫生机构 | 178 (60.54%) | 98 (33.33%) | 11 (3.74%) | 5 (1.70%) | 2 (0.68%) | 1.49 |
| 科研机构 | 188 (63.95%) | 83 (28.23%) | 15 (5.10%) | 6 (2.04%) | 2 (0.68%) | 1.47 |

---

① 本章作者根据本次问卷调查数据绘制整理。
② 为方便测算,采用加权平均数的方式将图书馆合作开展全民阅读活动的频次进行分值转换。即"未开展""1—5 次/年""6—10 次/年""11—50 次/年""50 次以上/年"分别赋值 1—5 分,其后按照如下公式计算:均值=(∑分值×对应频数)/总频数。

第七章　图书馆全民阅读合作

表 7-2　不同类型图书馆开展全民阅读跨界合作的频次均值①

| 机构 | 图书馆类型 | | | | 总体 ($N=294$)② |
|---|---|---|---|---|---|
| | 公共图书馆 ($N=176$) | 高校图书馆 ($N=99$) | 中小学图书馆 ($N=11$) | 专业图书馆 ($N=6$) | |
| 文化馆、博物馆、科技馆等公共文化机构 | 2.32 | 1.49 | 1.09 | 1.33 | 1.56 |
| 政府部门 | 2.36 | 1.41 | 1.27 | 1.17 | 1.55 |
| 群团组织 | 2.49 | 1.75 | 1.18 | 1.00 | 1.60 |
| 高校、中小学等教育机构 | 2.53 | 1.73 | 1.36 | 1.50 | 1.78 |
| 科研机构 | 1.47 | 1.54 | 1.18 | 1.17 | 1.34 |
| 企业 | 2.14 | 1.34 | 1.18 | 1.00 | 1.42 |
| 社会公益组织 | 2.41 | 1.40 | 1.18 | 1.33 | 1.58 |
| 医疗卫生机构 | 1.66 | 1.25 | 1.00 | 1.17 | 1.27 |
| 其他机构 | 1.90 | 1.26 | 1.00 | 1.00 | 1.29 |

表 7-3　不同层级图书馆开展全民阅读跨界合作的频次均值③

| 机构 | 层级 | | | 总体 ($N=175$) |
|---|---|---|---|---|
| | 省级、副省级（含计划单列市）($N=19$) | 地、市级 ($N=41$) | 县、区级 ($N=115$) | |
| 文化馆、博物馆、科技馆等公共文化机构 | 2.58 | 2.32 | 2.28 | 2.39 |
| 政府部门 | 2.16 | 2.68 | 2.27 | 2.37 |
| 群团组织 | 2.79 | 2.63 | 2.38 | 2.60 |

---

①　本章作者根据本次问卷调查数据绘制整理。
②　本次调查有效问卷 294 份，包含党校图书馆与军队院校图书馆 2 份。
③　本章作者根据本次问卷调查数据绘制整理。

续表

| 机构 | 层级 | | | 总体<br>($N=175$) |
|---|---|---|---|---|
| | 省级、副省级<br>(含计划单列市)<br>($N=19$) | 地、市级<br>($N=41$) | 县、区级<br>($N=115$) | |
| 高校、中小学<br>等教育机构 | 2.84 | 2.71 | 2.42 | 2.66 |
| 科研机构 | 2.05 | 1.66 | 1.30 | 1.67 |
| 企业 | 2.37 | 2.34 | 2.03 | 2.25 |
| 社会公益组织 | 2.89 | 2.80 | 2.20 | 2.63 |
| 医疗卫生机构 | 2.11 | 2.00 | 1.47 | 1.86 |
| 其他机构 | 2.05 | 2.32 | 1.72 | 2.03 |

（一）与其他公共文化机构合作

公共文化机构,尤其是由文化主管部门统一管理的"三馆一站"之间,本就存在密切的合作关系。进入"十四五"时期,《关于推动公共文化服务高质量发展的意见》[73]指出:"推动公共图书馆、文化馆、博物馆、美术馆、非遗馆等建立联动机制,加强功能融合,提高综合效益",为进一步加强这种合作提供了方向性指引。

当前,图书馆(特别是公共图书馆)通过与其他公共文化机构的合作,进一步扩大阅读服务半径,丰富了全民阅读体系的活动和内容。本次问卷调查显示,约70%的图书馆与文化馆、博物馆、科技馆等公共文化机构开展了全民阅读合作,合作频次均值为1.97(1—5次/年)(见表7-4),在诸多合作对象中处于中间水准。公共图书馆与其他公共文化机构开展合作的频次均值为2.32(1—5次/年)(见表7-5),领先于其他类型图书馆,不同层级的公共图书馆与公共文化机构也普遍保持一定频率的合作联系(见表7-6)。

表7-4 图书馆跨界合作对象及合作频次占比

| 机构类型 | 未开展 | 1—5<br>次/年 | 6—10<br>次/年 | 11—50<br>次/年 | 50次<br>以上/年 | 均值 |
|---|---|---|---|---|---|---|
| 文化馆、博物馆、<br>科技馆等<br>公共文化机构 | 94<br>(31.97%) | 139<br>(47.28%) | 43<br>(14.63%) | 12<br>(4.08%) | 6<br>(2.04%) | 1.97 |

表 7-5 不同类型图书馆与公共文化机构开展全民阅读合作的频次均值①

| 机构 | 图书馆类型 | | | | 总体 ($N=294$) |
|---|---|---|---|---|---|
| | 公共图书馆 ($N=176$) | 高校图书馆 ($N=99$) | 中小学图书馆 ($N=11$) | 专业图书馆 ($N=6$) | |
| 文化馆、博物馆、科技馆等公共文化机构 | 2.32 | 1.49 | 1.09 | 1.33 | 1.56 |

表 7-6 不同层级图书馆与公共文化机构开展全民阅读合作的频次均值②

| 机构 | 层级 | | | 总体 ($N=175$) |
|---|---|---|---|---|
| | 省级、副省级（含计划单列市）($N=19$) | 地、市级 ($N=41$) | 县、区级 ($N=115$) | |
| 文化馆、博物馆、科技馆等公共文化机构 | 2.58 | 2.32 | 2.28 | 2.39 |

图书馆不断增进与文化馆、博物馆、美术馆等其他机构的联通联动，推动公共文化机构开展嵌入式服务，"以书为媒"，不断丰富市民的阅读体验。例如，重庆市图书馆主办的大型亲子阅读推广活动"格林童话之夜"项目[80]立足于推广"馆中馆"巴蜀译翁文献馆馆藏这一特色资源，通过与重庆话剧团、格林世界博物馆、《重庆日报》、创意手作商家等合作[81]，在"格林童话之夜"推出舞台剧、手工制作、3D绘本展阅、童话文创产品[82]等活动形式与产品，向少儿读者立体展现童话魅力，推广巴蜀译翁文献馆馆藏。2018 年举办的第二季"格林童话之夜"吸引千余家庭共同参与[83]，2022 年第六季"格林童话之夜"首次走进区县，在梁平区图书馆吸引数千读者参与[84]，深受广大少儿读者及其家庭的喜爱。

（二）与教育机构合作

教育机构指进行各种教育工作的场所和教育管理机关，包括各种类型和程度的学校（如普通学校和专业学校）、学前教育机构（如托儿所、幼儿园）、校外教

---

① 本章作者根据本次问卷调查数据绘制整理。
② 本章作者根据本次问卷调查数据绘制整理。

育机构(如少年宫、辅导站)、成人教育机构(如电视大学、成人自学考试站)、各级教育行政机关(如教育部、教育厅、教育局)、教育研究机构等。

图书馆不断探索馆校合作机制,搭建资源互通桥梁,实现文化系统与教育系统的融合发展。《公共图书馆法》第四十八条[38]规定:"国家支持公共图书馆加强与学校图书馆、科研机构图书馆以及其他类型图书馆的交流与合作,开展联合服务。"构建"图书馆＋校园"服务新模式,有效发挥图书馆在社会教育方面的领导力和凝聚力,促进图书馆业务系统整合,推广优质阅读资源,为学校师生教、学、研保驾护航,借助教育机构力量进一步延伸图书馆全民阅读工作的普及面。

教育机构与图书馆的合作频次在所有跨界合作对象中排名第一,馆校合作是图书馆开展跨界合作的最主要方式。本次问卷调查显示,约77%的图书馆与高校、中小学等教育机构开展了全民阅读合作,合作频次均值为2.19(见表7-7),为各机构之中的最高值。绝大多数图书馆能够保持每年开展1—5次馆校合作,公共图书馆在各类型图书馆中则起到带头作用,合作最频繁(见表7-8)。在各层级公共图书馆中,省级、副省级公共图书馆领衔各层级图书馆,深入开展全民阅读活动,影响大、范围广、机制活、效果实,取得卓越成效。此外,教育机构与县、区级图书馆开展阅读推广合作的频次均值达到2.42(见表7-9),在各类合作对象中位居第一,是县、区级图书馆开展全民阅读合作的最主要方式。

表7-7 图书馆跨界合作对象及合作频次占比

| 机构类型 | 未开展 | 1—5次/年 | 6—10次/年 | 11—50次/年 | 50次以上/年 | 均值 |
| --- | --- | --- | --- | --- | --- | --- |
| 高校、中小学等教育机构 | 70(23.81%) | 139(47.28%) | 52(17.69%) | 26(8.84%) | 7(2.38%) | 2.19 |

表7-8 不同类型图书馆与教育机构开展全民阅读合作的频次均值①

| 机构 | 图书馆类型 | | | | 总体($N=294$) |
| --- | --- | --- | --- | --- | --- |
| | 公共图书馆($N=176$) | 高校图书馆($N=99$) | 中小学图书馆($N=11$) | 专业图书馆($N=6$) | |
| 高校、中小学等教育机构 | 2.53 | 1.73 | 1.36 | 1.50 | 1.78 |

---

① 本章作者根据本次问卷调查数据绘制整理。

表 7-9　不同层级图书馆与教育机构开展全民阅读合作的频次均值①

| 机构 | 层级 | | | 总体<br>(N=175) |
|---|---|---|---|---|
| | 省级、副省级<br>(含计划单列市)<br>(N=19) | 地、市级<br>(N=41) | 县、区级<br>(N=115) | |
| 高校、中小学等<br>教育机构 | 2.84 | 2.71 | 2.42 | 2.66 |

"图书馆＋教育机构"的合作模式重在系统整合阅读资源,实现学校与公共图书馆的通借通还,有效拓宽校园师生获取优质阅读资源的渠道;同时,也让专业化、多样化的阅读服务深入校园,拉近师生与阅读的距离。例如,连云港市少儿图书馆近年来积极探索打造分众化阅读推广模式,联合连云港市阅读办等单位举办了"全民阅读春风行动",走进灌南大圈小学、赣榆陆瓦沟小学等地,为学生群体开展了阅读专题指导;走进基层社区开展了"健康阅读·护苗成长"阅读使者进社区、"创文"文艺汇演等活动,显著地提升了当地人民对阅读的兴趣与积极性[85]。深圳市"常青藤"项目是图书馆与教育机构系统合作的典型。该项目由深圳少年儿童图书馆与深圳市中小学图书馆联合开展,旨在实现深圳少儿馆与市内中小学图书馆阅读资源共建共享,图书通借通还[86],有效支持阅读服务走进校园。于图书馆而言,这样"馆校合作"的方式能够提高文献资源利用率,充分发挥公共图书馆社会教育的功能;于学校而言,这样的合作则能够便利学生和老师获取书籍,辅助教学活动的开展。2013 年,深圳被联合国教科文组织授予"全球全民阅读典范城市"荣誉称号,是全球唯一一个获此殊荣的城市,无疑得益于全民阅读合作战略。

目前馆校合作的覆盖面正逐渐扩大,并在馆校共建的基础上,进一步建立"馆校"联盟,开展"零距离""高精准"阅读配送服务,科学推进阅读工程。比较有代表性的如 2020 年由河南省少年儿童图书馆主导的"三个一阅读工程",联通 20 余所小学、幼儿园,为师生提供较之于学校阅览中心更专业、更规范的阅读空间和阅读指导,构建了区级的"金水读书会"和校级的"阅读平台"两级"影响力阅读平台",凸显了馆校合作的深度与广度。[87]

此外,部分馆校合作案例以教育需求为导向,将阅读空间渗入校园的服务场

---

① 本章作者根据本次问卷调查数据绘制整理。

景,打造特色主题阅读空间,共建符合青少年身心需求的阅读环境。如获得中国图书馆学会"特色主题空间"荣誉的佛山市第三中学图书馆,其构建了国学主题馆、主题阅览区、启超书屋等多个专题阅览空间,针对中学生成长阶段及阅读需求特点设立了四大名著阅读、青春主题阅读、校本阅读等三大主题阅览区;该机构与佛山市科协、佛山市图书馆以及广深高校合作,定期邀请人文、科学领域的专家教授和知名学者在不同阅读空间开展主题讲座,拓展学生知识面和阅读面。[88]此外,镇江市图书馆借助"馆校合作"平台推进公共图书馆场馆教育,开展"从小爱场馆"活动,使多名中小学、幼儿园学生受益。该活动由镇江市图书馆与市内多所中小学、幼儿园合作开展,以有趣的场馆服务宣传图书馆,引导学生热爱图书馆,从而激发其阅读兴趣。[89]

(三)与群团组织合作

2008年《工会、共青团、妇联等人民团体和群众团体机关参照〈中华人民共和国公务员法〉管理的意见》规定,群团组织是人民团体和群众团体的统称,包含工会、共青团、妇联等21个机关单位。[90]群团组织是群众自我教育、自我管理的重要平台,群团组织所联系的广大人民群众是全面建成小康社会、坚持和发展中国特色社会主义的基本力量。[91]值得注意的是,隶属群团组织的工人文化宫、青少年宫、妇女儿童活动中心等也属于公共文化设施之列,因此,有时候论及与这些机构的合作,也会称为与"群团组织的合作"。

在全民阅读合作中,图书馆充分利用群团组织的平台作用。本次问卷调查显示,约75%的图书馆与群团组织开展了全民阅读合作,合作频次均值为2.15(见表7-10),在各类跨界合作对象中位居第二。公共图书馆在各类型图书馆中与群团组织的平均合作频次最高,每年开展1—5次合作,但中小学图书馆、专业图书馆等则较少与群团组织开展全民阅读合作(见表7-11)。各层级公共图书馆与群团组织的总体合作频次均值为2.60,每年开展1—5次全民阅读合作。尽管县、区级图书馆的合作频次均值为2.38,低于总体均值,但群团组织是县、区级图书馆合作频次排名第二的合作对象(见表7-12)。

表7-10 图书馆跨界合作对象及合作频次占比

| 机构类型 | 未开展 | 1—5次/年 | 6—10次/年 | 11—50次/年 | 50次以上/年 | 均值 |
|---|---|---|---|---|---|---|
| 群团组织 | 76 (25.85%) | 137 (46.60%) | 48 (16.33%) | 27 (9.18%) | 6 (2.04%) | 2.15 |

表7-11 不同类型图书馆与群团组织开展全民阅读合作的频次均值①

| 机构 | 图书馆类型 | | | | 总体<br>($N=294$) |
|---|---|---|---|---|---|
| | 公共图书馆<br>($N=176$) | 高校图书馆<br>($N=99$) | 中小学图书馆<br>($N=11$) | 专业图书馆<br>($N=6$) | |
| 群团组织 | 2.49 | 1.75 | 1.18 | 1.00 | 1.60 |

表7-12 不同层级图书馆与群团组织开展全民阅读合作的频次均值②

| 机构 | 层级 | | | 总体<br>($N=175$) |
|---|---|---|---|---|
| | 省级、副省级<br>（含计划单列市）<br>($N=19$) | 地、市级<br>($N=41$) | 县、区级<br>($N=115$) | |
| 群团组织 | 2.79 | 2.63 | 2.38 | 2.60 |

"图书馆＋群团组织"的合作模式充分发挥群团组织紧密联系和服务群众的特点，通过导向引导、服务带动、资源支持，有效利用群团组织参与全民阅读工作的热情和能量，促进全民阅读深入基层、向下扎根，面向不同类型的阅读群体提供全覆盖的阅读服务。[92]例如，2016年苏州姑苏区的"阅读水滴"[93]、2018年四川省群团组织社会服务中心的"绘本去哪儿了"[94]等阅读推广活动，在图书馆、群团组织、机关部门、社会公益组织及其他社会力量的共同参与下，面向不同的阅读群体的发展需求，开展深入社区的阅读推广服务。图书馆在提供图书借阅、阅读活动、阅读推广的同时，还协助基层群团组织建立特色阅读机制，进一步扩大服务范围和服务阵地，使阅读资源惠及到基层广大社会民众。

（四）与社会公益组织以及其他社会组织、团体合作

社会公益组织指具有法人资格，以发展公益事业为宗旨的慈善组织以及其他社会组织，主要组织形式包括社会团体、基金会和社会服务机构（民办非企业单位）。[95]图书馆与社会公益组织的合作展现了社会力量参与全民阅读服务体系的潜力。图书馆在全民阅读中通过公益创投、公益众筹、公益服务等方式与广大社会公益组织开展互助协作，充分发挥社会力量的活力和创造力，有效推动全民阅读向纵深发展。[96]

---

① 本章作者根据本次问卷调查数据绘制整理。
② 本章作者根据本次问卷调查数据绘制整理。

社会公益组织与图书馆的合作频次在所有跨界合作对象中排名第二,是图书馆跨界合作的重要对象。本次问卷调查显示,约70%的图书馆与社会公益组织开展了全民阅读合作,合作均值为2(见表7-13),每年开展1—5次合作。公共图书馆与社会公益组织的合作频次远超平均水平,高校图书馆、中小学图书馆和专业图书馆与社会公益组织开展合作的普及率仍然较低(见表7-14)。在各层级公共图书馆中,省级、副省级(含计划单列市)图书馆与地、市图书馆与社会公益组织的合作频次较高。其中,社会公益组织与地、市级图书馆的合作频次均值达到2.80(见表7-15),相较于其他合作对象,如公共文化机构、教育机构等,均值最高(见表7-3),是地、市级图书馆的最主要合作对象。

表7-13 图书馆跨界合作对象及合作频次占比

| 机构类型 | 未开展 | 1—5次/年 | 6—10次/年 | 11—50次/年 | 50次以上/年 | 均值 |
|---|---|---|---|---|---|---|
| 社会公益组织 | 94(31.97%) | 142(48.30%) | 32(10.88%) | 17(5.78%) | 9(3.06%) | 2 |

表7-14 不同类型图书馆与公益组织开展全民阅读合作的频次均值①

| 机构 | 图书馆类型 | | | | 总体($N=292$) |
|---|---|---|---|---|---|
| | 公共图书馆($N=176$) | 高校图书馆($N=99$) | 中小学图书馆($N=11$) | 专业图书馆($N=6$) | |
| 社会公益组织 | 2.41 | 1.40 | 1.18 | 1.33 | 1.58 |

表7-15 不同层级图书馆与公益组织开展全民阅读合作的频次均值②

| 机构 | 层级 | | | 总体($N=175$) |
|---|---|---|---|---|
| | 省级、副省级(含计划单列市)($N=19$) | 地、市级($N=41$) | 县、区级($N=115$) | |
| 社会公益组织 | 2.89 | 2.80 | 2.20 | 2.63 |

---

① 本章作者根据本次问卷调查数据绘制整理。
② 本章作者根据本次问卷调查数据绘制整理。

第七章 图书馆全民阅读合作

值得一提的是,图书馆还与许多其他类型的社会组织、团体有着密切的合作关系。这些组织并非严格意义上的"社会公益组织",但普遍也具有很强的公益性和专业性特征,有利于在特定领域开展主题化的阅读活动。例如,2022年"书香重庆"全民阅读系列推荐活动中获得"优秀全民阅读推广活动"荣誉称号的"善和之声"公益诗词班讲座项目则具有较强的代表性。[97]该项目由重庆市丰都县图书馆与丰都县诗词楹联学会联合举办,为广大的诗词爱好者们提供了学习交流的平台,也为更多人感受诗词魅力提供了途径。[98]

比较有代表性的还有上海图书馆与民间阅读组织阅读马拉松组委会合作,于2016年发起并创办的"上图杯"阅读马拉松赛。该项目自2016年至今已连续举办了多届,是省级赛事中规模最大的阅马赛。[99]该项目要求参赛的读者在规定的六小时内通过检视阅读的方法完成指定用书的阅读,并回答客观问题来检验阅读质量。[100]该活动推出并广泛宣传后,引起了社会民众的普遍关注,不但有效激发了人们的阅读热情,还"无形"地向人们介绍了阅读的合理方法。一方面,能够充分利用社会组织、团体已有的知名度进行广泛宣传;另一方面,能够合理利用组织、团体所拥有的资源和人才队伍,提升竞赛活动的可操作性和专业性。此外,图书馆通常还会选择与宣传管理机构、社交媒体等进行合作,并借此推动社会对阅读的关注,向社会展示阅读的力量并推广阅读的行为,营造全民爱读书的浓厚氛围。

此外,"大运河阅读行动计划"联动了运河沿线36个重要节点城市,联合"古建文物改造后的文化空间""图书馆与博物馆等公共文化场所""新型文化空间""设计与创意兼具的阅读空间"等场所共同构建了38座大运河阅读基地,融合了读书会、运河书展、名家领读等活动方式[101],多维度立体地呈现出"大运河文化",为读者带来沉浸式的阅读体验,吸引广大读者参与。同时,"大运河阅读行动计划"以"38个大运河阅读基地和百余位阅读推广人"为纽带,"打造'读、讲、写、看、走、游'六位一体的阅读环境"[102],持续提升读者的参与感和获得感,深受读者喜爱。又如获得"中国图书馆学会2021年阅读推广展示项目"的"邺架轩·作者面对面"项目,由清华大学图书馆联合出版社和邺架轩书店共同推出,精选思想文化和人文社科领域的重点新书和经典好书,邀请作者(译者)、出版者和相关领域的专家、学者与师生,面对面交流探讨,碰撞智慧,传承文化,形成了以"好书"为核心的"读者—作者—出版者"阅读交流模式,提供有深度、有温度的互动式阅读体验。[103]

## （五）与企业合作

企业是独立承担民事责任的，从事生产、运输、贸易等经济活动或服务性业务的社会组织[104-105]。企业是以盈利为目的的市场化主体，也是社会力量中具有代表性的一股力量，是图书馆开展全民阅读合作的重要对象之一。

本次问卷调查显示，图书馆与企业的全民阅读合作频次均值为1.81，约41%的图书馆反映没有与企业合作开展过全民阅读合作（见表7-16）。公共图书馆与企业的合作频次均值为2.14（1—5次/年）（见表7-17），在公共图书馆中，省级、副省级（含计划单列市）图书馆与地、市级图书馆与企业的全民阅读合作频次较高（见表7-18）。

表7-16 图书馆跨界合作对象及合作频次占比

| 机构类型 | 未开展 | 1—5次/年 | 6—10次/年 | 11—50次/年 | 50次以上/年 | 均值 |
| --- | --- | --- | --- | --- | --- | --- |
| 企业 | 121（41.16%） | 130（44.22%） | 28（9.52%） | 9（3.06%） | 6（2.04%） | 1.81 |

表7-17 不同类型图书馆与企业开展全民阅读合作的频次均值①

| 机构 | 图书馆类型 | | | | 总体（N=294） |
| --- | --- | --- | --- | --- | --- |
| | 公共图书馆（N=176） | 高校图书馆（N=99） | 中小学图书馆（N=11） | 专业图书馆（N=6） | |
| 企业 | 2.14 | 1.34 | 1.18 | 1.00 | 1.42 |

表7-18 不同层级图书馆与企业开展全民阅读合作的频次均值②

| 机构 | 层级 | | | 总体（N=175） |
| --- | --- | --- | --- | --- |
| | 省级、副省级（含计划单列市）（N=19） | 地、市级（N=41） | 县、区级（N=115） | |
| 企业 | 2.37 | 2.34 | 2.03 | 2.25 |

---

① 本章作者根据本次问卷调查数据绘制整理。
② 本章作者根据本次问卷调查数据绘制整理。

图书馆与企业的合作模式主要有3种：其一是各地近年来较为多见的"社会力量分馆"建设。例如，在广州黄埔区社会力量参与的实践中，采取以企业、企业园、工业园区合作共建为主的"政府主导＋企业自主运营"策略，由政府提供启动资金、文化资源，企业提供场地、建设资金进行自主运营，在图书馆总分馆体系下，助力众创空间和企业孵化器载体建设。[106]其二是图书馆深入企业，为其提供资源、服务方面的支持，比较典型的是合作共创"书香企业"或"职工书屋"，推动职工阅读活动常态化，有效满足广大职工的精神文化需求。[107]例如，通辽市图书馆帮助通辽市总工会、税务局、国家电投内蒙古公司等单位建设了各自的职工书屋、便利型阅读站点和劳模书架，采取"线上＋线下"的方式打造人人乐读、处处可读、时时能读的职工读书平台，推进常态化职工阅读活动的开展，帮助企业以阅读成果助力工作实践。[108]其三是以企业作为运营主体，参与图书馆或阅读空间的管理运营，但此类运营工作一般要求企业具有公共空间运作或阅读服务方面的专业性，能够有效支持相应的阅读服务开展。

图书馆和企业需要协同全民阅读推广的战略目标，开展多层次、多方面的合作，建立长期稳定的合作关系，而不仅仅局限于开展个别阅读推广活动。图书馆和企业所开展的合作是互利双向的，一方面，企业要充分发挥在深耕领域的专业性优势，助力图书馆服务提质增效、创新赋能，共同创建全民阅读品牌；另一方面，图书馆要有效支持企业的全民阅读工作，以阅读推广的成果促进企业员工将"学习力"转化为"生产力"。

（六）与政府部门合作

政府在全民阅读合作中起主导作用。一般而言，图书馆与政府部门的合作多是在文化主管部门的指导下开展工作，并非业务层面的"合作"，但有的时候，图书馆也会与本地或异地政府相关部门围绕活动打造、体系建设、资源利用等议题展开实质的合作。考虑到以上的特殊性，此处仅列出作为备注和参考。

政府部门与图书馆的合作频次在所有跨界合作对象中排名第三。本次问卷调查显示，约66％的图书馆与政府部门开展了全民阅读合作，合作均值为1.97（1—5次/年）（见表7-19）。公共图书馆与政府部门的合作频次高于平均水准，而在高校图书馆、中小学图书馆和专业图书馆之间合作普及率较低（见表7-20）。在不同层级的公共图书馆之间，政府部门与地、市图书馆合作频次达到2.68，与县、区级图书馆的合作频次达到2.27，相较而言与省级、副省级（含计划单列市）图书馆开展的合作较少（见表7-21）。

表 7-19　图书馆跨界合作对象及合作频次占比

| 机构类型 | 未开展 | 1—5次/年 | 6—10次/年 | 11—50次/年 | 50次以上/年 | 均值 |
| --- | --- | --- | --- | --- | --- | --- |
| 政府部门 | 102（34.69%） | 131（44.56%） | 38（12.93%） | 15（5.10%） | 8（2.73%） | 1.97 |

表 7-20　不同类型图书馆与政府部门开展全民阅读合作的频次均值①

| 机构 | 图书馆类型 | | | | 总体（N=294） |
| --- | --- | --- | --- | --- | --- |
| | 公共图书馆（N=176） | 高校图书馆（N=99） | 中小学图书馆（N=11） | 专业图书馆（N=6） | |
| 政府部门 | 2.36 | 1.41 | 1.27 | 1.17 | 1.55 |

表 7-21　不同层级图书馆与政府部门开展全民阅读合作的频次均值②

| 机构 | 层级 | | | 总体（N=175） |
| --- | --- | --- | --- | --- |
| | 省级、副省级（含计划单列市）（N=19） | 地、市级（N=41） | 县、区级（N=115） | |
| 政府部门 | 2.16 | 2.68 | 2.27 | 2.37 |

## 五、图书馆全民阅读合作的主要形式

在当前的全民阅读工作中，图书馆与相关主体从保障资源供给、改善阅读服务、加强阅读指导、营造读书氛围、扩大阅读场所、完善激励机制等方面积极探索多元化的合作形式，形成了良好的社会效应。[109]

在不同类型、不同层级的图书馆跨界合作中，最常见的合作形式是组织阅读活动，而后依次是开展志愿服务、整合阅读资源、设立阅读空间、进行宣传报道、进行技能培训和搭建数字平台（见表 7-22、表 7-23）。

---

① 本章作者根据本次问卷调查数据绘制整理。
② 本章作者根据本次问卷调查数据绘制整理。

表 7-22　不同类型图书馆与跨界机构合作开展全民阅读工作的形式①

| 合作形式 | 图书馆类型 | | | | 总体 (N=294) |
|---|---|---|---|---|---|
| | 公共图书馆 (N=176) | 高校图书馆 (N=99) | 中小学图书馆 (N=11) | 专业图书馆 (N=6) | |
| 整合阅读资源 | 61.36% | 25.25% | 27.27% | 16.67% | 46.60% |
| 设立阅读空间 | 62.50% | 21.21% | 9.09% | 0.00% | 44.90% |
| 组织阅读活动 | 81.82% | 58.59% | 18.18% | 0.00% | 69.39% |
| 开展志愿服务 | 77.84% | 43.43% | 18.18% | 0.00% | 61.90% |
| 搭建数字平台 | 34.09% | 15.15% | 9.09% | 0.00% | 25.85% |
| 进行技能培训 | 35.23% | 23.23% | 9.09% | 0.00% | 29.25% |
| 进行宣传报道（包括开辟专栏、推介优秀读物、刊播全民阅读公益广告等） | 46.02% | 34.34% | 9.09% | 0.00% | 39.46% |
| 其他 | 0.00% | 0.00% | 0.00% | 0.00% | 0.00% |
| 以上均无 | 3.41% | 3.03% | 18.18% | 33.33% | 4.42% |

表 7-23　不同层级图书馆与跨界机构合作开展全民阅读的形式②

| 合作形式 | 图书馆层级 | | | 总体 (N=175) |
|---|---|---|---|---|
| | 省级、副省级（含计划单列市）(N=19) | 地、市级 (N=41) | 县、区级 (N=115) | |
| 整合阅读资源 | 73.68% | 60.98% | 59.13% | 61.14% |
| 设立阅读空间 | 73.68% | 73.17% | 56.52% | 62.29% |
| 组织阅读活动 | 94.74% | 90.24% | 76.52% | 77.71% |
| 开展志愿服务 | 73.68% | 78.05% | 78.26% | 77.71% |
| 搭建数字平台 | 73.68% | 36.59% | 26.09% | 33.71% |

---

① 本章作者根据本次问卷调查数据绘制整理。
② 本章作者根据本次问卷调查数据绘制整理。

续表

| 合作形式 | 图书馆层级 | | | 总体<br>(N=175) |
|---|---|---|---|---|
| | 省级、副省级<br>(含计划单列市)<br>(N=19) | 地、市级<br>(N=41) | 县、区级<br>(N=115) | |
| 进行技能培训 | 57.89% | 43.90% | 27.83% | 34.86% |
| 进行宣传报道<br>(包括开辟专栏、<br>推介优秀读物、<br>刊播全民阅读<br>公益广告等) | 68.42% | 53.66% | 40.00% | 46.29% |
| 其他 | 0.00% | 0.00% | 0.00% | 0.00% |
| 以上均无 | 0.00% | 0.00% | 5.22% | 3.43% |

（一）整合阅读资源

各地政策规划文本普遍重视阅读资源体系的整合。例如，2017年9月，《吉林省全民阅读促进条例》提出"鼓励和支持有条件的学校图书馆在法定节假日和寒暑假向社会开放，并与公共图书馆联合开展阅读资源共享服务"[110]。2019年3月，《广东省全民阅读促进条例》指出，公共图书馆"逐步实现与本行政区域内其他图书馆、全民阅读服务设施之间图书的通借通还，数字资源与本行政区域内其他阅读设备终端的互联互通、共享共用"[39]。2021年5月，《山西省全民阅读促进条例》要求公共图书馆加强协作，"实现省域内图书文献资源自由流通、统一检索、通借通还"[66]。2021年8月，《河北省公共文化服务体系建设"十四五"规划》提出"鼓励公共图书馆与品牌书店合作，推广读者点单、图书馆买书阅读服务模式"[67]。

整合阅读资源也是图书馆普遍采取的一种全民阅读合作形式。本次问卷调查显示（见表7-24、表7-25），46.60%的图书馆在全民阅读跨界合作中进行阅读资源整合，公共图书馆、高校图书馆、中小学图书馆、专业图书馆均开展了这项工作。与其他合作形式相比，中小学图书馆（27.27%）与专业图书馆（16.67%）开展资源整合合作的比例也相对较高。公共图书馆采取这种合作形式的比例达到60%以上，其中又以省级、副省级（含计划单列市）图书馆领衔开展这项工作。据统计，73.68%的省级、副省级（含计划单列市）公共图书馆，60.98%的地、市级图书馆及59.13%的县、区级图书馆以整合阅读资源的形式开展跨界合作。比较具有代表性的案例如福建南安市"百姓书房",通过图书流转、行业交流、统一布设等方式不断提高书籍更新率,指导各地通过设置图书专柜、购置本土书刊、开展氛围布置等方式,突出南安特色,不断提升资源建设水平。截至 2022 年 9 月,福建南安市共建成 40 家星级"百姓书房",累计接待读者 300 余万人次,"百姓书房"实现全覆盖,促进阅读资源走进千家万户。[111]

表 7-24　整合阅读资源在不同类型图书馆全民阅读合作形式中所占比例①

| 合作形式 | 图书馆类型 | | | | 总体<br>（N=294） |
|---|---|---|---|---|---|
| | 公共图书馆<br>（N=176） | 高校图书馆<br>（N=99） | 中小学图书馆<br>（N=11） | 专业图书馆<br>（N=6） | |
| 整合阅读资源 | 61.36% | 25.25% | 27.27% | 16.67% | 46.60% |

表 7-25　整合阅读资源在不同层级图书馆全民阅读合作形式中所占比例②

| 合作形式 | 图书馆层级 | | | 总体<br>（N=175） |
|---|---|---|---|---|
| | 省级、副省级<br>（含计划单列市）<br>（N=19） | 地、市级<br>（N=41） | 县、区级<br>（N=115） | |
| 整合阅读资源 | 73.68% | 60.98% | 59.13% | 61.14% |

（二）组织阅读活动

《第二十次全国国民阅读调查成果》[112]显示,全民阅读品牌活动知晓度和参与度都有所提高,居民对阅读活动的满意度保持较高水平。随着社会对阅读活动的需求日益高涨,组织阅读活动已经成为公共图书馆、高校图书馆与其他机构开展全民阅读合作的主要形式。

本次问卷调查显示（见表 7-26、表 7-27）,组织阅读活动是图书馆最主要的全民阅读合作形式。69.39% 的图书馆通过组织阅读活动的形式开展全民阅读跨界合作,81.82% 的公共图书馆、58.59% 的高校图书馆和 18.18% 的中小学图书馆采取了这种合作形式。在各层级公共图书馆中,超过 90% 的省级、副省级（含计划单列市）图书馆和地、市级图书馆开展阅读活动合作,同时也有 76.52% 的县、区级图书馆以这种形式开展全民阅读工作。

---

① 本章作者根据本次问卷调查数据绘制整理。
② 本章作者根据本次问卷调查数据绘制整理。

表7-26　组织阅读活动在不同类型图书馆全民阅读合作形式中所占比例[1]

| 合作形式 | 图书馆类型 | | | | 总体 (N=294) |
| --- | --- | --- | --- | --- | --- |
| | 公共图书馆 (N=176) | 高校图书馆 (N=99) | 中小学图书馆 (N=11) | 专业图书馆 (N=6) | |
| 组织阅读活动 | 81.82% | 58.59% | 18.18% | 0.00% | 69.39% |

表7-27　组织阅读活动在不同层级图书馆全民阅读合作形式中所占比例[2]

| 合作形式 | 图书馆层级 | | | 总体 (N=175) |
| --- | --- | --- | --- | --- |
| | 省级、副省级（含计划单列市）(N=19) | 地、市级 (N=41) | 县、区级 (N=115) | |
| 组织阅读活动 | 94.74% | 90.24% | 76.52% | 77.71% |

随着图书馆全民阅读合作进入创新性合作阶段,主题鲜明、独具特色的各类型活动在全国各地相继涌现,如各地普遍开展的"读书节""读书月""爱国主义教育读书活动"等,都广受市民欢迎。

组织阅读活动的合作形式强调发挥各方主体的优势,在图书馆的专业引领下,开展特色化、主题化、异质化的阅读活动。本次问卷调查显示(见表7-28),图书馆与各类型机构合作开展全民阅读的活动类型丰富,总体来看,荐读类(66.33%)、诵读类(60.20%)、讲座类(60.20%)等活动是最受欢迎的阅读活动合作类型。公共图书馆所开展的阅读合作活动主要是诵读类(80.11%)、荐读类(79.55%)和讲座类(73.86%)活动,也涉及一些竞赛类(66.48%)、交互类(58.52%)和展演类(43.75%)活动。高校图书馆、中小学图书馆与各类型机构合作开展全民阅读的活动类型差异不大,且均以荐读类活动为主。专业图书馆基本聚焦于荐读类(16.67%)活动。其中,展演类活动是普及水平较低的活动类型,与跨界机构的合作率未达到50%。

---

[1] 本章作者根据本次问卷调查数据绘制整理。
[2] 本章作者根据本次问卷调查数据绘制整理。

第七章 图书馆全民阅读合作

表 7-28 不同类型图书馆组织阅读活动合作的类型①

| 活动类型 | 图书馆类型 | | | | 总体 | |
|---|---|---|---|---|---|---|
| | 公共图书馆 ($N=176$) | 高校图书馆 ($N=99$) | 中小学图书馆 ($N=11$) | 专业图书馆 ($N=6$) | 数量 | 占比 ($N=294$) |
| 荐读类（包括新书推荐、优秀读物推荐等） | 79.55% | 52.53% | 18.18% | 16.67% | 195 | 66.33% |
| 诵读类（包括讲故事、集体诵读等） | 80.11% | 34.34% | 18.18% | 0.00% | 177 | 60.20% |
| 讲座类 | 73.86% | 45.45% | 18.18% | 0.00% | 177 | 60.20% |
| 竞赛类（如知识竞赛、作文比赛、猜谜等） | 66.48% | 29.29% | 18.18% | 0.00% | 148 | 50.34% |
| 交互类（包括读书会、作者见面会等） | 58.52% | 27.27% | 9.09% | 0.00% | 131 | 44.56% |
| 展演类（如绘本剧等） | 43.75% | 14.14% | 9.09% | 0.00% | 92 | 31.29% |
| 其他 | 0.57% | 0.00% | 0.00% | 0.00% | 1 | 0.34% |
| 以上均无 | 2.84% | 8.08% | 18.18% | 33.33% | 17 | 5.78% |

在不同层级的公共图书馆之间,荐读、诵读依旧是最受欢迎的阅读合作活动类型。省级、副省级公共图书馆开展各类型阅读合作活动的比例均超过50%,同时也突出关注合作开展交互类(89.47%)阅读活动。地、市级公共图书馆开展的各类全民阅读合作中,荐读类(92.68%)活动占比最高,其次是讲座类(87.80%)活动,展演类(53.66%)活动开展的相对较少。诵读类(80.87%)活动是县、区级公共图书馆的最主要阅读合作活动类型,其次是荐读类(73.04%)活动,对于交互类(48.70%)活动和展演类(36.52%)活动的关注度较低(以上

---

① 本章作者根据本次问卷调查数据绘制整理。

见表7-29)。

表7-29 不同层级图书馆组织阅读活动合作的类型[①]

| 活动类型 | 省级、副省级<br>(含计划单列市)<br>($N=19$) | 地、市级<br>($N=41$) | 县、区级<br>($N=115$) |
|---|---|---|---|
| 荐读类(包括新书推荐、优秀读物推荐等) | 89.47% | 92.68% | 73.04% |
| 诵读类(包括讲故事、集体诵读等) | 84.21% | 75.61% | 80.87% |
| 讲座类 | 94.74% | 87.80% | 66.09% |
| 竞赛类(如知识竞赛、作文比赛、猜谜等) | 73.68% | 73.17% | 63.48% |
| 交互类(包括读书会、作者见面会等) | 89.47% | 70.73% | 48.70% |
| 展演类(如绘本剧等) | 63.16% | 53.66% | 36.52% |
| 其他 | 0.00% | 2.44% | 0.00% |
| 以上均无 | 0.00% | 0.00% | 4.35% |

(三)开展志愿服务

《公共图书馆法》[38]指出:"国家鼓励公民参与公共图书馆志愿服务。"志愿服务本身就是图书馆开展社会力量合作与参与的重要形式之一。在全民阅读合作中,图书馆呼吁社会各界以公益讲座、公益培训、读书活动等方式参与到阅读推广志愿服务中,共同参与阅读推广服务设计和组织,积极发挥志愿服务在社会教育、专业服务、辅助管理和扶弱助残方面的作用。

本次问卷调查显示(见表7-30、表7-31),61.90%的图书馆借助志愿力量开展全民阅读工作,77.84%的公共图书馆、43.43%的高校图书馆和18.18%的专业图书馆采取了这种合作形式。超过70%的省级、副省级(含计划单列市)图书馆、地、市级图书馆和县、区级图书馆通过志愿服务进行全民阅读跨界合作。此外,相较于其他合作形式,开展志愿服务是县、区级图书馆(78.26%)最为重视的全民阅读合作形式。

---

① 本章作者根据本次问卷调查数据绘制整理。

第七章 图书馆全民阅读合作

表 7-30 开展志愿服务在不同类型图书馆全民阅读合作形式中所占比例①

| 合作形式 | 图书馆类型 | | | | 总体 (N=294) |
|---|---|---|---|---|---|
| | 公共图书馆 (N=176) | 高校图书馆 (N=99) | 中小学图书馆 (N=11) | 专业图书馆 (N=6) | |
| 开展志愿服务 | 77.84% | 43.43% | 18.18% | 0.00% | 61.90% |

表 7-31 开展志愿服务在不同层级图书馆全民阅读合作形式中所占比例②

| 合作形式 | 图书馆层级 | | | 总体 (N=175) |
|---|---|---|---|---|
| | 省级、副省级（含计划单列市）(N=19) | 地、市级 (N=41) | 县、区级 (N=115) | |
| 开展志愿服务 | 73.68% | 78.05% | 78.26% | 77.71% |

比较有代表性的案例如山东青岛的"爱心妈妈领读联盟"。"爱心妈妈领读联盟"联动李沧区的湘东社区、春和社区、旭东社区、沔阳路社区 4 支社区志愿队伍，打造了由公益组织负责运营、社区居民担当管理主体的"悦读书房"。"悦读书房"深耕社区，有效整合专家和社会各方面力量对于全民阅读工作的促进作用，推动图书馆阅读服务深入基层。[113] 此外，由金陵图书馆联合南京新闻广播于 2012 年共同发起的"朗读者"项目除通过读书会等活动形式提供服务外，还通过传统的实体光盘和数字化的网络平台传播分享有声读物，为有需求的民众带来了极大的便利，[114] 入选 2021 年度全国学雷锋志愿服务"100 个最佳志愿服务项目"[115]，为社会各界参与全民阅读推广的志愿服务提供了范例。

（四）合作开展培训

社会培训是图书馆全民阅读合作的重要补充，目前在图书馆全民阅读合作中并不普遍。本次问卷调查显示（见表 7-32、表 7-33），29.25% 的图书馆在全民阅读中采取开展社会培训的合作形式，其中 35.23% 的公共图书馆、23.23% 的高校图书馆及 9.09% 的中小学图书馆开展了这项合作。在各层级公共图书馆中，省级、副省级（含计划单列市）图书馆（57.89%）最重视这种合作形式。

社会培训往往融入各类活动中，通过参与、体验类的项目，调动居民参加阅

---

① 本章作者根据本次问卷调查数据绘制整理。
② 本章作者根据本次问卷调查数据绘制整理。

读活动的积极性。比较典型的案例如,临沂市郯城县多地的共享书屋、家庭读书角等通过开展"古郯农家沁书香"阅读征文、科技技能培训、健康养生讲座、素质提升培训等多种活动,促进共享书屋图书资源的流动[116],推动乡村阅读顺利开展,提升农民道德素质,培育文明乡风。

表7-32 进行技能培训在不同类型图书馆全民阅读合作形式中所占比例①

| 合作形式 | 图书馆类型 | | | | 总体 (N=294) |
| --- | --- | --- | --- | --- | --- |
| | 公共图书馆 (N=176) | 高校图书馆 (N=99) | 中小学图书馆 (N=11) | 专业图书馆 (N=6) | |
| 进行技能培训 | 35.23% | 23.23% | 9.09% | 0.00% | 29.25% |

表7-33 进行技能培训在不同层级图书馆全民阅读合作形式中所占比例②

| 合作形式 | 图书馆层级 | | | 总体 (N=175) |
| --- | --- | --- | --- | --- |
| | 省级、副省级 (含计划单列市) (N=19) | 地、市级 (N=41) | 县、区级 (N=115) | |
| 进行技能培训 | 57.89% | 43.90% | 27.83% | 34.86% |

(五)共创阅读空间

《第二十次全国国民阅读调查成果》显示,我国城镇居民公共阅读服务设施的使用满意度持续提升,对社区阅览室、社区书屋、城市书房的知晓率为27.10%,使用率为12.10%,使用满意度为72.50%。[117]合作共创阅读空间进一步延伸图书馆的服务范围,在街区、商圈、社区、景区等地创新打造的城市书房、文化驿站、乡村书吧、文化服务点等新型文化体验空间也进一步促进公共文化空间转型升级。《关于推动实体书店参与公共文化服务的通知》指出,"鼓励实体书店和公共图书馆联合开展公益性文化讲座、学术论坛、读书沙龙及'进农村、进社区、进校园、进部队'等阅读活动,打造一批具有广泛影响力的全民阅读品牌"。

共创阅读空间在图书馆全民阅读合作中有重要作用。本次问卷调查显示(见表7-34、表7-35),44.90%的图书馆在全民阅读工作中与其他机构合作建设了阅读空间,其中又以公共图书馆(62.50%)的合作率最高。在各层级公共图书

---

① 本章作者根据本次问卷调查数据绘制整理。
② 本章作者根据本次问卷调查数据绘制整理。

馆中,73.68%的省级、副省级图书馆(含计划单列市)和73.17%的地、市级图书馆在全民阅读合作中都较重视阅读空间的设立。

表7-34 设立阅读空间在不同类型图书馆全民阅读合作形式中所占比例①

| 合作形式 | 图书馆类型 | | | | 总体<br>($N=294$) |
|---|---|---|---|---|---|
| | 公共图书馆<br>($N=176$) | 高校图书馆<br>($N=99$) | 中小学图书馆<br>($N=11$) | 专业图书馆<br>($N=6$) | |
| 设立阅读空间 | 62.50% | 21.21% | 9.09% | 0.00% | 44.90% |

表7-35 共创阅读空间在不同层级图书馆全民阅读合作形式中所占比例②

| 合作形式 | 图书馆层级 | | | 总体<br>($N=175$) |
|---|---|---|---|---|
| | 省级、副省级<br>(含计划单列市)<br>($N=19$) | 地、市级<br>($N=41$) | 县、区级<br>($N=115$) | |
| 设立阅读空间 | 73.68% | 73.17% | 56.52% | 62.29% |

"图书馆+"的合作模式强调因地制宜地创设具有鲜明特色、人文品质的主题阅读空间,如上海嘉定"我嘉书房"、合肥城市阅读空间建设项目、北京东城区第一图书馆与北京更读书社的"馆店合作"模式[118]等等。同时,在共创阅读空间之余,还强调充分利用阅读空间中的资源、设施、人才方面的优势,广泛开展主题阅读活动,创新服务方式,打造优质阅读品牌。例如,由国家图书馆与京港地铁联手开展推进的京城首个地铁图书馆——"M地铁·图书馆"[119],以地铁列车为载体,让每一位走进地铁的乘客都成为读者。另外,京港地铁与国家图书馆还积极与其他社会力量合作,通过定期开展主题文化阅读推广活动,向地铁乘客提供各种优质电子图书资源。又如首都图书馆与北京大兴机场合作共建的国内首家"机场图书馆"[120]——首图大兴机场分馆,以机场航站为基础,以北京市公共图书馆服务体系为支撑,为来往旅客、工作人员等群体提供阅读服务,打造人文机场建设新模式。[121]

(六)搭建数字平台

近年来,图书馆还着力联通社会各界,加强公共图书数字资源、阅读信息

---

① 本章作者根据本次问卷调查数据绘制整理。
② 本章作者根据本次问卷调查数据绘制整理。

服务资源、公共阅读服务平台等数字化建设。从国家到地方的相关政策都比较重视数字化技术在全民阅读中的引入:2014年12月,《湖北省全民阅读促进办法》要求"县级以上公共图书馆应当加强数字阅读、移动阅读和网络阅读平台建设,与基层综合文化服务中心、农家书屋、社区书屋、职工书屋等阅读终端互联互通,实现数字资源共建共享"[61]。2021年5月,《山西省全民阅读促进条例》要求公共图书馆加强协作,"鼓励高等院校、科研机构与公共图书馆、实体书店和其他阅读服务组织合作,开发、推广和应用阅读新技术、新载体、新设施"[66]。

搭建数字平台是图书馆深入推进数字阅读推广工作的重要方式,但总体上而言,搭建数字平台的合作形式在目前的图书馆全民阅读工作中还不普遍。本次问卷调查显示(见表7-36、表7-37),25.85%的图书馆在全民阅读合作中采取了搭建数字平台的方式,34.09%的公共图书馆响应了这项工作。其中,73.68%的省级、副省级图书馆(含计划单列市)跨界共建了数字平台,36.59%的地、市级图书馆和26.09%的县、区级图书馆也采取了这种合作形式。

表7-36 搭建数字平台在不同类型图书馆全民阅读合作形式中所占比例①

| 合作形式 | 图书馆类型 | | | | 总体<br>($N=294$) |
|---|---|---|---|---|---|
| | 公共图书馆<br>($N=176$) | 高校图书馆<br>($N=99$) | 中小学图书馆<br>($N=11$) | 专业图书馆<br>($N=6$) | |
| 搭建数字平台 | 34.09% | 15.15% | 9.09% | 0.00% | 25.85% |

表7-37 搭建数字平台在不同层级图书馆全民阅读合作形式中所占比例②

| 合作形式 | 图书馆层级 | | | 总体<br>($N=175$) |
|---|---|---|---|---|
| | 省级、副省级<br>(含计划单列市)<br>($N=19$) | 地、市级<br>($N=41$) | 县、区级<br>($N=115$) | |
| 搭建数字平台 | 73.68% | 36.59% | 26.09% | 33.71% |

---

① 本章作者根据本次问卷调查数据绘制整理。
② 本章作者根据本次问卷调查数据绘制整理。

第七章　图书馆全民阅读合作

## 第四节　图书馆全民阅读合作的问题与建议

立足图书馆全民阅读合作理论、实践与案例的总结,本节将进一步讨论图书馆全民阅读合作发展过程中存在的主要问题并提出相应建议。

### 一、存在的问题

#### (一)合作机制有待完善

目前图书馆全民阅读合作机制不够完善,尚未建立起多元主体协同合作的阅读推广长效机制。与图书馆全民阅读合作直接相关的针对性政策还比较稀缺,有待加强。政府发布的相关政策和规划文本更多给予的是图书馆全民阅读或者图书馆合作的宏观指导,虽然或多或少地提及过图书馆全民阅读合作的内容,但是往往零散地分布在各个小节中,没有形成完整的体系,对合作的指导作用仍显不足。具体来说,目前全民阅读合作缺乏人员合作机制、资源分配机制、管理考核机制等,缺乏在合作标准、对象遴选、资金扶持、考核评价等方面的细化规范,全民阅读合作的组织和操作、评价和考核没有得到系统的整合,以上种种政策或机制的或缺,使得阅读推广专业人才队伍建设、优化整合配置阅读资源、切实提升用户满意度和全民阅读服务效能等工作都面临瓶颈。

#### (二)合作对象有待扩展

从整体上看,我国图书馆与其他机构合作开展全民阅读工作的频次有待提高。本次问卷调查显示,平均每所被调研图书馆开展合作频次1—5次/年,这一数字仅为图书馆独立开展阅读推广服务/活动频次的十分之一左右。在调研中,我们也发现,部分合作中存在"挂名"现象,基于场地、资源的"浅层次"合作较多,实质的、深度的合作还有待加强。与此同时,图书馆全民阅读合作存在明显的不平衡现象,一方面,公共图书馆、高校图书馆、专业图书馆、中小学图书馆的总体全民阅读合作频次均值有很大差异,公共图书馆合作最为频繁,而其他类型的图书馆的合作频次相对较低。另一方面,图书馆跨界合作力度还需要进一步加强,目前图书馆与其他各类公共文化机构、教育机构等的合作已相当成熟,但与企业、医疗卫生机构、科研机构等的合作频次偏低,具有影响力的品牌和项目也较少。

### (三) 合作形式有待创新

图书馆全民阅读合作形式也有待创新,调查结果显示,组织阅读活动是图书馆全民阅读合作最主要的合作形式,在图书馆行业内部的阅读合作形式中占比77.21%,在跨界合作中占比69.39%。并且在组织阅读活动的过程中,合作的活动类型往往局限于"办读书会""办诵读会"和"办讲座"等传统形态,新颖性有所不足。此外,在数字化时代,图书馆活动应该充分利用科技和数字化手段,为读者提供更丰富的体验和服务。然而,目前的图书馆全民阅读合作形式在科技和数字化应用方面创新性不足,数字平台搭建力度仍需加强,难以吸引到更广泛的受众群体。随着全社会精神文化生活的日益丰富,为了吸引更多民众参与阅读、爱上阅读,图书馆与相关合作主体有必要探索活泼创新的合作形式与新型的服务模式。

### (四) 合作内涵有待深化

谋求专业性提升和发展是图书馆参与全民阅读合作的主要目的之一,但当前的情况并不理想。一方面是潜在的合作对象不足,目前我国具有较强专业性的文化类/阅读类社会组织较少,图书馆与企业的社会合作机会未能充分挖掘,图书馆与专业性的在线阅读平台、数字出版商等的纵深合作不足。并且合作往往是临时性的、项目性的,缺乏长期性、可持续性的合作,合作效果不够持久和稳定。另一方面,在目前的合作中,充分发挥图书馆和合作对象的专业优势,形成专业能力互补的优秀案例还相对稀缺。图书馆和合作对象未充分利用各自的专业知识和技能,缺乏有效的沟通渠道或合作机制,缺乏专业的培训机会等,则会导致专业优势的浪费。

此外,近年来,虽然国家和地方不断推进全民阅读的标准制定工作,标准中也有涉及图书馆全民阅读合作的内容,但是以"全民阅读合作"关键词在全国标准信息公共服务平台上进行检索,尚未发现与之相关的国家标准、行业标准、地方标准、团体标准。

## 二、发展建议

### (一) 建立多元主体协同合作的长效机制

图书馆作为全民阅读的重要阵地,在全民阅读合作中发挥着重要的引导和推动作用。要发挥这一作用,建立以图书馆为主导的、多元主体协同合作的长效机制颇为关键。具体来讲,在推动图书馆全民阅读合作中具有重要支撑性作用的一系列机制包括:人员合作机制、资源分配和数据共享机制、管理考核机制等。

建立人员合作机制,需要注重对合作对象的培训、激励和沟通,发挥各自的专业优势,激励人员积极参与全民阅读工作;建立资源分配和数据共享机制,需要各主体共享阅读推广的相关数据和成果,并且及时调整推广策略,确保长效机制的有效运行;改革对各级公共阅读机构的管理考核机制,需要对全民阅读活动、全民阅读设施、全民阅读服务、公共图书馆运营等,全面加强建管用评估,建立以提高读者满意度为目标、以服务效果为核心的考核机制,建立起全民阅读服务动态监测和效果测评体系,不断优化全民阅读服务效能。[122]

(二)不断拓宽图书馆全民阅读合作对象

合作对象的多样性和专业性是图书馆全民阅读合作的重要方向,建立广泛、多样、专业的合作生态,将更多符合要求的潜在合作对象纳入图书馆全民阅读合作对象范围中来,是提高图书馆全民阅读服务水平的关键。

一方面,图书馆行业需要瞄准不同合作对象的基本职能与核心诉求,通过深入研究和实践探索发掘符合双方利益需求的合作模式。目前较为创新的阅读推广模式如"馆校合作""图书馆+家庭""馆店合作"等,其关键就在于找到了各方共同发展、互利共赢的交汇点。另一方面,图书馆要与政府机关、企事业单位、社会组织等共同建立"书香城市""书香社区"及全民阅读基地等各类长期化、可持续的合作项目。只有立足长期主义和共创精神,才有可能建立稳健的合作关系,从而不断提高与各类合作对象的合作频次,发现和挖掘富有创意、成效突出的工作模式,最终通过共享空间、资源、信息和活动,更好地满足用户需求。

(三)大力探索创新全民阅读合作方式

图书馆与不同主体合作需要考虑不同场景下的机构需求和读者需求,有意识、有针对性地探索创新,打造具有特色和吸引力的活动。未来一段时期,一些可行的思路包括:

第一,将游戏化、影视化等年轻人喜闻乐见的潮流引入阅读推广之中,激发年轻人的阅读兴趣。吸引年轻群体爱上阅读是当前全民阅读的重要使命。长沙县图书馆联合本地剧本发行机构和高校师生,以长沙党史人物为原型,深入挖掘馆藏地方文献,利用红色地标、长沙民国老建筑等文旅空间,推出了"红色剧本阅读解谜体验"沉浸式阅读活动,截至2023年4月已吸引了22560人参与。[123]第二,积极利用新媒体方式,将阅读与社交相结合,推广社交化阅读。图书馆在优化微信公众号的基础上,可以与 QQ 阅读、微信读书、喜马拉雅等网络阅读新媒体平台合作,吸引更多用户参与和分享阅读体验,扩大阅读服务的覆盖面与影响力。第三,着力结合文旅融合发展新业态,探索"读书+旅行"的阅读新场景,与网红书店、旅游景区、乡村、度假区等相结合,打造沉浸式、体验式全民阅读新模式。例如,南京玄武湖景区与金陵图书馆合作建立文旅融合阅读实践基地,通过文旅数字阅读机、户外朗读亭等提供便民阅读服务。[124]第四,积极将数字技术应用于阅读推广合作活动中,利用元宇宙、区块链、虚拟现实技术等,与技术公司或具备开发能力的团队合作,共同开发虚拟图书馆的技术平台和应用程序,设计沉浸式阅读活动。

(四)着力深化全民阅读合作的专业内涵

图书馆在阅读推广合作中起到专业引领作用,是引导社会多元主体共同参与全民阅读活动的重要力量。深化全民阅读的合作内涵,可以从以下几个方面推进:

首先,图书馆全民阅读合作不应当只是基于场地、资源的"浅层次"合作,而应该深化至更高级的战略合作,建立目标一致的行动共同体。通过打造全民阅读合作品牌项目,图书馆突破原有以一次性活动为基本单元的合作模式,通过长远的品牌塑造来加深彼此的联系,促进图书馆全民阅读合作长期、稳定的发展。以图书馆和企业的跨界合作为例,这一合作可以是多层次、多维度的:建立职工书房,共享图书馆的文献资源;面向员工或企业园区覆盖范围开展阅读推广活动;共同探索与企业主营方向相关的新形态阅读项目等等。

其次,图书馆在合作过程中不仅要发挥自身的专业性优势,还要挖掘和利用其他社会合作主体的专业优势,共同形成专业能力互补的优秀案例。例如,国家图书馆、全国图书馆文化创意产品开发联盟、上海自贸区国际文化投资发展有限公司等共同主办的全国图书馆文化创意产品开发联盟"品牌发展计划",面向全社会公开征集优秀设计方案与创意产品,不仅盘活了图书馆特有的文化资源,还推动了优秀产品的市场转化,让文化遗产资源更好地走向公众。[125]共同打造阅读合作交流平台、进行阅读推广内容制作、深度实施阅读 IP 开发等都是具有潜力的发展方向。

最后,合作开展全民阅读的标准化建设。阅读本身或许没有标准,但阅读推广和阅读服务应当有其标准,图书馆应当与专业组织和研究机构等合作,编制针对性强、便于响应的全民阅读标准,推动全民阅读工作走向效能化、专业化。

(执笔人:肖鹏 饶梓欣 吴桐树 吴慧婷 冉慧芳 谢莹 聂海燕 彭佳芳)

## 参考文献

[1] 徐雁,林英,何雨琪.合力深耕公共文化服务全面促进全民阅读推广——"十四五"期间"馆社合作"新形态[J].出版广角,2022,(03):21—26.

[2] 张丽.公共图书馆阅读推广多元合作模型构建[J].情报科学,2017,35(10):40—42+74.

[3] 崔芳,温凌云.公共图书馆少儿阅读推广多元合作模式探讨[J].图书馆研究,2014,44(04):61—64.

[4] 杨熔.全媒体时代公共图书馆阅读推广社会合作的发展策略[J].大学图书情报学刊,2017,35(06):3—6+10.

[5] 戴晓颖.公共图书馆阅读推广社会合作实践与思考——以深圳图书馆为例[J].图书馆界,2018,(04):84—87.

[6] 张江顺.公共图书馆阅读推广活动社会合作制度建设[J].图书馆研究与工作,2021,(12):37—42+62.

[7] 柯平,洪秋兰,孙情情.公共文化服务体系中的图书馆与社会合作实证研究[J].图书情报工作,2009,53(17):8—12.

[8] 严贝妮,程诗谣.公共图书馆与民营实体书店合作共建阅读阵地的案例解析——以合肥市图书馆与"保罗的口袋"合作为例[J].图书馆研究与工作,2019,(04):28—34.

[9] 张潇雨,孙红蕾.公共图书馆阅读推广跨界合作研究[J].图书与情报,2021,(03):104—112.

[10] 吴可嘉."双减"政策下公共图书馆开展馆校合作阅读推广研究[J].图书馆,2023(5):41—49.

[11] 刘灿姣,叶翠.出版界与图书馆界阅读推广合作方略研究初探[J].中国出版,2014,(23):40—44.

[12] 梁彦君."馆店合作"模式下图书馆阅读推广服务研究[J].图书馆,2019,(01):82—84+89.

[13] 刘娴.公共图书馆与出版发行业的合作模式与思考——以上海图书馆为例[J].图书与情报,2014,(06):134—137+144.

[14] 陈阳.图书馆特色影像资源建设的跨界合作实践探析[J].图书馆研究与工作,2023,(08):55—61.

[15] 叶伟伶.社会力量参与阅读空间建设的实践解析——以柳州市图书馆"阅甫轻艺术生活空间"为例[J].图书馆界,2021,(04):91—94.

[16]常天琪.社会力量参与公共图书馆阅读空间建设研究[D].东北师范大学,2023.

[17]刘雪花.公共图书馆联合社会力量开展阅读推广活动研究——以湖南图书馆的工作实践为例[J].山东图书馆学刊,2019,(02):45—50.

[18]陆和建,李婷婷.我国社会力量参与公共图书馆全民阅读推广实践探索——以深圳图书馆为例[J].图书馆界,2022,(02):13—18.

[19]王耘.公共图书馆绘本阅读推广合作研究[J].图书馆研究与工作,2021,(07):77—80+96.

[20]牛育芳.公共图书馆科普阅读推广社群合作模式初探[C].//科普中国智库论坛暨第二十八届全国科普理论研讨会论文集.2021:3—11,540.

[21]陆和建,王洋.我国社会力量参与公共图书馆老年阅读推广的发展策略[J].图书馆理论与实践,2022,(06):68—76.

[22]刘隽.社会力量参与图书馆少儿阅读推广活动的实践与思考——以上海浦东图书馆为例[J].图书馆研究与工作,2019,(01):62—66.

[23]霍晓伟.日本少儿阅读推广的多元化合作机制研究[J].图书情报工作,2013,57(S2):176—179.

[24]梁苗草,刘燕权.美国中小学与公共图书馆阅读推广合作模式及成功案例纵析[J].图书馆建设,2020,(S1):120—123+129.

[25]黄耀东,钟凤贵.美国公共图书馆与社会服务机构协同开展阅读障碍症儿童服务的研究[J].图书馆建设,2016,(11):5—12.

[26]叶翠,刘灿姣.国内外出版界与图书馆界阅读推广合作模式比较研究[J].中国编辑,2015,(03):28—32.

[27]中央宣传部、文化部、国家教委、国家科委等部门关于在全国组织实施"知识工程"的通知[EB/OL].(1997—01—02)[2023—12—11].https://www.xunlv.cn/laws/15699.

[28]国家发展和改革委员会.文化事业发展第十个五年计划纲要[EB/OL].(2005—06—11)[2023—11—22].https://www.ndrc.gov.cn/fggz/fzzlgh/gjjzxgh/200506/W020191104623911947787.pdf.

[29]中国政府网.国家"十一五"时期文化发展规划纲要(全文)[EB/OL].(2006—09—13)[2023—11—21].https://www.gov.cn/jrzg/2006-09/13/content_388046.htm.

[30]中国全民阅读网.行业研究报告选登:2021年度"书香中国"全民阅读品牌传播影响力大数据研究报告[EB/OL].(2022—06—30)[2023—11—22].https://www.nationalreading.gov.cn/xwzx/ywxx/202206/t20220630_129793.html.

[31]秋禾.知识惠东莞莞城书香浓[J].图书馆杂志,2006(08):91—94.

[32]黎峰,郭爱忠,李向红,等.万户书声响知识是脊梁[N].陕西日报,2010—06—23(001).

[33]光明日报.萍乡农民刘炳继筹资建成农民图书馆[EB/OL].(2005—02—16)[2023—02—28].https://www.gmw.cn/01gmrb/2005-02/16/content_180361.htm.

第七章 图书馆全民阅读合作

[34]中国政府网.新闻出版广电总局发布2013年全民阅读活动安排[EB/OL].(2013-04-18)[2023-11-22].https://www.gov.cn/gzdt/2013-04/18/content_2381333.htm.

[35]江苏省人民政府.《江苏省人民代表大会常务委员会关于促进全民阅读的决定》主要内容[EB/OL].(2014-11-28)[2023-11-22].http://www.jsrd.gov.cn/lfgz/xfsd/201411/t20141128_151919.html.

[36]上海图书馆上海科学技术情报研究所.助推市民阅读建设文化强国——上海图书馆"2012年度公共图书馆服务宣传周"系列活动精彩纷呈[EB/OL].(2012-5-28)[2023-12-01].http://old.library.sh.cn/news/list.asp?id=5788.

[37]中华人民共和国文化和旅游部.残联、国图倡议"图书馆文化助残行动"[EB/OL].(2013-05-28)[2023-02-18].https://www.mct.gov.cn/whzx/zsdw/zggjtsg/201305/t20130528_825792.htm.

[38]中国人大网.中华人民共和国公共图书馆法[EB/OL].(2017-11-04)[2023-12-01].http://www.npc.gov.cn/npc/c2/c30834/201905/t20190521_278356.html.

[39]广东省文化和旅游厅.广东省全民阅读促进条例[EB/OL].(2020-03-31)[2023-02-18].http://whly.gd.gov.cn/special_newzt/fzxc/flfg/content/post_2961848.html.

[40]中国全民阅读网.烟台市全民阅读促进条例[EB/OL].(2021-08-20)[2023-02-18].https://www.nationalreading.gov.cn/dffg/sj_1689/202108/t20210820_104336.html.

[41]中国政府网.文化和旅游部关于印发《"十四五"公共文化服务体系建设规划》的通知[EB/OL].(2021-06-10)[2023-11-22].https://www.gov.cn/zhengce/zhengceku/2021-06/23/content_5620456.htm.

[42]中华人民共和国文化和旅游部.中央宣传部办公厅、文化和旅游部办公厅关于推动实体书店参与公共文化服务的通知[EB/OL].(2023-04-27)[2023-11-22].https://zwgk.mct.gov.cn/zfxxgkml/ggfw/202304/t20230427_943435.html.

[43]央视网.让典籍"点"亮来路《典籍里的中国》创作座谈会举行[EB/OL].(2021-02-24)[2023-11-22].https://tv.cctv.com/lm/djldzg/index.shtml.

[44]佛山市图书馆.重磅!佛山市图书馆荣获国际图联(IFLA)营销奖第一名[EB/OL].(2020-07-23)[2023-11-22].https://www.fslib.com.cn/info/10348.

[45]广东省文化和旅游厅.佛山市邻里图书馆项目登上国际图联"世界图书馆地图"[EB/OL].(2021-06-16)[2023-11-22].https://whly.gd.gov.cn/news_newdsxw/content/post_3321704.html.

[46]地方标准信息服务平台.开封市全民阅读工作实施规范[EB/OL].(2020-09-03)[2023-02-18].https://dbba.sacinfo.org.cn/stdDetail/c8cfe1062472c6118b773ac3d2f0a350f818d7f0f0a65c5f6a389ae956ddc2c2.

[47]余芳.巧用高校图书馆资源助力全民阅读[J].文化产业,2023(19):115-117.

[48]北大法宝.新闻出版总署关于深入开展全民阅读活动努力建设"书香中国"的通知[EB/

OL].(2012-03-22)[2023-02-16]. https://www.pkulaw.com/law/chl?way=textCrumbs.

[49]新华网.《全民阅读"十三五"时期发展规划》发布[EB/OL].(2016-12-27)[2023-12-01]. http://www.xinhuanet.com/politics/2016-12/27/c_129421928.htm.

[50]中国政府网.文化和旅游部关于印发《"十四五"公共文化服务体系建设规划》的通知[EB/OL].(2021-06-10)[2023-02-16]. http://www.gov.cn/zhengce/zhengceku/2021-06/23/content_5620456.htm.

[51]中国政府网.国家新闻出版广电总局下发通知推动2013全民阅读[EB/OL].(2013-04-02)[2023-12-01]. https://www.gov.cn/gzdt/2013-04/02/content_2368377.htm.

[52]国家新闻出版广电总局.关于开展2014年全民阅读活动的通知[Z].中华人民共和国新闻出版总局,2014(3):10.

[53]关于开展2015年全民阅读工作的通知[EB/OL].[2023-02-23]. http://www.gapp.gov.cn/news/1663/245444.shtml.

[54]新华网.关于开展2016年全民阅读工作的通知[EB/OL].(2016-02-25)[2023-02-23]. http://www.xinhuanet.com/politics/2016-02/25/c_128751788.htm.

[55]国家新闻出版署.关于开展2017年全民阅读工作的通知[EB/OL].(2017-02-06)[2023-12-01]. https://www.nppa.gov.cn/xxfb/tzgs/201702/t20170206_666101.html.

[56]国研网.国家新闻出版广电总局《关于开展2018年全民阅读工作的通知》[EB/OL].(2018-03-02)[2023-12-01]. https://h5.drcnet.com.cn/docview.aspx?docid=5083058.

[57]中国全民阅读网.深圳经济特区全民阅读促进条例(2019修正)[EB/OL].(2021-08-20)[2023-02-16]. https://www.nationalreading.gov.cn/dffg/sj_1689/202108/t20210820_104335.html.

[58]内蒙古自治区人民政府.内蒙古自治区人民政府办公厅关于印发自治区全民阅读中长期规划(2016—2025年)的通知[EB/OL].(2016-5-5)[2023-02-23]. https://www.nmg.gov.cn/zwgk/zfxxgk/zfxxgkml/202012/t20201208_312876.html.

[59]中国科学院成都文献情报中心.福建省发布《福建省全民阅读2017—2020年发展规划》[EB/OL].(2017-04-27)[2023-02-23]. https://clas.cas.cn/xwzx2016/ttxw2016/201704/t20170427_4780978.html.

[60]宁夏人大网.宁夏回族自治区全民阅读促进条例[EB/OL].(2020-11-30)[2023-12-01]. http://www.nxrd.gov.cn/rdzt/zzqrdcwhhy/seess/hywj/202011/t20201130_250961.html.

[61]湖北省人民政府.湖北省全民阅读促进办法[EB/OL].(2014-12-06)[2023-12-01].

https://www.hubei.gov.cn/xxgk/gz/202112/t20211203_3896305.shtml.

[62]中国全民阅读网.贵州省全民阅读促进条例[EB/OL].(2021-08-20)[2023-02-16]. https://www.nationalreading.gov.cn/dffg/sj/202108/t20210820_104331.html.

[63]永州市人民政府.关于印发《永州市全民阅读促进办法》的通知[EB/OL].(2020-12-12)[2023-02-16]. http://www.yzcity.gov.cn/cnyz/zfbgswj/202101/64bacb0ec75b4e188510e4a96c14c51b.shtml.

[64]安徽文化产业发展网.关于印发《安徽省全民阅读"十三五"发展规划》的通知[EB/OL].(2018-02-12)[2023-02-23]. http://www.ahcid.com/sxwcbgdj/p/6721.html.

[65]吉林省人民政府.吉林省全民阅读促进条例[EB/OL].(2019-04-18)[2023-12-01]. http://www.jl.gov.cn/szfzt/zcfg/dffg/201904/t20190418_5802816.html.

[66]中国全民阅读网.山西省全民阅读促进条例[EB/OL].(2021-08-19)[2023-02-16]. https://www.nationalreading.gov.cn/dffg/sj/202108/t20210819_104333.html.

[67]石家庄市文化广电和旅游局.河北省公共文化服务体系建设"十四五"规划[EB/OL]. (2021-12-20)[2023-12-01]. http://wglj.sjz.gov.cn/col/1569465489980/2022/04/22/1650591702267.html.

[68]中国全民阅读网.宁波市全民阅读促进条例[EB/OL].(2021-08-20)[2023-02-18]. https://www.nationalreading.gov.cn/dffg/sj_1689/202108/t20210820_104334.html.

[69]洪文梅.公共图书馆在全民阅读活动中的作用与对策探讨[J].图书馆理论与实践,2009(07):85-88.

[70]中央宣传部办公厅文化和旅游部办公厅国家发展改革委办公厅.关于公布基层公共文化服务高质量发展典型案例的通知[EB/OL].(2023-02-12)[2023-12-01]. https://zwgk.mct.gov.cn/zfxxgkml/ggfw/202302/t20230210_939030.html.

[71]李吉莹.宝读书房:打通全民阅读"最后一公里"[EB/OL].(2023-10-23).[2023-12-01]. https://www.nationalreading.gov.cn/ydkj/ydyz/202310/t20231023_775698.html.

[72]广东省文化和旅游厅.完善公共图书馆设施和服务体系助推广东全民阅读新风尚[EB/OL].(2020-04-24)[2023-12-01]. https://www.mct.gov.cn/whzx/qgwhxxlb/gd/202004/t20200424_852745.htm.

[73]文化和旅游部国家发展改革委财政部.关于推动公共文化服务高质量发展的意见[EB/OL].(2021-03-08)[2023-12-01]. https://zwgk.mct.gov.cn/zfxxgkml/ggfw/202103/t20210323_923230.html.

[74]张岩,王洋.从探索实践到先行示范——"图书馆之城"的深圳模式[J].图书馆论坛,2021,41(01):64-70.

[75]冯睿.基于"少儿智慧银行"的图书馆阅读推广联动模式探究[J].图书馆研究与工作,2017,No.156(06):76-80.

[76]深圳图书馆.《深圳商报》:市区图书馆即将启动"少儿智慧银行"[EB/OL].(2015-5-29)

[2023—12—01]. https://www.szlib.org.cn/article/view/id—26213.html.

[77]央广网. 晋冀联合打造跨省公益讲座品牌[EB/OL].(2017—04—05)[2023—12—01]. http://gongyi.cnr.cn/list/20170405/t20170405_523692105.shtml.

[78]中国图书馆学会. 中国图书馆学会关于开展2022年全民阅读工作的通知[EB/OL]. (2022—03—21)[2023—12—01]. https://www.lsc.org.cn/cns/contents/1383/15456.html.

[79]国家图书馆. 国家图书馆与丽江市政府签订战略合作协议[EB/OL].(2023—05—29) [2023—12—01]. https://www.mct.gov.cn/whzx/zsdw/zggjtsg/202305/t20230529_944068.html.

[80]梁平发布."格林童话之夜"首次走进梁平,亲子家庭欢聚一堂,畅游童话阅读狂欢夜 [EB/OL].(2022—07—10)[2023—12—01]. https://mp.weixin.qq.com/s/cE72HZW TQM7HO1l_eqinsw.

[81]重庆市公共数字文化. 重庆图书馆变身格林童话世界[EB/OL].(2019—05—17)[2023—12—01]. https://mp.weixin.qq.com/s/xwleQ6E6UbI6Q2BvkHKtWg.

[82]书香中国. 活动 | 重庆"格林童话之夜":引燃亲子阅读热情[EB/OL].(2022—07—13) [2023—12—01]. https://mp.weixin.qq.com/s/0EcSZ2CRJ6nlObfBVxcc8A.

[83]重庆图书馆. 一起打开格林童话在重图的美妙之夜[EB/OL].(2018—05—18)[2023—12—01]. https://mp.weixin.qq.com/s/svCeSxMINdasWzHp--_lwA.

[84]重庆图书馆. 格林童话之夜|精彩回顾:一场做不完的童话梦[EB/OL].(2022—07—15) [2023—12—01]. https://mp.weixin.qq.com/s/am1HdCvb031_uEjzV8pohw.

[85]江苏省文化和旅游厅. 连云港市少儿图书馆积极探索分龄分众阅读推广模式[EB/OL]. (2022—11—01)[2023—12—01]. wlt.jiangsu.gov.cn/art/2022/11/1/art_695_10645889.html.

[86]孙蕊,吴松桦. 馆校协同儿童阅读推广模式研究——以深圳"常青藤"为例[J]. 国家图书馆学刊,2020,29(03):53—63.

[87]中国文化报. 河南省少年儿童图书馆:打造"阅读平台"加强"馆校共建"[EB/OL].(2020—01—16)[2023—12—01]. https://www.mct.gov.cn/whzx/qgwhxxlb/hn/202001/t20200116_850369.htm.

[88]中国图书馆学会. 专栏|凝聚精华助力推广——图书馆特色阅读空间之未成年人服务篇 [EB/OL].(2023—06—25)[2023—12—01]. https://www.lsc.org.cn/cns/contents/1672215860724/1632698970277437540.html.

[89]杨秀. 馆校合作背景下公共图书馆场馆教育的实践探索与研究——以镇江市图书馆为例 [J]. 新世纪图书馆,2022(07):18—23+79.

[90]国家公务员局. 工会、共青团、妇联等人民团体和群众团体机关参照《中华人民共和国公务员法》管理的意见[EB/OL].(2008—10—13)[2023—12—01]. http://www.scs.gov.

第七章 图书馆全民阅读合作

cn/gwygl/czgl/201409/t20140902_1949. html.

[91]新华社. 中共中央关于加强和改进党的群团工作的意见[EB/OL]. (2015－07－09)[2023－12－01]. https://www. gov. cn/xinwen/2015-07/09/content_2894833. htm.

[92]江苏省新闻出版广电局. 江苏率先成立省级全民阅读促进会[EB/OL]. (2016－04－19)[2023－12－01]. https://www. nationalreading. gov. cn/xwzx/ywxx/201604/t20160419_97891. html.

[93]姑苏晚报. 苏州姑苏区"阅读水滴"启动[EB/OL]. (2016－02－24)[2023－12－01]. https://www. nationalreading. gov. cn/xwzx/ywxx/201602/t20160224_97735. html.

[94]中国新闻出版广电报. 让温暖绘本陪伴留守儿童[EB/OL]. (2018－07－13). [2023－12－01] https://www. nationalreading. gov. cn/xwzx/ywxx/201807/t20180713_99645. html.

[95]国家税务总局. 中华人民共和国企业所得税法实施条例[EB/OL]. (2019－04－23)[2023－12－01]. https://www. chinatax. gov. cn/chinatax/n810341/n810825/c101434/c28479831/content. html.

[96]国务院. 国务院办公厅关于推进基层综合性文化服务中心建设的指导意见[EB/OL]. (2015－10－02)[2023－12－01]. https://zwgk. mct. gov. cn/zfxxgkml/zcfg/gfxwj/202012/t20201204_906283. html.

[97]丰都县图书馆. 丰都"善和之声"获评"2019年阅读推广优秀项目"[EB/OL]. (2020－10－31)[2023－12－01]. www. cqfd. gov. cn/fdtsg/hdgg/202011/t20201105_8435646. html.

[98]丰都图书馆. 县图书馆与县诗词楹联学会携手合作共推全民阅读[EB/OL]. [2025－3－17]. https://www. cqfd. gov. cn/fdtsg/xwdt/202010/t20201027_8102061. html.

[99]阅读马拉松. "上图杯"2021新征程上海阅读马拉松赛长白新村街道图书馆赛点等你来报名[EB/OL]. (2021－03－25)[2023－12－01]. https://mp. weixin. qq. com/s? __biz=MzIzMDM5MTExNg==&mid=2247486890&idx=1&sn=c04a10b43649fb4dd26445ab3c7147e9&chksm=e8b56189dfc2e89f7297ce792db64e9043a340dae597515471673dc36299957f8aabc94098eb&scene=27.

[100]上海图书馆. 上海图书馆喜获2021年度IFLA国际图联营销奖十佳案例[EB/OL]. (2021－06－22)[2023－12－01]. https://www. library. sh. cn/article/1000.

[101]北京市文化和旅游局. 36座运河城市代表云端对话,共话运河阅读新未来[EB/OL]. (2022－08－31)[2023－12－01]. www. bjtzly. gov. cn/bjtzly/fzx/202208/1613333. shtml.

[102]中国网文创. 大运河阅读行动计划收官:1份书单、1张地图、38座文化地标[EB/OL]. (2022－08－31)[2023－12－01]. creativity. china. com. cn/2022-08-31/content_42091349. htm.

[103]深度阅读系列活动回顾|邺架轩·作者面对面[EB/OL].(2020-12-30)[2023-12-01].https://www.sohu.com/a/441425686_295452.

[104]全国人民代表大会.中华人民共和国公司法[EB/OL].(2018-11-06)[2023-12-01].http://www.npc.gov.cn/zgrdw/npc/xinwen/2018-11/05/content_2065671.html.

[105]国家税务总局.中华人民共和国企业所得税法[EB/OL].(2019-01-07)[2023-12-01].https://www.chinatax.gov.cn/chinatax/n810341/n810825/c101434/c28479830/content.html.

[106]中国文化报纸.广州:"图书馆之城"建设渐入佳境[EB/OL].(2019-11-21)[2023-12-01].https://www.mct.gov.cn/whzx/qgwhxxlb/gd/201911/t20191121_849018.htm.

[107]中国文化报.建设书香企业带动全民阅读[EB/OL].(2022-03-09)[2023-12-01].https://www.mct.gov.cn/preview/special/9651/9654/202203/t20220309_931751.html.

[108]中工网.通辽市职工书屋:唯有书香草原来[EB/OL].(2023-11-30).https://www.nationalreading.gov.cn/ydzg/202311/t20231130_820104.html.

[109]2022首届全民阅读大会.首届全民阅读大会·全民阅读研究分论坛举行[EB/OL].(2022-04-24)[2023-12-01].https://www.nationalreading.gov.cn/wzzt/yddh/ltan/ltan6/fbyd/202204/t20220424_110912.html.

[110]中国全民阅读网.吉林省全民阅读促进条例[EB/OL].(2021-08-20)[2023-12-01].https://www.nationalreading.gov.cn/dffg/sj/202108/t20210820_104328.html.

[111]东南网.南安创新开展星级"百姓书房"引领全民阅读新风尚[EB/OL].(2022-12-27)[2023-12-01].https://www.nationalreading.gov.cn/ydzg/202212/t20221227_666640.html.

[112]2023第二届全民阅读大会.第二十次全国国民阅读调查成果[EB/OL].(2023-04-23)[2023-12-01].https://www.nationalreading.gov.cn/wzzt/dejqmyddhzq/cgfb/202304/t20230423_713063.html.

[113]中国新闻出版广电报.青岛:社区志愿者汇成"爱心妈妈领读联盟"[EB/OL].(2020-05-18)[2023-12-01].https://www.nationalreading.gov.cn/xwzx/ywxx/202005/t20200518_100240.html.

[114]澎湃新闻.金陵图书馆"朗读者"项目:"文化盲道"铺到"最后一公里"[EB/OL].(2021-12-13)[2023-12-01].https://www.thepaper.cn/newsDetail_forward_15819472.

[115]金陵图书馆.金图讲坛:声音的力量从"心"出发|金图团队奉上"阅读大餐"[EB/OL].(2022-06-24)[2023-12-01].https://mp.weixin.qq.com/s/8dmZviT3eGACXiK74WK-uA.

[116]中国新闻网.山东多地打造"共享书屋"同沐书香多彩活动引燃阅读氛围[EB/OL].

第七章 图书馆全民阅读合作

(2023－08－15)[2023－12－01]. https://www.nationalreading.gov.cn/ydzg/202308/t20230815_750329.html.

[117]2023第二届全民阅读大会.第二十次全国国民阅读调查成果[EB/OL].(2023－04－23)[2023－12－01].https://www.nationalreading.gov.cn/wzzt/dejqmyddhzq/cgfb/202304/t20230423_713063.html.

[118]人民网.北京:"书店+"让老城书香更浓郁[EB/OL].(2021－08－19)[2023－12－01].https://difang.gmw.cn/bj/2021-08/19/content_35092942.htm.

[119]京港地铁网.地铁站首设图书馆变身阅读驿站"M地铁·图书馆"落户4号线平安里站[EB/OL].(2015－05－11)[2023－12－01].http://www.mtr.bj.cn/article/5d5ec15f5ce0c51f23e1382c.html.

[120]北京市文化和旅游局.创全国之先!首都图书馆分馆开进大兴机场[EB/OL].(2021－07－12)[2023－12－01].https://whlyj.beijing.gov.cn/zwgk/xwzx/gzdt/202107/t20210712_2434126.html.

[121]中国民航网.大兴机场:我国首家进驻机场运营的图书馆正式开馆[EB/OL].(2021－07－29)[2023－12－01].http://www.caacnews.com.cn/1/5/202107/t20210729_1328231.html.

[122]徐升国,汤雪梅.全民阅读走向体系化新时代——"十四五"时期全民阅读发展思考[J].科技与出版,2021,(05):6－11.DOI:10.16510/j.cnki.kjycb.2021.05.001.

[123]湖南在线.长沙图书馆原创红色阅读解谜剧本《火炬》首发[EB/OL].(2023－04－22)[2023－11－27].https://hunan.voc.com.cn/article/202304/202304221743409735.html.

[124]金陵图书馆."志青春·致佳节"——金图"阅美"志愿服务队2023年春节便民志愿服务走进玄武湖[EB/OL].(2023－01－29)[2023－11－27].http://www.jllib.cn/hdym/hdbd/202301/t20230129_65630.html.

[125]中国经济网.大动作!国家图书馆携手全国116家图书馆推出文创"品牌发展计划"[EB/OL].(2019－01－08)[2023－11－27].http://www.ce.cn/culture/gd/201901/08/t20190108_31209343.shtml.

# 附录一  全民阅读相关政策制度目录

表1  中央政府发布的全民阅读专门政策

| 序号 | 政策名称 | 发布主体 | 发布时间 |
|---|---|---|---|
| 1 | 《关于在全国组织实施"知识工程"的通知》 | 中央宣传部、文化部、国家教委等9个部门 | 1997-01-02 |
| 2 | 《关于推进中国青少年新世纪读书计划的意见》 | 共青团中央 | 1999-03-05 |
| 3 | 《共青团中央关于深入实施中国青少年新世纪读书计划的通知》 | 共青团中央 | 2004-05-12 |
| 4 | 《关于开展全民阅读活动的倡议书》 | 中央宣传部、中央文明办、新闻出版总署等11个部门 | 2006-04-05 |
| 5 | 《关于印发"农家书屋"工程实施意见的通知》 | 新闻出版总署、中央文明办、国家发展和改革委员会等8个部门 | 2007-03-06 |
| 6 | 《关于开展以"同享知识,共创和谐"为主题的全民阅读活动的通知》 | 中央宣传部、中央文明办、新闻出版总署等17个部门 | 2007-04-09 |
| 7 | 《关于认真做好2008年全民阅读活动的通知》 | 中央宣传部、中央文明办、新闻出版总署 | 2007-12-30 |
| 8 | 《关于开展全国工会"职工书屋"建设的实施意见》 | 中华全国总工会 | 2008-01-18 |

附录一　全民阅读相关政策制度目录

续表

| 序号 | 政策名称 | 发布主体 | 发布时间 |
| --- | --- | --- | --- |
| 9 | 《关于进一步推动做好全民阅读的通知》 | 中央宣传部、新闻出版总署 | 2009—03—25 |
| 10 | 《2010年全民阅读活动行动计划》 | 中央宣传部、中央文明办 | 2010—04—14 |
| 11 | 《关于开展"全民阅读报刊行"活动的通知》 | 新闻出版总署新闻报刊司 | 2010—04—27 |
| 12 | 《关于深入开展2011年全民阅读活动的通知》① | 新闻出版总署 | 2011—03—15 |
| 13 | 《关于深入开展全民阅读活动努力建设"书香中国"的通知》 | 新闻出版总署 | 2012—03—29 |
| 14 | 《关于开展首届全国"书香之家"推荐活动的通知》② | 新闻出版总署 | 2013—03—14 |
| 15 | 《关于开展2015年全民数字阅读专题活动的通知》 | 国家新闻出版广电总局 | 2015—03—04 |
| 16 | 《关于开展2015年"百社千校"阅读活动的通知》③ | 国家新闻出版广电总局 | 2015—06—15 |
| 17 | 《关于支持实体书店发展的指导意见》 | 中央宣传部、国家新闻出版广电总局、国家发展和改革委员会等11个部门 | 2016—06—16 |
| 18 | 《全民阅读"十三五"时期发展规划》 | 国家新闻出版广电总局 | 2016—12—17 |
| 19 | 《农家书屋深化改革创新提升服务效能实施方案》 | 中央宣传部、中央文明办、教育部等10个部门 | 2019—02—26 |
| 20 | 《关于开展2020"新时代乡村阅读季"活动的通知》④ | 中央宣传部办公厅、农业农村部办公厅 | 2020—05—18 |

① 2013—2018年连续6年发布该年度全民阅读活动通知。
② 2015年、2017年分别发布第二届、第三届全国书香之家推荐活动的通知。
③ 2016年、2017年发布该年度"百社千校"阅读活动的通知。
④ 2021—2023年每年发布该年度新时代乡村阅读季活动的通知。

续表

| 序号 | 政策名称 | 发布主体 | 发布时间 |
|---|---|---|---|
| 21 | 《关于促进全民阅读工作的意见》 | 中央宣传部 | 2020-10-22 |
| 22 | 《关于做好2021年全民阅读工作的通知》 | 中央宣传部办公厅 | 2021-03-17 |
| 23 | 《关于开展2021年全民阅读优秀项目推介工作的通知》① | 国家新闻出版署 | 2021-09-07 |
| 24 | 《关于为盲人、视力障碍者或其他印刷品阅读障碍者获得已出版作品提供便利的马拉喀什条约》 | 全国人民代表大会常务委员会 | 2021-10-23 |
| 25 | 《以无障碍方式向阅读障碍者提供作品暂行规定》 | 国家版权局 | 2022-08-01 |
| 26 | 《关于推动实体书店参与公共文化服务的通知》 | 中央宣传部办公厅、文化和旅游部办公厅 | 2023-03-08 |
| 27 | 《全国青少年学生读书行动实施方案》 | 教育部、中央宣传部、中央网信办等8个部门 | 2023-03-27 |
| 28 | 《关于开展"书香飘万家"全国家庭亲子阅读行动的实施意见》 | 全国妇联、中央宣传部、教育部、文化和旅游部、国务院妇儿工委办公室 | 2023-04-22 |
| 29 | 《关于推进老年阅读工作的指导意见》 | 民政部、全国老龄办、中央宣传部等14个部门 | 2024-10-28 |

表2 中央政府发布的全民阅读相关政策

| 序号 | 政策名称 | 发布主体 | 发布时间 | 文件中关于全民阅读的内容 |
|---|---|---|---|---|
| 1 | 《新闻出版业"十二五"时期发展规划》 | 新闻出版总署 | 2011-04-20 | 要大力开展全民阅读活动,倡导全社会形成读书风尚,提高全民文化素质。并提出开展全民阅读工程 |

① 2023年中央宣传部办公厅印发了《关于开展2022—2023年全民阅读优秀项目推介工作的通知》。

附录一 全民阅读相关政策制度目录

续表

| 序号 | 政策名称 | 发布主体 | 发布时间 | 文件中关于全民阅读的内容 |
| --- | --- | --- | --- | --- |
| 2 | 《中共中央关于深化文化体制改革推动社会主义文化大发展大繁荣若干重大问题的决定》 | 中国共产党中央委员会 | 2011-10-18 | 要深入开展全民阅读 |
| 3 | 《国家"十二五"时期文化改革发展规划纲要》 | 中共中央办公厅、国务院办公厅 | 2012-02-15 | 要深入开展全民阅读活动 |
| 4 | 《关于培育和践行社会主义核心价值观的意见》 | 中共中央办公厅 | 2013-12-23 | 开展全民阅读活动,不断提升公民文明素质和社会文明程度 |
| 5 | 《中华人民共和国第十二届全国人民代表大会第二次会议政府工作报告》 | 国务院 | 2014-03-05 | 要倡导全民阅读 |
| 6 | 《关于加快构建现代公共文化服务体系的意见》 | 中共中央办公厅、国务院办公厅 | 2015-01-14 | 要深入开展全民阅读活动,推动全民阅读进家庭、进社区、进校园、进农村、进企业、进机关 |
| 7 | 《中华人民共和国第十二届全国人民代表大会第三次会议政府工作报告》 | 国务院 | 2015-03-05 | 倡导全民阅读 |
| 8 | 《中华人民共和国第十二届全国人民代表大会第四次会议政府工作报告》 | 国务院 | 2016-03-05 | 倡导全民阅读 |

续表

| 序号 | 政策名称 | 发布主体 | 发布时间 | 文件中关于全民阅读的内容 |
| --- | --- | --- | --- | --- |
| 9 | 《中华人民共和国国民经济和社会发展第十三个五年规划纲要》 | 第十二届全国人民代表大会第四次会议 | 2016-03-17 | 推动全民阅读 |
| 10 | 《中华人民共和国第十二届全国人民代表大会第五次会议政府工作报告》 | 国务院 | 2017-03-05 | 大力推动全民阅读 |
| 11 | 《中华人民共和国公共文化服务保障法》 | 全国人大常务委员会 | 2017-03-01 | 第二十七条 各级人民政府应当充分利用公共文化设施,促进优秀公共文化产品的提供和传播,支持开展全民阅读 |
| 12 | 《"十三五"时期全国公共图书馆事业发展规划》 | 文化部 | 2017-07-07 | 要深入开展全民阅读。各级公共图书馆根据职责制定阅读推广计划,围绕世界读书日、图书馆服务宣传周、全民读书月以及中华传统节日、重要节假日和重大节庆活动,深入开展系列阅读推广活动;完善针对不同读者群体的优秀读物推荐机制;鼓励基层群众依托公共图书馆,兴办读书社、阅读兴趣小组等,开展阅读活动,进行读书交流;发挥中国图书馆学会等行业组织的作用,指导各级公共图书馆探索形成符合本地实际的阅读推广方式 |

附录一 全民阅读相关政策制度目录

续表

| 序号 | 政策名称 | 发布主体 | 发布时间 | 文件中关于全民阅读的内容 |
|---|---|---|---|---|
| 13 | 《文化部"十三五"时期公共数字文化建设规划》 | 文化部 | 2017-07-07 | 要有序推进艺术鉴赏、全民阅读、知识讲座、实用科技、健康生活等基础性数字文化资源建设,形成国家全民艺术普及基础资源库和全民阅读基础资源库 |
| 14 | 《中华人民共和国公共图书馆法》 | 全国人大常务委员会 | 2018-01-01 | 第三条 公共图书馆是社会主义公共文化服务体系的重要组成部分,应当将推动、引导、服务全民阅读作为重要任务。第三十六条 公共图书馆应当通过开展阅读指导、读书交流、演讲诵读、图书互换共享等活动,推广全民阅读 |
| 15 | 《中华人民共和国第十三届全国人民代表大会第一次会议政府工作报告》 | 国务院 | 2018-03-05 | 倡导全民阅读,建设学习型社会 |
| 16 | 《中华人民共和国第十三届全国人民代表大会第二次会议政府工作报告》 | 国务院 | 2019-03-05 | 倡导全民阅读,推进学习型社会建设 |
| 17 | 《中华人民共和国第十三届全国人民代表大会第三次会议政府工作报告》 | 国务院 | 2020-05-22 | 倡导全民健身和全民阅读 |

续表

| 序号 | 政策名称 | 发布主体 | 发布时间 | 文件中关于全民阅读的内容 |
| --- | --- | --- | --- | --- |
| 18 | 《中华人民共和国第十三届全国人民代表大会第四次会议政府工作报告》 | 国务院 | 2021-03-05 | 倡导全民阅读 |
| 19 | 《中华人民共和国国民经济和社会发展第十四个五年规划和2035年远景目标纲要》 | 国务院 | 2021-03-12 | 第三十五章"提升公共文化服务水平"中,提出深入推进全民阅读,建设"书香中国" |
| 20 | 《"十四五"公共文化服务体系建设规划》 | 文化和旅游部 | 2021-06-10 | (二)建设以人为中心的图书馆<br>2.广泛开展全民阅读活动。将推动、引导、服务全民阅读作为公共图书馆的重要任务,不断丰富以阅读为核心的综合性文化服务,建设书香社会。围绕世界读书日、图书馆服务宣传周、全民读书月以及重大节庆活动,深入开展系列阅读推广活动<br>(六)推动公共文化服务数字化、网络化、智能化建设<br>1.以全民阅读和全民艺术普及为建设方向,不断丰富数字资源总量,创新数字资源样态,提升数字资源建设质量,打造全民阅读和全民艺术普及资源库群 |

附录一　全民阅读相关政策制度目录

续表

| 序号 | 政策名称 | 发布主体 | 发布时间 | 文件中关于全民阅读的内容 |
|---|---|---|---|---|
| 21 | 《中华人民共和国第十三届全国人民代表大会第五次会议政府工作报告》 | 国务院 | 2022-03-05 | 深入推进全民阅读 |
| 22 | 《中华人民共和国第十四届全国人民代表大会第一次会议政府工作报告》 | 国务院 | 2023-03-05 | 深入推进全民阅读 |
| 23 | 《中华人民共和国第十四届全国人民代表大会第二次会议政府工作报告》 | 国务院 | 2024-03-05 | 深化全民阅读活动 |

表3　全民阅读地方性法规规章

| 序号 | 政策名称 | 发布主体 | 发布/修订时间 |
|---|---|---|---|
| 1 | 《江苏省人民代表大会常务委员会关于促进全民阅读的决定》 | 江苏省人民代表大会常务委员会 | 2014-11-27 |
| 2 | 《湖北省全民阅读促进办法》 | 湖北省人民政府常务委员会 | 2014-12-26 |
| 3 | 《辽宁省人民代表大会常务委员会关于促进全民阅读的决定》 | 辽宁省人民代表大会常务委员会 | 2015-03-31 |
| 4 | 《深圳经济特区全民阅读促进条例》 | 深圳市人民代表大会常务委员会 | 2015-12-24/2019-04-24 |
| 5 | 《四川省人民代表大会常务委员会关于促进全民阅读的决定》 | 四川省人民代表大会常务委员会 | 2016-03-29 |
| 6 | 《石家庄市人大常委会关于促进全民阅读的决定》 | 石家庄市人民代表大会常务委员会 | 2016-12-29 |
| 7 | 《黑龙江省人民代表大会常务委员会关于促进全民阅读的决定》 | 黑龙江省人民代表大会常务委员会 | 2017-04-07 |

续表

| 序号 | 政策名称 | 发布主体 | 发布/修订时间 |
|---|---|---|---|
| 8 | 《常州市人民代表大会常务委员会关于促进全民阅读的决定》 | 常州市人民代表大会常务委员会 | 2017－06－30 |
| 9 | 《吉林省全民阅读促进条例》 | 吉林省人民代表大会常务委员会 | 2017－09－29 |
| 10 | 《烟台市全民阅读促进条例》 | 烟台市人民代表大会常务委员会 | 2018－12－20 |
| 11 | 《广东省全民阅读促进条例》 | 广东省人民代表大会常务委员会 | 2019－03－28 |
| 12 | 《河南省人民代表大会常务委员会关于促进全民阅读的决定》 | 河南省人民代表大会常务委员会 | 2019－03－29 |
| 13 | 《贵州省全民阅读促进条例》 | 贵州省人民代表大会常务委员会 | 2019－05－31 |
| 14 | 《宁波市全民阅读促进条例》 | 宁波市人民代表大会常务委员会 | 2019－10－29 |
| 15 | 《宁夏回族自治区全民阅读促进条例》 | 宁夏回族自治区人大常务委员会 | 2020－11－25 |
| 16 | 《永州市全民阅读促进办法》 | 永州市人民政府 | 2020－12－11 |
| 17 | 《山西省全民阅读促进条例》 | 山西省人民代表大会常务委员会 | 2021－05－28 |
| 18 | 《温州市全民阅读促进条例》 | 温州市人民代表大会常务委员会 | 2021－12－06 |
| 19 | 《天津市全民阅读促进条例》 | 天津市人民代表大会常务委员会 | 2023－11－29 |
| 20 | 《盐城市人民代表大会常务委员会关于促进全民阅读的决定》 | 盐城市人民代表大会常务委员会 | 2024－06－04 |
| 21 | 《揭阳市全民阅读促进条例》 | 揭阳市人民代表大会常务委员会 | 2024－12－11 |

# 附录二　全民阅读大事记

**1997年**

1月2日,中央宣传部、文化部、国家教委、国家科委、广播影视部、新闻出版总署、全国总工会、共青团中央、全国妇联九个部委共同发出《关于在全国组织实施"知识工程"的通知》,提出实施"倡导全民读书,建设阅读社会"的"知识工程"。

**1999年**

8月,中国出版科学研究所(后更名为"中国新闻出版科学研究院")首次组织实施全国国民阅读调查。该调查每两年进行一次,2008年起改为每年调查一次。

**2000年**

5月,中国出版科学研究所(后更名为"中国新闻出版科学研究院")首个全国国民阅读调查报告向社会发布。

11月8日,全国知识工程领导小组决定每年12月在全国举办"全民读书月"活动。

**2003年**

12月,全民阅读月启动仪式在国家图书馆举行,文化部社会文化图书馆司、国家图书馆、清华同方光盘有限公司、中国社会科学院民族文学研究所、北京大学信息管理系、北京邮电大学等单位的领导和有关专家学者共200余人出席。

**2004年**

全国知识工程领导小组将每年的"全民读书月"活动交由中国图书馆学会负责承办,并将"全民读书月"时间改为每年4月23日"世界读书日"前后。

4月23日至6月1日,为进一步激发全民阅读的热情,推动学习型社会、学习型组织、学习型家庭的建设,让全国公众都了解"世界读书日",中国图书馆学会举办系列活动。

**2005年**

4月23日,国家图书馆、中国图书馆学会、湖南卫视等单位在北京隆重启动"春天漂流书"活动,拉开全国图书漂流活动的序幕。同时,中国图书馆学会联合内蒙古图书馆学会、宁波市图书馆、广西壮族自治区图书馆等多家单位面向全国图书馆发布《书香城市(县级)、书香社区标准指标体系》,为我国书香城市和书香社区的建设提供依据。

中国图书馆学会首次设立全民阅读活动"最佳组织奖"和"先进单位奖",之后每年评选一次,旨在表彰该年度开展活动内容丰富、形式多样、策划新颖、宣传面广、社会影响大的图书馆学会和图书馆。

**2006年**

4月5日,中央宣传部、中央文明办、新闻出版总署、文化部、教育部、解放军总政治部宣传部、中华全国总工会、共青团中央、中华全国妇女联合会、中国科学技术协会、中国作家协会等11部门联合发出《关于开展全民阅读活动的倡议书》,共同向全社会提出,在2006年4月23日"世界读书日"前后,开展"爱读书、读好书"的全民阅读活动,并为此倡议:全国各地各有关部门要开展丰富多彩的读书推广活动,为全民阅读营造良好的读书环境。

4月23日,中国图书馆学会成立"科普与阅读指导委员会",中国图书馆学会推动全民阅读有了专门的组织机构。

**2007年**

4月6日,中国图书馆学会科普与阅读指导委员会联合广东图书馆学会举办第一届全民阅读论坛,主题为数字时代的阅读。

4月23日,中央宣传部、中央文明办、新闻出版总署、中华全国总工会、共青团中央等17个部门联合发出开展以"同享知识,共建和谐"为主题的全民阅读活动倡议。

中国图书馆学会设立"全民阅读示范基地"奖项,旨在发现和宣传在全民阅读工作中组织得力、成效突出的单位,发挥典型的示范带动作用,共同推进学习型社会建设。

**2008年**

4月23日,以"一本好书,一生财富,今天您读了吗"为内容的全民阅读公益短信首次向全国范围的手机用户发送,《人民日报》《光明日报》、中央电视台等中央媒体同期刊载、播发这一公益广告。

**2009年**

5月13日,习近平同志在中央党校2009年春季学期第二批进修班暨专题研讨班开学典礼上系统阐释了对读书的观点:一是领导干部要爱读书,二是领导干部要读好书,三是领导干部要善读书。

7月,为了更好地突出其作为全民阅读指导组织的属性,中国图书馆学会将"科普与阅读指导委员会"更名为"阅读推广委员会"。

11月2日,由中央宣传部、中央文明办、新闻出版总署等三部门联合主办的"全民阅读活动经验交流会"在深圳召开,对全国表现突出的64家先进单位和36个优秀项目,以及"对我帮助最大的一本书"农家书屋征文的获奖者进行表彰。

**2011年**

4月20日,新闻出版总署发布《新闻出版业"十二五"时期发展规划》,首次将"全民阅读工程"列入新闻出版公共服务建设工程,要求大力开展全民阅读活动,倡导全社会形成读书风尚,提高全民文化素质。

10月18日,中国共产党第十七届六中全会通过《中共中央关于深化文化体制改革、推动社会主义文化大发展大繁荣若干重大问题的决定》。文件提出:深入开展全民阅读、全民健身活动,推动文化科技卫生"三下乡"、科教文体法律卫生"四进社区""送欢乐下基层"等活动经常化。

**2012年**

11月8日,中国共产党第十八次全国代表大会上,"开展全民阅读活动"被写入党的十八大报告。

**2013年**

3月7日,115名政协委员联名签署《关于制定实施国家全民阅读战略的提案》,建议政府立法保障阅读、设立专门机构推动阅读。

3月14日,新闻出版总署发布《关于开展首届全国"书香之家"推荐活动的通知》,要求各地结合当地实际情况,按照分配的候选家庭名额,由各省新闻出版广电局组织各地开展推荐工作,并要求各地充分宣传报道,最大限度地吸引基层群众踊跃参与。经过评选共有996个家庭入选首届全国"书香之家"。

4月11日,由全国78家媒体发起,200家媒体共同参与的中国全民阅读媒体联盟在武汉成立,办公室设在中国新闻出版传媒集团。联盟宗旨是"聚合媒体力量,倡导全民阅读,打造书香中国,建设和谐社会"。

8月4日,全民阅读立法列入2013年国家立法工作计划。

**2014年**

3月5日,第十二届全国人民代表大会第二次会议上,国务院总理李克强代表国务院向大会作的政府工作报告提出,文化是民族的血脉。要促进基本公共文化服务标准化均等化,发展文化艺术、新闻出版、广播电影电视、档案等事业,繁荣发展哲学社会科学,倡导全民阅读。

12月11日—13日,中国图书馆学会召开"全民阅读推广的转型与升级"为主题的中国图书馆学会2014年全民阅读推广峰会暨"阅读推广人"培育行动启动仪式。

**2015年**

1月,我国第一部全民阅读的地方性法规《江苏省人民代表大会常务委员会关于促进全民阅读的决定》正式实施。

11月25日,国家新闻出版广电总局组织的全国全民阅读工作会议在京召开。会议总结了近10年来全民阅读取得的成效和经验,研究部署未来一个时期的全民阅读工作。全国全民阅读工作网站"中国全民阅读网"也于当日上线。

**2016年**

2月,国家新闻出版广电总局发布《全民阅读促进条例》(征求意见稿)。征求意见稿从开展全民阅读的意义、宗旨、原则,全民阅读服务,重点群体阅读保障,促进措施,法律责任等方面作出规定。

3月16日,第十二届全国人民代表大会第四次会议通过《中华人民共和国国民经济和社会发展第十三个五年规划纲要》,纲要要求"推动全民阅读",并将全民阅读工程列为"十三五"时期文化重大工程之一,将全民阅读提升到国家战略高度。

4月20日,"书香中国——全民阅读官方网站"正式上线,该网站由国家新闻出版广电总局和全民阅读活动领导小组办公室指导,新华网承建运营,系首个面向公众推广全民阅读的官方网络平台。同日,"全民阅读百网联盟"正式成立。该联盟由国家新闻出版广电总局全民阅读活动领导小组办公室指导,中央和地方重点新闻网站、综合门户网站、阅读推广类网站、阅读类自媒体等机构共同参与。

6月16日,中央宣传部、国家新闻出版广电总局等11个部门联合发布《关于支持实体书店发展的指导意见》,要求到2020年,基本建立以大城市为中心、中小城市相配套、乡镇网点为延伸、贯通城乡的实体书店建设体系,形成大型书城、连锁书店、中小特色书店及社区便民书店、农村书店、校园书店等合理布局、协调发展的良性格局。

12月27日,国家新闻出版广电总局发布《全民阅读"十三五"时期发展规划》,这是我国制定的首个"全民阅读"规划。规划结合国家"十三五"规划纲要等要求,明确了"十三五"时期我国全民阅读工作的指导思想、基本原则、主要目标、重点任务及时间表、路线图等。

**2017年**

3月1日,《中华人民共和国公共文化服务保障法》正式实施,其中指出,"各级人民政府应当充分利用公共文化设施,促进优秀公共文化产品的提供和传播,支持开展全民阅读、全民普法、全民健身、全民科普和艺术普及、优秀传统文化传承活动"。这是"全民阅读"第一次被正式纳入国家法律。

4月18日,经民政部、文化部等相关主管主办单位报备批复,长安街读书会和中国社会经济文化交流协会在京共同组建"全民阅读促进委员会"。该组织为首个全国性的全民阅读促进组织。

**2018年**

1月1日,《中华人民共和国公共图书馆法》正式实施,第三十六条规定:"公共图书馆应当通过开展阅读指导、读书交流、演讲诵读、图书互换共享等活动,推广全民阅读。"

**2019年**

8月21日,习近平总书记考察甘肃省兰州市区的读者出版集团有限公司时指出,要提倡多读书,建设书香社会,不断提升人民思想境界、增强人民精神力量,中华民族的精神世界就能更加厚重深邃。

9月8日,习近平总书记给国家图书馆8位老专家回信,指出图书馆是国家文化发展水平的重要标志,是滋养民族心灵、培育文化自信的重要场所。希望国图坚持正确的政治方向,弘扬优秀传统文化,创新服务方式,推动全民阅读,更好地满足人民精神文化需求,为建设社会主义文化强国再立新功。

11月,国家新闻出版署组织2019年全民阅读优秀项目评审工作,从全国申报的171个全民阅读项目中评出了20个优秀项目。

**2020年**

5月18日,中央宣传部办公厅、农业农村部办公厅联合印发《关于开展2020"新时代乡村阅读季"活动的通知》,在全国范围内组织开展"新时代乡村阅读季"活动。

10月,中央宣传部印发《关于促进全民阅读工作的意见》,提出"阅读是获取知识、增长智慧的重要方式,是传承文明、提高国民素质的重要途径,深入推进全民阅读,对加强社会主义精神文明建设、促进社会进步具有重要意义"。

**2021年**

3月12日,十三届全国人大四次会议通过《中华人民共和国国民经济和社会发展第十四个五年规划和2035年远景目标纲要》,明确提出要"深入推进全民阅读,建设'书香中国'"。

3月17日,中央宣传部办公厅印发《关于做好2021年全民阅读工作的通知》,提出了2021年全民阅读工作的总体要求,部署了重点工作及组织保障等措施。

10月23日,十三届全国人大常委会第三十一次会议表决通过全国人大常委会关于批准《关于为盲人、视力障碍者或其他印刷品阅读障碍者获得已出版作品提供便利的马拉喀什条约》的决定。

**2022年**

4月23日,首届全民阅读大会在北京召开。大会以"阅读新时代 奋进新征程"为主题。习近平总书记向大会致贺信,指出:"阅读是人类获取知识、启智增慧、培养道德的重要途径,可以让人得到思想启发,树立崇高理想,涵养浩然之气。中华民族自古提倡阅读,讲究格物致知、诚意正心,传承中华民族生生不息的精神,塑造中国人民自信自强的品格。希望广大党员、干部带头读书学习,修身养志,增长才干;希望孩子们养成阅读习惯,快乐阅读,健康成长;希望全社会都参与到阅读中来,形成爱读书、读好书、善读书的浓厚氛围。"

**2023年**

3月8日,中央宣传部办公厅、文化和旅游部办公厅印发《关于推动实体书店参与公共文化服务的通知》,鼓励实体书店参与公共阅读资源建设,支持有实力的实体书店为各级公共图书馆提供馆配服务,鼓励公共图书馆与实体书店共同推动供需适配的公共阅读资源建设。

3月27日,教育部、中央宣传部、中央网信办、文化和旅游部等八部门联合印发《全国青少年学生读书行动实施方案》,要求"充分发挥各级宣传部门、网信部门、文化和旅游部门以及工会、共青团、妇联、科协等群团组织优势,有效利用图书馆、博物馆、文化馆、美术馆、科技馆等社会公共资源,鼓励高等学校、高科技企业、制造企业向青少年学生开放参观,支持院士、专家编写科普读物,鼓励各地遴选一批青少年学生阅读基地"。

4月22日,全国妇联、中央宣传部、教育部、文化和旅游部、国务院妇儿工委办公室联合印发《关于开展"书香飘万家"全国家庭亲子阅读行动的实施意见》,要求"各地各相关部门要加强家庭亲子阅读指导服务,培育亲子阅读书香家庭典型、设立家庭亲子阅读体验基地、发展家庭亲子阅读指导队伍、打造家庭亲子阅读活动品牌、开发家庭亲子阅读服务产品,助力全民阅读从家庭做起、从娃娃抓起"。

4月23日,第二届全民阅读大会在浙江杭州举办。大会以"深化全民阅读、建设书香中国"为主题,设置主论坛和阅读与乡村振兴论坛、数字阅读论坛暨第九届数字阅读年会等12个分论坛。

5月30日,教育部在国家图书馆启动"全民阅读标准建设工程"。该工程计划通过三年时间,完成三项重点工作:一是建设覆盖不同年龄、不同阅读水平、不同阅读需求的中文分级阅读标准;二是编纂以人为本、面向全体国民的全民阅读文库;三是开发科学、简明、实用的全民阅读智慧测评系统。

**2024年**

4月23日,第三届全民阅读大会在云南省昆明市举办。大会以"共建书香社会 共享现代文明"为主题,举办了全民阅读系列宣传推广活动,深入探讨阅读与城市发展、阅读与民族团结等话题。大会首次举办了图书馆全民阅读论坛,主题为"图书馆在全民阅读中的使命与责任"。

10月28日,民政部、全国妇联、全国老龄办等十四部门联合印发《关于推进老年阅读工作的指导意见》,提出"力争到2027年,优质老年读物的供给能力显著增强,纸质读物、数字终端的适老化水平有效提高,老年阅读服务体系基本完善,老年阅读友好氛围更加浓厚,涌现出一批群众喜爱、参与性强、影响力大的老年阅读品牌项目,培育出一批热心公益、素质过硬的老年阅读组织和辅助人才;广大老年读者数量明显增长,阅读质量显著提高,基本阅读需求得到有效满足"。